EL ABRAZO DE LA MONTAÑA

Una historia de valentía y redención

S&ILVIA VÁSQUEZ-LAVADO

Planeta

Obra editada en colaboración con Editorial Planeta – Perú

© 2023, Silvia Vásquez-Lavado

© 2023, Editorial Planeta Perú S. A. – Lima, Perú

Diseño de portada e interiores: Departamento de Diseño de Editorial Planeta Perú
Adaptación de portada: Karla Anaís Miravete
Ilustración de portada: Alfredo Vítor
Retrato de autora: Emily Assiran
Corrección de estilo: Jorge Giraldo

Derechos reservados

© 2023, Editorial Planeta Mexicana, S.A. de C.V.
Bajo el sello editorial PLANETA M.R.
Avenida Presidente Masarik núm. 111,
Piso 2, Polanco V Sección, Miguel Hidalgo
C.P. 11560, Ciudad de México
www.planetadelibros.com.mx

Primera edición en esta presentación: junio de 2023
ISBN: 978-607-39-0125-3

Impreso en los talleres de Bertelsmann Printing Group USA
25 Jack Enders Boulevard, Berryville, Virginia 22611, USA.
Impreso en U.S.A - *Printed in the United States of America*

SILVIA VÁSQUEZ-LAVADO
EL ABRAZO DE LA MONTAÑA

Nacida en Lima, Perú en 1974 Silvia Vásquez-Lavado es montañista, exploradora, ejecutiva y activista contra la violencia sexual. En el 2014 Vásquez-Lavado fundó Corageous Girls, una organización sin fines de lucro que ayuda a las sobrevivientes de abuso sexual y de trata de personas a encontrar su fuerza interior a través del montañismo. En el 2016, Vásquez-Lavado se convirtió en la primera mujer peruana en llegar a la cima del monte Everest, y en el 2018, en la primera mujer de la comunidad LGBTQ+ en escalar las Siete Cumbres más altas de cada continente.

A nivel ejecutivo, Vásquez-Lavado ha trabajado para compañías transnacionales como Campari, eBay, PayPal y Xoom. En 2015 fue incluida en la lista "Héroes de los 500", de la revista *Fortune*, y fue nombrada una de las veinte latinoamericanas más influyentes de Silicon Valley por el sitio web de tecnología CNET. Gracias a sus éxitos, ha sido reconocida por el gobierno peruano como embajadora de la Marca Perú. La versión en inglés de este libro, *In the Shadow of the Mountain*, fue publicada en 2022 y ha sido traducida a más de diez idiomas. Vásquez-Lavado vive en San Francisco.

Para todos aquellos que están por ascender...
no están solos.

ÍNDICE

CAPÍTULO 1

CHOMOLUNGMA

Si puedo contar hasta mil, puedo superar esto.

1, 2, 3…

Voy a dar un paseo. Eso es. Solo un paseo. Un paseo muy largo, muy empinado y potencialmente mortal hasta la cara del Lhotse, una pared vertical de 1220 metros de hielo azul que se eleva desde la cuenca del Cwm Occidental.

El Valle del Silencio.

Mi mente es cualquier cosa menos silenciosa, y desde donde estoy el Lhotse se ve como una bestia resbaladiza y brillante.

Un rascacielos alpino.

Justo antes de la pared hay un *bergschrund*, una hendidura profunda donde el glaciar se ha agrietado y separado de la montaña. La avena sin gluten de la mañana me pesa en el estómago mientras miro hacia abajo, hacia su inmensidad. Su amplia boca se abre, hambrienta.

Luego, un sonido.

Un guante cae y se desliza en el vacío. Lo veo desaparecer y me quedo mirando fijamente mucho después de que se ha ido, como esperando a que vuelva a emerger mágicamente.

Ninguno de mis compañeros dice una palabra. Uno a uno trepamos por un campo de rocas erizadas y cruzamos una escalera sobre el *bergschrund*.

Me concentro en las cuerdas. Dos líneas delgadas que serpentean por la cara helada del Lhotse. Una para nosotros, los que subimos, y la otra para los que descienden. Las cuerdas no son más gruesas que mi pulgar, pero nos guiarán durante un kilómetro y medio de camino vertical, como el pasamanos de una escalera. En mi mente se transforman en cordones de terciopelo que nos conducen hacia una misteriosa y exclusiva discoteca donde los bailarines y las bebidas fluyen suavemente. Una borrachera extrema es mucho menos aterradora que esto.

Unos pocos pasos fuera de la ruta, desabrochada, y me convertiría en el guante. Me deslizaría rápida y silenciosamente hacia una muerte vasta e interminable.

En otras palabras, el único camino aquí es hacia arriba.

17, 18, 19…

Mike, el guía principal, nos conduce a la cima de Lhotse; lo siguen Danny y Brian, los escaladores más rápidos y fuertes, y muy cerca de ellos avanza Ang Dorjee. Mark y yo mantenemos el ritmo en el medio del grupo, y en la retaguardia está Lydia Bradey, una leyenda del Everest: la primera mujer que llegó a la cumbre sin oxígeno. Rob, otro miembro de nuestro equipo, que lo había estado pasando mal, no está lo suficientemente sano como para subir más allá del Campamento 2.

33, 34…

En el desayuno, Mike dijo que tardaríamos poco menos de cinco horas en escalar la cara del Lhotse. Extiendo el mosquetón de seguridad desde mi arnés, luego abro el jumar e inserto en él la primera cuerda fija a mi izquierda. Unido al arnés de escalada que sujeta mis caderas y la parte superior de mis muslos, el jumar es un freno de mano o un asa de trinquete que se desliza por la cuerda en un solo sentido y tira de ella cuando se aplica peso.

Comienzo a caminar lentamente, deslizando el jumar por la cuerda, apretando mis dedos contra el guante para sentir a través del voluminoso material aquello a lo que me estoy aferrando. Los guantes me quedan grandes, como siempre. El equipo de montañismo de élite sigue estando diseñado para hombres, e incluso los guantes extrapequeños bailan en mis manos.

He aprendido a arreglármelas como sea.

Cuando empecé a escalar, el jumar era un símbolo del montañismo. Era lo que te convertía en un «verdadero escalador», una herramienta que había que dominar para entrar en el club de los escaladores geniales. Tras una década practicando este deporte y después de haber alcanzado cinco de las Siete Cumbres —las montañas más altas de cada continente—, sigo siendo una niña *nerd* que intenta encajar; pero el jumar ya no es solo una pieza llamativa de mi equipo, es una extensión de mí. Mi línea de vida, mi ancla, la que no se suelta a menos que yo lo haga.

Respeto el jumar. Me inclino ante el jumar.

Y cada vez que siento sus dientes de acero mordiendo la cuerda, suelto un silencioso «sí».

55, 56, 57…

Usando mi hacha como si fuera un bastón, la clavo contra la pared de hielo y me arrodillo en la pendiente para estabilizarme. Caminar con crampones —calas metálicas que se adhieren a los botines— es un arte tedioso. Se clavan en la nieve y el hielo endurecido para proporcionar tracción. Por suerte, tengo el mismo paso corto que la mayoría de los sherpas, quienes ya se nos adelantaron para montar el campamento. Espacio mis pasos para alcanzar las pequeñas marcas que sus botas han dejado. Evitar quebrar el hielo virgen ahorra una pizca de energía, y estoy acumulando toda la que puedo. Cada paso debe ser preciso y mecánico.

Respiro profundamente y exhalo. Las emociones son peligrosas a esta altura. «Concéntrate. Cuenta. 61. 62. No hay sentimientos. Cuenta. 70. No hay emociones. Cuenta. 84. 85», me digo.

Estamos a treinta y seis horas de la cumbre, creo. Faltan dos campamentos. Trataría de calcular los kilómetros, pero ya no significan nada. A esta altura de la montaña, la distancia se vuelve abstracta. Incluso granular. Nuestros días se miden en puntos de referencia y en elevación ganada. Campamento 3. 7467 metros. Campamento 4. Banda amarilla. Espolón de Ginebra. Collado Sur. 8016 metros. La altitud nos posee. Es difícil percibir qué es lo que está cerca y lo que está lejos. El tiempo se expande y se contrae. La perspectiva cambia rápidamente. Vistos desde lejos, somos hormigas en formación, diminutos puntos negros escalando la ladera de una cordillera colosal. Pero mi campo de visión es microscópico: todo lo que veo es el brillo y el desmoronamiento de la pared que estoy escalando en este momento.

A esta altura, estamos más alto de lo que ningún pájaro jamás volará.

Me pregunto si los pájaros hacen esto. Si se obsesionan con la altura, si tratan de volar más alto que los demás.

93, 94, 92...

Mierda. A empezar de nuevo.

1, 2, 3...

En algún lugar detrás de esta pared está la cumbre. ¿O está por encima?

¿Por qué no he memorizado mejor esta ruta?

Lhotse es el último obstáculo antes del Campamento 3, donde nuestros tanques de oxígeno nos esperan. Por encima de los 7300 metros, la subida es una carrera contra la falta de oxígeno. A esta altura, descansamos pero no nos recuperamos. Nos estamos deteriorando. Atados a nuestras espaldas como recién nacidos en una manta, los tanques de oxígeno se convierten en nuestra carga más preciada. Sin ellos estaríamos acabados. Todos, a excepción de Lydia, tal vez. De todas formas, la última oportunidad de ser rescatados ha quedado atrás. Los helicópteros no vuelan más alto que el Campamento 2. Ahora, cualquier tipo de rescate, incluso para recuperar un cadáver, tiene que hacerse paso a paso, a pie, por las cuerdas.

24, 25, 23...

Mierda. Otra vez. Vuelvo a empezar.

1, 2, 3...

El viento se levanta.

Las bromas cotidianas y las conversaciones estúpidas se han silenciado y han sido sustituidas por resoplidos y gruñidos graves. Todo el mundo está concentrado en dar su siguiente paso.

—¡Roca! —grita Brian repentinamente desde arriba. Se desvía a la derecha mientras una roca del tamaño de una pelota de baloncesto cae por el Lhotse.

«¡Roca! ¡Roca! ¡Roca!», el eco resuena entre nosotros. Todos nos desviamos a la derecha. 22, 23, 24… Otro equipo pasa silenciosamente por la cuerda de descenso, bajando del Campamento 3. Es inquietante verlos descender mientras todos los demás en la montaña estamos pensando en subir. Es 17 de mayo. Esta es la ventana que tenemos para escalar hacia la cumbre. Bajar significa que algo ha ido mal. Mientras nos pasan, me doy cuenta de que esta mañana no he visto a ningún otro equipo. Somos los únicos en la cara de la montaña.

Quince minutos después, el viento empieza a silbar y a gemir.

—¡Hielo! —grita Ang Dorjee.

Hielo.

Hielo.

Hielo.

Algo no está bien.

A mitad de camino, nos topamos con una protuberancia, una peligrosa saliente rocosa cubierta del etéreo hielo celeste que se forma cuando la nieve cae sobre un glaciar. La protuberancia es una hermosa costra de hielo sobre la que tenemos que retorcer nuestros cuerpos mientras ejecutamos un complicado cambio de cuerdas.

Cada cuerda fija hasta el Lhotse tiene unos cuarenta y cinco metros de longitud. Al final de un segmento, tenemos que desenganchar nuestro jumar del arnés de escalada y engancharlo a la siguiente cuerda. El momento entre cuerdas es el más peligroso. Se trata de un proceso de dos pasos: siempre hay que permanecer sujeto a la cuerda fija por al menos un aparato para evitar resbalar por la pared.

Desengancharse aquí sería un suicidio.

Clavo mis crampones en el hielo tan fuerte como puedo para mantener el equilibrio mientras me desengancho. En ese momento, el viento empieza a gemir, lanzando rocas del tamaño de una garrafa de agua directamente hacia nosotros. Los fragmentos se desprenden de la pared y golpean mi casco. Mis gafas se zarandean. Me arrodillo y aprieto mi cabeza contra la superficie de la montaña. Más adelante, el Campamento 3, que había visto fácilmente desde este mismo lugar en nuestra segunda rotación, es ahora una mancha borrosa. Entrecierro los ojos y fuerzo la vista para distinguirlo con claridad, pero las nubes son espesas como algodón de azúcar. Una visión que sería dulce, incluso hermosa en cualquier otro lugar, pero aquí no es una buena señal.

Podemos sobrevivir a las nubes de algodón de azúcar que se desprenden, son minitormentas suaves y pasan rápido. Pero si todo el casquete desciende sobre nosotros, no hay adónde ir. A esta altura, el paisaje adquiere un significado diferente. Estas místicas formaciones nubosas albergan avalanchas, los montones de nieve batida esconden fracturas de hielo que pueden tragarse una pierna o, incluso, un cuerpo entero.

La belleza y la muerte son dos caras de la misma moneda.

Esta mañana, Mike predijo que para la tarde el día estaría soleado. En lugar de ello, gruesos casquetes de nubes descienden sobre el Lhotse, y antes de que pueda afianzar mis pies en la pared, el chillido del viento se convierte en un grito hueco. Sopla terrones helados en las mangas abultadas de mi chaqueta, golpea contra la cuerda, azota la nieve en tornados glaciales. Grandes trozos de hielo y escombros bajan a toda velocidad por la pared que nos rodea y se desintegran al caer en picado cientos de metros.

En todas las películas de desastres en el Everest, esta es la escena donde la gente muere.

La visibilidad se acerca a cero.

Todo lo que puedo ver es la cuerda delante de mí.

Rezando por que el suelo sea sólido, piso una cresta rocosa expuesta, donde debería estar el Campamento 3. Diviso el primer grupo de carpas, donde Ang Dorjee dijo que nos esperarían nuestros tanques de oxígeno. A través de las gafas escarchadas por el frío, los veo: pequeños cartuchos plateados y amarillos que yacen en la nieve como un paquete de pilas AAA. Líneas de vida. Mi respiración es entrecortada y escasa. Me acerco a los tanques, trastabillando, y caigo en medio de mis compañeros ahí reunidos. Esperamos las indicaciones de los guías, pero el viento se arremolina contra nosotros en salvajes ráfagas heladas, borrando todo sonido. Aunque parece que Mike está gritando, me tengo que esforzar por oír lo que dice.

No me atrevo a quitarme la bufanda del cuello y la gruesa capucha para oírlo. La hipotermia te ataca al instante a esta altura.

—¡Agarra tu tanque y vete! —ladra Mike, y oigo su voz quebrarse por el pánico—. ¡Vamos, vamos, vamos! Está empeorando, sigan moviéndose. Estamos en un lugar peligroso. Váyanse, ahora.

Durante las últimas cinco semanas, hemos estado entrenando para este momento, para nuestro intento de llegar a la cumbre. Mike ha sido estricto, incluso severo, pero nunca ha perdido la calma. Escuchar el pánico en su voz me lanza a un frenesí que me devuelve a la niñez, a Lima, a mi casa, donde mi padre nos motivaba a gritos. Cumplir sus órdenes no era un problema en mi casa; no se discutía, solo se obedecía. Siempre hacía lo que me ordenaban.

Me apresuro a recoger mi tanque de oxígeno y me muevo robóticamente, dando cada paso tan rápido como puedo.

Primer paso. Abrir la mochila.

Segundo paso. Colocar el tanque de oxígeno en el centro.

Tercer paso. Conectar el regulador y la máscara al tanque.

Cuarto paso. Ajustar el regulador para que no se escape el oxígeno.

Mi corazón late con fuerza. Puedo escuchar mi respiración contra el pañuelo que cubre mi cuello y barbilla. Algo en mi máscara sigue sin encajar. Me pongo a juguetear con el regulador, pero mis compañeros ya se están moviendo, así que me ajusto la máscara sin estar segura de que el oxígeno esté fluyendo y los sigo en la tempestad. El Campamento 3 es una cuenca poco profunda, situada en el borde de la montaña, con una vista (normalmente) panorámica. Nuestras carpas están montadas en el extremo más alejado del campamento, a otros 150 metros por encima del terraplén. Más adelante veo una sombra que se abre paso entre la ventisca. No puedo distinguir si es Danny o Brian. Las ráfagas de nieve se convierten en sábanas y luego, finalmente, en un sólido muro incoloro.

El cielo está completamente blanqueado.

El miedo, caliente e incontrolable, recorre mi cuerpo. El pánico es mortal en las alturas. Lo sé. Te roba el oxígeno, te envenena los miembros. Me he entrenado para momentos como estos, pero este conocimiento no anula la adrenalina que corre por mis venas.

A medida que dejamos atrás el primer grupo de carpas, nos enfrentamos a una última travesía. Debemos subir por una delgada cornisa de roca y luego engancharnos a una cuerda por encima de nuestros cascos. Mi máscara está empañada, el conducto de ventilación es grueso y opaco. Cuando respiro, siento que me asfixio en lugar de aspirar oxígeno. ¿Quizás no he activado el regulador? Maldita sea. Me detengo y me quito la mochila para comprobarlo.

—Silvia, ¿qué diablos crees que estás haciendo? —me reprende Lydia con rudeza—. Estás en un lugar peligroso. ¡Sigue avanzando!

De los hombres, la brusquedad es algo esperable, pero de Lydia es chocante. Estoy jadeando, así que me arranco la máscara y trago una breve bocanada de aire. Grandes trozos de escombros caen rápida y frenéticamente por la pared; algunos estallan en astillas mortales, otros golpean y florecen como pequeñas nubes frente a mi cara. Me aferro a la cuerda y camino de puntillas, lentamente: un pie delante del otro. No puedo ver nada más que mis manos agarrando las cuerdas inmediatamente por encima de mí, y entonces, de repente, estas también desaparecen. A través de breves huecos en la nieve arremolinada, veo la siguiente línea fija. Tengo que desengancharme.

Los dedos de mis pies se aprietan dentro de mis botas como si trataran de aferrarse a la montaña. Desbloqueo mi jumar y contengo una larga y aterrorizada exhalación. Por un momento, estoy sin ataduras y sola.

¿Qué pasaría si me detengo? ¿Si simplemente me inclino hacia atrás y me dejo llevar ahora mismo? Caer en picado al vacío con el hielo y las piedras. Y por primera vez tiene sentido: comprendo que la muerte no solo ha estado siempre sobre la mesa, sino que quizás sea la razón por la que estoy aquí.

Más hielo; al parecer, un hielo interminable que cae a mi alrededor a una velocidad vertiginosa. Imagino que soy la siguiente en caer. Nadie me oiría ni me vería. Simplemente estaría aquí y un segundo después me habría ido. Fácil. Tal vez sería más sencillo terminar así. Acabar con un estallido.

Dicen que los años que terminan en 6 son de mala suerte para escalar el Everest. Tanto 1996 como 2006 fueron devastadores para la comunidad montañista, cuando las tormentas mataron a docenas de escaladores y sherpas. Algunos de sus cadáveres siguen aquí, negros y congelados en la montaña, demasiado fríos como para podrirse.

Pero es 2016 y aquí estoy.

En Perú, cuando mi madre luchaba contra el cáncer, fui a ver a un psiquiatra llamado Dr. Hugo. Él determinó que, para mí, escalar el Everest era un deseo de muerte. ¿No lo es para todo el mundo? Me reí, tachándolo como a un típico machista peruano. Por supuesto que pondría obstáculos a mi ambición. Toda mi vida he sido subestimada por hombres como él. Pero tal vez el Dr. Hugo tenga razón. Tal vez estoy aquí para dejar que la montaña haga lo que no puedo hacer por mí misma.

Para cuando engancho mi jumar en el último tramo de cuerda, mi cráneo es una sinfonía. El pum-pum-pum de mi corazón resuena contra sus cavidades huesudas. Dentro de los guantes, mis dedos están completamente entumecidos. Mi piel se calienta, luego se enfría, y mi pecho se agita como si fuera a partirse por el centro. ¿El suelo está arriba o abajo? Todo gira. Mis pies caminan sobre el cielo. Todo es blanco. Un blanco brillante. Como el color de nuestro uniforme único escolar en el primer día de clases. Blanco como los guantes impolutos que los brigadistas de la escuela llevaban durante nuestra marcha patriótica del 28 de julio. Esos guantes, emblemas exclusivos, eran el máximo reconocimiento que se otorgaba a los estudiantes ejemplares, algo que yo ansiaba ser.

El blanco era limpio, como la nieve que solo había visto en las películas.

El blanco era tranquilidad, pertenencia, calma.

El blanco era orden. Bondad.

Pero ahora, dentro del blanco, hay gritos.

Las siluetas nevadas de mi equipo salen y entran de mi campo visual. Están en algún lugar, adelante, en la tormenta. El viento me hace perder el equilibrio, es casi demasiado fuerte como para mantenerme en pie. Intento pegarme a la pared.

Esto es una locura. Una maldita locura. Escalar una montaña, escalar esta montaña, no tiene sentido.

1, 2, 3…

Me tambaleo en el borde de la travesía. A ciegas por la nieve, me engancho a la última cuerda, termino de escalar, me pongo a cuatro patas y me arrastro como un oso hacia el lugar donde rezo por que las carpas estén montadas. Encontrar la mía es el único objetivo. Bloqueo todos los demás pensamientos y sonidos. Ya no tengo que contar más. No soy más que un cuerpo moviéndose en el espacio. Por primera vez, perder la conciencia me resultaría útil.

«¡Entra a cualquier carpa vacía!», grita alguien mientras nuestro equipo de sherpas pasa corriendo. «Descendiendo al Campamento 2. ¡No es seguro aquí!».

Finalmente, veo un grupo de siluetas. Busco a tientas las cremalleras dobles de la primera carpa a la que llego, las separo con un dedo para abrir la solapa congelada y ruedo adentro. Me quito rápidamente los crampones para que las puntas de la suela no rompan las paredes de la carpa y tiro mi mochila al suelo. Mi tanque de oxígeno sale disparado. Me castañetean los dientes y siento que la sangre empieza a circular por mis extremidades. No puedo dejar de temblar. El viento es feroz y golpea las paredes de *nylon*. Mi corazón se acelera. Quiero gritar, pedir ayuda, pero nadie me oiría.

No puedo seguir.

Necesito que alguien, quien sea, me ayude.

Lágrimas mocosas ruedan por mis mejillas.

Me acurruco de costado. Hasta aquí llegué. Este es el final. ¿Quién era yo para pensar que podría llegar a la cima del monte Everest? Mis lágrimas se convierten en un sollozo profundo y agitado. Nunca, desde el primer día en el Campamento Base, sola y abrumada en mi carpa, había llorado así.

Antes de salir de San Francisco, redacté un testamento, una formalidad que me recomendaron mis amigos escaladores. Demasiado dispersa para hacer un documento oficial, redacté un testamento simple, casi verbal. Dejé mi departamento a la organización sin fines de lucro que fundé, y escribí algo general sobre cómo debería seguir utilizándose en adelante. Pero el testamento no parecía real, más bien, parecía una medida de precaución a medias que tomaría un adulto responsable. Ahora, las palabras *última voluntad* y *testamento* ocupan un lugar preponderante para mí.

¿Para que dejaría un testamento?

Hubo noches en San Francisco en las que recé para que la falla de San Andrés se abriera y me tragara entera. Para que mi corazón dejara de latir tranquilamente mientras dormía. Hubo mañanas en las que me despertaba con misteriosos moretones por todo el cuerpo. Otras veces, me despertaba en un hospital sin saber cómo había llegado hasta ahí. Perdí muchos días volviendo sobre los pasos de mis desvanecimientos como si fuera una científica forense.

Todos mis amigos y familiares que me rogaban que no escalara el Everest, que temían que muriera, no entendían que me había estado matando durante años.

Trato de envolver mi cuerpo con mis brazos lo más fuerte posible. Pero no es suficiente. Nunca ha sido suficiente.

Cojo el tanque de oxígeno de color amarillo canario y lo aprieto contra mi pecho. Finjo que me sostiene y me aferro a él como si fuera un soporte vital. Lo que necesito ahora mismo para seguir respirando no es oxígeno, sino contacto humano. Necesito que me sostengan. Necesito un abrazo de alguien que no quiera nada a cambio. Un abrazo que sea puro y protector.

El abrazo de una madre.

El Everest tiene muchos nombres, pero todos ellos significan 'madre'. Sagarmāthā, 'madre del cielo'; Chomolungma, 'madre del mundo'. Por alguna razón, no le he temido. Siento reverencia por su poder, por su enorme amplitud. En lugar de terror, me he sentido protegida por su tamaño. Hay algo nutritivo y tranquilizador en los eones de roca, en la inamovible brutalidad y belleza del Everest. Llegué a imaginarla como la fuerte guía espiritual que nunca había tenido. Y, a cambio, pensé que ella me vería con la compasión de una madre.

Qué fantasía tan escandalosa.

Qué arrogancia y delirio para pensar que una montaña podría salvarme de mí misma. Creer que esta extensa formación de rocas y hielo abriría sus supuestos brazos y me daría seguridad. Qué mierda le importaría si yo vivo o muero. Ha matado a muchos. Las personas vienen al Everest por muchas razones: quieren paz, aventura, honor, gloria, trascendencia. Pero, como una buena madre, nos da lo que necesitamos, no lo que queremos.

Quizás el Everest sea realmente mi deseo de muerte glorificado. Tal vez, lo que he estado persiguiendo es una manera de escapar desde la cima. Literalmente.

¿Por qué esperaba que Chomolungma me salvara?

Después de todo, no es la primera madre que me decepciona.

CAPÍTULO 2

BORRÓN Y CUENTA NUEVA

Tras un rápido golpe, la puerta principal se abrió con un chirrido. El silbido de J bailó por toda la casa hasta llegar a la cocina, donde estaba sentada con mamita mientras ella preparaba café pasado y sacaba la maracuyá para el jugo de la mañana.

—Hola, pasa a la cocina, J —le dijo—. Estoy haciendo un cafecito.

—Buenos días —dijo J al entrar, y le dio un beso en la mejilla a mi madre.

—¡Hola, J! —chillé, dándole también un beso en la mejilla cuando se inclinó hacia mí. Su barba rasurada era una nube espesa y picante.

Delgado, con un bigote de manillar, pelo negro y tupido, y piel color caoba, J era más joven que el gruñón de mi padre. Con su jovial vitalidad y su silbido iluminaba los rincones oscuros de la casa. Los hombros de mamita se relajaban cuando él estaba cerca.

—¡Jala el banquito! —le dijo ella.

Él se sentó sobre un pequeño taburete. Al ver eso solté una risita. Nuestra mesa de la cocina, de madera baja y rústica, estaba hecha para gente bajita. Cuando me sentaba en los banquitos sin respaldo de tamaño infantil, mis piernas se deslizaban hasta el suelo con facilidad. Mi hermano Miguel todavía era pequeño. Antes de que contratáramos a un ama de llaves, mamita con las justas descansaba, siempre estaba corriendo apresurada de un lado a otro, asegurándose de que la comida estuviera caliente y sazonada adecuadamente según los estándares de mi padre. Segundo, mi padre, medía apenas un metro sesenta de altura. Todos cabíamos perfectamente alrededor de la mesa. Pero ver a J, con su metro setenta y cinco, sentado a la mesa con las rodillas dobladas hasta la barbilla, sorbiendo de una delicada taza de porcelana, era ridículo.

Mi padre no permitía visitas a menudo, y mi madre parecía deleitarse con la compañía de J. Mamita puso en la mesa dos panes franceses untados con mantequilla, y rellenos de jamón y queso para que J desayunara antes de empezar a trabajar. Echó un chorrito de café pasado en mi taza y una ración de adulto en la de J, después llenó ambas con agua hirviendo que sirvió de un termo. Luego se sentó, dispuesta a chismear, y se lanzaron a la charla monótona de los adultos, dejándome a mi aire con mi café y mi pan. Tomé la lata de leche evaporada de la mesa y eché un poco en mi taza. Mamá me había prometido que el próximo año, cuando cumpla seis, podré tomar una taza de café completa.

—¿Azúcar? —le pregunté a J, sosteniendo un tazón con terrones, pero mirando los trozos brillantes que reservaría para mí misma.

—No, no. Gracias —dijo J, revolviendo mi cabello—. No quiero engordar.

J estaba convencido de que el azúcar le haría engordar. Mamita siempre se reía de esto.

Así solían ser mis mañanas, felices, mientras J y mamá sorbían sus cafés y charlaban, él comiendo y ella molestándolo para que comiera más. Mientras tanto, yo disfrutaba del sol que entraba por la ventana del patio interior que quedaba junto a la cocina, empapándome de una sensación que no tenía durante el resto de la semana.

En ese momento noté cosas nuevas, pequeñas cosas, como la forma en que brillaban los ojos castaños de mi madre o el rubor en sus mejillas altas y llenas, el calor del sol en mi mano, el sabor agridulce de la maracuyá y el crujido de sus semillas entre mis dientes de leche. Podía sentir cómo estas cosas se introducían en mi mente, imprimiéndose como color, luz y alegría.

J limpiaba nuestra casa desde que yo era pequeña. Un primo lejano pero de confianza se lo presentó a mi padre como alguien de fiar. En los años setenta, Lima tenía una jerarquía social que situaba a los mestizos, de piel clara y de sangre mayoritariamente española, por encima de los indígenas, andinos de piel más oscura; y trazaba líneas entre la clase trabajadora, la media y la alta, con una definición tajante. El color de la piel era sinónimo de clase. Aunque mi padre era de la sierra, su piel clara y su educación le permitieron introducirse fácilmente en la sociedad limeña, pero mamá se mantenía al margen, más cómoda con la clase trabajadora que con la élite. La mayoría de las familias limeñas que podían costear personal para el hogar jamás se tomaban un cafecito con aquellos. Pero mamá trataba a todas las personas, ricas o pobres, por igual, y exigía que yo hiciera lo mismo.

«La seguridad financiera es tan gruesa como un cabello», decía ella.

Los recuerdos de la pobreza la perseguían como un perro fantasma, tan cerca que creo que aún podía olerla. Para ella, J era un igual, ambos hacían lo que fuera necesario para ganar la lucha. Joven, trabajador y mucho más cercano a su edad que mi padre, J era el tipo de hombre de campo fuerte y amable que ella deseaba que fuera mi padre. Que, al principio, tal vez creyó que era.

* * *

Para la gente de su pueblo natal, Santa Cruz de Chuca, un pequeño pueblo de los Andes, mi padre había hecho las cosas más que bien. En primer lugar, había salido de las montañas y llegado a la capital; había estudiado, abierto su propia empresa de contabilidad y construido nuestra casa en Santiago de Surco, un colorido barrio de clase media con aspiraciones de clase alta. Y aunque mi padre se había convertido en un hombre de negocios, impulsado por los logros laborales y el estatus social, su corazón se ablandaba ante la posibilidad de ayudar a los jóvenes de la sierra, donde el dinero y las oportunidades eran escasas. Trajo a muchos hombres a Lima y utilizó sus contactos para conseguirles trabajo. Sabía lo que era ser tratado como ciudadano de segunda clase, tal como su nombre: Segundo. Al principio, mi padre desconfiaba de dejar entrar a otro hombre en la casa. Para él, ceder cualquier parte de su territorio era un asunto importante. Pero, al igual que mamita, debió ver algo de sí mismo en J, porque, con el tiempo, lo adoptó como parte de la familia.

En algún lugar hay una foto mía de pequeña, cogiendo a mi padre de la mano, mientras persigo una pelota roja de plástico. En el fondo, J nos observa sonriendo.

J venía a limpiar todas las semanas, y hacerlo le llevaba todo el día. Nuestra casa, una construcción modernista de dos pisos diseñada por un conocido arquitecto limeño, era la obra más preciada de mi padre, y exigía que se mantuviera impoluta. Las ventanas que iban del suelo al techo envolvían la casa y dejaban entrar una luz blanca y abrasadora, pero los pisos oscuros de madera de caoba se la tragaban rápidamente y la convertían en sombras.

J empezaba con las ventanas. Yo me quedaba en la entrada, observando con asombro cómo apoyaba una larga escalera metálica en la fachada de la casa y subía peldaño a peldaño para limpiar y abrillantar el exterior de las ventanas con vinagre y montones de periódicos viejos. La tinta húmeda le manchaba las manos durante el resto del día. Luego seguía con el piso. Pulía los suelos de parqué, las escaleras y las pesadas barandillas hasta dejarlas relucientes con la cera roja, una sustancia espesa y penetrante que olía a gasolina derramada. Era de color rojo sangre, y cuando J la exprimía en el suelo, me recordaba al pegamento denso y pegajoso que utilizaba para mis proyectos de arte. Pero a medida que iba aplicando lentamente la cera sobre el suelo, se volvía resbaladiza y se extendía con facilidad, desapareciendo en la madera. Durante los días siguientes, cuando caminaba por la casa, mis medias se resbalaban salvajemente y mis zapatos hacían un chirrido de goma por lo limpio que quedaba. Pero lo que más recuerdo es el olor. Astringente, pesado, alcohólico; se pegaba a mis fosas nasales, a mi ropa.

—¡A trabajar! —J se agachó y, de un solo movimiento, me levantó del taburete y me subió a sus hombros. Desde allí podía ver la parte superior de la refrigeradora, casi podía tocar el techo con mis dedos. Me reí, alegre. Con la misma rapidez, me dejó de nuevo en el suelo y se agachó para recoger su taza y su plato.

—Déjalo nomás —dijo mamá, haciéndole adiós con la mano—. Déjalo. Silvita, dale un abrazo a J y no te metas en sus asuntos, ¿está bien? Tiene mucho que hacer.

Pero J y su silbido ya estaban dirigiéndose hacia el armario del vestíbulo, donde cambiaba sus pantalones caqui y su camisa de manga larga por unos pantalones de trabajo andrajosos y una camiseta. Cada semana, cuando terminaba de limpiar, se daba una ducha en el tercer piso, en la azotea, donde quedaba la lavandería; enrollaba sus cosas en un fardo improvisado y se vestía de nuevo con sus pantalones caqui y su camisa de botones. Solía marcharse por la tarde, cerca de la puesta del sol, y su cabello espeso y oscuro siempre estaba peinado a la perfección.

Al año siguiente, justo cuando empezaron los asesinatos de Sendero Luminoso en las montañas que rodean Cusco, empecé el primer grado en el María Reina, la escuela católica de los marianistas, al otro lado de la ciudad. El viaje era largo, pero como mi padre era el contador de la escuela le hacían un descuento. La educación era lo más importante para él, y una escuela prestigiosa a buen precio era algo por lo que estaba dispuesto a conducir, incluso por una hija. Para asistir a las clases necesitaba un uniforme «único». Herencia del Gobierno militar de Perú, en 1970 se promulgó el uso de un mismo uniforme escolar para todo el país, como un intento de reformar nuestro sistema de clases sociales profundamente arraigado. Se pensó que de alguna manera, vistiendo igual a todos los alumnos, los escolares se verían hermanados, borrando así las diferencias sociales, raciales y económicas. No habría ninguna razón para discriminar a nadie. El uniforme debía usarse durante toda la escuela primaria —de primer a sexto grado— y durante toda la secundaria.

En una tienda por departamento, dos uniformes prefabricados podían costar alrededor de trescientos soles. Pero en el Mercado Central, donde mamá me llevaba con el dinero de mi padre metido en su cartera, se podía comprar tela de imitación y mandarla a coser por una cuarta parte del precio.

—¡Agárrate fuerte de mí! —me advirtió mi madre, apretando mi mano izquierda y sujetando su bolso con la otra.

Siempre atenta a los carteristas y ladrones que pululaban por el mercado, mamá era experta en sortear las calles. Alrededor del mercado, los triciclos, los ambulantes y los autobuses convergían en turbas humeantes mientras la gente corría entre el tráfico. «¡Caserita! ¡Caserita!», gritaban los vendedores, empleando apodos cariñosos para dirigirse y atraer a los clientes. El cortejo y la charla amigable eran simplemente una parte de las compras.

—Caserita preciosa. ¿Ay, mi reina, en qué te puedo servir?

Erguí la espalda un poco más. Sabía que mi madre era preciosa, y oírlos gritar detrás de ella, tratando de llamar su atención, aunque fuera solo para hacer negocios, me llenaba de orgullo. Ella lo utilizaba en nuestro beneficio. Eso también formaba parte de las compras.

Mamá puso sobre el mostrador el material para dos faldas y dos camisas. Mientras el vendedor hacía la cuenta, mamá echó otros dos rollos de tela. Ambas piezas eran grandes.

—¿Cuánto es? —preguntó mamá al vendedor.

—Doscientos soles —respondió.

—¿Qué cosa? ¡Es carísimo! Ni hablar. Vámonos. Vamos, Silvita —me agarró de la mano y haló para sacarme de la tienda. Yo levanté la frente y marché junto a ella.

—¡Espera, espera! —gritó el vendedor—. 150.

—¿Qué cosa? ¿Crees que soy millonaria? —Mamá resopló y seguimos caminando.

—¡Ay! 125.

Mamá giró sobre sus talones, mirando por encima del hombro, todavía lista para salir de la tienda.

—Cien. Y nada más —respondió mamá—. Mira, parece que a él le encantaría hacer negocios conmigo —añadió, señalando un puesto idéntico al otro lado de la calle.

—Está bien, está bien, cálmese. Vuelva.

Nuestra salida era escenificada, parte de la canción y el baile de la negociación. Solo un tonto pagaría el primer precio, incluso yo lo sabía. Teníamos que actuar como si estuviéramos dispuestas a irnos para conseguir lo que queríamos.

—Ponga los cortes más grandes en otra bolsa, por favor —dijo mamá mientras los separaba y doblaba prolijamente sobre el mostrador, con sus manos recorriendo tiernamente el pesado material.

Pagó, dio las gracias al vendedor y nos metimos de nuevo en las calles atestadas, con los dos paquetes metidos bajo el brazo de mamá y mi pequeña mano doblada entre la suya.

—Mamá, ¿pero por qué dos paquetes? ¿Para quién son?

—Shh, shh, hijita —me dijo—. Estate atenta ahora mismo. Tienes que aprender a prestar atención en la ciudad. Tu vida es demasiado despreocupada.

Ella se había criado en La Victoria, un barrio industrial que bordea los límites de la ciudad de Lima antigua. No se parecía en nada a las cuidadas calles de mi barrio. En Lima, las industrias se agrupaban en distritos: zapateros, comerciantes de telas, de piedra y azulejos. La Victoria era la parte de la ciudad dedicada a la industria automotriz. La llamábamos «el centro de reciclaje». Si querías encontrar alguna pieza que te hubieran robado, ibas a La Victoria. Claro que allí había que cuidarse las espaldas. Solo se podía confiar en la familia. Pero, incluso entonces, las lealtades fluctuaban.

Cruzamos la avenida principal, sorteando los autos. Las bocinas pitaban mientras nos apresuramos hacia el cruce de la calle Capón. Una sonrisa se dibujó en mi rostro. Conocía esa esquina. Nos dirigíamos a mi panadería china favorita. Alrededor del mercado, el enorme barrio chino de Lima estaba lleno de chifas, restaurantes fusión de comida cantonés-peruana.

—No hace falta que le digas a tu padre que hemos venido al centro —dijo, entregándome mi bollo de cerdo favorito.

Me pregunté si deberíamos llevarle a mi padre un bocadillo. Su oficina quedaba justo al final de la calle, pero no le gustaba que pasáramos por allí sin avisar. O, en realidad, no le gustaba que pasáramos en absoluto. Yo ya había aprendido a dejar de preguntar.

—Mmmm..., mmm... —tarareé con la boca llena, saboreando cada bocado de ese bollo suave como una almohada.

* * *

Mi padre me dejaba en la escuela todas las mañanas temprano, de camino a su oficina, conduciendo por toda la avenida Angamos. En ese entonces, la hora punta era mínima: algunos colectivos, los autos comunales que hacían las veces de minibuses urbanos, atascaban las pistas, y en los semáforos los canillitas sorteaban los autos para vender a los conductores el periódico de la mañana a través de la ventanilla. Por las tardes, papá me recogía y volvía a casa para almorzar —un almuerzo largo y tardío— antes de volver a la oficina para trabajar hasta la noche. A veces, ni siquiera llegaba a cenar a casa. Esas eran las noches en las que mamá caminaba nerviosamente por la cocina; otras veces se ocupaba de mi hermano Miguel.

Mi madre era una mujer muy activa y difícil de encontrar. Siempre estaba entrando y saliendo de casa, haciendo un sinfín de recados, corriendo de aquí para allá. A veces, en lugar de subirnos al auto para acompañarla, nos dejaba en casa con J. Gran parte de ese tiempo era un borrón de movimiento, luz y ruido.

Una tarde me preparó una pequeña estación de arte en un escritorio de la habitación de invitados con un bloc de dibujo y lápices de colores.

—Mamita, ¿puedo ir contigo hoy? —le rogué con desesperación.

—No —me hizo callar, girando mi cabeza hacia el papel y los colores—. Hoy no, hijita. Quédate aquí con J. Otro día puedes venir.

—Mamita… —le supliqué.

—Ya vengo. —Me dio un beso en la mejilla y salió corriendo antes de que pudiera seguir protestando—. ¡Un ratito! —gritó, ya a mitad de la escalera.

«Un ratito». Mamá siempre salía un ratito. Solo un minuto, un momentito. Todo era en diminutivo. Un poquito de torta. Un sorbito de pisco. ¿Cómo podría un pedacito tan diminuto de algo hacerle daño a alguien?

No recuerdo cuánto tiempo habría pasado desde que se fue antes de oír el silbido de J llegar desde el pasillo.

—¿Silvita? —me llamó por mi nombre con su voz profunda de barítono.

—Ah, aquí estás. —Entró y cerró la puerta tras de sí. Se llevó el dedo índice a la boca—: Shhhh… —susurró. Sus ojos brillaban como si aquello fuera un juego—. Shhhhh…

Solté una risita, asintiendo con la cabeza. ¿A qué íbamos a jugar sin hacer ruido? El juego silencioso. Lo conocía. Tal vez jugaríamos al escondite.

—Ven aquí —su susurro se tornó áspero, apagado.

—¿Qué? —dije.

—Siéntate. —Dio una palmadita en la cama.

Solté el crayón y me dejé caer junto a él. J puso su mano en mi pierna, por encima de mi falda escolar. Su palma se tragó mi muslo y la punta de sus dedos rozaban mi rodilla. Su mano estaba fría y áspera por los años de limpieza. Sentirla contra mi piel cálida me dio escalofríos.

Sus ojos sostuvieron los míos mientras se inclinaba y rozaba sus labios contra mi mejilla. Pude sentir los gruesos pelos de su bigote y me tragué una risita, haciendo lo posible por permanecer en silencio. Debía seguir las reglas del juego. Entonces, hizo algo nuevo. Sus labios se acercaron a los míos. Apretados y resecos, rasparon la piel suave del interior de los míos. Me quedé paralizada. Observó mi cara como si buscara algo. Había visto a mis padres besarse, yo había besado a mi tía, pero este beso se sentía diferente. Le seguí el juego. Lentamente, J empujó el largo pliegue gris de mi falda escolar sobre mi muslo y me indicó que apoyara la cabeza en la almohada. Ya no hubo más risas, no hubo más sonidos. J dejó de susurrar, pero continuó presionando el dedo índice contra sus labios para hacerme saber que seguíamos jugando. Después de un rato —tres minutos, cinco minutos, una hora, una eternidad, no lo sé— me bajó la falda nuevamente y, sin romper el contacto visual, me peinó un rizo suelto que había escapado de mi cola de caballo.

Vi una mancha blanca y pegajosa en mi pierna, y cuando estiré mi mano para tocarla, J la limpió rápidamente con el interior de su camiseta.

—No digas nada —susurró, acercándose tanto que el vapor caliente de su boca me mojó la oreja—. Tus papás saben lo que estoy haciendo y están de acuerdo.

Con J siempre había estado dispuesta a jugar. Me había besado antes en la mejilla, me había acariciado en la cabeza, había jugado conmigo, me había lanzado al aire y todos nos habíamos reído. Mamá y yo. Nuestra risa significaba juego. Y ahora él estaba cumpliendo órdenes, estaba haciendo caso a mis padres, a mi padre, como siempre lo había hecho yo también. No entendía por qué le habrían pedido que hiciera eso, pero no me atrevía a cuestionarlo.

«En conversaciones de adultos se callan los niños», decía siempre mi padre.

Después de eso, J nunca más tuvo que hacer shhhh con la boca. Bastaba con que se llevara un dedo a los labios para que el sonido se agitara en mi mente. Una gran serpiente silenciadora que ahogaba en mí cualquier pensamiento, cualquier impulso de hablar, de cuestionar. Incluso mi silencio era silencioso.

Y así fue como comenzó.

Un juego largo, silencioso y extraño del que nunca conocí las reglas. Lo único que sabía con certeza era que el sonido de la puerta del garaje abriéndose significaba que era el final. La casa comenzó a ponerse de cabeza sobre mí. Sus rincones se oscurecieron.

Cuando mis padres peleaban, sentía que se me clavaban agujas que me adormecían los dedos. Odiaba los gritos, los arranques de furia y la violencia, los jarrones que se rompían, los huesos que se resquebrajaban. Pero aprendí que había algo peor.

El sonido de aquel silbido.

Los juegos silenciosos.

El ahogo de una niña silenciada por una mano.

Todas las noches, antes de acostarme, me arrodillaba frente al velador, entre las camas gemelas donde dormíamos Miguel y yo, y le rezaba al angelito de la guarda:

Angelito de la guarda,
dulce compañía,

no me desampares
ni de noche ni de día.
No me dejes sola, que me perdería.

Le pedía que protegiera a mi padre, a mi mamita, a Miguel y a J. Le pedía que me protegiera. Por favor, no me dejes sola ni de noche ni de día, porque si me dejas sola, me perdería.

* * *

En 1983, yo estaba en tercer grado, y Sendero Luminoso había bajado de las montañas de Ayacucho y comenzaba a infiltrarse en Lima. Estaba en todas las noticias. Torres eléctricas explotando. Apagones. Secuestros. Cochebombas. Un movimiento terrorista interno basado en los principios del presidente Mao, Sendero Luminoso fue encendido por un profesor de filosofía en los Andes centrales que rodean Cusco. Él creía que arrebatando la tierra y el poder estatal de las manos de los burgueses para devolvérselos al proletariado, Perú podría convertirse en una nación más justa. Sin embargo, los métodos de Sendero Luminoso eran sangrientos e inflexibles.

Era una época de precisión tiránica y de arrebatos violentos. La corriente de peligro era luminosa, tanto dentro como fuera de mi casa.

Una tarde, esperaba a mamita para ir a visitar a su hermana, tía Irene. El reloj de la cocina marcaba las tres y media, no, no... las seis y cuarto. A menudo confundía las manecillas pequeñas con las grandes. Mi estómago rugió, pero no me atreví a llamar a mi mamá. De todos modos, la hora era irrelevante para ella: una ligera sugerencia más que un momento fijo. Había aprendido a esperar con paciencia.

—¡Segundo, noo, noo, noo!

Un grito desde el piso de arriba desgarró mi bruma hambrienta.

—¿Qué haces? ¡Noooo!

¡Mamá!

Nuestra escalera se extendía desde la puerta principal hasta el segundo piso. Preocupada, subí corriendo de puntillas y me asomé a través de los listones de la baranda. En el piso de arriba, mi madre estaba de rodillas, mientras mi padre le lanzaba una lluvia de golpes en la espalda, en la parte superior de la cabeza, en los brazos, en cualquier parte que pudiera alcanzar.

—¡Hija de puta! —gritó.

Subí dos escalones más. Mientras la golpeaba, mamita se puso rígida, contrayendo su cuerpo y metiendo los dedos en las palmas. Como una tortuga que se repliega en su caparazón.

—¡No! —grité, subiendo a toda prisa lo que quedaba de las escaleras. Mis pies, enfundados en las medias, se resbalaron por el piso de madera, haciéndome caer sobre las manos y las rodillas. Subí a gatas los últimos escalones—. ¡No a mi mami!

Las tupidas cejas de mi padre se fruncieron y una furia incontenible apareció en sus ojos. Desesperada, lancé mi cuerpo entre ellos. «Quizás ahora me escuche. Tal vez se detenga…», pensé. Pero su puño me golpeó la nariz y oí un crujido antes de sentir la ola negra y caliente que me bañaba. Caí al suelo y me hice un ovillo junto a mi madre. La sangre chorreaba por mi nariz: un color rojo fuego que contrastaba fuertemente contra la brillante madera coñac.

—¡Imbécil! —Mamá consiguió ponerse de pie, aprovechando la momentánea conmoción de mi padre—. Mira lo que has hecho. ¡Le has roto la nariz a tu hija! Mi hijita, ay, mi hijita. Levanta la cabeza.

Mamá corrió al baño y cogió un puñado de motas de algodón. Rompió una por la mitad e hizo una bolita que presionó contra mi fosa nasal izquierda, luego me llevó al sofá y me acuñó entre sus brazos, apoyando mi cabeza en el pliegue de su codo.

Pero la hemorragia no se detenía. Empecé a temblar.

—Vamos al médico. —Mamá se levantó bruscamente y, sin decirle nada a mi padre, me bajó por las escaleras, salió por la puerta principal y me metió en el asiento delantero del auto de mi padre—. Mantén la cabeza arriba.

—Mamita, ¿me voy a morir? —pregunté.

—No, hijita, estarás bien.

Apoyé la cabeza contra el asiento y apreté mi nariz con los dedos, procurando no manchar de sangre los asientos color *beige*.

En la sala de Emergencias, mamá y yo acercamos al mostrador de admisiones.

—Mi hija se cayó de un banquito y se golpeó la cara —explicó mamá con calma—. He taponado su nariz con un algodón, pero la hemorragia no se detiene. Puede que se haya roto algo.

Molesta porque las enfermeras pensaran que había sido culpa mía y confundida porque mamá no recordaba lo que acababa de pasar, jalé de su chaqueta.

—Pero, mamá, no me he caído... —Ella me miró con los ojos llorosos y me acarició el pelo. Mi boca tenía un sabor metálico por la sangre, sentí que unos pequeños coágulos se deslizaban por la parte posterior de mi garganta.

—Shhh, cállate, hijita —dijo—. Shhh. No digas nada. Quédate callada.

Me tragué mis palabras.

—¿Quieres salchipapas? —preguntó mamá cuando salimos del hospital.

—¡Sí! —exclamé. El dolor ya había sido reemplazado por la idea de unas saladas papas fritas crujientes y unas salchichas ahogadas en mayonesa y kétchup—. Pero, mamá, una preguntita. ¿Y qué va a pasar con la sangre que se quedó en el suelo?

—No te preocupes, hijita, J la limpiará mañana.

Había tantas cosas que tenía que callar.

Y mientras yo callaba, las bombas que venían de las montañas se hacían más fuertes. Sendero Luminoso estaba invadiendo Lima, infiltrándose en la ciudad e incendiando autobuses y bombardeando calles residenciales. El creciente caos que se vivía fuera de mi casa coincidía con el creciente caos interior.

* * *

Tía Emérita siempre rezaba por el pollo antes de degollarlo. Como cumpleañera, mi trabajo consistía en sujetar sus alas y mantenerlas firmes. Había colocado un balde de plástico debajo de la escalera, en la alacena que estaba fuera de la cocina.

—¡Silvita, ven! —Su voz era alta y aguda.

—Mamá, ¿por qué tengo que hacerlo? —protesté.

—¡Cállate y no te quejes! —mamá me regañó—. No le faltes el respeto a tu tía. Ella ha viajado desde muy lejos para estar aquí contigo.

Si hay algo que mamita no toleraba, era el engreimiento. Especialmente frente a mi tía, que había traído un pollo vivo criado por ella misma y lo había cargado en su regazo todo el camino desde Puente Piedra. El barrio de tía Emérita estaba en las afueras de Lima, donde muchas familias vivían en las laderas de los cerros, en chozas, sin agua, gas ni electricidad. Para llegar hasta nuestra casa, mi tía había tomado el Covida, un viejo autobús que viajaba en una dirección general, pero sin un horario ni un recorrido establecidos, parando en cualquier esquina con tanta frecuencia que el viaje de cuarenta kilómetros hasta nuestra casa le tomaba dos horas. Tía Emérita había atado dos bolsas de plástico sobre parte del cuerpo del pollo, como si fuera un pequeño bolso, y lo había metido dentro de un gran saco de yute. Durante el trayecto, y para que el pollo recibiera un poco de aire, de vez en cuando lo sacaba del saco y lo ponía en el asiento de al lado o en su regazo, si el autobús estaba lleno. Antes de llegar, lo guardó nuevamente y se apareció en nuestra puerta con el saco colgado en su hombro y una amplia sonrisa en la cara.

Tía Emérita era la madrina de Miguel y la prima hermana de mi padre. Había dejado Santa Cruz de Chuca cuando terminó la escuela primaria para venir a vivir con mi padre a Lima, con quien se quedó hasta que se enamoró y tuvo a mi primo Felipe. Se mudaron a una modesta casa de ladrillos, donde mi tía vendía pollos, chanchos, conejos y pavos desde su tienda de la esquina. En la sierra, de donde era mi tía, se acostumbraba llevar como regalo de cumpleaños algo que uno mismo hubiera criado o cultivado: papas, pollos, humitas, choclo. Compartir el fruto de tu trabajo, como un pollo para sacrificar, era más significativo que cualquier muñeca, caramelo o juguete.

Pero eso no significaba que yo tuviera algún interés en el pollo. Yo era una niña de ciudad, una limeña, acostumbrada a comer carne ya muerta y desplumada.

Hija… —Mamá se arrodilló a la altura de mis ojos, suavizando su voz—. Este es el regalo de tu tía. Está lleno de amor.

Desde la sala podía oír el cacareo del pájaro. Una gran olla de metal con agua comenzó a hervir en la estufa.

Sabía que no podía resistirme. Ya tenía siete años y era prácticamente una mujer. Supongo que tenía sentido. Estaban ocurriendo muchas otras cosas que no entendía. ¿Por qué no iba a ser capaz de matar un pollo?

Y lentamente caminé hacia mi destino.

Miguel y nuestro primo Felipe, que era seis años mayor que yo, se pararon al lado de tía Emérita, saltando el uno sobre el otro para poder ver al ave. De lo más profundo del maloliente costal, tía sacó un impresionante manojo de plumas blancas y anaranjadas. Olía a bolitas de pienso y a tierra, y su cuerpo estaba envuelto en dos bolsas de plástico. Las quitó lentamente y me indicó que lo agarrara con fuerza. Pero mis manos no alcanzaban a rodearlo por completo, y el pájaro se agitaba y cacareaba bajo mi tímido agarre.

—¡Agárralo bien, niña! —gritó tía Emérita—. Que no se te escape.

Las púas de las plumas se clavaron en la delicada carne de mis dedos. Apreté más fuerte y sentí el corazón del pájaro latir contra mis palmas sudorosas. Durante un minuto, nuestros latidos se sincronizaron.

—¿Los pollos tienen miedo a morir? —le pregunté a tía.

—Amor es matarlo rápidamente, Silvita —respondió.

Por lo que había visto, el amor era explosivo, sísmico; una compleja ecuación de secretos y encubrimientos, de estados de ánimo siempre cambiantes. Hipnotizada por el calor del cuerpo del pollo palpitando entre mis manos, comprendí que el amor podía ser algo más tierno.

En ese momento, el pollo se calmó.

Y antes de que pudiera volver a interrogarla, tiró de la cabeza del pollo hacia atrás con una mano, y con un movimiento limpio y rápido le abrió el cuello. Una fuente de sangre escarlata y brillante brotó de su cuerpo convulso y cayó en el cubo, luego fue reduciéndose a chorros cortos. Tía presionó su mano libre sobre la mía para asegurarse de que no aflojara mi agarre.

Poco a poco, las violentas sacudidas del pollo disminuyeron y luego se detuvieron abruptamente. Parpadeé. Había estado conteniendo la respiración. Pequeños puntos de color rojo me mancharon la cara. Pintura de guerra. Cuando por fin inspiré, el aire se sentía metálico y espeso. Tía me arrebató el pollo y con un cuchillo de carnicero le cortó la cabeza. Trajo la olla hirviendo y vertió el contenido en otra que estaba junto a la escalera, luego sumergió el pollo en el agua humeante para aflojar las plumas de la piel. Teníamos que trabajar deprisa, dijo tía, mientras nos sentábamos en los escalones, rodilla con rodilla, y arrancábamos todas las plumas del cuerpo, asegurándonos de no perder ni una sola. Una pluma enterrada en la carne era prueba de la matanza. La ausencia de plumas significaba que no había habido agonía.

Con el pollo muerto y desplumado, comenzaron los preparativos para el almuerzo de cumpleaños. Mamita y tía Emérita estaban preparando mi plato favorito: arroz con pollo. De camino a la cocina, tía apartó el cubo ensangrentado con el pie. Más tarde lo usaría para hacer sangrecita, un guiso a base de sangre de pollo.

«Amor es matarlo rápidamente», había dicho.

«El amor debe ser sangriento», pensé.

Eran las diez de la mañana. Durante las dos horas siguientes, mamá y tía desaparecieron en un frenesí de cocina y chismes. Picaron ajo, cocinaron el arroz blanco, trocearon el pollo y prepararon una causa de atún, un plato frío de papa prensada rellena de atún y mayonesa. De repente, la casa se llenó del olor verde y terroso del cilantro guisado. Mientras el pollo se doraba en la estufa, su sangre se cocinaba a fuego lento en otra pequeña olla, coagulándose y cuajándose en un guiso que parecía carne molida.

Miguel y Felipe jugaban fulbito en la entrada. Mi padre, como siempre, seguía en su oficina.

Pronto se serviría el almuerzo en la mesa decorada para diez personas de nuestro raramente utilizado comedor «elegante». Tía sacó los platos finos y las copas doradas que mis padres solamente usaban en ocasiones especiales. El delicado cuenco de cristal, con su fino anillo de oro, era algo en lo que podría beber una princesa.

—Trae una botella de pisco, Silvita —pidió mi madre—. La grande.

Salté hacia el pequeño almacén debajo de la escalera, donde mis padres guardaban el licor. Era un espacio oscuro y abierto, apenas más alto que yo. La puerta pequeña de madera contrachapada crujió cuando la abrí. Tras un laberinto de frejoles enlatados, bolsas de arroz y azúcar de cuatro kilos, y una gran cantidad de botellas de Inca Kola, sobresalía un brillante despliegue de botellas de aspecto mágico. Una variedad de piscos, ron Cartavio, *whisky* J&B y Campari, con su líquido naranja eléctrico y su sello real. La puerta se cerró detrás de mí y no me moví para abrirla. Los sonidos de la cocina se sentían apagados. Solo una pizca de luz se filtraba por debajo de la puerta. Estaba encantada en la suave oscuridad de la habitación.

En el segundo piso tenía una habitación, pero ya no era mía. J podía encontrarme ahí en cualquier momento. Debajo de estas escaleras, las sombras de mi hogar no parecían tan desalentadoras. Cálido, oscuro y de dulce aroma, era como un portal a otra tierra, pero no a otro lugar que me tragaría entera, sino a una tierra en la que no tenía que preocuparme de que mi tía viajara sola mientras las bombas destrozaban la ciudad. Donde no estaba atrapada esperando que alguien, cualquiera, me dijera por qué J hizo lo que hizo. Para los adultos esta también debía ser una habitación especial, porque todas esas botellas —los brebajes astringentes y almibarados, sus vinos, sus *whiskys*, sus piscos, que eran los que peor olían— siempre parecían alegrar el ambiente.

—¡Silvia!

Agarré la primera botella que tocaron mis dedos y salí corriendo del almacén, cerrando la puerta tras de mí. En la cocina, la batidora estaba en marcha. Puse el pisco en el mostrador mientras mamá leía en voz alta su receta para el pisco *sour* de fresa perfecto, una bebida de celebración de cumpleaños:

—Dos tazas de fresas, media taza de azúcar, una taza de pisco, una taza de agua, tres tazas de hielo y el zumo de dos limones

Me lamí los labios al ver las fresas y todo ese azúcar.

—¡Segundooo! ¡Segundo! La comida ya está lista.

Mi padre salió de su oficina, rígido y sin sonreír. Observó el paisaje. Mientras todos se sentaban a comer, se podía percibir la inquietud en el rostro de mi madre al verlo dar el primer bocado. Él asintió con la cabeza y tomó otro, y la mesa estalló en una alegre charla.

—¡Salud, comadre; salud, compadre! —gritaban.

Todos levantaron sus elegantes copas, llenas hasta el borde de pisco de fresa; la mía, solo hasta un tercio de la copa. Un poquito. Una porción de niño. Al beberlo, primero sentí frío, luego la dulce mezcla del azúcar y el licor, y un calor abrasador al derretirse en mi garganta. Me atoré un poco y mi padre se rio, casi con orgullo. El licor fue una descarga eléctrica en mi columna vertebral. Un cosquilleo en el cerebro. Un pequeño zumbido sobre mi piel. Una oleada de confort.

De placer.

Al otro lado de la mesa, mis padres brindaron y se besaron ligeramente en los labios. Verlos tocarse me iluminó. «Borrón y cuenta nueva», le gustaba decir a mamá. Beso y cuenta nueva. Lo hacían en días especiales. Olvidé las peleas, los gritos. El pasado no importaba. Era una pizarra limpia. Por este día, al menos.

Tomé otro sorbo. Quería olvidar. Quería empezar de nuevo.

—¡Salud a ti, mi querida Silvita! —me susurró mamita—. Ya tienes siete años. Qué edad tan bonita. Te estás convirtiendo en una jovencita.

—Sigue estudiando —refunfuñó mi padre—. Una mujer joven, sí. Ahora puedes mantener limpia tu habitación.

En todos los dibujos animados de la mañana y en los cuentos de hadas, la princesa salía de su casa del brazo de un apuesto príncipe. Intenté encajar nuestro retrato en ese marco, pero ningún cuento de hadas se ajustaba a mi historia. Mi padre parecía más el padre de mamita que su príncipe. Su pelo era plateado, mientras que el de ella era todavía castaño oscuro. En los partidos de fútbol de la escuela, él no se peleaba ni participaba como los otros padres. Un hombre mayor, una mujer más joven. ¿Tal vez se conocieron como J y yo? Si J era quien mi padre había elegido para mí, ¿eso lo convertía en mi príncipe?

Todos terminaron sus piscos, y Sandra, nuestra ama de llaves, puso sobre la mesa botellas de dos litros de Inca Kola. Pero antes de llegar al postre, tía Emérita se levantó de repente. Quería regresar a su casa antes de que anocheciera. Sendero Luminoso continuaba poniendo cochebombas al azar por la ciudad. Las rutas nocturnas de los autobuses eran peligrosas e imprevisibles. Especialmente para una mujer y un niño solos.

—Esos senderistas —dijo tía Emérita—. ¡Están destruyendo todo!

Mi tía, como la mayoría de la gente con la que ella y mi padre habían crecido, era una proletaria, uno de los grupos por los que Sendero pretendía luchar, pero tía maldecía su sangriento accionar.

—¿Cómo vamos a ser libres, si eso significa matar a muchos de los nuestros?

Mientras la sala se sumía en debates, Miguel y Felipe corrieron a la sala, y yo me escabullí a la cocina y me tomé lo último que quedaba del pisco *sour*, directamente de la licuadora a mi boca. Su calidez agridulce se sintió como un abrazo interior. Me pasé las pepitas por la lengua, saboreando su crujido arenoso y recordando las mañanas de antes con J, cuando él, mamá y yo nos sentábamos en nuestra mesita en medio de la soleada cocina, el sabor de la maracuyá estallando en mi boca.

Mis padres no se dieron cuenta de que me había ido, así que salí lentamente por la puerta lateral y entré por el pasillo interior donde habíamos matado el pollo. Subí corriendo los tres tramos de escaleras hasta la azotea. Pasando el lavabo había una corta escalera que llevaba al techo. Con mucho cuidado de no enganchar mi nuevo traje de cumpleaños con la madera astillada, subí lentamente hasta el techo de hojalata brillante. Todavía algo mareada por el pisco, me acerqué cuidadosamente al borde del tejado y me incliné hacia el sol poniente. Pude ver, más allá de las copas de las poncianas rojas, los cerros a la distancia. Enormes y cubiertos de *smog*, los cerros de las afueras de Lima eran el hogar de miles de personas que habían reclamado la tierra ocupándola. Primero construyeron pueblos jóvenes, sin agua potable ni electricidad, hasta que el lugar acabó siendo suyo.

Miraba los cerros e imaginaba un lugar libre de secretos. Un lugar muy lejos de aquí. Un lugar donde pudiera respirar mi propio aire. En la acera, delante de mí, un heladero empujaba su carrito amarillo, soplando su silbato plateado como una flauta mágica. ¡Whuu whuuut! Los niños del barrio salieron corriendo de sus casas, con monedas en la mano para comprar una caja de bombones o un Peziduri.

¡Whu whuuut!

Ese silbido significaba helados, que había llegado la primavera o que el verano estaba en camino. Significaba el fin de la estación seca. Significaba, si teníamos suerte, viajes a El Bosque, un encantador club campestre a las afueras de la ciudad, donde era libre de correr y jugar, de escuchar los sonidos de los pájaros, de percibir los colores y los aromas de las plantas, pequeños actos que se perdían para mí en la represión punitiva de mi casa.

El silbido del heladero era una llamada a jugar. De inocencia. De disfrutar de la infancia.

Pero esa noche, mientras escuchaba desde mi escondite en el tejado, el sonido empezó a deformarse. A transformarse en algo más complejo y siniestro. Me asomé un poco más al borde y cerré los ojos con fuerza. Quería aferrarme a ese dulce silbido del heladero solo un poco más. Pero era demasiado tarde. El «fiu-fiuuu» del silbido de J bailaba junto a este, retorciéndolo y doblándolo, hasta que los dos silbidos se volvieron indistinguibles. Hasta que se convirtieron en uno.

El mundo entero se arremolinó debajo de mí: silbidos y salpicaduras de sangre y pisco.

«Amor es matarlo rápidamente».

No habría borrón y cuenta nueva para mí.

CAPÍTULO 3

MITONES DE CUMBRE

Katmandú, Nepal, 2016

A las siete de la mañana estaba completamente despierta; mis oídos seguían zumbando por la cacofonía con que nos recibió Katmandú la noche anterior. El bip-bip de las bocinas de los ciclomotores. El largo suspiro humeante de los autobuses exhaustos que resoplan por las calles abarrotadas. Katmandú es densa. Katmandú es sucia. Katmandú es caótica.

Me siento como en casa.

Es la Lima de los años ochenta. No del lado cuidado de la ciudad, el de Miraflores o el de Barranco, sino de Puente Piedra, el centro de Lima. Camionetas de estilo combi que hacen sonar sus bocinas y pasan zumbando de a tres por un mismo carril, motocicletas que conducen en sentido contrario para cortar el tráfico, familias enteras que viajan sin casco. Peatones cruzando imprudentemente la calle. La Lima donde hordas de vendedores ambulantes pululaban por las calles y el tráfico no estaba regulado. Mierda, nada estaba regulado. Si podías conducir en el centro de Lima, podías conducir en cualquier lugar con un volante a la izquierda.

Aturdida, pero demasiado excitada para dormir, me doy la vuelta en la cama y trato de disfrutar las sábanas de cuatrocientos hilos. Esta es mi última noche en una cama de verdad por los próximos dos meses. Durante las dos semanas que durará el viaje hasta el Campamento Base, dormiré sobre catres duros en casas de té, y después, durante las seis semanas de entrenamiento para llegar a la cumbre del Everest, dormiré en una carpa. Intento aferrarme a este minuto, como si fuera una eternidad; sumergirme en la comodidad de las sábanas del hotel y su descanso esponjoso, para capturar un momento de quietud y respirar el fresco murmullo del aire totalmente oxigenado. Pero relajarme nunca ha sido mi fuerte. Hay demasiado por hacer.

Ang Dorjee, mi guía, vendrá pronto a revisar mi equipo, y todo está hecho un desastre. Me levanto de la cama y abro las pesadas cortinas opacas, dejando que la luz se filtre a través de los visillos. Mi ventana tiene vista a la piscina, y más allá se pueden ver hectáreas de exuberante y cuidado césped. Lejos del caos del centro, el Annapurna es uno de los pocos hoteles de lujo en Katmandú. Vale la pena por un par de noches de comodidad antes de la caminata. Me lavo los dientes, me pongo una camiseta de Courageous Girls y un chaleco de plumas, y descargo el contenido de mis maletas sobre las dos camas dobles. Es como una venta de garaje: ropa por todos lados —chaquetas delgadas, chaquetas gruesas, chalecos, pantalones— apilada contra las cabeceras de madera. Botas y linternas frontales, y pequeñas colinas de bocadillos deshidratados. En el Everest, un equipo defectuoso puede ser la diferencia no solo entre la cumbre y el fracaso, sino entre la vida y la muerte.

No es el momento de tacañerías. Especialmente en mi primer intento.

Para la expedición de dos meses hasta la cumbre, tenemos que empacar cuatro mochilas con equipos y conjuntos diferentes: una para la caminata hacia el Campamento Base, una para la vida cotidiana en el Campamento Base, una para el entrenamiento de rotación y una grande para la cima. Es una pesadilla logística, y la organización nunca ha sido mi fuerte.

Me pongo a clasificar todo en montones.

Me falta algo. No puedo precisarlo, pero se siente como un murmullo sordo en el fondo de mi cerebro. Un acecho familiar.

He olvidado algo importante. Olvidar algún elemento fundamental de mi equipo es mi marca registrada. A veces me pregunto si es realmente un olvido o el resultado de sentirme inacabada, como si hubiera una parte de mí ahí fuera que aún no he podido encontrar.

Se oye un golpe seco en la ventana.

Maldita sea.

Son exactamente las nueve. No las 9:20. Ni siquiera las 9:05. Estoy completamente segura de que el sherpa Ang Dorjee no maneja la hora peruana.

—¿Tienes la lista? —me pregunta mientras abro la puerta lentamente. Su voz se eleva, con un dejo británico en su acento nepalí.

Asiento con la cabeza.

—Pase, por favor —digo inclinándome instintivamente.

Ang Dorjee es miembro de la realeza del Everest, nacido para escalar. Su padre fue Nima Tenzing sherpa, el guía que ayudó al montañista británico Chris Bonington a llegar a la cumbre en los años setenta y ochenta, cuando escalar el Everest era aún más raro y prestigioso. Un gran maestro sherpa, Ang Dorjee ha llegado a la cumbre del Everest veinte veces y fue uno de los héroes durante la desastrosa temporada de 1996 que Jon Krakauer conmemoró en *Into Thin Air*. Ahora vive en Estados Unidos con su esposa norteamericana y sus dos hijos, pero regresa al Himalaya cada año para guiar a los escaladores en el Everest y visitar a su familia.

Nuestro equipo de expedición es un grupo de montañistas de élite compuesto por ocho personas y dirigido por Adventure Consultants, una de las primeras empresas de guías del Everest. A pesar de haber trabajado mucho para ganarme el puesto, me siento afortunada de que me hayan dejado unirme en el último momento. El resto del equipo partió hace dos días con Mike, el guía principal, hacia la caminata de sesenta y cuatro kilómetros hasta el Campamento Base. Yo debería haber estado con ellos, pero no pude salir antes de Estados Unidos. Ang Dorjee tuvo la amabilidad de retrasar su partida para recibirme en Katmandú, revisar mi equipo y dárselo a los sherpas para que lo transportaran hasta el Campamento Base.

Ang Dorjee se para en posición de vaquero al final de la cama, y de una carpeta saca un papel con mi nombre. La sombra del bigote oscurece su ancha cara color caoba. Una sonrisa se dibuja en sus labios finos y secos.

Decidida a demostrarle que estoy preparada, busco en mi mochila las hojas con el listado del equipo que imprimí en San Francisco.

—¡Ta-da! —digo incómodamente, sacando un fajo de papel arrugado del fondo de mi equipaje de mano.

Con una ligera sonrisa, Ang Dorjee coge el papel y lo alisa entre sus manos musculosas y curtidas. Recorremos la lista de cien artículos a toda velocidad, mientras me deslizo entre las camas dobles, rebuscando frenéticamente entre mis montones de ropa y levantando los artículos para que él los marque.

—Bolsa de dormir para menos cuatro grados —dice.

—¡Comprobado, mi capitán! —le digo, adoptando mi mejor postura de atención.

Ni siquiera consigo una sonrisa.

—Bolsa de dormir para menos cuarenta grados —dice.

Este es para las noches por encima del Campamento 3.

—¡Comprobado!

—Botella para orinar —sigue.

—Debería haber comprado esto al por mayor —me río.

Pero Ang Dorjee sigue con la lista. No se ríe.

—Demasiado grande —señala con la cabeza el termo que había elegido a sabiendas de que era voluminoso, pero anulada por las visiones de un té interminable en las mañanas heladas.

—Vamos a las botas —dice.

Las botas no son solo un artículo más en la lista para esta expedición, sino una categoría entera.

—¿Botas de vivac?

—Comprobado.

—Polainas de nieve.

—Comprobado.

—Botas de escalada.

—Comprobado, comprobado, comprobado —digo, recogiendo botas del suelo, de debajo de la cama, de encima de mi almohada—. ¡Y estas botas están hechas oficialmente para caminar!

Mi actuación es deprimente. Ni una arruga amistosa en su rostro curtido. Ni siquiera una risa de lástima. Ang Dorjee hace una última revisión de mi equipo mientras yo me muerdo las cutículas. Los estadounidenses suelen calificar erróneamente a los sherpas como excesivamente cálidos y dóciles, casi caricaturescos en su cuidado, y yo también lo hice al principio, pero no hay duda de que Ang Dorjee es un macho. Su piel está curtida como el cuero por los años de escaladas, pero hay algo en su naturaleza severa y autoritaria que me recuerda a mi padre. Su sequedad me toca una fibra sensible. De repente, vuelvo a estar en un aula. Cuarto grado en el María Reina de Lima. Mi uniforme planchado y almidonado. Levantando la mano, recitando con orgullo todas las respuestas correctas, buscando ese crédito extra. Buscando validación. ¿Cree Ang Dorjee que lo que intento es absurdo? ¿Cree que es posible que logre llegar a la cima? Quiero preguntar, pero me trago el globo de mi ansiedad. «Silvia, mantén la calma, carajo. ¡Eres una mujer adulta!», me digo.

—Chaquetas —continúa.

Otra categoría en sí misma.

—¿Chaqueta para el Campamento Base? ¿Chaqueta de Gore-Tex? ¿La de peso medio?

—¡Comprobado!

—Pantalones de cumbre.

—¿Ah? —Me quedo congelada.

—¿Pantalones?

—¿Qué?

—PANTALONES —repite con sequedad.

—Pantalones, sí, eh… por supuesto.

Pantalones de cumbre. Mierda. Eso es. ¡Mierda, mierda, mierda, mieeerda!

Los pantalones de cumbre no son opcionales. En la cima del Everest, el aire tiene menos de siete por ciento de oxígeno. A esa altura, todo es una batalla entre el peso y el calor. Llevar ropa demasiado pesada hace que te cueste respirar; demasiado ligera, y te congelas al instante. Los pantalones de cumbre, o de 8000 metros, proporcionan aislamiento sin mucho peso ni volumen. Sin tiempo para más, rebusco en mi mochila y vuelvo mis pasos desde Katmandú a Hong Kong y a San Francisco, hasta mi acogedor departamento de dos dormitorios en Twin Peaks, en una empinada cuadra con vistas al parque Glen Canyon. En el comedor, sobre la mesa, veo mi computadora. Hay una pestaña de internet abierta en Backcountry.com, donde un par de pantalones especiales de cero absoluto, «específicamente diseñados para elevaciones por encima de los 7900 metros», están en mi carrito de la compra.

Nunca completé el pedido.

—¡Maldita sea! —levanto las manos.

Ang Dorjee sonríe amablemente mientras yo intento reírme de mi vergüenza por olvidar una de las piezas más vitales del equipo para esta excursión de vida o muerte. Por primera vez, sus finos labios se separan para revelar una boca llena de dientes blancos y prístinos.

—Ningún viaje está completo sin que me olvide de algo —digo riendo—. Después de diez años de escaladas, al menos solo me falta una.

—¿Mitones? —pregunta, con un leve indicio de cansancio en la voz.

—¡Sí! —grito, levantándolos por encima de mi cabeza como una buena estudiante, pero mi confianza está aplastada. Se trata de una versión mejorada de los guantes mullidos que los niños estadounidenses lucían en los programas de televisión cuando jugaban o se embarcaban en peleas de bolas de nieve; los mitones de cumbre son símbolos de llegada. Se reservan para los últimos días en el Everest, cuando las temperaturas caen tan rápido que cualquier piel expuesta corre el riesgo de congelarse al instante. La gente cree que caer de la cima del mundo es el mayor riesgo, pero es el frío el que mata a la mayoría de los escaladores. A 8000 metros de altura, incluso los termos de agua deben mantenerse dentro del traje de plumas en todo momento. Si escapan del aislamiento, se congelarán al instante. Lo mismo ocurre con las manos.

El congelamiento es el beso de la muerte.

Meto los mitones en la mochila grande para la cumbre y luego deslizo mi mano en el bolsillo delantero para comprobar, por tercera vez, que mis fotos siguen ahí. Sintiendo sus bordes resbaladizos entre el pulgar y el índice, cuento uno, dos, tres. Me concentro en el motivo por el que estoy aquí. Para honrar, para llorar, para crecer. Ang Dorjee me hace un gesto para que cierre la mochila y la asegure con el pequeño candado. Mis ojos se enfocan en los mitones de cumbre. Me susurran estribillos de duda: «Es imposible que lo consigas. No llegarás lo suficientemente lejos como para usarlos». Ya he comprado un seguro de cancelación por un valor de 50 mil dólares.

Sin decir nada más, Ang Dorjee escribe «PANTALONES Y TERMO», y me entrega el trozo de papel.

—Ir de compras en Thamel será nuestro primer asunto del día. Las chicas también necesitan comprar algunas cosas —le digo.

Antes de reunirme con Ang Dorjee y mi equipo de expedición para iniciar mi primer intento de llegar a la cumbre del monte Everest, guiaré a cinco excursionistas principiantes —tres mujeres de Nepal y otras dos de San Francisco— en la caminata de sesenta y cuatro kilómetros hasta el Campamento Base.

—Están muy emocionadas por la caminata, Ang Dorjee… —empiezo a divagar.

De repente, hace una reverencia:

—Volveré por tus mochilas a las siete de la noche —dice.

Asiento con la cabeza en señal de agradecimiento, pero sale por la puerta antes de que pueda decir un «namasté».

En treinta años de escaladas, Ang Dorjee lo ha visto todo. Debe pensar que soy una idiota. Que soy una imprudente por guiar a las chicas hasta la base de la montaña justo antes de mi primer intento por llegar a la cumbre.

* * *

La mayoría de las personas que intentan llegar a la cima del Everest planifican y ahorran durante años. No piensan en nada más que en ello. Respiran, comen y sueñan con el Everest. Se vuelven expertos en sus leyendas y tradiciones. Se visualizan a sí mismos en la cima, a través de meditaciones guiadas, entrenamientos y escaladas brutales de un mes de duración, con la esperanza de que, si consiguen hacer una ósmosis entre aquella topografía y su ADN, sus posibilidades de llegar a la cumbre serán mayores.

Yo también he soñado con este ascenso durante años, pero de un modo distinto.

En 2005 seguí una visión que no entendía hasta Katmandú. Fue un salto de fe. Y por dar ese salto, por confiar finalmente en mí misma, pensé que sería recompensada por algún destello de divinidad: picos imponentes en todas las direcciones, una luz blanca y cuencos tibetanos de cristal, tal vez. Pero, en lugar de eso, fui transportada de vuelta al caos de mi juventud. Los autobuses. El *smog*. El ruido. Caminar por las calles de Katmandú en 2005 fue como dormirme y despertar en Lima.

Y ahora, en mi habitación del Annapurna, en mi tercer viaje al Himalaya, solo puedo reírme de lo arrogante que fui durante aquella primera visita. No sabía entonces cuánto dolor hay en la sanación. Cuánta mierda y suciedad.

Para sanar, tendría que atravesar el caos. No solo aparecer al pie de la montaña lista para ser bendecida.

Pero sigo esperando. Incluso ahora. ¿Esperando qué? ¿Un visto bueno celestial? Que alguien —mis compañeros, la montaña, Dios, Ang Dorjee— me valide. Sentir que he hecho lo suficiente. Que soy suficiente. Llevo corriendo a punta de adrenalina, huyendo de mí misma, desde finales de los noventa. Mi zona de confort está entre el cataclismo y lo suficientemente salvaje como para que todo salga bien.

Y la mayoría de las veces es así.

Pero en este viaje no es solo mi trasero el que está en la línea de fuego. Tengo la responsabilidad de cuidar de las chicas.

¡Esto es tan típico de mí!

Asumir demasiadas cosas a la vez. Presionarme a mí misma por conseguir algo que ya es excesivo, y luego espolvorear «un poquito más». Solo un poquito más, ¿no? Como mi madre siempre decía.

Un ratito. Un poquito de pisco. Solo un sorbito. ¿Cómo el «solo un poquito más» podría doler?

Es como si solo me sintiera viva cuando estoy haciendo tantos malabares que algo está a punto de caer.

En los años ochenta, el psicólogo canadiense Frank Farley identificó lo que denomina personalidades de tipo T (del inglés *thrill seeking*) o buscadores de emociones fuertes. Las personalidades de tipo T están genéticamente obligadas a correr riesgos y a superar los límites. A través de su investigación, el Dr. Farley descubrió que, si este «gen» de la búsqueda de emociones fuertes se reconoce a tiempo y se les da a estas personas desfogues, la oportunidad de asumir riesgos productivos, estas pueden ser moldeadas para convertirse en estrellas y líderes intelectuales. Pioneros. Montañistas de talla mundial. Pero si son dejados a su aire, su primer contacto con el comportamiento autodestructivo puede derivar fácilmente en un estilo de vida de apuestas, crimen o adicción. Muchos de los innovadores y criminales del mundo son de tipo T. Las circunstancias sociales dictan si se convierten en creadores o destructores, pero los beneficios —la adrenalina, la dopamina, el subidón— son los mismos en ambos casos.

«Los apostadores suelen ser más felices cuando están perdiendo», escribió Farley, «porque es en ese momento cuando están más cerca del fracaso».

Las llevaré al Campamento Base, aunque me mate en el intento.

Una vez que lo consigamos, *si* es que lo conseguimos, las chicas darán la vuelta y yo intentaré llegar a la cumbre. Mis amigos montañistas no entienden por qué quiero aprovechar mi primer intento por alcanzar la cima del Everest para guiar a un grupo de jóvenes novatas en la brutal caminata hasta el Campamento Base en lugar de concentrarme en mi propia expedición.

«Estarás exhausta antes de empezar», «¿Por qué demonios harías todo eso de una sola vez?», «Esto es el EVEREST, Silvia, no una excursión cualquiera. No es un viaje de fin de semana. Es el Everest». Lo había escuchado todo. Pero no me importaba.

No podía explicarles a aquellos montañistas que llevaban toda la vida trabajando para tener la oportunidad de llegar a la cumbre del

Everest, por qué me lo estaba complicando todo. No podrían entender que lo más importante para mí no es la escalada, sino la promesa. La promesa que les hice a las chicas y a mí misma una década atrás.

Estoy escalando para que las promesas vuelvan a significar algo. Se oye un suave golpe en mi puerta.

—Querida Silvia, están aquí —llama una voz baja y cálida. Lucy—. Están aquí. Las chicas nepalíes nos esperan en el vestíbulo.

Siento que las lágrimas caen por mis mejillas. ¡Dios santo, y es solo el primer día! Soy la líder intrépida. La que ha estado entrenándolas como un sargento en las empinadas cuestas de la ciudad durante meses. Empujándolas hasta las lágrimas en los durísimos entrenamientos dos veces por semana. ¿Qué clase de líder solloza constantemente? Miro mi reflejo en el espejo. Las raíces grises se extienden por mis rizos oscuros. Las chicas no saben que soy menos la Mujer Maravilla, y más un machito llorón. Fuerte por fuera, un desastre por dentro.

—Silvia, hola —llega una voz diferente. Corta y clara. Jimena—. ¡Vamos!

Me seco las lágrimas con la manga arrugada, decidida a ser la líder que me he comprometido a ser. La que ellas creen que soy.

—¡Listo! —grito entusiasmada, abriendo la puerta de golpe.

Jimena y Lucy están apoyadas a ambos lados del marco. Lucy está radiante. Lleva un vestido de color mandarina sin mangas ceñido con un cinturón de sarape bordado y unos pendientes de color turquesa. En su pelo negro recién rizado hay una única flor blanca y fresca. Su maquillaje es perfecto, como todos los días desde que nos conocimos hace cinco meses. Mejillas sonrosadas, pestañas largas y un delineado perfecto. Jimena es la contraparte marimacho de Lucy. Con el pelo cortado al ras, lentes bicolores y una camiseta de rayas blancas y negras sin mangas, Jimena presenta una imagen enérgica y limpia, excepto por el pintalabios morado intenso, un guiño al corazón rebelde del *punk rock* que he llegado a conocer y a querer.

Hago una nota mental para usar *elle* como pronombre para Jimena. Me lo explicaron un par de veces en San Francisco, pero siempre me equivoco. Es difícil romper con los viejos hábitos. En castellano, las palabras en sí mismas tienen género. Terminan con *a* o con *o* para indicar femenino o masculino. Con el género tan incorporado a mi lengua materna, tengo miedo de meter la pata y ofender a Jimena sin querer. O, peor aún, que lo haga otra persona.

Mi trabajo número uno aquí, antes que llegar a la cumbre, por encima de cualquier otra cosa, es proteger a este grupo; pero me pone nerviosa que las chicas nepalíes u otras personas de la comunidad local no lo entiendan o, peor aún, puedan arremeter contra la identidad de Jimena. San Francisco es un paraíso para los *queers*. La mayoría de las ciudades liberales de Estados Unidos acepta a la comunidad LGBTQ+, pero en muchos lugares del mundo sigue siendo peligroso incluso salir del clóset como persona gay. Al igual que en Perú, la cultura nepalí es muy tradicional en comparación con la estadounidense.

Al menos, eso es lo que yo pensaba.

Me sorprendió saber que el Gobierno nepalí fue uno de los primeros en incluir el género neutro como opción en su formulario del censo. Llevaba cinco años de retraso con respecto a Nepal y los pronombres.

—¿Tu habitación está bien? —le pregunto—. ¿Cómo has dormido?

—Sí, bien. Gracias —dice Lucy amablemente, con su marcado acento dulce y suave. Jimena se queda callade, pero asiente con fuerza.

Llevamos menos de veinticuatro horas aquí y me doy cuenta de que ellas están un poco conmocionadas por haber sido arrojadas en Katmandú. A sus veintitrés años, este es el primer viaje fuera de Estados Unidos para Jimena; y Lucy, que ha crecido en México, nunca había ido más allá.

Doy una palmada y las conduzco hacia el vestíbulo del hotel.

—¡Guau! —exclama Shailee cuando nos acercamos.

El resto de las chicas está agrupada alrededor de un sofá ornamentado en el vestíbulo de mármol. Shailee jala a Lucy y le da un abrazo de oso.

—Mírate. ¡Todos estos colores! ¿Esto es algo típico? ¿Dónde estaba tu color anoche?

—Se llama treinta y seis horas de viaje —dice Lucy, mostrando una sonrisa de gato de Cheshire.

—¡Y tú también! —Shailee hace un gesto hacia los labios de Jimena—. Todos esos colores. ¿Anoche aterrizó el arcoíris aquí?

—El arcoíris siempre está aquí —dice Jimena inclinando la cabeza con solemnidad.

Shailee suelta una profunda carcajada, y su sonido me calma los nervios. Es difícil no sentirse bien al lado de Shailee. Su energía es efervescente. Ella y otra amiga, Asha, son mis coguías y traductoras para el viaje. Ambas son miembros del Equipo Femenino de las Siete Cumbres, que en 2008 se convirtió en el primer equipo nepalí compuesto solo por mujeres que logró llegar a la cumbre del Everest. Su objetivo es escalar juntas el resto de las Siete Cumbres. Anoche nos recogieron del aeropuerto, y hoy han vuelto con las compañeras nepalíes de Jimena y Lucy: Shreya, Ehani y Rubina, a quienes conocí en mi segundo viaje a Nepal hace dos años. Entonces acababa de fundar Courageous Girls, mi organización sin fines de lucro. Mi amiga Lisa, que es fotógrafa, estaba trabajando en un documental contra la trata de personas, y me llevó a visitar un refugio en Katmandú llamado Shakti Samuha.

Shreya, Ehani y Rubina vivían por entonces en Shakti. Al principio, nuestras conversaciones eran tímidamente formales. Yo era una forastera, y ellas desconfiaban con razón. Lo que habían sobrevivido hacía que mi infancia pareciera insulsa. Pero una vez que les conté mi idea —ir de excursión hasta el Campamento Base del Everest con otras sobrevivientes de violencia sexual— cobraron vida. Todos los ademanes suaves salieron volando por la ventana, y vi un hambre en cada una de ellas. Un hambre por desafiar un sistema que les había dicho lo que debían ser toda su vida. Un hambre que también reconocí en mí misma.

En Katmandú, escalar el Everest se considera principalmente un deporte para occidentales adinerados. El vuelo de Katmandú a Lukla, donde comienza la excursión al Campamento Base, cuesta 150 dólares estadounidenses; y para los ciudadanos nepalíes, la mitad de esa cantidad, es decir, 6000 rupias. Lo que equivale al salario de dos meses en Nepal.

Técnicamente, el sistema de castas de Nepal ha sido prohibido, pero culturalmente sigue muy vivo. Es un sistema muy complejo, y en él, Ehani, Shreya y Rubina pertenecen a la casta más baja posible: los dalit. Los «intocables».

Cuando me lo explicaron por primera vez, me imaginé a los intocables como la mafia o algo de la élite y de la clase alta. Pero en Nepal, ser intocable es una marca de pobreza. Es no ser apto para el contacto. Históricamente, a las mujeres dalit no se les permitía matricularse en la escuela, ni siquiera caminar por la misma acera que las mujeres de una casta superior. Cuando conocí a Ehani, Shreya y Rubina, en 2014, las cosas estaban cambiando. Su generación estaba rompiendo las barreras de clase arraigadas. Sin embargo, debido a su género y sus nombres (que indican su casta), se esperaba que lograran poco. Irónicamente, fue el profundo deseo de sus familias por construir una vida mejor para ellas lo que las hizo víctimas de la explotación.

Para todas nosotras, esta caminata es mucho más que una excursión.

Me aclaro la garganta, dispuesta a hacer las presentaciones, pero las chicas se dispersan en pequeños grupos, todas se abrazan torpemente y se presentan por su cuenta.

—*Namasté* —dicen, una reverencia que significa 'me inclino ante tu existencia'.

—*Namasté. Namasté. Namasté* —repiten.

Ehani, de veintitrés años y la que menos habla inglés del trío, extiende los brazos y coge suavemente a Jimena y a Lucy de la mano. Hay una tierna madurez en ella. Hay algo claro y firme en su belleza que se comunica con pocas palabras.

A sus diecinueve años, Shreya es la más pequeña del grupo, pero su delicado rostro esconde una astucia que le ha salvado la vida.

Rubina, también de veintitrés años, parece la contraparte de Lucy. Viste una chaqueta de camionero de American Eagle con forro polar y lleva una flor naranja prendida en el pelo. Su frente es alta y su rostro es compacto; todas sus facciones están reunidas en el centro, casi como una máscara. Sus audaces ojos marrones son difíciles de leer. Las arrugas bien marcadas que los rodean me recuerdan mi propia cautela y desconfianza a su edad.

Mientras observo, el grupo se convierte en un organismo, conversando y fusionándose con facilidad, y me doy cuenta de que he estado conteniendo la respiración. Pensaba que nuestra introducción sería algo áspera o, al menos, que tendría que intervenir para salvar las diferencias culturales. Pero cuando Rubina se acercó para estrechar la mano de Jimena, y este la abrazó, me asaltó una seguridad que no había sentido desde que se me ocurrió la idea de este viaje.

Es posible que lo consigamos. Y si lo hacemos, es probable que no sea gracias a mí.

Ante mis ojos, las veo como niñas en el primer día de clase que se convierten en mejores amigas al instante. No puedo evitar reírme ante la dulzura de todo esto, es casi meloso. Es difícil de imaginar. Un vínculo que nunca tuve de niña. Nuestra variopinta hermandad está completa.

Somos hijas, hermanas, amigas.

Somos mexicanas, peruanas, indígenas, colombianas, nepalíes, indias, hindúes, budistas, católicas, ateas.

Jóvenes, adultas, gais, heterosexuales, no binarias.

Y el Everest, la Madre del Mundo, nos está anudando.

Pero también hay algo más.

Imagino que hay un murmullo de ansiedad bajo la superficie de nuestra reunión, una especie de presentimiento dentro de toda esta vulnerabilidad instantánea. Pero quizás solo sea yo. Rechazo el torrente de pensamientos y pongo mi mejor sonrisa. «Finge hasta que lo consigas», me digo.

—Vamos —digo en voz demasiado alta. Las chicas me miran con desconfianza.

Es un rápido recordatorio de que mi trabajo es ser nada menos que honesta con ellas.

Todas hemos aprendido a estar hipervigilantes de la manera difícil. Y estas chicas pueden detectar las mentiras a kilómetros de distancia.

* * *

Cuando terminamos de comprar lo que nos falta de nuestro equipo en Thamel y encuentro un par de pantalones de cumbre decentes, nos dirigimos a la casa Shakti. El personal quiere desearles suerte a las chicas en su viaje. Escondida en medio de una concurrida calle de edificios de ladrillo en ruinas y toldos de colores, Shakti Samuha es una casa de piedra de dos pisos. Es la primera organización del mundo creada y dirigida por sobrevivientes de la trata de personas. Shailee y Ehani nos conducen por un callejón interior hasta una sencilla habitación de piedra.

El refugio.

Siempre hay entre veinte y treinta chicas viviendo en el albergue, algunas de tan solo diez años. Mientras caminamos por el humilde pasillo, asoman sus cabezas por las aberturas sin puerta, riéndose y bajando los ojos bruscamente, como si fuera un insulto encontrarse con nuestras miradas.

En Shakti, Shreya, Ehani y Rubina son leyendas locales.

En los casos de trata de personas, llevar a cabo un juicio es algo raro. Es complicado desenredar la red y difícil seguir el rastro de las mujeres, ya que son trasladadas con frecuencia, y los cabecillas suelen ocupar posiciones de poder en el Gobierno y la comunidad. Cuando conocí a Shreya, Ehani y Rubina, vivían en las casas de transición del refugio para chicas mayores, tras escapar de los burdeles de la India, donde habían sido víctimas de trata. Con la ayuda del personal de Shakti, se enfrentaron a su captor y ganaron el juicio.

Para ellas enfrentarse a un hombre tan rico y peligroso era una potencial sentencia de muerte. Sin embargo, se arriesgaron. Su fuego fue el origen de nuestro grupo, ellas le dieron el nombre. Son las Courageous Girls originales, las chicas valientes. Las que me gustaría haber sido.

Shakti, una venerada diosa hindú, es una energía femenina divina que no se limita a las ideas tradicionales de que una madre es solo suave y tierna. Ella se transforma en madre, guerrera o destructora, lo que sea necesario para hacer el trabajo.

La misión de Shakti Samuha es convertir las lágrimas en poder.

Esa era nuestra misión en esta caminata.

Al entrar, la secretaria ejecutiva, Binsa, nos saluda con las manos juntas.

—*Namasté* —dice—. Bienvenidas.

Ella y otras seis jóvenes nos colocan a cada una *khatas*, pañuelos de seda de color amarillo claro alrededor de los hombros, y nos untan en la frente *sindoor*, el polvo escarlata vibrante que se utiliza para los bindis. Las *khatas* son una ofrenda tradicional tibetana de bienvenida o, en nuestro caso, de deseos de un buen viaje. Nos colocamos en círculo, una docena de mujeres con las piernas cruzadas sobre almohadas de yoga. Después de unos alegres namastés, Binsa nos da la bienvenida en nepalí y Shailee nos traduce.

—Shreya, Ehani y Rubina, nuestras tres hermanas de Shakti Samuha que van a hacer esta caminata especial, son más jóvenes que yo, pero su valor me inspira —dice Binsa.

Todas sonríen y agradecen con una reverencia.

—Estamos muy contentas de ver a Silvia aquí —sigue Binsa—. Y le damos una cálida bienvenida a nuestras dos nuevas hermanas, Jimena y Lucy. Los mejores deseos con la caminata y con cualquiera que sea el objetivo que tengan para ella. Espero que se haga realidad.

Dirigiendo su atención al grupo de mujeres que tenemos delante, les pregunta si quieren presentarse. Una a una, las mujeres comparten sus nombres y ofrecen muestras de apoyo para nuestro viaje. A algunas las reconozco de otras visitas. La mayoría son víctimas de trata que han estado aquí buen tiempo y que ahora ayudan a dirigir la organización. Son mujeres que le dieron la vuelta a lo que les ocurrió. Que comprendieron que nadie iba a salvarlas y que se apoyaron en las demás. Me pregunto cuánto dolor podría haberme evitado si hubiera tenido un grupo como ellas, en lugar de rodearme de amigos fiesteros ávidos de poder y escapistas del mundo tecnológico. Quizás habría tenido el valor de enfrentarme a mi pasado un poco antes.

Las presentaciones son relajadas y orgánicas, y hay algo en la informalidad y la sencillez de la sala que hace que Jimena y Lucy se sientan cómodas. Casi parecen estar en casa.

—Gracias por recibirnos —dice Lucy—. He trabajado muy duro para llegar aquí y no sabía qué esperar, la verdad. Pero estar aquí ahora y ver Katmandú, ya me ha abierto los ojos a muchas cosas fuera de Estados Unidos.

Elige cada palabra con cuidado. Hay un decoro en su discurso. Una intencionalidad que no había visto antes en ella.

Jimena asiente con la cabeza, su rostro se retuerce con sus pensamientos mientras se prepara para hablar. Las mujeres del círculo se vuelven hacia Jimena, sus rostros cálidos y abiertos.

—Solo quiero decir que es un honor estar aquí con todas ustedes. Porque las *veo*. Las *veo*, ¿entienden lo que quiero decir? —Su mano dibuja un círculo en el aire para enfatizar el significado más profundo de la palabra *ver*.

Jimena habla en lenguaje llano, pero a menudo su discurso parece una metáfora. Su voz abre las palabras y las desgrana, las canta y las hace fluir, y las hace llegar hasta algún lugar más profundo que donde empezaron. Me pregunto cómo se traducirán sus sentimientos al nepalí. Me pregunto si será necesario traducirlos. Jimena tiene una manera de hacerte sentir sus palabras.

—Estoy ligeramente abrumade —dice Jimena—. No abrumade porque sea un lugar nuevo, sino porque puedo ver la sinceridad en sus ojos. Gracias por acogernos y recordarme que la sororidad no es solo una palabra. Es una experiencia cotidiana. A veces, en Estados Unidos lo olvidamos, pero aquí parece que no supone ningún esfuerzo vivirla.

Allá en San Francisco, Jimena y Lucy están involucradas en el activismo. Lucy espera desarrollar una carrera en el ámbito de la justicia social, tal vez en la política, defendiendo a los inmigrantes y a las comunidades de personas sin hogar; mientras que Jimena se dedica a la construcción de la comunidad *queer* latina. Durante los últimos meses de entrenamiento con ellas, he escuchado cómo su idioma hace algo que el mío no. En mi infancia, el lenguaje de la construcción estaba presente. Pero *construir* para mi padre significaba acumular riqueza para erigir su castillo y convertirse en rey. Yo fui criada para erigir mi propia posición en la vida, para avanzar, para hacer lo mejor, para ser la mejor, pero la forma en que Jimena y Lucy utilizan la palabra *construir* es comunitaria. Construir es hablar y compartir experiencias. Es ganar confianza. Es utilizar las ideas y los conocimientos de los demás como ladrillos para crear algo que pueda compartirse y servir a todos.

Sus palabras se despliegan como una invitación, más que como una declaración.

Está claro que las mujeres de Shakti entienden lo que Jimena dice sin necesidad de traducción. Que comprenden su intención. Mientras asienten con la cabeza, su mirada es suave y atenta. Me pregunto entonces cuánto de lo que estamos haciendo aquí no tiene que ver con *qué* nos pasó, sino con el *cómo* nos pasó. Cómo aquello hizo metástasis dentro de nosotras. Cómo llenó nuestras vidas de cáncer. Cómo escapamos. Cómo seguimos luchando cada día de nuestras vidas.

—El activismo no es un eslogan —dice Jimena, su voz se eleva como si estuviera tras un podio—. Está en la acción diaria. En cada palabra, en cada pensamiento. Nunca pensé que yo fuera a estar aquí, sentade con ustedes. —Sus ojos se llenan de lágrimas. Shailee le da unas palmaditas en el brazo, y de un tirón traduce todo al nepalí.

Antes de irnos, quiero ofrecer algo. Sé que la mayoría de las mujeres de la sala nunca pisarán el Everest.

Con la ayuda de Shailee, se los explico.

—Esto es lo que llevaré a la cumbre del Chomolungma —digo, sosteniendo la *khata* amarilla que nos regalaron—. Será un honor llevar una parte de ustedes conmigo a la cima del mundo. Expresen sus deseos en la *khata*, y yo los llevaré a la Madre Everest. Suponiendo que lo consiga.

Me pongo de pie y camino alrededor del círculo, deteniéndome para abrazar a cada mujer mientras cierra los ojos y pronuncia su deseo en la *khata*. Envuelvo cada deseo en su propio rincón de seda amarilla.

—Silvia, tienes la energía de todas nosotras apoyándote para alcanzar la cumbre —dice Binsa.

La primera vez que compartí la historia de mi abuso sexual, pensé que eso sería todo. Que se acabaría. Que podría enterrarlo.

El fin.

Pero en presencia de las mujeres de Shakti, recuerdo que expresarlo es solo el principio. La sanación es tortuosa. Hay muchos obstáculos, paradas y comienzos. Una década atrás había seguido una visión a las montañas y prometí que volvería. Pero en el tiempo transcurrido desde entonces he encontrado nuevos picos y valles, me he desviado del camino tanto en el compromiso como en el espíritu. Luchar por mí misma no siempre ha sido suficiente para mantenerme en pie. Pero luchar por las mujeres de todo el mundo podría serlo. Luchar por las mujeres que están ante mí podría serlo.

Antes de irme a la cama, me informan que el clima para mañana, cuando volemos a Lukla —el punto de partida de la caminata— será sombrío. Se han cancelado muchos vuelos. Un sordo tintineo comienza en el fondo de mi cerebro, un cronómetro mental. Las chicas y yo tenemos solo dos semanas para completar la caminata hasta el Campamento Base, donde me reuniré con mi equipo de expedición para la ceremonia de la *puja*, la bendición grupal obligatoria para todos los equipos que intentan llegar a la cumbre. Ni un día más. Esta noche rezo para dejarme llevar, y mientras me acuesto a dormir, intento de nuevo imprimir en mis huesos la sensación suave y cálida de la cama. Pasará mucho tiempo antes de que vuelva a echarme en una. Pero en lugar de eso, doy vueltas y vueltas, con un temor familiar que me invade. Las cosas están en orden, tanto como pueden estarlo, así que intento relajarme, dormir, rezar.

Nada funciona. Intento decirme a mí misma que es solo ansiedad por el vuelo de mañana. Pero la verdad es que, para mí, las camas siempre han sido lugares complicados.

Y cada vez que cierro los ojos, solo puedo ver las caras de las niñas de diez años que deben vivir en refugios.

* * *

Volar al pueblo de Lukla, en Nepal, no deja margen de error. Con la longitud de una cancha de fútbol, su diminuta pista de aterrizaje se estrella contra una montaña en un extremo y se precipita miles de metros en un barranco rocoso en el otro. Todos los viajes al Everest comienzan con este vuelo. Es parte de la emoción. Una iniciación aérea. Volar en una avioneta de diez asientos en la espesa sopa del clima himalayo, con el avión traqueteando como si los tornillos fueran a soltarse en cualquier momento, es una preparación para las turbulencias físicas y emocionales que se avecinan. Durante nuestro vuelo de una hora, Lucy se acurruca junto a la ventanilla, aferrándose al oso de peluche de la suerte que ha traído de casa; mientras Jimena permanece sentada en silencio e inmóvil, con los ojos semicerrados, pero observando.

Jimena siempre está observando.

Shreya, Ehani, Rubina y Asha han quedado retenidas en Katmandú debido a un atasco en el aeropuerto. Por ley, a los nepalíes se les cobra la mitad de la tarifa aérea que a los turistas, y como la economía himalaya depende tanto de los montañistas, cuando el aeropuerto está lleno, los locales son los primeros en ser dejados de lado. El Everest será la madre del mundo, pero también es una economía. Estaba a punto de hacer una escena en el mostrador cuando el agente les dio de baja, pero Shailee calmó la situación y nos animó a seguir adelante. «Cogerán un vuelo por la tarde y llegarán después del almuerzo, justo a tiempo para empezar la excursión».

Después de recuperar el aliento tras el aterrizaje, nos colocamos las mochilas y caminamos con las piernas tambaleantes hasta la casa de té más cercana para desayunar y esperar a las demás. Mientras subimos los chirriantes escalones, veo a través de una ventana un rostro que reconocería en cualquier lugar. ¿Cuáles son las posibilidades? Un aroma a lentejas picantes y sopa de ajo llena la sala de madera cuando entramos. El calor del estiércol de yak que arde en la estufa de leña situada en el centro de la habitación nos envuelve en un penetrante abrazo. Me sacudo el frío del viaje en avión y paso por delante de un equipo de camarógrafos que se arremolina sobre teteras de té de jengibre.

—Ya vuelvo —les digo a Shailee, Jimena y Lucy, mientras se acomodan alrededor de una mesa redonda.

—¡Richard! —grito.

Richard Hidalgo es uno de los montañistas más famosos de Perú. Se levanta de un salto para abrazarme y me da un besito en una de mis mejillas.

—¿Estás aquí para escalar? —pregunta, acercando un banquito de la mesa de al lado—. Toma, siéntate.

—Sí, sí —le digo—. Ya es hora. Mi primer intento.

—¿Y tienes un equipo contigo?

—¡No como el tuyo! —me burlo, señalando las cámaras.

Richard está intentando escalar los catorce picos más altos del mundo, todos en el Himalaya, sin oxígeno suplementario, para celebrar el bicentenario de la independencia de Perú en 2021. Escalar sin oxígeno es raro y muy peligroso. Nuestro país está muy orgulloso de los logros de Richard. Es muy querido y aclamado como el más duro de los duros. Un héroe nacional.

—¿Quiénes son las jovencitas? —pregunta.

—Una hermandad —Sonrío—. Son mujeres que han pasado por mucho. Vamos a caminar hasta el Campamento Base antes de empezar mi intento de llegar a la cumbre.

—¿Ahora? —pregunta—. ¿En tu primer intento? ¿No es mucho para hacer? —Sus ojos se arrugan mientras me sirve con gracia una taza de té de jengibre.

No sé qué decir.

El viaje de Richard está patrocinado. La mayoría de las expediciones al Everest lo están. En los últimos diez años, he alcanzado cinco de los siete picos más altos del mundo sin apoyo profesional. Aunque la comunidad montañista peruana me ha animado todo el tiempo, nunca me ha dado dinero. En 1975, un año después de mi nacimiento, la escaladora japonesa Junko Tabei se convirtió en la primera mujer en alcanzar la cumbre del Everest. Recuerdo haber leído lo mucho que tuvo que luchar para conseguir que financiaran sus expediciones. Cómo, al principio, los escaladores hombres de Japón asumieron que se había unido a su club de montañismo para encontrar un marido. Las mujeres escalan, por supuesto, y mujeres de todo el mundo; pero la mayoría de los que intentan alcanzar picos de 8000 metros como el Everest siguen siendo hombres blancos, heterosexuales y ricos. Tener acceso al dinero para el equipo y los guías, tiempo libre para entrenar y escalar, y el apoyo de una familia en casa para mantener la vida cotidiana en marcha es algo que pocas mujeres tienen la suerte de poseer.

Puede que las montañas sean parte de mi linaje, pero las expediciones de escalada no son lo mismo que tener sangre andina. La gente que se gasta cientos de miles de dólares para tener la oportunidad de pararse en la cima del mundo suele estar dispuesta a conquistar, no a fusionarse con la montaña. No espero que Richard entienda que, para mí, escalar el Everest es más importante que la gloria nacional o el derecho a presumir. Perú, mi hogar, me formó y me destruyó. Después de abandonar mi país con desesperación, pasé años fracturada, buscando una identidad en un lugar en donde solo se me veía como una inmigrante, una forastera. Dondequiera que vaya, represento a mi país, pero en este viaje llevo algo más que una bandera en mi mochila. Tengo fotos especiales. Y ahora mi *khata* amarilla de Shakti Samuha.

Eso es lo que dejaré en la cima.

Algunas personas suben a la montaña por la gloria, a otras las empuja el dolor.

Para cuando terminamos de desayunar, ya es mediodía. Asha me avisa de que su vuelo se ha vuelto a retrasar. Tendremos que empezar a caminar si queremos tener alguna posibilidad de mantener nuestro horario. Todavía tenemos tiempo suficiente, me digo. Shailee y yo planificamos el itinerario con mucho margen. Incluso al ritmo de un paseo cómodo, si salimos ahora, podremos recorrer los casi nueve kilómetros hasta nuestra primera parada, Phakding, en unas cuatro horas.

Tras desearle buena suerte a Richard, comenzamos a caminar.

Al descender a un exuberante valle rodeado de bosques de pinos y cicutas, marcamos el paso por un zigzagueante sendero de tierra. Cediendo al tintineo de los cencerros, nos apartamos para darle paso a los yaks, cargados con sacos llenos de provisiones. El ganado es el dueño del camino. «*Namasté*», saludo a los porteadores cuando pasan corriendo con gigantescas cargas atadas a sus cabezas y sus cuerpos inclinados en la pendiente.

Creo que podemos aprender algo de ellos. Apoyarse en la dificultad para encontrar el equilibrio. En el fondo del valle, llegamos al primero de una serie de puentes colgantes y cruzamos el vibrante Dudh Koshi Nadi, el río de la Leche, llamado así por sus aguas lechosas de color turquesa.

Dejo que Jimena y Shailee se adelanten, avanzan con pasos temblorosos al cruzar los listones de madera del puente. Se agarran a la barandilla de alambre con ambas manos. Las banderas de oración se agitan en el viento, animándolas en forma de arcoíris. A menos de una hora de caminata, Lucy se ha quedado rezagada, jadeando. Vuelvo para ver cómo está.

—Estoy agotada —dice—. Ya no puedo hacer esto.

Me muerdo la lengua. La última semana de entrenamiento, Lucy llegó con resaca. Intentó negarlo, pero si alguien sabe de resacas, soy yo. En San Francisco habíamos estado trabajando en los entrenamientos funcionales de fuerza durante meses. Lucy se había roto el alma en ello. Durante el último mes antes del viaje, les marqué un estricto programa de alimentación que incluía un mínimo de tres litros de agua al día y nada de alcohol. Todo esto, les dije, era para ayudar al cuerpo a prepararse para esta excursión en altitud. Algo para lo que es casi imposible estar listo.

Le advertí que salir de fiesta la haría más lenta. Ahora me resisto al impulso de reprenderla. De preguntarle por qué no pudo mantenerse alejada de las discotecas durante dos semanas más. Es una pregunta que me he hecho a mí misma muchas veces.

—A ver —le digo, cogiendo su mochila y colgándomela hacia adelante, sobre el estómago—. No pienses en cuánto falta. Solo da un paso, luego otro.

Durante la siguiente hora, cada paso es una lucha. Jimena se queda atrás y debemos apartarnos constantemente para dejar pasar a otros excursionistas y lugareños. Niños con *shorts* andrajosos nos sobrepasan. Hoy es uno de los días más fáciles de la caminata. Quiero facilitarles lo que serán diez días brutales, pero si Lucy no puede hacer esto, ¿cómo va a sobrevivir al alto Himalaya, donde la saturación de oxígeno se desploma?

—¿Tienes que parar? —pregunta Jimena.

—No —dice Lucy.

Sé que ella nunca se rendiría.

Cuando las invité a este viaje, me miraron con desconfianza. Era 2015, y mi proyecto de escalar hasta el Campamento Base del Everest con las Courageous Girls estaba en marcha. Shreya, Rubina y Ehani estaban a bordo, pero esperaba llevar también a algunas chicas de

Estados Unidos. Durante mi hora de refrigerio, salí de la oficina de eBay en San Francisco para visitar un pequeño centro de mujeres sin fines de lucro en la esquina de la Cuarta con Folsom. Hablé con un grupo de seis chicas sobre trauma y alpinismo. Sobre cómo escalar había cambiado mi vida. Eran jóvenes, en su mayoría adolescentes, algunas apenas habían alcanzado los veinte años. Recordé todo el dolor que tenía a su edad, sin tener ningún lugar donde guardarlo. La mayoría de ellas estaban rehaciendo sus vidas; algunas habían huido de hogares abusivos y otras estaban transicionando de vivir en la calle. Les dije que, si se comprometían con el proceso y entrenaban conmigo durante tres meses, las llevaría a escalar hasta el Campamento Base del monte Everest, y me aseguraría de que el viaje fuera financiado.

Me observaron con la mirada perdida de mujeres que nunca han conseguido nada gratis.

—¿Te refieres al monte Everest en Nepal? —preguntó una.

—Sí —dije.

—¿Dónde está Nepal? —preguntó otra.

—Está en Asia —dijo una chica tímida.

—¿Vamos a volar hacia allá? —gritó otra.

—Sí.

—¿Volar a Nepal? ¿De verdad? ¿En un avión?

—Sí.

—Entonces, si entrenamos todos los fines de semana —preguntó otra chica—, ¿nos vas a dar un boleto de avión gratis para volar a Nepal y caminar hasta la base de la montaña?

Las chicas se miraron, esperando descubrir la trampa. La vida siempre tenía una trampa. En su experiencia, la gente no da nada gratis. Solo toma. Comprendí su desconfianza.

—Sí —dije—, esa es mi promesa.

—¿Promesa? ¡Ja, ja, ja! —la chica tímida se rio con rabia—. Esta señora es una mentirosa de mierda.

Salió de la habitación.

No la culpé. Conocía a mucha gente blanca en el mundo de la tecnología del Área de la Bahía que pretendía «salvar» a las jóvenes marginadas, especialmente a las mujeres de color. Esas acciones rara vez daban resultado, y los intentos a menudo hacían más daño que bien. Una promesa tiene mayor significado cuando no tienes nada que perder. Pero yo no era la salvadora blanca de nadie. Tenía un mensaje para ellas; un mensaje que, aunque suene cursi, me sentía obligada a entregar: el mensaje de la montaña. Quería para ellas lo que yo había encontrado en las montañas. Que vieran algo más grande que ellas mismas. Que llegaran a entenderse a sí mismas como yo había empezado a entenderme: como algo mucho más grande que lo que me había sucedido.

—El entrenamiento empieza la semana que viene —insistí con entusiasmo.

Tres chicas más salieron del salón. Jimena y Lucy fueron las únicas que se quedaron. Había algo en ellas que creía en lo que les estaba diciendo. De adolescentes habían vivido una historia similar, ambas habían huido de sus hogares y terminado en las calles.

Jimena estaba estudiando en la Universidad de San Francisco, deseaba escribir y era une feroz defensore de las personas sin hogar. Era une colomboamericane gay y morene a quien le brillaban los ojos cuando me contaba que le encantaban las actividades al aire libre, pero que sufría de depresión y vivía en casas de transición. Jimena nunca había salido de Estados Unidos. Ir a Asia sería un sueño, dijo.

Desde el primer día, Jimena se prestó a entrenar. Nunca flaqueó.

Lucy era igualmente entusiasta, y su cálida energía era contagiosa. Como yo, era una inmigrante. Había emigrado desde Guadalajara, México. Al ser la mayor de sus hermanos, Lucy quería ser un modelo para el resto de su familia. Estaba inscrita en una universidad comunitaria local, estaba aprendiendo a codificar y soñaba con convertirse en empresaria. Había fuego en sus ojos, y me vi reflejada en ellos inmediatamente. Era testaruda, una guerrera, para bien o para mal.

Los inmigrantes solemos ser personalidades de tipo T. Asumimos un enorme riesgo que altera el curso de nuestras vidas y las de las generaciones que vienen después. Tanto si huyes de algo como si estás persiguiendo algo, hay que tener cojones para dejar tu hogar y empezar de cero. Y ya sea que te vayas por esperanza o por miedo, en busca de oportunidades o de asilo, siempre, siempre, llevas a tu país contigo.

Salí de la reunión con ganas de empezar.

Pero ahora me doy cuenta de que tal vez no entrenamos lo suficiente.

Shreya, Ehani y Rubina se ven fuertes. Durante el último año, han estado siguiendo el régimen de entrenamiento detallado que les envié para desarrollar fuerza y masa muscular. Cuando las conocí, sus piernas parecían un par de habichuelas, pero ahora son sólidas y vigorosas.

Las de Jimena y Lucy, no tanto.

Intento recordarme a mí misma que no siempre estamos preparados para enfrentar cualquier desafío. Que eso también es una lección importante, y que incluso si no conseguimos llegar al Campamento Base, las chicas se sentirán impulsadas por su propia fuerza. Eso será suficiente, me digo. Pero secretamente quiero más. Quiero que lo logremos. Lo quiero todo. Podemos hacerlo, ese es el mensaje que quiero inyectarles. Podemos hacer cualquier cosa. Especialmente las mujeres como nosotras, construidas sobre los huesos de la supervivencia. Eso es lo que realmente quiero que sepan.

Las dos están enloquecidas y agotadas ahora. Arrastrándose detrás del grupo.

No llegamos a Phakding. Después de cuatro horas, nos detenemos en Ghat para pasar la noche, a menos de la mitad del camino de nuestro primer punto de descanso, donde debemos esperar al resto del equipo. Ni siquiera me había planteado que no llegaríamos al primer punto de control. Durante meses he estado tan ocupada con los preparativos de las chicas que mi ansiedad por intentar llegar a la cumbre había pasado a segundo plano. Pero, de repente, me atraviesa el pecho e inunda mis extremidades. ¿Por qué no llegué a comprar esos pantalones? Me había enfocado en organizar los vuelos, el equipo, los guías y los meses de entrenamiento para cinco excursionistas novatas, dos de las cuales nunca habían viajado fuera de Norteamérica. Pero había olvidado convenientemente la única pieza de equipo necesaria para alcanzar la cumbre del

Everest, algo por lo que había estado trabajando durante una década… ¿Cómo puedo asegurarme de que las chicas estarán a salvo si ni siquiera pude acordarme de mis malditos pantalones?

La verdad es que, a pesar de todas mis visiones del viaje, no puedo imaginarme en la cima.

No es el olvido de mis pantalones de cumbre lo que enciende el pánico.

Es la idea de que tal vez los olvidé porque no creía que fuera a usarlos jamás.

CAPÍTULO 4

DOMINGO DE LA PRESA

Los domingos, mi padre se despertaba a las siete para regar sus rosas. En la entrada a nuestra casa había una jardinera de piedra con media docena de arbustos, cuyas flores de color marfil cremoso, amarillo y rosa pálido eran su posesión más preciada. Sin embargo, sus uñas no arrastraban la suciedad de haberlas cuidado. Se ocupaba de las flores desde lejos, dictando a Sandra cómo podarlas. Eran objetos para su placer, no seres vivos que exigían tanto sudor como ternura.

Sin embargo, para él parecían ser tan o más importantes que nosotros.

Una mañana, Miguel y yo estábamos jugando fulbito con la nueva pelota de cuero que le habían regalado por su octavo cumpleaños. Mis piernas estaban ávidas de movimiento. Me encantaba sentirlas en acción. Nuestra entrada de hormigón se convirtió en un estadio al aire libre, y las grietas del suelo, en nuestras líneas de demarcación. Esquivando los avances de Miguel, me dirigí hacia la portería y, con la vista puesta en ella, doblé la pierna hacia atrás y pateé tan fuerte como pude. La pelota salió disparada hacia los rosales, rompiendo una flor amarilla desde el tallo.

—¡Carajo, mierda! —gritó mi padre desde el piso de arriba. Había estado durmiendo la siesta en la sala de televisión y se había asomado para ver cómo estábamos en ese preciso momento.

Me zumbaban los oídos mientras me apresuraba a arreglar la rosa.

—Imbéciles —gritó—. ¡Pedazos de mierda!

Sus pasos resonaban como campanadas de muerte.

Miguel recogió la pelota de fútbol y yo intenté frenéticamente erguir la flor, pero colgaba de un hilo de tallo leñoso. «Quizás pueda curarse. Tal vez no sea tan grave», pensé, mientras mi padre irrumpía en el patio aferrando su mejor cinturón. Uno que conocía bien. Era un elegante cinturón negro, hecho a mano por Pedro P. Díaz, el principal fabricante de cuero de Lima, y mi padre lo utilizaba para todos nuestros castigos. Incluso la disciplina de mi padre era aspiracional. Su rostro, usualmente liso, estaba arrugado y rojo de rabia, y sus densas cejas, fruncidas. No le importaba que yo estuviera intentando corregir el error. No preguntó qué había pasado ni esperó a que diera mi versión antes de azotar el grueso cuero contra mis piernas desnudas. Una, dos, tres veces, su afilada lengua lamió desde mis pantorrillas hasta mis espinillas.

El dolor me entumecía.

—Noooo, papá, por favor. ¡Ayyyyyy! NO.

No era la primera vez que gritaba que no y él no se había detenido. Esa palabra no significaba nada para él.

Cuando se detuvo para recuperar el aliento, me fui corriendo hacia adentro y subí las escaleras, pero me atrapó a mitad de camino. Otro latigazo. Explosiones rápidas y feroces hasta que jadeó, y finalmente tiró el cinturón y se marchó a su habitación, gritando detrás de él:

—¡Vete a tu cuarto, pedazo de mierda!

Pedazo de mierda. Ese era uno de sus insultos favoritos. Se le escapaba tan fácilmente de la lengua, y cada vez que lo decía yo me imaginaba una torta hecha de mierda y a mí como un pedazo de ella. Ahora ya no me querría durante un tiempo. Nunca lo hacía después de una paliza. Me dirigí a mi habitación, avergonzada por haberlo decepcionado una vez más, y me miré las piernas. Mis piernas rápidas y juguetonas, mis piernas flacas y pequeñas estaban llenas de gruesas marcas rojizas con puntitos de sangre que surgían bajo la superficie de la piel.

«El hogar es el lugar más seguro», decía siempre mamita. Nuestro castillo, nuestra protección. La gente de fuera es una amenaza.

«Presta atención. No hables con extraños», me reprendía. Los extraños hacían cosas malas. Sendero Luminoso se estaba expandiendo por Lima. Los cochebombas explotaban en las calles. Los secuestros para pedir rescate o la simple amenaza de ellos eran un terror diario. En los Andes, la guerrilla había tomado tierras privadas y las reclamaba como comunales. El pueblo de mi padre, Santa Cruz de Chuca, fue ocupado por los terroristas, y el pequeño terreno que él y su hermano poseían fue confiscado. Recibió llamadas telefónicas anónimas advirtiéndole que se alejara. Decían que lo matarían si volvía a reclamar su tierra. Una vez contesté yo.

«Te estamos vigilando», sonó una voz de hombre rasposa. «Ten cuidado con el bebé». Era 1983 y mi hermanito Eduardo acababa de nacer. Me quedé helada, agarrando el teléfono con miedo mientras escuchaba el tono de corte de la llamada.

A pesar de lo que mamá me aseguraba —que nuestro hogar era una fortaleza protectora—, me sentía poco segura dentro o fuera de mi casa. ¿Le faltaba sal al arroz? ¿Nuestros juegos eran demasiado ruidosos? ¿Las rosas de mi padre estaban rotas? Era demasiado fácil ganarse el cinturón. Mi padre, Segundo, siempre intentaba superar los límites de su nombre. Si no podía ser el primero en ningún otro sitio, al menos gobernaría en su pequeño reino del hogar. Yo había aprendido que el secreto de mi felicidad consistía en hacer exactamente lo que él decía. Mi supervivencia dependía de su cumplimiento. Así que cuando J cerraba la puerta, me hacía callar y decía que solo estaba siguiendo las órdenes de Segundo, sabía exactamente a lo que se refería.

* * *

Una tarde estaba en el jardín buscando insectos. Mis padres me habían regalado un microscopio y quería examinar un chanchito de tierra. Me encantaba la forma en que se enroscaban en una bolita al tocarlos. Quería ver de cerca cómo se protegían.

Desde arriba llegó el dulce silbido de J. Alcé la mirada, protegiéndome los ojos del resplandor blancuzco del sol. Me saludó desde el balcón del segundo piso.

—¿Qué estás haciendo?

—¡Busco un chanchito! —grité.

—Oh, qué buena niña eres.

—Sí —dije, asintiendo con orgullo para mí misma—. Sí, lo soy —me reí ante su reconocimiento. Quizás mi padre le había dicho que dijera eso. Tal vez había enviado a J como representante para decirme lo que él no podía. Que estaba orgulloso de mí. Que era buena. Tal vez esa era su manera de quererme.

—Sube aquí —llamó J.

Dejé mi improvisado cazabichos de cartón y subí corriendo al segundo piso, donde J estaba limpiando la habitación de mis padres, una habitación en la que tenía prohibido entrar a menos que mamá me invitara, cosa que solo hacía cuando mi padre no estaba. Me moría por explorar el interior.

—Siéntate acá —dijo J, dando una palmadita a la cama que estaba a su lado.

Le obedecí.

Cerró la puerta tras nosotros y se acercó a mí. Acomodando sus manos bajo mis axilas, me tumbó en diagonal y comenzó a besarme suavemente en la boca. Solo los amantes se besaban así. Esposos y esposas en la televisión, parejas en la iglesia, mis padres en sus raros momentos de paz. Me quedé quieta y en silencio, observando cómo me bajaba los pantalones y los calzones de flores rosadas, llevándose el dedo shhhh a los labios antes de arrodillarse. Besó mi cuerpo en línea descendente hasta llegar a mi zona privada. Su bigote era brillante y se sentía afilado contra mi tierna piel sin vello. Y luego sentí algo más suave, algo húmedo, casi acuoso, nadando contra mí. Puse mis manos en la parte superior de su cabeza. Su pelo oscuro era áspero y frondoso. Mis ojos se abrieron más cuando un pulso intermitente iluminó la parte inferior de mi cuerpo.

J me miró con la boca abierta y la lengua asomando. Volvió a sumergirse entre mis piernas. Y la sensación que me invadió no era de dolor. Lo que mis padres le habían ordenado hacer me hizo sentir una corriente en el torso. Explosiones de chispas. Unas cosquillas de electricidad bailaron por mi vientre, por los lados de mis piernas y por la parte interior de mis muslos. Mi respiración se aceleró y la parte superior de mi cabeza bailó desorientada. No sabía si esto era amor, pero J parecía muy satisfecho.

—No te preocupes —dijo—, tus padres lo saben. Me dijeron que lo hiciera. No te preocupes —repitió como un mantra mientras se ponía de pie, se bajaba la cremallera y sacaba su pene de los calzoncillos blancos.

* * *

Yo estaba en cuarto grado. Mi profesor de Religión decía que era el año más importante de nuestras jóvenes vidas. Habíamos llegado a la «edad de la razón», la edad en la que la Iglesia católica decía que éramos lo suficientemente mayores para entender que la eucaristía no era una galleta que se derrite en la boca, sino el cuerpo de Jesucristo. Era nuestra mayoría de edad moral. Cuando podíamos decidir entre el bien y el mal por nosotros mismos, lo que también significaba que podíamos pecar oficialmente. Teníamos una hora de clase de Religión todos los días en la escuela como preparación para recibir nuestra primera comunión. Estábamos aprendiendo los diez mandamientos, y yo los repetía todo el día, decidida a memorizarlos antes que nadie. Llevaba años esperando un libro de reglas distinto de los mandatos erráticos de mi padre. Al menos, lo que Dios esperaba de mí era claro como el agua.

Primer mandamiento: «Amarás a Dios por sobre todas las cosas».

Segundo mandamiento: «No tomarás el nombre de Dios en vano».

La comunión era uno de los siete santos sacramentos, o pasos obligatorios, en la vida de un buen católico: el bautismo, la comunión, la penitencia, la confirmación, la unción de los enfermos, el orden sacerdotal y el matrimonio. Por supuesto, el orden sacerdotal solo se aplicaba a los hombres. Para ser lo suficientemente puros como para recibir la comunión, primero teníamos que confesar nuestros pecados y ser perdonados. El sacerdote, el padre Selestino, decía que pedir perdón era sencillo, pero cuanto más aprendía sobre Dios, menos parecía que perdonara fácilmente.

Todos los años, durante la Semana Santa, pasaban por la televisión *Los diez mandamientos*, con Charlton Heston, una saga de dos noches y cuatro horas. Charlton Heston era muy famoso en Perú. Adorábamos su seriedad, su musculatura. Los Jueves y Viernes Santos por la noche nos reuníamos en el sofá de la sala de televisión familiar. Apretada entre mis padres, con Miguel tirado en el suelo y el bebé Eduardo meciéndose en el regazo de mi madre, veía a Heston transformarse en Moisés. Sorbiendo un *whisky*, mi padre gruñía durante la película, refunfuñando en las partes que más me gustaban. «No te preocupes», le susurraba a Eduardo mientras le acariciaba la cabeza. Su cabello fino y ralo se sentía como terciopelo contra mi mano. «Nunca dejaré que te haga daño». Mientras Moisés se arrodillaba ante la zarza ardiente, la voz de barítono de Dios le ordenaba que sacara a los israelitas de Egipto.

«Pero ¿cómo sabré qué decir?», preguntaba Moisés. «¿Qué palabras les diré?».

«Yo te enseñaré», retumbaba la voz de Dios. «Te mostraré el camino».

Moisés hizo todo lo que Dios le dice, pero después de dirigir al pueblo judío durante cuarenta años, cometió un terrible y arrogante error al golpear con su bastón una roca y pretender que es su propio poder el que hizo brotar agua de la piedra. Por esto, Dios le prohibió a Moisés la entrada a Tierra Santa. Para siempre.

—¿Pero por qué, mamá? ¿Por qué Dios lo traicionó? —tiré de su blusa, pero ella me hizo callar y siguió meciendo a Eduardo para que se durmiera.

Dios no me parecía indulgente.

Mi escuela era pequeña: cuarenta niños por clase, 160 por año. Los alumnos de primer grado hasta el bachillerato compartían el mismo campus. Mientras mis compañeros y yo nos preparábamos para la comunión, nuestros padres tenían que asistir a reuniones semanales de catecismo. «Espero que aprovechen esta oportunidad para repasar algunos principios», dijo el sacerdote mientras dividía a los padres en grupos. «Este fin de semana, cuando vayan a la iglesia con sus familias, pueden hablar de lo que estamos aprendiendo». Mis padres conocían a todo el mundo, pero no eran cercanos a nadie. Vivíamos al otro lado de la ciudad, y en los partidos de fútbol de la escuela o en las parrilladas, mi padre se iba temprano o se sentaba a un lado, mientras los otros padres, todavía ágiles y de pelo oscuro, enseñaban a sus hijos a patear la pelota y hacer pases. Mamita, en cambio, parecía ávida de la compañía de otras madres. Siempre comprando Sublimes (los chocolates favoritos de los peruanos de ese entonces) para compartir con mis compañeros de clase en mi cumpleaños. Intentando organizar reuniones con poco éxito. Cuando le tocaba ser la anfitriona de las reuniones de catequesis, preparaba un banquete adornado y se aseguraba de que la casa estuviera impecable.

—¡El mejor comportamiento! —me dijo en una ocasión.

—Sí, mamá —respondí.

Mis padres saludaban formalmente a las familias en la puerta, y mientras los niños jugaban en la entrada, yo acompañaba a los adultos en un recorrido por nuestra casa.

—Los arquitectos utilizaron la mejor madera de caoba —dijo mi padre—. Durará generaciones. Es una buena inversión. Y este ángulo de aquí se calculó para la máxima entrada de luz. —Doblaba las manos en formas rígidas para enmarcar la geometría de la casa.

Nunca había visto a mi padre así. El saludo formal en la puerta, el extraño recorrido por la casa.

A mi lado, los padres de Gisela susurraban entre sí. Su padre acarició el pelo de su madre y la besó con ternura en la mejilla. En ese instante, me inundó la esperanza. Quizás esto uniría a mi familia. Tal vez todo lo que mis padres necesitaban era un recordatorio de cómo vivir una vida buena y piadosa. De cómo amar. Tal vez podríamos ser una de esas familias.

Los adultos volvieron al salón para comer y beber, y yo me uní a los niños que estaban afuera para jugar fulbito.

—¡Cuidado con las rosas! —les dije, ahuyentándolos de las jardineras.

Más tarde, mientras las parejas salían de nuestra casa cogidos de la mano, me imaginé a mis padres cada vez más activos en la iglesia. Veía a mi padre hablando en eventos para recaudar fondos, bromeando con el sacerdote. Yo cantaría en el coro y aprendería a tocar la guitarra.

Empezamos a asistir juntos a la misa dominical. Mientras estábamos sentados en los rígidos bancos de madera escuchando el sermón, pensaba en Dios y en Moisés. Cuando Moisés bajó de la montaña, era un hombre diferente. Verlo encorvado, con los mandamientos en la mano, me dio esperanzas de que incluso mi padre podía cambiar.

Pero después de asistir a las clases de Catecismo durante tres semanas, mi padre los abandonó. Cuando mi madre lo presionaba, él se ponía a gritar. «¡¿Por qué voy a ir a esa mierda?! ¡Anda tú sola, diles que tengo que trabajar!». Y, así, dejamos de ir a misa en familia. Mientras mi padre cuidaba sus rosas desde la distancia, yo repasaba los mandamientos, trataba de contar mis pecados y me preparaba para la confesión.

Mi miedo a cometer un error en casa, en la escuela, en la iglesia, era implacable. Una ansiedad que se abría paso en mis días de escuela y en mis sueños.

* * *

El negocio de mi padre estaba creciendo, y construyó un departamento en el tercer piso, sobre nuestra casa, junto a la azotea. Algún día, Miguel o Eduardo o yo viviríamos en el departamento con nuestras propias familias, dijo. Hasta entonces estaba vacío y sin amueblar, excepto por el dormitorio más cercano a la puerta principal. Una cama de dos plazas y un velador de madera estaban arrinconados contra la ventana. Gruesas cortinas de lana colgaban de rieles de metal con diminutos ganchos. Las cortinas se abrían con cuerdas. Recuerdo el lento chirrido de los ganchos raspando contra los rieles de metal cuando J las cerraba para bloquear el sol, dejando solo una rendija para poder ver el camino de entrada.

No recuerdo la primera vez que J me llevó al tercer piso, pero eso no importa porque cada vez era lo mismo. Y era todo el tiempo, todo de nuevo. Tan pronto como mamita se iba a hacer unos mandados, él me ordenaba que lo siguiera escaleras arriba, hasta el dormitorio vacío. Mientras yo estaba recostada en la cama, vestida con mi uniforme único, las medias subidas hasta casi las rodillas, él se paraba en la esquina más alejada de la habitación, de espaldas a mí. Primero, escuchaba el sonido metálico de su cremallera abriéndose, luego observaba el movimiento rítmico de su omóplato. Cuando volteaba para mirarme, podía ver que estaba sosteniendo su pene, acariciándolo. No me miraba a los ojos, sino que examinaba mi cuerpo inerte como si estuviera buscando algo.

Esperando a que reaccionara.

Venía hacia mí, caminando lentamente. Su largo cuerpo proyectaba una sombra sobre mi rostro mientras se arrodillaba al borde de la cama. El olor aceitoso y metálico de la cera roja, la espesa cera roja, emanaba de su camisa.

—Levanta el trasero —me dijo una tarde.

Me sentí un poco mareada mientras empujaba mi pelvis hacia arriba. J deslizó sus manos debajo de mi falda y con un largo tirón, bajó mi ropa interior hasta dejarla alrededor de mis tobillos.

J nunca se quitaba la ropa del todo. Me levantaba la falda y se bajaba los pantalones hasta la mitad para poder vestirse rápidamente si llegaban mis padres. Mi padre estacionaba su Volkswagen Beetle en la calle y, a veces, corría a la casa rápidamente para recoger algo que había olvidado en su oficina. Se movía sin hacer ruido, con paso majestuoso. Me lo imaginaba rebuscando en su oficina de abajo, preguntándose dónde estaría yo.

Nunca me llamó.

Mamá conducía el Impala, un auto largo como una lancha que ocupaba demasiado espacio en la calle. Estacionaba en nuestro garaje al aire libre. Como el portón era manual, tenía que salir del auto para abrirlo, meter el auto a la casa y salir para cerrarlo. El portón estaba adornado como la entrada de un castillo, todo de madera con bordes metálicos y remaches. Era bajo y, al abrirse, raspaba el hormigón del suelo, haciendo sonar otra larga advertencia. Quizás a J le gustaba así. Casi ser atrapado. Tal vez eso era parte de la emoción para él. Ver hasta dónde podía llegar. Apostar por más. Más tiempo. Más de mi cuerpo.

En la escuela, todas las niñas se juntaban durante los recreos, susurrando sus visiones del futuro con las que nos habían alimentado. Cómo un día nos casaríamos y viviríamos felices para siempre. Encontraríamos a nuestro príncipe, o, mejor dicho, él nos encontraría a nosotras. Como la Bella Durmiente, nos despertaríamos con un beso. J estaba haciendo lo que solo había visto hacer a los adultos, así que el lugar de mi cerebro que intentaba dar sentido a las cosas decidió que yo debía ser una adulta. Una adulta casada.

Nadie me había contado nunca cómo se conocieron mis padres, pero mientras veía cómo el pene de J se ponía rígido y se levantaba en paralelo a la cama, me preguntaba si su historia sería así. Mi padre era mucho mayor que mamita. ¿También se habían conocido así?

Agarrándome por los tobillos, aquella tarde J me jaló hacia abajo en la cama y se tumbó con cuidado sobre mí. Con su mano libre, me hizo callar de nuevo. Si mis padres le habían pedido que me hiciera eso, entonces los besos de J debían significar que iba a ser mi príncipe. Me casaría con un vestido brillante y J con un traje azul.

Todos los príncipes guapos llevaban trajes azules.

Mi príncipe azul.

J empezó a moverse más rápido, balanceando su cuerpo contra el mío. De nuevo, me invadió la sensación de cosquilleo eléctrico. Mi respiración se hizo más pesada. Mi cuerpo cobró vida propia mientras yo observaba desde arriba. Apretó con más fuerza su cuerpo pesado contra el mío y sentí una presión sorda alrededor de mi zona privada. Luego, algo agudo, y tragué un grito ahogado, tratando de mantener la calma. Él se congeló y soltó un pequeño temblor, gimiendo. Pequeños charcos de lo que parecían mocos goteaban sobre mi pierna y el interior de mi falda. J los limpió con un paño que sacó de su bolsillo trasero.

Dos pisos más abajo, la puerta principal se abrió de golpe. Me di cuenta de que era mi padre por el preciso chasquido de sus mocasines contra la madera brillante. J me subió la ropa interior de un tirón y sentí cómo se me pegaban a la piel unas manchas frías y empapadas.

—Shhhh, shhhh —dijo—. Anda vuelve a jugar.

Mi padre fue directamente a su oficina y la cerró de un portazo, como siempre. Las ventanas de la casa temblaron. Quería bajar corriendo y hacerlo feliz, decirle que estaba siguiendo sus órdenes con J. Que ambos lo hacíamos. Quería contarle sobre las cosquillas eléctricas. Sobre los extraños grumos pegajosos. Quería que estuviera orgulloso de mí por hacer lo que me habían ordenado. Pero estaba encerrado en su oficina. Y nunca debíamos molestar a Segundo cuando estaba en su oficina.

* * *

Cuando mis padres dejaron de ir a misa, a menudo iba sola a la iglesia. La iglesia era un lugar donde obedecer órdenes era tranquilizador. Levántate, siéntate, arrodíllate, arriba, abajo, arrodíllate, arriba, abajo, arrodíllate. Quería ser una niña obediente y me dejaba llevar por el ritmo de la misa, como si esta pudiera convertirme en una hija que mi padre abrazara. Entonces, tal vez, tendríamos una oportunidad de ser felices.

Sumergiéndome en la sombra moteada, aparté de un puntapié las borlas rojas de las poncianas que se desprendían y que bordeaban mi calle, Domingo de la Presa. Mi atención se dispersó mientras cortaba camino por el callejón y miraba a ambos lados antes de cruzar al Mariano Santos, uno de los exuberantes parques del barrio que salpican nuestro distrito. Las palmeras se movían con el viento detrás de los jardines esculpidos, pero apenas lo notaba. Ya no sentía la brisa. Mis sensaciones parecían difuminarse. El canto de los pájaros era monótono. Los agradables paseos no tenían temperatura, estaban estancados.

El mundo exterior era como un manto que se posaba sobre mí.

Un sentimiento turbio. Un desánimo del que intentaba salir.

J no era un extraño, sino una «persona de confianza», como decía mi madre. Entre los momentos de calma y explosión en casa, él me proporcionaba la atención y ternura que nunca había sentido de mi padre. La niña en mí lo necesitaba. Ansiaba complacerlo. Ansiaba que me viera. Que me abrazara. Sin embargo, no recuerdo cuándo dejé de reír. Cuándo aquello se convirtió en algo más que un juego silencioso.

Había estado esperando pacientemente a que mi madre me llamara a sentarme junto a ella en el sofá para explicarme lo que iba a pasar con mi vida. Para traducir los secretos de J y para que le diera sentido a la rabia de mi padre. Mamá era mi traductora. Mi padre nunca se disculpaba ni daba explicaciones. Sus acciones eran limitadas. Sus intenciones, incluso lo que sentía por mí, eran opacas. Ella era el único conducto para el poco entendimiento que existía entre nosotros, entre el mundo exterior en su conjunto y yo. Seguía esperando que ella hablara. Soñé con esa escena tan a menudo que empecé a mezclar lo real y lo imaginario.

El día que me pidiera que me sentara con ella sería un día soleado. Uno de esos días en los que la luz entraba en nuestra casa en torrentes brumosos como en las imágenes de Cristo ascendiendo. Esos días en los que las cosas parecían más brillantes, más libres. Mamá me llamaría al sofá de la sala de televisión. Nuestro lugar habitual.

—Silvita, ven —me diría y le daría palmaditas al cojín que estaba a su lado, y me apretaría contra su cuerpo mientras yo respiraba su dulce aroma.

—Sí, mamita —le diría.

—He esperado a que fueras mayor para esto. Pero ahora te estás convirtiendo en una mujercita —diría—. Estás creciendo. Sabemos lo que J te ha estado haciendo.

—Está bien, mamá.

—Queremos a J. Es un buen hombre. Y sabemos que te ha dicho que no digas nada. Es porque tu padre y yo lo hemos elegido para que sea tu príncipe. Como en los cuentos de hadas, hijita. Igual que tu padre y yo nos casamos, tú te casarás con J.

—Está bien —diría yo, asintiendo en silencio, pero hinchándome de alivio por dentro—. Ahora lo entiendo, mamá. Todo este tiempo, J ha estado haciendo lo que tú y mi padre le pedían.

—Le dijimos que no dijera nada porque queríamos contarte nosotros mismos lo que ha estado pasando. Tendrás tus propios hijos con J.

—¿Así que él me estaba enseñando?

—Sí, hijita. Eres una buena chica por escuchar —diría ella—. Lo has hecho bien. Estamos muy orgullosos de ti. Tu padre también, aunque no lo diga.

Yo habría soltado un suspiro de alivio. J ya me había dicho que mis padres lo sabían. Pero entonces ya podría dejar de preocuparme. Solo tenía que ser paciente. Y lo fui.

Mientras me entregaba a los movimientos rituales de la misa cada domingo, otras preguntas surgían. Preguntas que no me atrevía a hacer. Ni siquiera las hacía cuando soñaba despierta. No le pregunté a mi madre qué era esa cosa pegajosa. O qué edad tendríamos cuando J y yo nos casáramos. Si las otras chicas de mi clase también tenían un J. Si mi padre había sido el suyo.

Como mi padre siempre decía: «En las conversaciones de adultos, los niños se callan».

* * *

Deseaba con todas mis fuerzas portarme bien. Ser buena. Pero antes de que mamita se fuera a hacer recados, empezaba a hacer un berrinche. No podía evitar correr hacia el asiento delantero y cerrar la puerta. Ella golpeaba y golpeaba la ventanilla, pero yo no le abría hasta que me prometiera llevarme consigo. No podía evitarlo. Algo se apoderaba de mi cuerpo. Una súbita oleada de energía.

—Qué dramática —dijo un día cuando finalmente la dejé entrar—. Has estado viendo demasiadas telenovelas. Sabes que no hay nada que temer, ¿no? Vamos, entonces.

Sacó el Impala de la entrada.

—Abróchate el cinturón —dijo. Viajamos con las ventanillas bajas.

Estaba anocheciendo. Empecé a quedarme dormida, pero me desperté cuando pasamos por la zona de los mecánicos. Estábamos cerca de su antiguo barrio, en La Victoria. Pero en lugar de girar por su calle, volteamos a la derecha, en la avenida Esmeraldas, y entramos en Balconcillo. Se metió en un camino a medio asfaltar y reboté en mi asiento mientras mamá giraba entre baches profundos y pequeños montones de piedras antes de estacionar junto a una hilera de construcciones de un solo piso. Las láminas de pintura se desprendían de las paredes de estuco. En el centro de la pista había un largo bloque de hormigón repleto de suciedad y con bolsas de desechos de construcción, nada que ver con los exuberantes parques que rodeaban nuestra casa. A lo lejos, oí el silbido metálico del heladero.

Mamita apagó el auto y salimos.

—¿Ves esa puerta de ahí? —Señaló un edificio rojo y blanco con una entrada que parecía estar al nivel del sótano—. Hijita, necesito que vayas corriendo a tocar el timbre y que vuelvas enseguida. No esperes respuesta.

La miré preguntándome si era una broma. En las esquinas había pequeños grupos de personas reunidas. Un estruendo de música salsa rugía por las ventanas. Tres niños de unos ocho años —la edad de Miguel— pasaron corriendo y gritando, con los cuellos de las camisetas estiradas y los *shorts* flojos y manchados. Mamá se recostó en el capó y escudriñó la calle lentamente en todas las direcciones. Iba vestida como de costumbre, con una blusa de algodón, unos *jeans* y zapatillas de deporte, siempre lista para moverse con agilidad. No llevaba joyas ni maquillaje. A ninguna de las dos nos gustaban los vestidos y solo los usábamos cuando era necesario. Un ama de casa marimacho, así era mamá. Una mujer práctica con un sinfín de recados por hacer.

—¿Y bien? —dijo, levantando una ceja.

Mirando a ambos lados, me apresuré a cruzar la calle polvorienta. Apreté el pequeño botón negro y oí el sonido del timbre retumbar en la casa; luego, un golpe seco y gritos de niños. Volví a cruzar la calle y, un par de minutos después, Marianela, de veinte años, y Ramiro, de dieciséis, salieron corriendo. ¡Mis primos! ¿Era aquí donde vivían? Solo los veía en vacaciones, en casa de mi abuela o de tía Irene.

Marianela me levantó del suelo y me hizo girar, sentí un zumbido de abejas en mi panza.

—¿Dónde está Rolando? —Me reí.

—Salió con alguna chica —dijo Marianela, poniendo los ojos en blanco.

—¿Ahora quién es la chica? No puedo seguirle el ritmo —dijo mamá, abrazando a Ramiro—. ¿Qué tal el fútbol? Severo dice que te han invitado a jugar en el equipo de sub-17.

Ramiro esbozó una pequeña sonrisa de orgullo.

Mamá apretó el hombro de Marianela:

—¿Estás bien? ¿Cómo va el trabajo?

—¡Ven a jugar conmigo! —Tiré de la camiseta de Ramiro.

—Ve a jugar tú —me dijo mamá—. ¡Anda a buscar bichos en la tierra! Estoy hablando con tus primos.

—¡Caramba! —murmuré y me fui pateando una piedra por la pista. Corrí hasta el centro de la calle polvorienta y comencé a escudriñar la tierra en busca de insectos. Después de dar vueltas alrededor de la basura sin ver ningún chanchito, me di la vuelta cuando oí la risa de mamá y la vi hablando con el tío Severo. Corrí de vuelta y lo abracé por la cintura.

—¡Tío!

—Silvita, déjanos hablar —dijo mamá. Sacó un puñado de monedas de su bolsillo—. Toma, lleva a tus primos a comprar algo a la tienda de la esquina.

—¡Gansito! —grité—. ¡Carrera!

Ramiro salió corriendo por la calle. Para cuando Marianela y yo nos pusimos en marcha, él ya estaba a mitad de camino, dejando nubes de polvo a su paso como en los dibujos animados.

Mientras volvíamos al auto con los dulces en la mano, Ramiro me subió a sus hombros y Marianela hablaba de la vida en Estados Unidos.

—¿Estados Unidos? —le dije—. ¿Qué tan lejos está eso?

—¡Muy lejos! —Se rio.

Frunciendo el ceño, me comí el Gansito poco a poco, con los dedos pegajosos por el relleno de mermelada de fresa.

—Un besito —dijo Severo, pellizcando mi mejilla.

Ramiro me bajó de sus hombros, haciendo un ruido de un avión de combate, y Marianela se arrodilló para darme un abrazo. Los tres caminaron de vuelta a su casa, y mamá y yo subimos al auto, el cuero caliente del asiento me quemaba la parte posterior de las piernas.

—Mamá, ¿dónde está la madre de mis primos? —pregunté.

—No estoy segura. Creo que está fuera de la ciudad —dijo, subiendo el volumen de la radio mientras se alejaba de la acera. En la radio informaban sobre otro atentado de Sendero Luminoso.

—Ah, si papá pregunta, fuimos a ver a la abuela hoy en La Victoria.

—Pero no lo hicimos —dije—. Vimos a mi primo Ramiro. Y extraño a Rolando. ¿Cuándo podré ver a Rolando?

Mamá pisó el freno y el auto se detuvo.

—Silvita —dijo con voz acerada. Con sus ojos fijos en los míos, repitió—: Hoy no hemos visto a Ramiro. Hemos visto a tu abuela.

La forma en que lo dijo, como si yo hubiera materializado a mis primos o imaginado a Marianela dándome vueltas o soñado a Ramiro haciéndome correr por el camino polvoriento, era tan segura, tan firme, que empecé a preguntarme si en realidad me lo había inventado. Mi madre había escrito nuevas historias sobre las mías tantas veces que cada vez era más difícil notar la diferencia. La tela extra para los uniformes escolares, decirles a los médicos que me caí cuando mi padre me pegó… Ella era la adulta, su verdad triunfaba sobre la mía. Tal vez habíamos visitado a mi abuela. Tal vez mis primos eran un sueño. Mi lealtad hacia mamita era más que obediencia.

Era absoluta.

Cuarto mandamiento: «Honrarás a tu madre y a tu padre».

* * *

Estábamos de nuevo en el auto. Otra vez corriendo. Siempre llegábamos tarde a algo. Pero, esta vez, mi padre llevaba su mejor traje y su pelo estaba peinado hacia atrás. Mamá llevaba un elegante vestido a cuadros negros, e incluso se había pintado los labios y se había puesto rubor. Mi padre estacionó y subimos a toda prisa las escaleras de una iglesia. Me parecía familiar. ¡San Antonio de Padua! San Antonio es el patrón de las cosas perdidas, y esta era la iglesia del padre Hugo. Él había asistido a muchas fiestas en nuestra casa. Mi padre siempre estaba dispuesto a compartir su elegante botella de *whisky* Ye Monks con el padre Hugo. «¡Salud, padrecito!», brindaba en tono sarcástico.

Jadeando, mamá, mi padre y yo subimos corriendo las escaleras. Afuera de la iglesia había una multitud de personas reunidas que tenían puñados de arroz en las manos. Lo que vi a continuación me dejó sin aliento. De las ornamentadas puertas de madera salían, de la mano, J y una mujer.

—J, estamos aquí —gritó mi madre—. ¡Aquí!

J se acercó corriendo, agarrando la mano de la mujer. Era hermosa y estaba radiante con un vestido blanco completo. J llevaba un traje azul claro igual que el de mis sueños.

—¡Qué felicidad! —dijo mamá, besando a ambos—. De todo corazón, les deseamos lo mejor para ti y tu nueva familia.

Mi padre estrechó la mano de J:

—Felicidades.

Mis brazos colgaban sin fuerza a los lados. Me quedé en silencio hasta que mi madre me dio un codazo.

—Felicidades. —Me atraganté.

J atrajo mi atención y me guiñó un ojo.

—¡Ay, qué linda! —dijo su novia, inclinándose para besar la parte superior de mi cabeza.

—¡Padre! —llamó mamá—. Padre Hugo, por aquí.

El padre se acercó con su elegante traje, y después de intercambiar saludos condujo a la pareja a la pequeña capilla que estaba detrás de la iglesia para la sesión de fotos.

Observé desde la distancia cómo posaban para las fotos de boda en la misma capilla en la que nueve años antes me habían bautizado cuando era una recién nacida. Después de las fotos, J y su novia bajaron corriendo las escaleras hacia el auto que los esperaba, y la multitud les lanzaba puñados de arroz al aire. Mientras parpadeaba entre los pequeños granos blancos que llovían a nuestro alrededor, me fijé en el traje de J.

«Tú eras mi príncipe azul», era todo lo que podía pensar. «Se suponía que eras mi príncipe azul».

* * *

Después de que J se casó, no podía dormir. Nada tenía sentido. Durante cuatro años le había obedecido. Le había obedecido porque había una razón, un futuro. Él iba a ser mi cuento de hadas. ¿Por qué entonces todo habría sucedido de esta manera? Pero ahora se había ido, y yo me había quedado sola en la pequeña y oscura habitación de mí misma, esperando de nuevo algún tipo de explicación. Y también había algo más: una nueva complicación moral. El cuarto mandamiento exigía que obedeciera a mis padres, y lo había hecho. Tenía mi propia Santísima Trinidad: padre, J, Dios. Escuchar a J significaba escuchar a mi padre, y escuchar a mi padre era escuchar a Dios. Pero J se había casado con otra persona. Si venía ahora a mi habitación, ¿cómo podría obedecerle sin romper otro mandamiento? El sexto mandamiento: «No cometerás adulterio».

En la escuela nos machacaban historias sobre el Cielo y los ángeles, la redención y la belleza, pero lo que más recordaba era la condena. Me petrificaba el Infierno, las llamas eternas. La venganza de Dios era la única fuerza más poderosa que la ira de mi padre.

Tenía que detener a J.

Un fin de semana estaba pensando en qué le iba a decir mientras atravesábamos a toda velocidad las barriadas para hacer recados. La humedad del final de la tarde era pantanosa y las ventanillas estaban medio abiertas para captar cualquier atisbo de brisa. Cuando visitábamos las barriadas de Lima, mi trabajo consistía en quedarme cuidando el auto mientras mis padres hacían las compras para que los ladrones no se lo llevaran. Como siempre, mis padres discutían adelante. Mi padre condujo el Volkswagen hacia Tomás Marsano, una colorida avenida llena de pequeñas ferreterías, cuyos escaparates estaban repletos de contenedores con herramientas de formas extrañas. Esquivando las motos, mi padre tocaba el claxon y gritaba por la ventanilla. Los conductores de combi le respondían con gritos. Entramos a una calle polvorienta a medio pavimentar, y una fila de hombres sin camisa con prominentes barrigas de cerveza que bebían delante de sus casas nos miraron al pasar.

—Esos borrachos. —Mi padre frunció el ceño—. No hacen nada. Haraganes. ¿Ves esta vida de barrio, Silvia? De aquí es tu madre.

Mi ventanilla no bajaba, así que me distraje contando autos azules. Diez azules, luego elegí un nuevo color... Verde..., y conté diez de esos. Como los patrones y los sistemas, los números eran limpios y ordenados. En el caos de mi vida, hacer cálculos era relajante. Contar era un bálsamo.

En el quinto auto verde había una familia casi como la mía. La madre y el padre adelante, la hija y el hijo en la parte de atrás. Pero ellos parecían reírse en lugar de gritar, cantando una canción de la radio. Las ventanillas estaban cerradas y empañadas por el vapor de sus voces. Intenté imaginarme en medio de esa armonía, cantando alegremente, pero entonces el semáforo cambió y mi padre apretó el acelerador.

—Y tú, ¡qué tanto hablas, dejando hijos por todos lados! —gritó.

—¡Cállate, Segundo! —siseó mi madre.

—¿Dónde están ahora? Rolando, Marianela y Ramiro. ¡Si eres una puta!

¿Rolando? Mis primos. Me incliné hacia delante para escuchar mejor.

Mamá golpeó con sus puños el hombro de mi padre y empezó a sollozar.

—¡Ándate a la mierda, concha de tu madre! —gritó mi padre.

En el siguiente semáforo, mamá saltó del auto y se fue caminando.

—¡Mamá! —grité.

Mi padre se inclinó para cerrar su puerta y arrancó.

—¡Mamita! —llamé.

—¡Cállate, carajo! —ladró él, mirándome por el espejo retrovisor.

Su cara era de piedra cuando me giré para ver cómo mi madre se hacía más pequeña en la distancia.

Más tarde, esa noche, mamá me encontró leyendo sola en el sofá de la sala de televisión.

Siempre nos encontrábamos allí después de una pelea, se acurrucaba a mi lado para suavizar las cosas, para descifrar la furia de mi padre. A veces me pregunto para quién eran esas charlas realmente. Si ella intentaba metabolizar la ira de mi padre para mí, o si era una forma de explicársela a sí misma.

—Silvita —dijo—, tenemos que hablar.

Acurrucándome en el rincón de su brazo, comenzó con la cháchara, contándome esto y aquello sobre el resto de su día, buscando una forma de explicarme. «Llegó el momento», pensé de repente mientras ella divagaba. Era tal y como lo había imaginado, incluso los polvorientos rayos de sol que caían sobre nuestras piernas. Por fin iba a explicarme lo que había sucedido durante los últimos años, me iba a contar cómo encajaban todas las piezas. Llevaba mucho tiempo esperando este momento. Iba a hablarme de J, de todas las cosas que había callado.

Pero no mencionó a J en absoluto. No esa noche. Ni el día después. Ni cualquiera de las semanas o meses que siguieron.

En su lugar, me contó una larga historia sobre su niñez. Cuando solo tenía catorce años, su padre, mi abuelo, fue asesinado en las montañas de las afueras de Cusco, mientras cerraba un negocio. Mi abuela quedó destrozada y, demasiado pobre para mantenerse a sí misma y a sus cinco hijos, casó a mi madre a los quince años con un chico mayor del barrio. El chico estaba en el ejército, y al principio mamá se sintió tan aliviada de salir de la pobreza que no pensó en nada más. Despreciaba ser pobre. Abandonó la escuela secundaria, y a los dieciséis años dio a luz a su primer hijo, después a una hija y a otro hijo. Los militares destinaron a su marido a las montañas de las afueras de Cusco, no muy lejos de donde habían matado a su padre. Mamá se quedó sola allí con tres bebés.

—Era muy joven —me dijo—, yo misma era casi era una niña. No sabía qué hacer. Así que hui. No estoy orgullosa de eso, hija, pero durante un tiempo me fui. Aunque siempre tuve pensado volver.

Huyó a un pueblo cercano en la sierra y consiguió un trabajo como secretaria. Su marido se llevó a los niños a Lima y ganó la custodia en los tribunales. Ella solo podía verlos en ciertos días y a ciertas horas. Cuando mamá conoció a Segundo, mi padre, ella ya estaba en Lima, viviendo con su madre en La Victoria y tratando de recuperar a sus hijos.

Cuando empezaron a salir, mi padre solía visitar a mamá en su casa y, cuando ella tenía a los niños, mi padre ayudaba a Marianela con las tareas de matemáticas. Mamá pensaba que serían una familia, que recuperaría a sus hijos, que tal vez estar con un hombre como Segundo la ayudaría. Él tenía casi veinte años más que ella y era un respetado empresario que se había hecho a sí mismo.

Sin embargo, se hablaba en voz baja contra mi madre. Específicamente, tía Emérita, el familiar más cercano de mi padre, no creía que mi madre fuera lo suficientemente buena para él. El estigma contra una mujer divorciada con tres hijos era fuerte en Perú.

Pero mamá ya se había enamorado de él. Por su apariencia o su seguridad, o tal vez incluso por un corazón que yo nunca había visto. En cualquier caso, él la había cortejado, engatusado a sus hijos y prometido una buena vida. Pero luego cambió de opinión y la hizo elegir: si quería una vida con él, no podía reconocer ni ver a sus tres hijos, Rolando, Marianela y Ramiro. Le hizo una oferta que ella no podía rechazar: «No tendrás que trabajar más», le dijo.

—Me imaginé que poco a poco se encariñaría con mis hijos, que su amor por mí se impondría. Me imaginé que acabaría cambiando de opinión, hija. Estaba segura de que cambiaría de opinión.

Me quedé en silencio.

Aquel día que fuimos juntas a La Victoria, cuando le exigí que me llevara, habíamos visitado a sus hijos.

Allí era donde había estado todas las tardes que me quedé a solas con J.

—Mi cholita berrinchosa —ronroneó, abrazándome con fuerza—. No hace falta que se lo digas a tus hermanos, ¿está bien? Son demasiado pequeños. Por ahora, es nuestro secreto.

Quise preguntarle dónde debía poner todos nuestros secretos.

* * *

Luego de la boda, J no vino mucho por la casa, y durante un tiempo, a medida que iba aceptando que mis primos, mis dulces y queridos primos, eran en realidad mis hermanos, me olvidé de J. Entonces, una tarde, un mes después de mi décimo cumpleaños, oí un débil silbido en el pasillo. Antes de que pudiera localizar el sonido, él estaba de pie en la puerta de mi habitación. Su sonrisa era amplia cuando entró y cerró la puerta, como si nada hubiera cambiado. Mis puños se cerraron. Se bajó la cremallera de los pantalones, se puso contra la pared y empezó a tocarse con fuerza.

—No —dije en voz baja cuando me empujó hacia la cama y empezó a besarme.

Sellé mis labios y los contraje como un puño. El fuego subió por mi nuca y me abrasó las orejas. Por primera vez, mi fe era más fuerte que la palabra de mi padre o el peso del cuerpo de J. Dios estaba por encima de ambos. Por encima de todos.

—No más —dije.

—¿Qué?

—Los mandamientos.

—¿Qué mandamiento?

—El número seis —dije con toda la firmeza que pude reunir—. Es adulterio.

—¿Quién ha dicho eso? —preguntó mirándome. Sus ojos se entrecerraron.

—El padre Pablo. Voy a decírselo. Tengo que hacerlo. Nos vamos a ir al Infierno.

Los ojos de J se abrieron de par en par y se apartó de mí, mirándome como nunca lo había hecho. Era miedo, sí, pero debajo de él también había una especie de tristeza. Como si me hubiera visto por primera vez. Y mi corazón se estremeció ante la idea de enfadarlo. Pero el miedo al pecado era mayor. Arder en el Infierno sería peor que el dolor de los cinturones de cuero de mi padre.

J dio un salto hacia atrás al oír la puerta del garaje. Mamita. Por fin. Por fin había venido a salvarme, podía sentirlo. Dios también estaba allí, protegiéndome. J se abrochó los pantalones y salió corriendo de la habitación; yo aproveché para alisarme el pelo y la blusa. No volvió a tocarme después de eso, y cuando venía a limpiar, yo hacía todo lo posible por evitarlo.

Estaba segura de que había hecho lo correcto, pero empecé a sentirme peor.

* * *

La confesión se celebraba en la gran basílica que estaba junto a mi escuela. Durante semanas, había estado hecha un manojo de nervios. Nerviosa de que el cura se escandalizara y se avergonzara. Nerviosa de que me expulsara o, peor, de que me prohibiera comulgar. Tenía miedo de que me viera como María Magdalena, como impura. «Ya no eres hija de Dios», me lo imaginé susurrando.

—¿Por qué tarda tanto? —dijo mi madre, señalando a la niña arrodillada junto al sacerdote, confesando sus pecados—. Es decir, realmente, ¿qué cosa tan mala podría haber hecho?

Mi padre se rio.

Me pregunté cuántas chicas le estarían contando al cura sobre sus J.

En lugar de la tradicional cabina con una pantalla oscura y una puerta cerrada, nuestra primera confesión se hizo en la parte delantera de la iglesia, con el sacerdote sentado en una silla y nosotras arrodilladas a su lado mientras todos miraban.

Avancé por el pasillo hasta el altar de madera tallada. Era imponente y majestuoso, con detalles dorados y un aura poderosa. El techo de la catedral se abovedaba sobre mí mientras yo me hacía más pequeña a cada paso. Se me enfriaron los dedos de las manos y de los pies, y todo el calor se acumuló en un zumbido agitado en la base de mi cuello. No quería que el sacerdote me mirara a los ojos y viera a una despreciable pecadora.

Había llegado el momento. Una oportunidad de perdón. O el día del juicio.

—Ave María Purísima. —Incliné la cabeza mientras me arrodillaba frente al padre y susurraba:

—Sin pecado concebida —respondió el sacerdote.

—Bendígame, padre, porque he pecado —continué—. Esta es mi primera confesión, y he cometido los siguientes pecados: golpeé a mi hermano Miguel en la cabeza cuando jugábamos, me olvidé de lavar mi uniforme de la escuela después de que mi madre me lo dijera, me comí una bolsa de Sublimes y le eché la culpa a Miguel, escondí las sábanas de mi cama para no tener que tenderla y le mentí a mi madre al respecto —de repente dudé.

—¿Y? —esperó.

Sentía que el corazón se me iba a salir, las palmas de las manos resbalaban una contra otra mientras estaba arrodillada en el taburete acolchado junto al padre, tratando de ignorar los ojos de mis compañeros y familiares sentados en los bancos detrás de mí. Durante mucho tiempo, mi padre no solo fue el hombre de la casa, sino una deidad. Las explosiones de ira y las maldiciones, el carácter vengativo y las reconciliaciones dramáticas. El poder de destruir. Un dios gobernado por la rabia y la vanidad. Un dios innegablemente humano. Uno que me golpeaba, pero al que seguía adorando. Pero cuanto más aprendía, más veía que mi padre no allanaba el camino hacia Dios. El cura, en cambio, era un canal directo.

El encaje de mi vestido de comunión me dejó huellas en las rodillas desnudas y los ganchos que sujetaban mi velo se me clavaban en el cuero cabelludo. Estaba segura de que en cualquier momento me iba a prender en fuego.

—Y… —susurré—. Adulterio.

—¿Qué? —dijo el sacerdote.

—Adulterio. Con un hombre casado. El sexto mandamiento, padre. Yo he estado con un hombre casado.

—Ya veo —dijo sin inmutarse—. Querida niña, debes rezar cuatro avemarías y tres padrenuestros. Yo te absuelvo de tus pecados en el nombre del Padre, del Hijo y del Espíritu Santo. Ve y sé una buena hija de Dios.

Sentí un alivio en el pecho. Mi madre me saludó con la mano y me guiñó desde el banco. A su lado, mi padre tenía los ojos entrecerrados y la cabeza inclinada hacia un lado. Mientras corría hacia el banco más cercano y me arrodillaba para cumplir mi penitencia, me pregunté por qué el padre no había dicho nada más. Ni un consejo ni una explicación. Una parte de mí esperaba que llenara los espacios en blanco. Él era lo más cercano a Dios. Había estado aguantando, rezando por que, si esperaba lo suficiente y hacía lo que me decían, si honraba a mi madre y a mi padre, alguien en algún momento me explicaría lo que estaba pasando. Pero ahí estaba yo, en un lugar donde la mayoría encontraba consuelo, a solas con mis pensamientos de nuevo.

Enhebrando las cuentas de un rosario de cristal rosa entre mis dedos, comencé:

—Dios te salve, María, llena eres de gracia...

María, la Virgen. María, la amable, la cariñosa, la inocente y la tierna. Ella había velado por mí. Eran las mujeres las que lo hacían. Ellas eran mi única oportunidad de ser escuchada. No era de mi padre de quien esperaba explicaciones, sino de mi madre. Y aunque era a Dios a quien yo temía, fue a María a quien pedí perdón por primera vez.

Ese fin de semana, mis padres organizaron una fiesta en casa para celebrar mi primera comunión. Todos los miembros de mi familia asistieron para felicitarme. Hacia el final del día, llegó J, radiante, con su esposa.

Estaba embarazada.

—Felicidades —dijo, inclinándose para darme un delicado beso en la mejilla—. Ya eres una mujer.

Se me puso la piel de gallina.

Más tarde, cuando los adultos se habían olvidado de la razón por la que estábamos reunidos y se sentaron a hablar en voz alta por encima de los demás, poniendo salsa a todo volumen en el salón, me escabullí a la cocina y vertí un poquito de pisco en mi jugo. Solo un chorrito. Durante un breve y glorioso momento, el calor líquido del pisco borró el persistente frío de los labios de la esposa de J en mi mejilla.

* * *

Al año siguiente, J dejó de venir a casa. Escuché a mi madre decir que su esposa estaba embarazada de nuevo. Mis padres le habían ayudado a conseguir un trabajo más estable en su barrio, que estaba lejos de nuestra casa. Y mi madre había montado su propio negocio, un pequeño servicio de *catering* que abastecía la cafetería en una escuela cercana a la mía. Cada día entraba y salía gente nueva de la casa, personas que mamá había contratado para que la ayudaran a cocinar y a empaquetar las comidas. Algunas de las nuevas empleadas también ayudaban con la limpieza, retomando lo que J había dejado.

Mientras fregaban las paredes que ocultaban los ecos de su silbido y limpiaban las habitaciones que almacenaban años de su ADN, una nueva vitalidad recorrió la casa. Como si todas las ventanas se hubieran abierto de par en par y el polvo se hubiera despejado. Mamá estaba ocupada y alegre, probando constantemente nuevas recetas. Ahorraba dinero para enviárselo a su madre y a sus hermanas. Siempre había sido una persona ocupada, siempre en movimiento, pero algo difusa para mí. Cuanto más trabajo tenía, más nítida era su silueta, su retrato se empezaba a llenar de color. También comenzó a hablar más, a defenderse. Cuando mi prima, ahora hermana, Marianela, decidió irse a San Francisco, mamá exigió que le hiciéramos una fiesta de despedida en casa.

Ninguno de mis hermanos secretos había pisado nunca mi casa.

Entonces llegó la gran oportunidad. El negocio de *catering* de mamá se había convertido en un éxito gracias al boca a boca, y Wong, la cadena local de supermercados, se ofreció a vender su plato de pollo enrollado. Perú era un país carnívoro, y el pollo a la brasa era nuestro plato estrella, pero el pollo de mamá era algo nuevo. Una versión peruana del pollo *cordon bleu*. Wong le ofreció un contrato para prepararlo para sus cinco tiendas más grandes. Mi madre estaba radiante. Flotaba como si hubiera sido bendecida por el mismísimo papa. Empezó a imaginar que abriría su propio restaurante, o tal vez algo más pequeño, una tiendecita de té para el lonchecito. Solo lo básico.

Pero mientras se preparaba para su primer gran pedido y soñaba con grandes cosas, las críticas de mi padre, que siempre habían ido y venido, se hicieron incesantes.

—Teresa, carajo, la casa es una mierda. Todo está muy sucio —gritaba cuando llegaba a casa y veía a su equipo de *catering* montando platos en el comedor—. ¿Por qué cocinas para todos esos imbéciles? Ya tienes un trabajo cuidando de tu familia.

En la misma época en que el negocio de mamá despegó, una consejera vino a nuestra clase de Salud de quinto grado para hablar sobre un tema del que nunca había oído antes: el autocuidado. Separó a los niños y a las niñas en dos grupos, y envió a los niños a otra sala. Las chicas nos sentamos con las piernas cruzadas en filas ordenadas sobre el frío suelo de azulejos con nuestras largas faldas grises esparcidas a nuestro alrededor.

—Un día se casarán —dijo—. Tendrán bebés, maridos, un príncipe azul. —Todas nos reímos—. Pero antes de eso, es importante que sepan que nadie debe tocarlas aquí abajo. —Movió los brazos a la altura del pecho, el vientre y la entrepierna—. ¿Lo entienden? Eso es solo para cuando sean mayores, para hacer bebés.

Todas asintieron, mientras yo me sentaba sobre mi mano para evitar que se disparara. Me mordí el labio para que no se me escaparan las palabras. «Pero ¿y qué pasa si me han tocado?». Tenía tantas preguntas. Quería saber si las otras chicas también habían sido tocadas. Pero cada vez que abría la boca para gritar, oía la voz de J: «No se lo has contado a nadie, ¿verdad? Recuerda, no se lo digas a nadie». Y no lo había hecho. Salvo mi confesión al cura, que no había suscitado ninguna respuesta, no se lo había contado a nadie.

En la escuela, en la iglesia, en casa, mi comportamiento era un reflejo directo de Segundo. Nunca me dejó olvidar eso. No debía causar problemas, y hacer demasiadas preguntas siempre significaba problemas. Yo era una estudiante católica. Mi virtud era la obediencia, no la indagación. Aquel día recé para que otra hablara, para que alguien hiciera la pregunta que yo no me atrevía.

Nadie dijo nada.

Mientras me hundía en el suelo de azulejos del aula de la única escuela a la que había asistido y miraba las caras de las chicas que conocía desde el primer año, me di cuenta de que no sabían nada de mí. Y por las miradas vacías en sus rostros, supe que lo que me había pasado no les había sucedido a ellas. Como dijo la señora del autocuidado, lo que me había pasado no era normal ni correcto.

Era malo.

—¿Me enseñas las fotos de tu boda con mi padre, mamita? —le rogué más tarde esa noche—. ¿Cómo era tu vestido? ¿La boda fue grande? ¿Eras feliz?

—Creo que se perdieron en una mudanza —dijo—. Más tarde las buscaremos, ahora estoy ocupada. Ayúdame a cocinar.

Quería sacudir las respuestas de ella como peras maduras de un árbol. Quería preguntarle qué significaba el amor para ella. Lo que se suponía que debía significar para una chica como yo.

* * *

Mis padres habían salido una noche y yo estaba en casa con Meche, la nueva ama de llaves. Mis dos hermanos menores estaban durmiendo. Me colé en la habitación de mis padres para ver el único televisor a color que había en la casa. Cuando empujé la puerta y entré de puntillas, mis pies se hundieron en la alfombra de felpa recién aspirada. Su habitación era misteriosa, prohibida. Con cuidado, abrí una de las puertas del armario. Ante mí, colgados en fila como soldados en posición de firmes, estaban los trajes a medida planchados de mi padre. Pasé las manos por ellos, viendo cómo se balanceaban y chocaban entre sí. Debajo de cada uno había un par de zapatos de vestir brillantes como espejos. De un rincón del armario saqué un pequeño portafolios.

Lo abrí. Un embriagador aroma a cuero viejo y cera para zapatos escapó del interior. El maletín estaba lleno de cartuchos de plumas y lápices de lujo, de marcas como Cross y Parker. Había pequeñas montañas de borradores y paquetes ordenados de alfileres y clips. Imaginé a mi padre tecleando en su calculadora mecánica, en la oficina del piso de abajo, archivando las pilas de todos aquellos importantes papeles que lo mantenían alejado de su familia o apurado para acudir a citas urgentes. Sujetando el portafolios bajo el brazo como si fuera alguien importante, subí a su cama y prendí el televisor. En Perú solo teníamos tres canales, uno estatal y dos comerciales. Estaban dando *El Club 700*. A menudo, mis padres veían este programa, pero yo nunca le había prestado mucha atención. Era una charla aburrida de adultos, pero entendía que la gente del programa era buena, cristianos serios. Evangélicos. Con frecuencia, personas como ellos visitaban nuestra casa, y a veces mi madre los invitaba a tomar un tecito. Ellos solían dejarnos sus folletos, siempre con imágenes de familias bañadas en un rayo dorado de luz divina. De las que siempre había imaginado que entraban en la habitación mientras mamá les explicaba sobre J.

«Hoy vamos a hablar con cuatro mujeres que encontraron la salvación en la todopoderosa palabra de Dios», dijo el presentador de pelo blanco, Pat Robertson.

«Mujeres de la calle», decía el pie de imagen.

Me atrajo el mensaje de salvación. La idea de que una fuerza benévola podría abalanzarse sobre mí y rescatarme. De que podría devolverme una especie de pureza que anhelaba, pero que nunca había conocido. Había dejado de confiar en mis padres para obtener respuestas. Aunque aún mantenía la esperanza de que mamá viniera a explicarme lo que J había hecho, tanto ella como mi padre estaban atrapados en sus propios dramas. Mientras tanto, mi deseo de encontrar un significado, de comprender, de purgarme y salvarme, subrayaba cada momento de cada día. Estaba hambrienta de un orden espiritual. Más que absolución, anhelaba una explicación.

Las cuatro mujeres eran rubias, llevaban tanto maquillaje que parecían payasos, y todas eran de Estados Unidos, donde, según la televisión y las películas, la vida nunca podría ser tan mala. Una de las mujeres hablaba y su voz estaba doblada al español: «Sí», dijo. «He estado en las calles y he sido prostituta. Pero no elegí esto. Comenzó cuando era una niña y mi tío se aprovechó de mí. Me encerró en una habitación y me hizo callar mientras me bajaba los pantalones. Abusó de mí».

Mi corazón se aceleró cuando describió con detalle exactamente lo que J me había hecho. «Soy una basura», gritó, con gruesas lágrimas acumulándose en sus ojos. «Estoy dañada. Me convertí en una prostituta y una drogadicta».

Mi puño se apretó alrededor del asa de cuero del maletín. La mujer de la clase de Salud dijo que nadie debía tocarnos, pero mis padres le habían dado permiso a J para tocarme y besarme. Y, ahora, la rubia de la televisión decía que lo que le había ocurrido era un abuso. J dijo que eso era lo que mis padres querían para mí. ¿Mis padres querían que abusaran de mí?, ¿que me convirtiera en una prostituta?, ¿que fuera una basura? La basura no era deseada. La basura se tiraba. Si yo era basura, era los deshechos. Las sobras que tía les daba de comer a sus pollos antes de sacrificarlos.

Mis padres querían esto para mí.

Apagué el televisor y volví a meter el maletín de mi padre en el armario. Fui a mi habitación, me arrodillé frente a mi cama y empecé a rezar entre lágrimas. ¿Por qué no lo había detenido antes? Volví corriendo a la habitación de mis padres y cogí una caja de fósforos de su mesita de noche. Cuando tenía cuatro o cinco años, recuerdo haberme metido un fósforo en la boca y haber lamido su extraño sabor salado, mientras mi madre me gritaba. «¡Para!», me decía. «¡Te va a matar! Es venenoso».

Me llevé los fósforos a mi habitación y, uno a uno, despegué los endebles palitos de cartón de la base y los tragué enteros, sentí un cosquilleo en la boca por el ácido carbón del azufre. El suicidio era un pecado mortal que era castigado con las llamas del Infierno, pero quizás una muerte lenta y accidental me llevaría al Purgatorio.

A pesar de eso, todavía creía que de alguna manera todo esto tendría sentido. Que esta era una situación a la que solo tenía que acostumbrarme. Había seguido órdenes, había hecho todo lo que pude para hacer feliz a todo el mundo. Y, a veces, eso me hacía feliz a mí también; a veces, incluso se sentía bien. Pero estaba mal, era sucio. Estaba avergonzada. Tal vez todo era culpa mía.

Tal vez porque no podía decir que no, en realidad había dicho que sí.

Encendí un fósforo y luego otro y otro, y las volutas de humo quedaron suspendidas en el aire, enrollándose en una oscura bola nebulosa. Una sombra. Ese día, mi corazón se convirtió en una sombra, y recé para que me tragara entera.

CAPÍTULO 5

EL ALTO HIMALAYA

Los labios de Lucy tienen un tinte púrpura azulado esta mañana, lo que a casi 2700 metros no es raro, pero me está poniendo nerviosa.

—¡Qué atrevido *look* lleva hoy, señorita Lucy! —digo en lugar de lo que realmente estoy pensando. Ella me dedica una sonrisa de lástima y me siento como de cien años.

Soy un nervio andante. Un anciano nervio andante.

A la mayoría de las personas no les choca la altura hasta Namche, pero Lucy lo ha estado pasando mal desde el primer día y no ha mejorado. Su paso es lento, sus ojos se ven cansados. Estamos entrando en el Parque Nacional de Sagarmāthā, el parque nepalí que abarca el Everest y el resto de la cordillera del Himalaya. Las chicas se acurrucan en un viejo banco de madera mientras yo presento nuestra documentación en la caseta de registro. El guardabosques toma el dinero y nos asigna los permisos de excursión. Mi mano empieza a temblar cuando le entrego los documentos adicionales para mi expedición hacia la cumbre. Solo pensar en el Everest me da vértigo. Ehani se acerca a mi lado y, por el rabillo del ojo, veo que se da cuenta de mi nerviosismo. Dentro de ocho días mi excursión con las chicas habrá terminado, y entonces comenzaré mi intento por llegar a la cima. Pero ahora mismo todo lo que puedo ver son nuestros pies en el sendero. Llevamos dos días de retraso y menos de dieciséis kilómetros recorridos; pero ahora, finalmente todas juntas, nos convertimos en una unidad. En un organismo de ocho.

Hoy caminamos hacia Namche Bazaar, la puerta de entrada al alto Himalaya, donde el oxígeno realmente empieza a escasear.

El guardabosques me entrega el permiso para escalar el Everest y lo guardo en mi mochila sin mirarlo. Ehani comienza a caminar hacia la entrada del parque. Nos echamos las mochilas al hombro y la seguimos.

—¡Muy bien, Ehani! —le digo—. Márcanos el ritmo.

Shailee le traduce lo que acabo de decir; entonces, Ehani levanta un brazo por encima de la cabeza y me hace un gesto de aprobación con la mano. Shailee y Asha se ponen en fila detrás de ella, y Shreya y Rubina se quedan cerca de Jimena y Lucy, que están delante de mí. Yo voy en la retaguardia.

Estamos a punto de atravesar la puerta kani, una cabaña de piedra de aspecto sencillo que marca la entrada espiritual al parque. Nos detenemos y nos turnamos para leer el cartel en voz alta:

Esta puerta kani tradicional marca la entrada al Beyul Khumbu, un valle sagrado oculto de la comunidad sherpa. Durante la visita a esta zona especial se pide a los visitantes:

1. Abstenerse de quitar la vida
2. Abstenerse de la ira
3. Abstenerse de los celos
4. Abstenerse de ofender a los demás
5. Abstenerse de consumir sustancias tóxicas

—¡Ay, demasiadas reglas! —bromea Lucy, y me emociona escuchar una pizca de dulce sarcasmo. Todavía se mantiene en pie.

Las chicas se toman un *selfie* grupal, con la lengua fuera y los dedos haciendo el signo de paz y amor. Es como el anuncio de un campamento de verano. Esos en los que las chicas norteamericanas, felices y despreocupadas, pasan sus vacaciones. El tipo de veranos que ninguna de nosotras tuvo. Para algunas de nosotras, la suavidad siempre ha sido algo inseguro. Para muchas de nosotras todavía lo es. Pero quizás aquí podamos probar un poco de ella.

La parte inferior de la puerta del kani está pintada con mandalas de color rosa neón y ámbar; el techo está cubierto de dorado y verdes intensos. Jimena y Lucy se dan vuelta, y observo dónde se posan sus ojos. A lo largo de las paredes hay vibrantes frescos de Buda; de Miyolangsangma, la deidad femenina del Everest sobre su tigre rojo; y de la deidad local, Khumbila, el dios del Khumbu.

Uno en particular llama mi atención.

Tiene un aspecto siniestro en comparación con los demás, casi maligno, pero su oscuridad es algo electrizante. De piel azul marino y tres ojos, lleva una corona de calaveras y un taparrabos de piel de tigre. Las llamas salvajes lo envuelven como una melena. Hasta su pelo es de fuego.

—Muy *punk rock* —digo—, más para mí que para las demás.

—Vajrapani —dice Shreya al verme mirándolo—. Es el poseedor del rayo.

Por supuesto, me siento atraída por el más peligroso.

El Nyingma es la religión de los sherpas, explica Shailee, y estas imágenes cuentan sus historias. Esta secta mística basada en la naturaleza es la forma más antigua del budismo tibetano. En esta parte del Himalaya, los dioses son la naturaleza encarnada. Eso tiene más sentido para mí que todo lo que he oído en bastante tiempo.

En la pared derecha del kani hay una sección recortada en la que una fila de cilindros metálicos se alinea como las cuentas de un ábaco.

—¿Qué son? —pregunta Jimena.

—Ruedas de oración —dice Shailee—. Las haces girar para purificar tu karma. El karma bueno entra, el malo sale. Cada una tiene un mantra en un diminuto pergamino metido dentro.

—Soy una acaparadora de bendiciones, ¿sabes? —digo, frotándome las manos con avidez. He acumulado suficiente karma negativo para varias vidas, y no me vendría mal un poco de limpieza.

—Recuerda que solo debes girarlas en sentido horario —dice Shailee—. Y siempre pasarlas por la izquierda.

—¿Qué pasa si lo hago en el otro sentido? —pregunta Jimena.

—No lo sé. —Shailee se encoge de hombros—. ¿Todo se deshace?

—¿El karma? —Jimena parece preocupada.

—¿Tal vez?

Caminamos en fila india, rozando las ruedas con nuestras manos derechas. Una, dos, cuatro, diez de ellas. Se mueven con facilidad, zumbando suavemente al girar, produciendo un sonido como el de dos bolas de madera golpeándose. Una brisa fresca sopla a través del sendero.

—Algunas de las ruedas son más grandes, ya verás —dice Shailee—. Algunas se mueven con el agua y otras con el viento. Cuando se mueven liberan sus mantras al aire. Envían buena energía a todos.

Cuando escalé sola hasta el Campamento Base en 2005, nunca me detuve a girar las ruedas. Impulsada por la emoción y el dolor, recorrí los sesenta y cuatro kilómetros hasta el Campamento Base del Everest en cuatro días, caminando tan rápido que hasta a mi guía nepalí le dio mal de altura y tuvo que quedarse atrás. Yo seguí adelante sin él. En ese entonces sentía una furia dentro de mí, una fuerza incandescente y retorcida que me empujaba más allá de cualquier advertencia o lógica. La montaña me asombraba, por supuesto, pero no podía entender lo que significaba ni por qué me encontraba allí. Había estado tan concentrada en llegar a la base que me perdí todos los aspectos espirituales.

—Las ruedas de oración quieren estar siempre en movimiento —dice Shailee— para lanzar al aire los sonidos de sus mantras y su buena voluntad.

—Son como las banderas de oración —digo.

—Sí —dice Asha—, es la misma idea.

Me gusta que no se necesite de una persona para hacer una oración. Que estas puedan cabalgar en el viento. Que un sonido pueda ser una invocación propia. Una bendición para todos aquellos a los que el viento toca. Está tan lejos de la idea del pecado personal y la penitencia. De acudir a una iglesia y postrarse con las rodillas adoloridas a rezar por la propia salvación.

Ehani avanza y las demás nos ponemos en fila; nuestros pies golpean rítmica y suavemente la tierra caliente y compacta. Desde que llegamos hace tres días, todo ha sido taxis y aviones y hoteles y logística. Pero ahora estamos caminando. Avanzando en fila india por el sendero. Por eso estamos aquí. Para caminar. Nada más. Bueno, también estamos aquí por algo más. Para mucho más, según mis hojas de Excel con pestañas sobre pestañas sobre subpestañas. Pero, si todo este proyecto falla, si todo esto resulta en un desastre, igual habremos caminado juntas. Y eso es suficiente.

Se ha escrito y filmado mucho sobre el Everest, sobre el diminuto punto en el que la cima atraviesa el cielo; pero, en realidad, son los caminos que serpentean por la montaña los que albergan la cultura del Himalaya, del pueblo sherpa, cuyos 2500 habitantes viven en pequeñas aldeas a orillas del río y en pueblos excavados en las laderas de las montañas en empinadas terrazas.

Las azaleas oscuras y cubiertas de matorrales brotan salvajemente de las laderas de la colina cuando empezamos a descender hacia un valle. Pasamos por un enorme risco de piedra grabado con hileras de delicadas letras blancas, el preciso trazo del sánscrito. Es el mismo mensaje repetido cientos de veces. Una especie de escritura sagrada. Pienso en las tablas de piedra de Moisés.

—Son piedras mani —explica Asha; ella y Shailee están en plan guías turísticas—. Pasen por la izquierda. Siempre pasen las mani por la izquierda.

—¿Qué dicen? —le pregunto.

—*Om mani padme hum* —responde—. El famoso mantra tibetano.

—Ah, sí —finjo reconocerlo.

Conozco el «om» de las clases esporádicas de yoga a las que me obligué a asistir en casa, tratando de alinear mi cuerpo y de encontrar la prometida paz interior. Pero mantener las posturas es agotador. Mi cuerpo nunca está bien: demasiado rígido; mi respiración, demasiado controlada. Cada vez que el profesor me dice que simplemente lo deje ir todo, hago exactamente lo contrario. ¿Adónde se supone que debe ir? Nunca te dicen esa parte. Me gusta más el enfoque rápido y duro. El estilo de «sangre, sudor y hazlo». Encontrar los límites del cuerpo llevándolo al límite mismo. El canto del «om» al final de la clase de yoga es el único movimiento que he dominado, aunque todavía no he descubierto lo que significa.

Los árboles se convierten en casas a medida que nos acercamos a la diminuta aldea ribereña de Jorsalle, un conjunto de construcciones tipo *Monopolio* con tejados puntiagudos de color verde, rojo y azul. Seguimos las vueltas y curvas del Dudh Koshi. Su rápida corriente nos arrastra, y el torrente de agua revuelve las rocas, dándole melodía a nuestro silencio. Más adelante, un largo puente colgante se mece sobre el río. Y más allá, otro y otro, cada uno más alto que el anterior. Nos detenemos y contamos cinco que se extienden entre las colinas boscosas; son como una rústica montaña rusa que conecta cada colina con la siguiente. Para llegar a los puentes, tenemos que trepar por un bosque espeso y fragante. Los pinos azules están esparcidos por la ladera en gruesas franjas, como si alguien los hubiera pintado.

—Nuestra próxima parada está cerca —jadeo, mi primera mentira blanca del día—. Ya lo verán. Cuatro, tal vez cinco kilómetros. Literalmente, cinco kilómetros.

Los números son verdaderos, técnicamente. Puede que hoy caminemos solo cinco kilómetros, pero si lo logramos, ganaremos casi seiscientos metros de elevación. Omití ese pequeño detalle numérico. Al ver que Lucy y ahora Jimena empiezan a arrastrarse, me sorprendo al darme cuenta de que no hay forma de saber realmente si las estoy presionando demasiado. Los instintos de Lucy me preocupan, sobre todo porque los comparto. Solo espero que ella sepa cuándo esforzarse y cuándo renunciar. Yo nunca lo he sabido. ¿Cómo puedo medir la distancia entre el desafío y la amenaza? ¿Y cómo puedo confiar en que, en este nuevo y extraño entorno, ellas se conocerán a sí mismas lo suficiente como para decirme que han llegado a su límite?

En el libro *The Nature Fix*, Florence Williams cuenta la historia de Ken Sanders, un vendedor de libros raros que trabajó años como guía fluvial en el oeste de Estados Unidos. Sanders se dio cuenta de que, tras setenta y dos horas en el río, la percepción de la gente empezaba a cambiar. Sus amigos neurólogos realizaron un estudio sobre la teoría y descubrieron que, al cabo de tres días, la red de atención del cerebro —la parte responsable de las listas y tareas diarias— se tomaba un descanso y permitía que otras partes la relevaran. En concreto, las que se ocupan de la percepción sensorial y la empatía.

Muchos supervivientes tienden a experimentar disociación en algún momento, y las interacciones sensoriales pueden funcionar como una puerta de entrada para recuperar la conexión con su entorno y con sus propios cuerpos. Hablar del trauma no siempre es suficiente. Este vive en el cuerpo, y tenemos que trabajarlo a través del cuerpo.

El trauma sexual revuelve tus instintos. Transforma las cosas que sabes que están mal en cosas que debes aceptar. Con el tiempo, los límites se disuelven. Límites que no son solo físicos —tu piel, mi piel, su piel, la piel de otros—, sino emocionales, energéticos. A veces ocurre antes de que entiendas los contornos de tu propio cuerpo, de modo que, a medida que creces, cargas con todas las cosas terribles que te han infligido. Como un árbol que crece alrededor de un corte en su tronco, primero te divides, luego te fusionas nuevamente y, finalmente, envuelves el objeto, la piedra, la herida, tragándola en tu vientre como si fuera tuya.

Ehani silba y veo un trío de dzos, unos bovinos mitad vaca y mitad yak, que se acerca a nosotras por el sendero. Nos apartamos a la derecha. El ganado tiene derecho de paso. Desde Lukla hasta el Campamento Base, unos sesenta kilómetros en total, el recorrido se hace con animales o a pie. Esta caminata no es un paseo por el bosque para turistas como nosotras, sino una ruta comercial y una carretera.

Guiado por una mujer bajita y curtida por el sol, el ganado desgreñado pasa a nuestro lado, dejando tras de sí un perfume a orina y arcilla caliente.

—¡Mmm… almizcle! —bromea Shailee olfateando el aire.

Ehani nos guía, silbando de vez en cuando para señalar el paso de un dzo o de un rebaño de yaks. Al cabo de un rato, nos convertimos en una ola que se aleja y regresa al sendero en un movimiento fluido. Nunca había visto a Ehani tan segura de sí misma.

Ehani, la silenciosa.

Cuando conocí a Ehani, Shreya y Rubina, me llevaron con ellas a un pueblo rural de Sindhupalchok, a tres horas de Katmandú. Las carreteras hacia Sindhupalchok parecían haber sido destruidas; por tramos eran poco más que una empinada colina de tierra con rocas del tamaño de cuerpos que teníamos que esquivar o sortear lentamente. En más de una ocasión, nos tuvimos que bajar de la parte trasera de la 4x4 para empujarla nosotras mismas hacia arriba, haciendo señas a los otros autos para que pasaran. Al principio me sorprendió lo duro que era el camino, pero luego me avergoncé de mi propio asombro. Gran parte de Perú era igual, pobre y rural. Las carreteras eran muy similares a las que llevaban al pueblo de la infancia de mi padre, que se adentraban en la campiña de los Andes; los baches crecían y el espacio entre las casas de adobe se ampliaba cuanto más nos adentrábamos. La membrana que me separaba de la pobreza en la que crecieron mi madre y mi padre, de la vida de tía Emérita criando gallinas en su casita de la esquina, era delgada. Casi podía ver a través de ella la vida que podría haber tenido. Pero a medida que nos adentrábamos en Sindhupalchok, quedaba claro hasta qué punto mis padres habían cerrado la puerta a la pobreza.

Sindhupalchok, uno de los distritos menos desarrollados de Nepal, ha sido un centro de tráfico de personas desde los años ochenta. Era un distrito agrícola, pero al ser tan montañoso, la tierra no era muy fértil y el rendimiento era bajo. Era remoto y pobre, y por todas estas razones, propicio para la explotación.

El pueblo de las chicas estaba en la cima de una colina, con vistas a un valle de terrazas en forma de medialuna, a los arrozales, y, más allá, un panorama de estribaciones: grandes crestas arrugadas y alfombradas con un bosque exuberante. La niebla se aferraba a los pliegues de las montañas. Ehani tomó mi mano entre las suyas, sentí el calor de su palma firme mientras me guiaba por un ancho camino de tierra que atravesaba el pueblo, un conjunto de cabañas encaramadas en una colina empinada que corría el riesgo constante de desprenderse con las fuertes lluvias anuales. Pasamos junto a chicas jóvenes con trajes rojos tejidos y a mujeres mayores con tika o bindis, y aros de oro en la nariz, que cargaban rocas en sus hombros por la empinada colina. Todavía estaban reconstruyendo el pueblo devastado por el gran terremoto de 2015. De pronto, dos mujeres locales nos detuvieron. Sus preguntas parecieron encender a Ehani. Ella asintió hacia mí, agitando sus manos con movimientos lentos y descendentes. Su postura era como de bailarina de *ballet*, elegante y firme; su discurso, vibrante y fluido, tan diferente de la persona tímida que había conocido. Me pregunté hasta qué punto su timidez se debía a la brecha lingüística y hasta qué punto se trataba de una distancia que imponía como protección.

Yo no era la primera persona que le había dicho que estaba allí para ayudar.

Cada año, miles de niñas del distrito de Ehani son engañadas y traficadas como trabajadoras sexuales en la India con la promesa de un trabajo o la oportunidad de una mejor educación. Bajir Sing Tamang, un hombre muy poderoso y peligroso, con importantes conexiones políticas, había sido el responsable de la trata de cientos de niñas, entre ellas Rubina, Shreya y Ehani. La mayoría de las familias no tenían ni idea de lo que estaba ocurriendo cuando enviaban a sus hijas fuera. Algunas, sin embargo, sí lo sabían. Ehani me lo contó. Había un rastro de tristeza en su voz cuando lo dijo.

Asentí con la cabeza. Comprendía bien cómo un lugar podía ser a la vez tu hogar y el dolor del que necesitas escapar.

Cuando Ehani tenía doce años, su padre murió. En la tradición nepalí, eso convirtió a su hermano en el hombre de la casa. A él le correspondía mantener a la familia, pero no aceptó ese papel, dijo ella. Nunca había prestado atención en la escuela y no quería responsabilidades adicionales. Su madre luchaba sola por mantener comida en la mesa, así que a los catorce años Ehani se escapó a Katmandú, donde trabajó durante un año en una fábrica de alfombras para enviar dinero a casa.

«Cuando era menor, mi padre siempre me decía que tenía que aspirar a ser una gran persona», contó. «Ser importante. Pero entonces no sabía a qué se refería. No había gente así a mi alrededor».

* * *

Nos acercamos al puente Hillary.

—Hidrátense —anuncio—. Última parada.

Esta última subida es donde la altitud realmente golpea. Mientras nos agrupamos, bebiendo de nuestras botellas de un litro, dos hombres blancos y larguiruchos pasan y pegan un folleto con el logotipo de Harvard en un cubo de basura improvisado. Me fijé en el mismo folleto en una casa de té al principio de nuestro viaje. Tenía información sobre un estudio de altitud que un grupo de médicos estaba realizando en Namche Bazaar.

—¿Ustedes son los médicos? —pregunto.

Se rieron.

—¡Aún no! Todavía estamos en nuestro segundo año —dice el más alto—. Por cierto, soy Peter.

—Silvia.

—Gabe.

—Aunque sí hay una doctora —dice Peter—. Está detrás de nosotros, avanza un poco lento porque está llevando todo su equipo.

—Se negó a usar un porteador —agrega Gabe.

—Suena como mi tipo de médico —bromeo, pero por dentro estoy gritando de alivio—. ¿Dónde se está alojando?

Si hay una doctora, tal vez pueda convencerla de que revise a las chicas. Solo para asegurarme de que no se me esté escapando ninguna señal de alerta. Todas las advertencias sobre el mal de altura son ahora carteles de neón en mi mente, chisporroteando y zumbando al azar.

—Panorama Lodge —dice Peter—. Su nombre es Jackie.

Peter y Gabe se despiden con la mano. Metemos nuestras aguas en las mochilas y empezamos a subir unas escaleras de piedra. No se trata de un tramo con escalones en ángulo recto, sino de rocas redondeadas que sobresalen del suelo como una hilera de dientes torcidos. Mitad pedregal, mitad escalera.

—Recuerden, lento y constante —digo con mi voz más calmada—. Respiración a presión: inhalación profunda y luego una exhalación fuerte.

—¡Ay, otra escalera más! —refunfuña Lucy.

—Ya llegamos. Es aquí arriba. —Mi segunda mentira. ¿Qué es una mentira, de todos modos, excepto otra posible verdad?

Jimena se queja, y pienso que así debe ser criar adolescentes.

—¡Miren, estamos abrazando nuestro *friluftsliv*! —digo.

Me ignoran y siguen resoplando por las escaleras, aunque yo estaba preparada para dar una larga explicación técnica sobre el término noruego para designar los beneficios de pasar tiempo en la naturaleza.

Solo tres kilómetros más.

La sangre vuelve a la cara de Lucy, pero Jimena parece distraíde. A cada persona que pasa, su frente se arruga en señal de concentración, como si intentara resolver el acertijo de este lugar. Durante los siguientes veinte minutos, noto que se produce un pequeño resuello al final de cada respiración de Jimena.

—¡Inspira por la nariz, exhala por la boca! —canta Shreya. Lleva puestas sus enormes gafas de estrella de cine y las baja hasta la mitad de la nariz para lanzarle a Jimena una mirada de preocupación.

—Bebe —dice Rubina, deteniéndose para sacar la Nalgene de la mochila de Jimena—. Siempre hay que beber agua.

—Espera, ¿vamos a subir a esa cosa de ahí arriba? —Lucy deja escapar un grito ahogado, señalando un par de largos puentes colgantes que zigzaguean entre los árboles como guirnaldas.

—Sí —digo—. Y justo después de ellos, no muy lejos, está la entrada a Namche.

En el puente Hillary todas se quedan en silencio. Es algo espectacular. Un estrecho pasillo de malla metálica tendido sobre un barranco rocoso de 120 metros de profundidad. Cientos de sedosas *khatas* y banderas de oración tibetanas atadas a las barandillas. Es una tradición colgar banderas de oración en lugares altos. Estas, al igual que las ruedas de oración, tienen mantras impresos en letra diminuta. Al colgarlas donde el viento las atraviesa, los himalayos dicen que el espíritu de esas bendiciones se esparce por la tierra. Cuando las banderas envejecen y acaban deshaciéndose con el sol, la lluvia y la nieve, las oraciones son absorbidas de nuevo por el universo. A medida que avanzamos de una en una, el puente se inclina y rebota con el viento que sopla desde el fondo del barranco, azotando las banderas de oración alrededor de nuestras caras como si fueran melenas salvajes.

Muy por debajo cuelga el esqueleto desvencijado y raído del viejo puente Hillary, el que crucé en mi viaje de 2005. Fue al atravesar ese puente cuando me di cuenta de que mi trauma no era lo mismo que mi identidad. Eso es lo que espero para estas chicas. Al ver a Jimena y Lucy y Rubina y Shreya y Ehani cruzar el nuevo puente con asombro y temor, recuerdo mi propio entusiasmo por llegar a la cima. Por saber qué había tras la siguiente colina. Por saber si iba a estar bien.

Nos desplegamos por el puente, cada una sosteniendo parte de una larga bandera de oración. El viento corre en ráfagas repentinas. El sol ya nos ha engullido por completo. A gran altura, el sol es implacable. Más blanco que dorado, cubre todo el cielo y nos envuelve en lugar de irradiar luz en simpáticos rayos como en los dibujos animados.

—Todas, rápido, ofrezcan algo especial a la montaña. Y si sienten la urgencia, también pídanle un deseo.

Me da vergüenza decir esto último, pero me presiono a mí misma como creo que lo haría un líder. Antes de atar la bandera al puente, hacemos una pausa colectiva para que todas puedan concentrarse en sus intenciones. Una ofrenda y un deseo. ¿Qué traemos y qué nos llevaremos?

Mi único deseo ahora mismo es que las chicas se mantengan con vida.

* * *

Al otro lado del puente y a mitad de camino hacia Namche, hay una mujer sentada detrás de una mesa de cartón desvencijada que vende manzanas y jugos a precios excesivos. El equivalente a un dólar estadounidense por una manzana y dos dólares con cincuenta centavos por una lata de jugo. Eso es diez veces más de lo que costaría en Katmandú. Pero no hay ningún lugar donde llenar nuestras botellas de agua hasta dentro de una hora y media. La oferta y la demanda en acción. Esto es economía de senderos, y admiro su conocimiento del mercado.

—¡Jugo de manzana para todas! —digo, entregando el equivalente a quince dólares por un montón de zumo.

La mujer sonríe y mete los billetes en una pequeña bolsa que lleva en la cintura.

—*Namasté.*

—*Namasté* —digo, haciendo una pequeña reverencia—. Hidrátense, hidrátense —predico, repartiendo el jugo entre las chicas.

—Me hidrato horizontalmente —dice, tumbada en un muro bajo de piedra.

Tras un breve descanso, las pongo a caminar de nuevo, ansiosa por llegar a Namche antes de que anochezca. La tierra compactada se convierte en un camino pedregoso, y luego en un sólido sendero de roca. Al anochecer encontramos escaleras con paredes laterales de piedra y, de repente, estamos frente a la entrada de Namche, un pequeño pueblo. La última luz del sol se refleja en las casas como el azul brillante de una piscina por la noche. Rebota en los edificios de piedra mientras los niños corren por los parches de hierba corta y seca.

Los ojos de Buda nos observan mientras entramos en el bullicioso pueblo en forma de herradura al borde de un alto acantilado. Namche es el más grande de la ruta, y sus calles están repletas de salones de masajes y de cafés de yoga internacionales que sirven pizza y ofrecen *wi-fi* las veinticuatro horas del día. Yaks cargados de provisiones recorren las estrechas calles de piedra. Los niños se esparcen a nuestro alrededor, ofreciendo flores a cambio de caramelos. Pasamos por delante de otro muro con ruedas de oración y extendemos nuestros brazos derechos para hacerlas girar al pasar. Un zumbido metálico anuncia nuestra llegada. Pemba, el propietario del Khumbu Lodge, un lugar acogedor y cómodo, me abraza como si fuéramos viejos amigos.

—¡Lo sé! Lo sé. Agua y siesta. Estoy en ello —dice.

Lucy se dirige a su habitación después de que Pemba le da las llaves.

—¡Descansa! —le digo a Jimena mientras las chicas desaparecen sin decir nada.

Estaba callade hacia el final del viaje a Namche. Pero ya he visto a Jimena quedarse en silencio antes. Durante nuestras caminatas de práctica durante los fines de semana en el Área de la Bahía, en San Francisco, a veces Jimena se adelantaba sole. Cumplimos años el mismo día, con casi veinte años de diferencia, y le entiendo, creo.

—Chicas, tiempo libre —anuncio.

* * *

Esa noche nos reunimos de nuevo en el comedor y cenamos bajo los retratos de todos los montañistas famosos que han pasado por Namche, algunos de los cuales nunca lograron regresar. Ato ese pensamiento en el fondo del creciente barril de mi mente. De repente, me acuerdo de la doctora.

—¿Puedes hacer una llamada por mí, Pemba? —Le doy el nombre del albergue, y él marca y habla en nepalí largamente antes de pasarme el teléfono.

—¿Hola? —digo.

—Hola, sí, soy Jackie. ¿Quién es?

Después de contarle sobre las chicas y de explicarle mis preocupaciones, la doctora Jackie se ofrece a visitarnos en nuestro alojamiento. Me siento tan aliviada que casi grito. Ahora veo todo lo que puede salir mal. Todo el viaje es una gran cuerda floja, y en cada pausa para beber solo rezo por que lleguemos a la siguiente parada. Las chicas nepalíes parecen estar bien. Se ven felices, incluso. Autosuficientes. Tal vez están poniendo buena cara, ocultando sus verdaderos sentimientos bajo la presión de acogernos. O tal vez sea el orgullo. Esta es su montaña, después de todo. Pero Lucy y Jimena están lejos de todo lo que conocen. No he pensado lo suficiente en cómo el hecho de empujarlas fuera de sus zonas de confort podría afectar a su deseo o capacidad para escalar.

Suena absurdo cuando me lo digo a mí misma, pero creo que asumí que la montaña sería nuestra terapeuta. Que ella guiaría de alguna manera nuestras necesidades emocionales y mentales. Me he tomado demasiado literal la idea de la madre.

No tengo un plan B.

Si no logramos llegar a la base, todo este asunto, incluida mi escalada a la cima del Everest, será un fracaso.

La doctora Jackie se nos une para la cena y da a las chicas su visto bueno después de un rápido examen físico. Decide unirse a nosotras para el resto de la caminata. Es una persona más en el grupo, sí, pero es una cuidadora, la doctora personal de la expedición que estará con nosotras si algo sale mal. Estoy extasiada. Mis poderes de manifestación han vuelto.

Sin embargo, Jimena está callade durante la cena, y después me pide que vaya a su habitación.

—¿Qué sucede? —pregunto, sentándome en el borde de su cama.

—Tengo que ser sincere contigo —empieza a explicarme—. Me dije que sería sincere, pero no lo estoy sintiendo realmente. No estoy segure de querer quedarme aquí.

—Ya veo —digo con calma, pero las palabras de Jimena se sienten como un golpe en el estómago.

Justo lo que me temía. Me esperaba este tipo de noticia de Lucy, no de Jimena. Veo la vacilación en sus ojos, la forma en que van de un lado a otro, cómo baja la cabeza mientras habla. Cada palabra importa en este momento. Debo elegir las mías con cuidado.

—¿Ha pasado algo? —pregunto—. ¿Te duele algo?

—El aire me molesta. Siento que el asma está viniendo. Pero, además, no me siento realmente bien. Creo que quiero ir a casa. Tengo nostalgia.

Eso sí que me enfurece, incluso me da rabia. El aire, la lucha, eso puedo entenderlo. ¿Pero la nostalgia por su hogar? Jimena había estado entusiasmade y dispueste a entrenar desde el día en que le conocí hace cinco meses. ¿Cómo podía renunciar ahora? Si Jimena se va, probablemente Lucy también lo hará, y no puedo dejar que vuelvan solas, así que hasta ahí llegaría mi intento de alcanzar la cima del Everest. Ante mis ojos, todo por lo que habíamos trabajado podría ser borrado, eliminado en un instante. Veo todos mis momentos planeados de alegría y de dolor deslizarse a través de las grietas. ¿Por la nostalgia de su hogar? Mi ira es una navaja que espera abrirse. He visto esto una y otra vez. La gente se rinde. Yo también lo he hecho. He renunciado a mí misma muchas veces. Intenté estar sobria y también renuncié. Todas dejamos nuestros hogares para venir al Everest, y sé que irse no arregla las cosas, pero se suponía que esta caminata iba a ser diferente. Nos imaginaba corriendo los primeros días con la adrenalina y la gloria del Himalaya. Si Jimena siguiera caminando, podríamos llegar.

Todas nosotras podríamos llegar a alguna parte.

—Escucha —digo lentamente—. Dar la vuelta es una opción, pero ni siquiera hemos llegado a la parte mágica. Confía en mí. Si puedes darme un día más, hay algo increíblemente poderoso que nos espera. Tienes que ver la vista desde el Hotel Everest. Mañana. ¿Recuerdas lo que me dijiste cuando estábamos entrenando?

—¿Qué?

—Lo que dijiste sobre este viaje, lo que significaba el Everest para ti.

—Ya —dice Jimena, encogiéndose de hombros.

—Justo antes de partir, dijiste que el Everest significaba que podías tocar el cielo. Literalmente, tocar el cielo. ¿Quién puede hacer eso? Es salvaje, es espiritual, es inaudito. Dijiste que el Everest te obligaría a confiar en ti mismo y que marcaría un nuevo capítulo en tu vida. Quiero que vivas ese capítulo, Jimena.

—Lo sé, pero también dije cosas como «el Everest significa que la felicidad puede ser una realidad, no solo una esperanza». Sé lo que dije. Dije algunas cosas dignas de ser citadas. Pero sabes que también estoy trabajando en mi salud mental. ¿Ponerme metas? Para alguien como yo no es solo cuestión de tachar estupideces de una lista. Es lágrimas, ira, ansiedad. Es incluso ser capaz de tener una meta. Y yo tenía una y lo logré. Vine.

—Dijiste que nunca podrías confiar en ti mismo para construir el futuro. O inclusive creer que habría uno para ti. Sé lo que es estar siempre en movimiento, corriendo, tratando de sobrevivir. Lo sé. Mira, puedes bajar, seguro, pero va a ser una joda. ¿Por qué no lo consultas con la almohada?

Ahora que las veo a todas luchando con la caminata, me pregunto si tomé la decisión correcta. No solo para ellas, sino para mí. Para mi oportunidad de llegar a la cima del Everest.

* * *

A la mañana siguiente, cuando bajo a desayunar, veo a Lucy con su maletín de maquillaje sobre la mesa, se estaba delineando de ojos.

—Está demasiado oscuro en la habitación —dice con una sonrisa.

Es una buena señal.

Shreya se pone en cuclillas junto a Lucy y se inclina para observar en el pequeño espejo compacto mientras Lucy se aplica kohl líquido sobre los párpados con trazos largos y rápidos.

—¡Perfecto! ¿Cómo lo haces? ¿Me enseñas?

—Siéntate aquí. —Lucy da una palmada en el banco de al lado.

Con un vaso de agua y mi *laptop* en la mano, me dirijo a una mesa de la esquina, en el extremo del comedor, y abro la hoja de Excel. Empiezo a desplazar todo el itinerario dos días hacia abajo, calculando los retrasos e imaginando los peores escenarios posibles. ¿Cuáles son mis planes A, B y C? Poner las cosas en cuadros de Excel me ayuda a tranquilizarme. Sobre todo desde que he dejado de beber. Microsoft Excel es mi santuario. Un mundo ordenado en el que los límites no solo son claros, sino que los puedo marcar en negrita, subrayarlos e insertar nuevas columnas entre ellos. Aquí hay una fórmula para todo.

Me doy la vuelta y veo a Jimena caminando hacia mí.

—Iré —dice.

—¿Ah?

—Al hotel. He venido hasta aquí. Al menos debería ver el Himalaya.

Mi sonrisa es kilométrica.

—Sí, queride. Deberías hacerlo.

Este es un día de aclimatación, y habíamos planeado ir hasta el Hotel Everest, el de mayor altitud del mundo, para un almuerzo elegante y obtener nuestra primera vista clara de la montaña. Lucy se queda en el hotel con Shailee, y el resto de nosotras caminamos y caminamos y caminamos mientras el sol palpitante se convierte de nuevo en viento. Las chicas se mueven juntas con facilidad, su amistad florece. Al llegar a la última curva, el Himalaya se hace visible, con el Everest como un tremendo diente nevado en el centro. Jimena se congela y mira fijamente, con los ojos muy abiertos. Es como verme a mí misma en este mismo lugar hace una década. La primera vista del Everest puso en marcha algo imparable dentro de mí. Lo veo crecer en elle también.

Jimena no dice nada, solo mira fijamente, con la boca abierta.

—¿Qué te parece? —digo en voz baja.

—Es fría, orgullosa y poderosa.

Las dos nos quedamos mirando unos segundos más en silencio.

—Es como mi madre —susurra Jimena.

Sé por qué Jimena susurra cuando ve el Everest.

Es el asombro.

Es esa sensación de ser a la vez pequeñas y parte de algo mucho más grande que nuestra pequeñez.

El asombro es la puerta de entrada a la curación del trauma a través de la naturaleza.

El asombro debe experimentarse. Y el trauma no es algo que uno se pueda sacar con una cuchara. Hace un hogar en ti, y en ese hogar vive, a menudo cómodamente, a veces en silencio, pero siempre listo para destrozar el lugar en un segundo. Mientras regresamos a Namche, Jimena mira el horizonte, caminando delante del grupo en su propio ensueño. Se mueve a buen ritmo, lo que espero que signifique que está comprometide de nuevo con la excursión. Me doy cuenta de que cada chica tiene que encontrar su propia brújula interior para este viaje. Estamos navegando por terrenos interiores desconocidos, y la curación de cada una es la suya propia. Un algoritmo único de dolor y misericordia. Sus historias no se manifestarán según mi plan, por mucho que lo desee para ellas. Solo puedo ser testigo. Dios sabe que mi camino no ha sido impecable.

Cuando tenía la edad de Jimena, ni siquiera había empezado a enfrentar mi trauma.

CAPÍTULO 6

LANCASTER, 90210

El verano antes de empezar la secundaria, me corté todo el pelo. No era un bonito corte *pixie*, sino un corte como de tazón de sopa que, haciendo honor a su nombre, lucía como si me hubiera puesto una ensaladera en la cabeza y hubiera cortado alrededor. Era feo, tosco y perfecto. Que fuera feo era exactamente el punto. Quería pasar desapercibida, y la única manera de que una chica pasara desapercibida en Lima era volverse poco atractiva.

Durante los cinco años de secundaria seguimos usando el uniforme único: las camisas crujientes y almidonadas, las faldas largas y pesadas de color gris rata. Odiaba esas faldas. Cualquier falda, en realidad. Incluso en la escuela, bajo el halo católico, una falda larga se podía levantar. Qué fácil hacía hasta el uniforme de una chica que los hombres hicieran lo que quisieran.

Mientras caminaba de la escuela a mi casa, los obreros de las construcciones vecinas me acosaban con sus silbidos. Incluso cuando miraba hacia otro lado, negándome a establecer contacto visual, me silbaban. No era exactamente como lo hacía J, pero para entonces todos los silbidos eran iguales para mí. Una orden para llamar a un perro a la casa, una orden para obedecer.

—Mira, mamacita, qué rica, voltea acá —gritaban. Sus risas me perseguían.

¿Podían olerlo en mí?

¿Todos los hombres podían?

¿Sabían lo que J había hecho?

Y si era así, ¿eso me convertía en propiedad pública?

Al parecer, mi cuerpo ya no me pertenecía.

Pero tal vez nunca lo hizo. Tal vez era como decía la mujer de *El Club 700*, que yo era una basura, y tal vez por eso gritaban libremente incluso cuando yo intentaba desesperadamente ocultar todo lo femenino que había en mí.

Sendero Luminoso se había fortalecido. Despedazaban a civiles con machetes, secuestraban gente de las calles y exigían exorbitantes rescates por ellos. Pero yo ya había sido tomada por Perú. Por sus hombres. Por el mejor cinturón de mi padre azotando mis piernas desnudas. Por las manos de J subiendo por mi falda. Mi cuerpo me había sido arrebatado en mi propia casa. Y yo no los había detenido. Ahora, caminando por la calle, susurrando un avemaría en voz baja para ahogar los gritos de los obreros, me preguntaba si siempre iba a ser tan difícil decir que no.

Todos los días, al salir de la escuela, me desnudaba inmediatamente y me ponía un conjunto informal de *jeans* de cintura alta, camisetas abotonadas hasta arriba y chaquetas deportivas holgadas de los años ochenta. Al principio, mamá no decía mucho al respecto, ni tampoco sobre mi pelo; todo ello significaba menos trabajo para ella. Pero, con el tiempo, empezó a deslizar sutiles comentarios aquí y allá sobre las lesbianas.

«Puedo aceptar a los hombres homosexuales, pero ¿a dos mujeres juntas?», la sobrecogía un pequeño escalofrío. «Me pone los pelos de punta». O «Hijita, tu sonrisa es tan bonita. Deberías compartirla más».

No la compartí. En la escuela, las cosas empeoraron cuando un grupo de chicos empezó a hacerme *bullying* sin descanso, burlándose de mi voz grave y mi aspecto de niño. Lo poco que quedaba de mi espíritu se apagó. Dejé de hablar casi por completo.

En cambio, empecé a escuchar *heavy metal*. AC/DC, Poison, Ozzy Osbourne, Skid Row, todos los grandes. Apenas entendía las letras de las canciones, pero la emoción que sentía era visceral y corría por mis venas como una medicina sombría. El *heavy metal* era un lenguaje que nadie más en mi familia entendía, y sus orquestaciones de miseria me reconfortaban.

* * *

Encorvada sobre la mesa de la cocina, un sábado durante mi tercer año de secundaria, observé a mi madre moverse por la cocina, condimentando el arroz con pollo según el preciso paladar de mi padre. Al ver cómo ella lo observaba dar el primer bocado, me di cuenta. Mi madre era demasiado débil como para ordenarle a J que abusara de mí, y demasiado frágil como para enfrentarse a mi padre. Bastaba ver todo aquello a lo que mi madre había renunciado, cómo mi padre la controlaba. No había sido el plan para mi futuro lo que se fue al tacho cuando J se casó. Había sido un intento explícito de mi padre por destruirme.

—Oye, imbécil, siéntate derecha —me ladró.

De pronto, un gruñido bestial subió por mi garganta:

—Tú —le dije, hablando a través de los dientes apretados, repentinamente sin miedo. Era la voz de una extraña—. Tú hiciste esto.

Todos estos años supe que lo que J hacía estaba mal, sabía que estaba rompiendo los mandamientos, pero lo aguanté por él. Por mi padre. Todos esos años soportando su desprecio, su acoso, las palizas y las medias verdades y las mentiras completas, para honrarlo. Pero ya no.

—Eres el hombre más despreciable que jamás haya existido. Te odio.

Mi banco cayó al suelo cuando me levanté bruscamente de la mesa y salí corriendo de la cocina. Corrí hacia el pasillo donde había degollado el pollo que tía Emérita me trajo por mi cumpleaños y, jadeando y llorando, subí corriendo las escaleras hasta la azotea. Al llegar arriba, me detuve para recuperar el aliento. A mi izquierda, al final de un largo pasillo, estaba la puerta hacia el departamento del tercer piso al que J solía llevarme. Su silbido aún embrujaba el corredor.

Atravesé corriendo el pasillo, me tropecé y me desplomé en el suelo de la azotea. Arriba, las camisas blancas, ensartadas como pájaros en el cordel, aleteaban en el cálido viento de la tarde. Desde ahí pude ver por la ventana del primer piso la oficina de mi padre, con una pequeña lámpara de escritorio aún encendida. Me lo imaginaba allí, en largas noches, garabateando columnas de números con lápices rojos, tecleando en su calculadora mecánica.

Siempre de espaldas a nosotros. A mí.

Oí el golpeteo urgente de unas sandalias contra los escalones de piedra, y entonces vi a mi madre junto a mí.

—Silvia… —Se agachó y se echó sobre mí como una manta—. Oh, mi hijita, mi hija, ven acá, cálmate.

—Él hizo esto —repetí.

—¿Qué pasa, hijita? —preguntó mientras me levantaba del suelo para intentar ponerme de pie—. ¿De qué estás hablando?

—Él quiere destruirme. Por eso J hizo esas cosas —grité, atragantándome con la maraña de palabras y flemas que subían por mi garganta—. Mi padre le dijo que lo hiciera.

—¿Qué cosa?

—Es su culpa que yo esté dañada. Que sea una basura. Basura. ¡Igual que las prostitutas de *El Club 700*! —Me iba poniendo más histérica con cada palabra—. ¡Eso es lo mucho que me odia! Por eso J me hizo daño. Por eso se puso encima de mí. Porque mi padre se lo pidió. Le pidió que me tocara. Que abusara de mí. Porque me odia. Pero ¿por qué? Quiero saber por qué, por favor, mamita —gritaba de rodillas.

Mi madre tomó mis manos entre las suyas y las sacudió.

—¡¿Qué estás diciendo?! —gritó.

—Por tantos años. Durante tantos años J vino a mi habitación. Me llevó allí —dije, señalando el departamento del tercer piso—. Allí mismo se restregó sobre mí. Puso su boca sobre mí.

—¡Para! —Me tapó la boca con la palma de su mano.

Uno a uno, aparté sus dedos, y mientras el viento golpeaba la puerta de la azotea contra su marco, empecé a vomitar todo lo que recordaba, una letanía de abusos en ráfagas caóticas e imparables. Podía sentir cómo el trauma se filtraba a través de mí como una herida.

—Él me hizo todo eso —declaré en un último suspiro, agotada—. Y me dijo que tenía el permiso de mi padre.

—No, mi hijita. —La voz de mi madre era un globo desinflado. Sus ojos color pardo estaban desorbitados—. Qué cosa. Nooooo, nooooo. Estás equivocada. Tu padre es duro, pero, Dios mío, Silvia… Silvita. Tu padre no haría eso.

Su voz temblaba, pero no se derrumbó. Me acunó y arrulló como no lo había hecho desde que era pequeña, mientras yo sollozaba en el pliegue de su brazo. Me besó en la frente y me susurró:

—Está bien, mi preciosa y dulce hijita. Tranquila. Te quiero. Tranquila. Bajemos a tu habitación.

Me sentí protegida.

Cuando todas mis lágrimas se secaron, caí en un profundo sueño. Un par de horas después, me despertó con un abrazo.

—Mi cholita berrinchosa —tarareó—. Vamos por un sánguche.

Mientras comía, me dijo que no me preocupara, que lo superaríamos juntas. En ese momento me di cuenta de que eso era todo lo que siempre había querido. Había esperado diez años por una conversación con mis padres que nunca había llegado. Pero en realidad nunca había esperado a mi padre, siempre la esperé a ella. No la vi llorar ese día, y en mi familia eso era algo bueno. Significaba que era fuerte y que estaba dispuesta a dar la cara por mí.

Pero, poco después, mamá se fue apagando. No se levantó de la cama durante semanas. «¿Estás segura, Silvita?», me preguntaba de repente. «¿Estás segura de que esto ha pasado?». «Absolutamente, mamá. Te puedo contar cómo fue, aquí y aquí…», le respondía yo. «Pero soy la madrina de sus hijos. ¿Cómo ha podido hacer eso?».

Fue necesario que el pequeño Eduardo, que estaba en el jardín de infancia, le preguntara si estaba bien, si se iba a morir, para que mamá volviera a la vida y se pusiera en modo de arreglar las cosas. Entonces mamá me preguntó si quería presentar cargos contra J, pero no lo hice. Por mucho que lo detestara, no podía imaginarme testificando, temblando como una hoja mientras la audiencia me miraba con ojos incrédulos. En las noticias, en todos los programas, en la mitología de la Lima de los noventa, eran las mujeres las que causaban estragos. Las Evas modernas pagando por el pecado original: las víctimas de violencia sexual eran atacadas y culpadas por las acciones de «hombres inocentes». Si un hombre se lanzaba a un ataque violento, era siempre porque una mujer lo había «llevado» a ello. Me imaginé el titular de mi caso:

> «Niña engreída de seis años atrajo a un joven mayor para conseguir placeres sexuales. Un padre responsable de tres hijos lucha por su vida».

No, no quería presentar cargos, que me culparan cuando ya me había culpado a mí misma durante tanto tiempo.

—Bueno —dijo mi madre—. Al menos deberíamos ir a ver a un médico.

Tuve dos citas con un psicólogo, que me hizo un sinfín de preguntas y una ronda de pruebas de inteligencia, que en realidad fueron algo divertidas, y luego concluyó que debía irme de Perú.

La situación en Lima era sísmica. Daba miedo lo rápido que nos habíamos adaptado a la corriente de violencia que subyacía a todos los aspectos de la vida. Los atentados y secuestros que comenzaron cuando yo era una niña se habían convertido en una guerra total entre el Gobierno peruano y Sendero Luminoso, que fue calificado oficialmente como una organización terrorista. Empecé a leer el periódico y me enteré de que los senderistas se autodenominaban comunistas que luchaban por desestabilizar y sustituir lo que llamaban un Gobierno corrupto. Pero también estaban matando civiles. Y había surgido una nueva facción: el Movimiento Revolucionario Túpac Amaru, o MRTA, inspirado en un revolucionario andino del siglo XVIII que luchó contra los colonialistas españoles. Los combatientes del MRTA decían que querían distribuir las propiedades y la riqueza de forma equitativa en toda la nación, y sus ataques se centraban en los más ricos. Mi padre, un hombre nacido en las mismas montañas que dieron origen al espíritu del movimiento, un hombre que había construido su fortuna a partir de la nada, estaba furioso ante la idea de que alguien pensara que tenía derecho sobre lo que él había logrado.

La gente emigraba en masa a Estados Unidos. Mi hermana Marianela ya se había ido a San Francisco, y Rolando y Ramiro la habían seguido.

Así que, cuando el terapeuta recomendó que me presentara a una universidad en Estados Unidos, estuvimos de acuerdo.

Nunca le conté a mi padre sobre J, y creo que mi madre tampoco lo hizo.

O, si lo hizo, él nunca me pidió disculpas. Una parte de mí seguía sintiendo que mi padre tuvo algo que ver. Pero ya no esperaba que se acercara a mí.

Mi madre se enteró de la existencia de una beca que cubriría estudios universitarios, si mantenía un buen promedio y me especializaba en una carrera de ciencias, tecnología, ingeniería o matemáticas, conocidas como STEM. Así que durante los dos años siguientes me concentré en la escuela y trabajé para pulir mi solicitud. Nunca había imaginado dejar Perú, pero de repente se había convertido en lo único en lo que podía pensar. Estados Unidos. *Full House. Beverly Hills, 90210.* Un lugar donde los problemas eran brillantes y se arreglaban con autos rápidos y dinero. Un lugar donde las risas no eran a costa de las mujeres. Donde podría empezar una nueva vida sin que nadie conociera mi pasado.

Allá todo sería mejor. Tenía que serlo.

* * *

El día en que debía volar a Miami, el 24 de agosto de 1992, azotó el huracán Andrew. Me habían aceptado en la Universidad de Millersville, en un pueblo llamado Millersville, a las afueras de Lancaster, en el Estado de Pensilvania. En un primer momento, la universidad había dispuesto que alguien me recogiera en el aeropuerto de Filadelfia, pero debido al retraso producido por el huracán, tendría que ir por mi cuenta desde el aeropuerto hasta Millersville. El personal de las becas Fulbright nos aseguró que todo iría bien. Fuera de eso, yo hablaba un inglés fluido, o al menos eso les había dicho.

Casi veinticuatro horas después de dejar a mi familia en Lima, llegué. Cuando las ruedas tocaron la pista de aterrizaje, aspiré mi primera bocanada de aire norteamericano. «¡Ah, FILADELFIA!», dije en voz alta para nadie en particular. En la zona de recojo de equipaje saqué mis dos maletas de la cinta transportadora y miré a mi alrededor para ver a las familias que se saludaban y a los choferes que recogían a la gente de negocios. Encontré un mostrador de recepción y me presenté.

—Hola —dije, aclarándome la garganta—. Soy Silvia, de Perú, y voy a la Universidad de Millersville en Pensilvania.

Una mujer morena me miró, sorprendida.

—¿Perdón? —preguntó—. ¿Millville?

—No, voy a la Universidad de Millersville en Pensilvania. ¿Podría ayudarme con las indicaciones para llegar a la universidad?

—Roger —dijo ella—. ¿Puedes ayudar a esta jovencita?

Un hombre blanco mayor se levantó de su silla y se acercó al mostrador.

—¿A dónde vas?

—A la Universidad de Millersville en Pensilvania —respondí, orgullosa de ser una nueva estudiante de una universidad prestigiosa. Había oído hablar de la Universidad de Pensilvania y pensé que tal vez Millersville era una extensión de ella.

—Millersville. ¿Millersville? —Su mirada era de desconcierto—. Lo siento. Nunca he oído hablar de ella.

A la hora de escoger la universidad, se lo había dejado a mi madre, confiando en que elegiría la mejor. Habíamos recibido ofertas del Pomona College, la Universidad de Pepperdine, Ithaca College y Wesleyan. Saqué la carta de bienvenida que me había enviado la universidad y se la entregué a Roger. Él chasqueó los dedos.

—¡Oh, Lancaster! —dijo.

—Sí, Lancaster, sí —repetí con una alegre inclinación de cabeza.

—¿No hay nadie aquí para darte la bienvenida?

—No, señor, no veo a nadie de la Universidad de Millersville.

—Entiendo. Mira, vas a tomar un taxi hasta la estación de Amtrak y comprarás un boleto para Lancaster.

—Muy bien, caballero —dije—. Muchas gracias.

«Tranquila, Silvia, todo va a salir bien», me susurré para calmar mis nervios. Con la cabeza en alto, saqué las maletas por la puerta del aeropuerto y me topé con un muro de humedad tan denso que el sudor me corría por la espalda y las axilas, empapando la cafarena blanca de algodón y el suéter de alpaca que mi madre había insistido que llevara para el vuelo.

«Con el huracán, el clima en el norte debe estar fuera de control», dijo mientras hacíamos la maleta. «¡No me extrañaría que estuviera nevando!». Era invierno en Perú. «Pero nunca tendrás frío con la alpaca». Mamá metió dos esponjosas mantas de alpaca en mis maletas, un montón de cafarenas, dos pares de *jeans*, tres pares de zapatos y un traje tradicional andino que no me había puesto ni un día de mi vida. «Tienes que compartir tu cultura con orgullo», dijo cuando me pilló poniendo los ojos en blanco.

Afuera del aeropuerto había una docena de taxis idénticos en fila, de color amarillo plátano y relucientes. No se parecían en nada a los taxis informales de Lima, que podían ser el viejo auto destartalado de cualquiera. Nadie gritaba para llamar mi atención.

—Hola, señor —le hablé lentamente al primer conductor de la fila (¡había una fila!), traduciendo cuidadosamente cada palabra del español al inglés en mi cabeza—. Me estoy para dirigir a la estación de Amtrak, por favor.

—¿La estación de la calle Treinta?

—Quisiera dirigirme a la estación de Amtrak, por favor.

—Está bien, calle Treinta. Sube.

Al acercarnos a la ciudad, la autopista empezó a correr en paralelo a un río brillante. Me sentí mareada mientras pasábamos entre rascacielos que brillaban como el cristal y edificios de acero centelleantes. Era justo como me había imaginado Estados Unidos. Tan elegante. Tan moderno. Era como entrar en el mundo de *Los Supersónicos*, en un nuevo futuro del que iba a formar parte. No podía esperar a empezar mi nueva vida cosmopolita.

Llegamos a la estación de la calle Treinta, un edificio impresionante de piedra blanca con columnas romanas. Parecía sacado de un libro de historia. Pagué el viaje con un crujiente billete de veinte dólares, sintiéndome muy sofisticada. Llevaba colgada del hombro la mochila que usaba en la secundaria, con mi enciclopedia de matemáticas favorita, y debajo de la ropa una riñonera con mi partida de nacimiento, mi pasaporte, un rosario de la Virgen del Carmen y 6000 dólares. Suficiente dinero para pagar el resto de la matrícula después de la beca y cualquier otro gasto necesario. Para mi familia, las tarjetas de crédito no existían, todo lo pagaban en efectivo.

Por dentro, la estación parecía la escena de una película clásica de Hollywood. Los suelos de mármol, los asientos de madera pulida. En mi país, las estaciones de tren estaban descuidadas. Había poco turismo. Sendero Luminoso había alejado incluso a los extranjeros más aventureros, y el Gobierno estaba al borde del colapso. No había dinero para cosas como estaciones de tren bonitas.

En la taquilla pedí un boleto para la Universidad de Millersville, en Lancaster.

—Oh, Lancaster —dijo el taquillero—. Harrisburg.

—¿Hamburguesa? —respondí.

—No. —Se levantó y gritó lentamente para que pudiera entenderle—: TIENES QUE COMPRAR UN BOLETO EN EL MOSTRADOR PARA LANCASTER; ESTÁS EN LA FILA PARA HARRISBURG. MIRA ESA T-A-Q-U-I-L-L-A. VE ALLÁ.

—Ah. Muchísimas gracias, señor, muchísimas gracias. Yo realmente se lo agradezco mucho.

Me dirigí a la siguiente taquilla.

—Hola, ¿cómo está? Yo necesito un boleto de tren para Lancaster para ir a la Universidad de Millersville en Pensilvania.

—¿Quieres uno de ida o de ida y vuelta? —preguntó la mujer.

—Disculpe, quisiera comprar un boleto de tren para ir a Lancaster para la Universidad de Millersville en Pensilvania.

—¿Quieres uno solo de ida o de IDA Y VUELTA? ¿Vas a volver?

Seguí sin entender, así que asentí con la cabeza y sonreí.

—Aquí tienes tu boleto. Sube al tren para Harrisburg. EL SIGUIENTE.

En el centro de la estación había un gran reloj y, junto a él, un tablero central con pequeños azulejos que se desplazaban continuamente mostrando las próximas llegadas y salidas. Me quedé hipnotizada al ver todos los nombres de lugares de los que nunca había oído hablar. Luego vi los más importantes: Nueva York, Washington D. C. y ¡Harrisburg! Pista nueve. Vaya, quizás Harrisburg también era importante.

Para mí, Estados Unidos era una masa vaga y glamorosa con dos grandes ciudades: Nueva York y Los Ángeles. De San Francisco solo había oído porque mi hermana Marianela estaba allí, y mi madre había ido a visitarla.

Cuando subí al tren, jalando mis maletas sin ruedas por las escaleras del andén, un lujoso susurro de aire frío atravesó el ambiente. En Perú no teníamos aire acondicionado en los vagones ni en las casas. Me acomodé en mi asiento y apreté la frente contra el frío cristal de la ventanilla. El tren empezó a rodar y, en menos de diez minutos, el revisor anunció la primera parada. «¡Ardmore!». El paisaje era hermoso: exuberantes arboledas de robles salpicadas de viejos edificios de piedra. Las calles eran ordenadas y estaban libres de basura. No se tocaba la bocina y el tráfico discurría ordenadamente entre las líneas amarillas y blancas; todo el mundo se detenía ante el semáforo en rojo y solo volvían a moverse cuando estaba en verde. Los autobuses con carteles de neón circulaban tranquilamente por las calles con todos los pasajeros dentro. Nadie se asomaba a las puertas gritando, como en Lima. Ni siquiera había un cobrador. Y no había *smog*. Eso era lo más extraño. No había *smog* por ninguna parte.

Así que esto eran los suburbios norteamericanos.

«Solo quedan unas pocas paradas más antes de Lancaster», pensé. Sentada en el borde de mi asiento, estaba lista para bajarme tan pronto como escuchara la llamada.

El revisor se acercó y marcó mi boleto.

—¿Lancaster?

—Sí, caballero. Soy Silvia, de Perú, y me estoy dirigiendo a la Universidad de Millersville en Pensilvania —repetí la frase por duodécima vez ese día, agradeciendo por una vez que mi padre me hubiera inculcado esos modales.

El revisor esbozó una pequeña sonrisa.

—Bueno, tienes un buen camino por delante, así que acomódate. Probablemente, será una hora, más o menos.

¿Una hora? La primera parada había llegado a solo diez minutos. Tal vez era hora punta y el tren tendría que parar por el tráfico. Me recosté en mi asiento y observé cómo el horizonte de centros comerciales y restaurantes empezaba a reducirse. Mi sonrisa se desvaneció a medida que las ciudades se hacían más pequeñas: un grupo de casas a lo largo de una carretera principal, una gasolinera, una tienda en la esquina. Luego se desvanecieron por completo, convirtiéndose en hierba amarillenta en las puntas. Maíz, tal vez; sí, interminables campos de maíz. El sol brillaba en la carretera en grandes manchas plateadas. El cielo estaba cosido al horizonte hasta donde alcanzaba mi vista.

La ansiedad superó mi emoción. Mi corazón palpitaba. ¿Por qué estábamos tan lejos de la ciudad? Siempre había vivido en la ciudad, y este parecía un lugar para vacas. ¿Era esta la Universidad de Millersville, la Universidad de Millersville en Pensilvania?

Esto no podía estar bien.

Mi segunda maleta estaba encajada en el asiento de al lado y me acurruqué contra ella. Una oleada de hambre me golpeó. Tenía antojo de bocaditos chinos. De lomo saltado. De sabor a casa. Llevaba casi veinticuatro horas despierta, funcionando a punta de adrenalina y una sola comida que me dieron en el avión desde Miami. Dentro de mi maleta, entre las mantas, mi madre había metido un paquete de ajíes secos, amarillos y rojos, y la biblia de la cocina peruana, *¿Qué cocinaré hoy?*, llena de las mejores recetas de ceviche, lomos, guisos y mi favorito, el chifa. Cerré los ojos e intenté soñar con la sazón de mamá.

«Podrás cocinar para todos tus amigos y compartir las delicias de nuestra comida», me había dicho. «Está bien, mamita», dije, siguiéndole la corriente. Me besó suavemente en la cabeza. Al apartarse, vi un atisbo de tristeza. Habían pasado tres años desde que le conté sobre J, y una vez que superó la depresión, mantuvo sus emociones reprimidas. Pero sabía que estaba destrozada por dentro al verme partir. «Cada uno de mis hijos es una extensión de mis dedos», solía decir. «De mi propia mano».

Ahora, cuatro de nosotros habíamos dejado Perú.

—¡Mira, mira, mira, ahí están! —gritó la pareja en el asiento que estaba detrás del mío.

Me froté los ojos y volví a mirar a la carretera. En lugar de autos había una vieja calesa, uno de esos coches de caballos como los que salen en las películas de vaqueros norteamericanas, rodando por la mitad de la calle.

Luego vi dos más. Uno conducido por un hombre de aspecto serio, con una larga barba puntiaguda y un sombrero negro de paja plano, que llevaba un largo abrigo oscuro abotonado hasta el cuello. Detrás de él, en el carruaje, había una mujer y tres niños, todos vestidos con largas capas negras y graciosas cofias que me recordaban a las que llevaba el padre Pedro en la misa dominical. Dios, y yo que pensaba que iba demasiado vestida. Ellos debían de estar muriéndose con aquel calor.

—¡El país amish! —dijo la mujer detrás de mí.

—¿El país amish? —susurré para mí, incrédula. ¿Qué Estados Unidos era este? ¿Sabía mi madre a dónde me había enviado? Debía de haberse equivocado. Mi estómago dio un vuelco. Miré alrededor del vagón en busca del revisor.

—¡Lancaster, próxima parada! Lancaster, Pensilvania —gritó su voz por el intercomunicador mientras el tren se detenía.

Cargué con mis dos maletas hasta el andén y crucé una rampa baja hacia una señal de salida roja parpadeante. Estaba sudorosa, hambrienta; ya no podía más. Pero al acercarme a la parada de taxis, vi una cara amable. Un hombre de aspecto latino.

—¿Taxi? —me dijo con un acento que no pude identificar.

—Sí, necesito un taxi. Soy Silvia, de Perú, y me estoy dirigiendo a la Universidad de Millersville en Pensilvania.

—¿Hablas español?

—¡Sí! —Estaba tan feliz que podría haberme derrumbado en la acera a llorar. Si no hubiese sido por la voz de mi padre en el fondo de mi mente («Ser educado no cuesta nada»), lo habría hecho.

—Hola, soy Rafael.

—¿De dónde es usted?

—Boricua.

—¿Perdón, boricua? —pregunté, nunca había oído esa palabra.

—De Puerto Rico. —Sonrió.

—Ah, hola, ¿qué tal?, ¿cómo está?

Sabía que Puerto Rico era una isla frente a la costa de Estados Unidos, pero no sabía nada sobre la relación entre los boricua y Estados Unidos. Todo lo que sabía era que Rafael era un ángel, un regalo enviado desde el cielo para encontrarse conmigo. Después de treinta horas de viaje, oír su español fue un bálsamo. Mientras conducía hacia Millersville, Rafael me contó que él y su familia habían abandonado la ciudad de Nueva York para mudarse a Lancaster hacía varios años, porque el Bronx, donde vivían, se había vuelto demasiado peligroso. No le dije que yo también estaba huyendo, pero fue extrañamente reconfortante tener eso en común. A Rafael le encantaba su trabajo y actuaba como guía de turismo mientras conducía, me contaba la historia de Lancaster y de quiénes eran los menonitas y los amish, y de cómo ellos seguían viviendo sin electricidad. Pensé en los apagones de Lima y me pregunté quién diablos en Estados Unidos, la tierra de la libertad, viviría así a propósito.

A medida que atravesábamos por el centro de Lancaster, la ciudad empezó a cobrar vida nuevamente. Edificios de ladrillo rojo y una brillante torre de reloj. Parques cuidados, calles empedradas y pintorescos cafés. Rafael me aseguró que, a pesar de ser el país de los amish, la comunidad internacional de Lancaster estaba creciendo. Tal vez no sea tan malo aquí, pensé. Pero luego todo eran vacas y maíz de nuevo, casas ocasionales que salpicaban las amplias llanuras, todo muy al estilo de *La pequeña casa en la pradera* o, como lo conocíamos en Perú, *La familia Ingalls*.

¿Iba a tener que aprender a batir mantequilla? ¿Usar una cofia al estilo menonita para estudiar Biología Molecular?

Esto era una locura.

Cuando Rafael me dejó, le di nuestro habitual beso en la mejilla como despedida, y él me entregó una tarjeta.

—¡Llámame cuando necesites que te lleven a cualquier lugar!

Había hecho mi primer amigo oficial en Estados Unidos.

El lunes siguiente, cuando salía de la librería de la universidad con una bolsa de compras llena de libros de ciencias, vi una foto de Rafael sonriendo en la portada del *Intelligencer Journal*, el principal periódico de Lancaster.

—¡Eh! Ahí está mi amigo —grité al viento.

A medida que me fui acercando, el titular se hizo visible.

«*Slain taxi driver was father of four*».

¿*Slain*? No conocía esa palabra en inglés, así que hojeé el artículo, seleccionando las palabras que entendía para tratar de reconstruirlo. El sábado por la noche, justo después de dejarme, Rafael había sido víctima de un asesinato-suicidio por parte de un pasajero. Me quedé helada. Cosas así ocurrían en Perú, no aquí. No en Estados Unidos. No en el país de los amish. ¿Cómo pudo Rafael salir del Bronx para ser asesinado aquí?

Nada tenía sentido. Nada en absoluto.

* * *

En mi solicitud de beca había declarado que mi inglés era fluido, y técnicamente lo era. Había estudiado inglés durante años en Perú, pero siempre con profesores peruanos que habían aprendido el idioma de otros profesores peruanos. Podía leer y escribir, pero una vez que mis profesores de Millersville pasaban de las introducciones al corazón del curso, me tambaleaba. Mis compañeros hablaban tan rápido que lo único que podía hacer era asentir y sonreír. Pasé la mayor parte de mi primer año luchando por entender las lecciones.

El verano siguiente, al final de las clases, recibí un mensaje de mi madre. «Silvita, por favor, llámanos, es urgente». Aterrorizada de que algo malo hubiera ocurrido, llamé inmediatamente.

La voz de mi madre vaciló al contestar el teléfono.

—¡¿Mamá?! ¡¿Qué pasó?!

—No puedo hablar, hija. Es una tragedia.

—¡Mamá! ¿Qué es?

—CLAE… —Hizo una pausa—. CLAE, Silvia. Ha quebrado.

CLAE era un banco de inversión que había hecho furor en Perú al prometer un veinte por ciento de interés en las inversiones. Lo que parecía imposible al principio había enriquecido a muchísima gente. Y rápidamente. Tan rápido que incluso mi padre, un inversor increíblemente conservador, se había puesto celoso. Tentado por el éxito de CLAE, había decidido, sin que yo lo supiera, invertir todos sus ahorros, incluidos los fondos para mi educación y la de mis hermanos.

—Lo siento mucho, Silvita —se lamentó mi madre—. Lo hemos perdido todo.

—Mamá, no te preocupes —dije—. Está bien.

Siempre había tenido mis necesidades cubiertas e ingenuamente imaginé que lo solucionaríamos. No me acechaba el fantasma de la pobreza como a ella.

—Conseguiré un trabajo aquí —le dije—. No te preocupes, ya me las arreglaré.

La mayoría de mis clases estaban cubiertas por la beca, pero necesitaría dinero para la comida y otros gastos esenciales. La visa de estudiante me limitaba a trabajar diez horas a la semana, pero si podía demostrar que mis dificultades económicas se habían incrementado, la escuela me eximiría de la restricción. Así que, con cartas certificadas de mis padres y su banco, me concedieron permiso para trabajar veinte horas a la semana.

Mi madre dijo que le iba a pedir a tía Flor que me ayudara con el dinero durante un tiempo. Ella era de Trujillo, una pequeña ciudad del norte de Perú a la que habían enviado a mi padre a vivir tras el fallecimiento de su madre. Tía Flor había emigrado a Estados Unidos cuatro años antes, pero nunca supe adónde fue. Mamá dijo que vivía en Nueva York y que tenía un restaurante peruano. Me hizo mucha ilusión, siempre había soñado con visitar Nueva York. Tal vez, incluso podría trasladarme a una universidad de allá. Mi madre me dio la dirección —123 Main Street en Port Chester—, y me dijo que tía Flor me estaría esperando. Con poco más que el número de teléfono de mi tía metido en el bolsillo, salí en tren desde Lancaster.

Mientras el Amtrak se acercaba a Manhattan, me sentí avergonzada por haber creído que Filadelfia era cosmopolita. Qué ingenua había sido. Había visto tan poco del mundo. Nueva York era mi nuevo horizonte. Una pequeña isla que albergaba gran parte del poder del mundo. Sentí el brillo de la riqueza, la energía, la vertiginosa topografía. Un horizonte de rascacielos resbaladizos y ladrillos grafiteados. Pensé en coger el metro hasta el 123 de Main Street, pero después de muchas conversaciones con amables neoyorquinos en la Grand Central Station, descubrí que Port Chester no estaba en Manhattan, sino en un condado llamado Westchester, fuera de la ciudad. No me importaba. Estaba rozando la Gran Manzana, maravillándome con edificios que solo había visto en las películas y en la televisión. Giré en círculos bajo el techo del vestíbulo principal de la estación de tren, inclinando la cabeza hacia arriba para contemplar las constelaciones doradas del zodiaco en un cielo azul marino. Aunque mis padres lo habían perdido todo y ahora estaban técnicamente en bancarrota, las estrellas se alineaban para mí. Estoy segura de que fui la única persona en el Metro-North que sonrió durante el viaje de una hora.

En Port Chester me subí a un taxi. El conductor me miró y habló en perfecto español.

Pensé en Rafael.

—¿A dónde vas?

—El Norteño —dije.

—Está allí —dijo señalando un letrero de neón brillante en una esquina, a varias cuadras de distancia.

Era un viernes alrededor de las nueve de la noche cuando crucé la alargada entrada de El Norteño. Tía Flor estaba sonriendo detrás del mostrador. Era hermosa, con la piel clara de su madre y los ojos marrones oscuros.

—¡Silvita, llegaste! —dijo, con una sonrisa amable, pero con palabras comedidas—. Bienvenida.

Tío Jorge salió de la cocina. Era alto para ser peruano, medía alrededor de un metro setenta y ocho, con la piel clara y los labios naturalmente carnosos. Casi como una versión masculina de Betty Boop. Tío Jorge había trabajado durante años en el negocio familiar de tía Flor en Trujillo. Tenía una esposa en Perú, pero había aprovechado la oportunidad de trabajar en Estados Unidos. Era el socio de tía Flor y algo así como su novio.

—¡Hola! —dijo, tirando de mí para darme un abrazo, que, para mi sorpresa, sentí instantáneamente seguro. Su jovial calidez me tranquilizó.

Tía Flor era más reservada. Le hablé de mi viaje y pareció sorprenderse de que me hubiera desenvuelto en la ciudad de Nueva York sin miedo.

—Conocí a tu madre —dijo tío Jorge—. Siempre corriendo de un lado a otro. La llamé Coca-Cola, cariñosamente. Debes haber salido a ella, así que te llamaremos Coca-Cola Jr.

Tío me señaló una mesa y, justo cuando retiré la silla para sentarme, una camarera con una blusa blanca ajustada y minifalda me puso delante un humeante plato de lomo saltado. Mi favorito. El lomo saltado —carne salteada con tomate, cebolla y papas fritas en salsa de soja y vino tinto, servida con arroz blanco— era uno de nuestros platos nacionales. Como la hamburguesa para los estadounidenses, el lomo saltado era la prueba de fuego para cualquier restaurante peruano. Si podían hacer uno bueno, confiábamos en la calidad del resto de sus platos. El lomo de tío era el mejor que había comido. ¡Y fuera de Perú! Me sorprendió.

Me quedé con mis tíos todo el fin de semana, y El Norteño nunca bajó el ritmo. La docena de mesas estaban siempre llenas y la cola para llevar era interminable. La mayoría de la clientela era peruana, pero también había colombianos, salvadoreños, guatemaltecos y mexicanos, con algún ecuatoriano y un par de brasileños ocasionales. Me sorprendió ver a tantos peruanos en Nueva York. Más tarde me enteré de que la mayor concentración de peruanos en Estados Unidos estaba en Paterson, Nueva Jersey, a la que habían apodado la Pequeña Lima. Con sus escaparates de estuco cubiertos de décadas de suciedad y sus coloridos toldos anunciando pollerías y pupuserías, Port Chester me recordaba a los barrios obreros de Lima. En concreto, a La Victoria, donde se habían criado mis medios hermanos.

En Lima, nos habíamos acostumbrado a la pobreza y la violencia;

aunque no estuvieran en nuestra vida cotidiana, estaban en el tejido social. Pero Estados Unidos era ciudades resplandecientes y dramas de adolescentes glamorosos; un lugar de abundancia, libertad y seguridad. Durante ese fin de semana en Port Chester, empecé a entender por qué mis padres habían elegido Millersville. La vida americana era dura. Incluso allí, en medio de una utopía rural, la gente que se veía como yo, como Rafael, podía ser asesinada mientras hacía su trabajo.

La mayor parte de la comunidad inmigrante de Port Chester tenía varios trabajos, muchos eran informales y recibían el salario mínimo, solo les alcanzaba para enviar remesas a sus familias en sus países y para comer o beber en El Norteño los fines de semana. Yo estaba aquí con una visa de estudiante, y mis padres me habían mantenido durante mi primer año, pero ahora yo también era una inmigrante, solo que había estado viviendo un extraño cuento de hadas amish. Sin el colchón de la riqueza de mi padre, vi lo que realmente significaba emigrar a Estados Unidos.

* * *

Ese domingo, en medio de la fiebre del *brunch* de tamales, vi a Roxana, una hermosa camarera colombiana, ponerse nerviosa mientras atendía una mesa de clientes estadounidenses. Aunque Port Chester era una ciudad mayoritariamente de inmigrantes, limitaba con Connecticut, y una de las ciudades más prósperas del Este, Greenwich, estaba justo al otro lado del puente. Los fines de semana, sus residentes más aventureros acudían a la ciudad para probar la cocina internacional barata.

—Silvia, mi amor —dijo Roxana, corriendo hacia mí—, ¿puedes ayudarme? No entiendo lo que están tratando de ordenar. Por favor, estoy desesperada.

—Por supuesto —dije. Me lo estaba pasando de maravilla comiendo comida deliciosa y gratis todo el fin de semana, lo menos que podía hacer era ayudar.

Fingiendo ser una camarera, me acerqué cortésmente a la mesa y me tomé mi tiempo para explicar los platos, saboreando las descripciones de las comidas que me gustaban. Mi inglés no era perfecto, pero mi fluidez al hablar había mejorado mucho desde que me abrí paso a trompicones por el aeropuerto de Filadelfia.

Después de que los clientes terminaron de comer y pagaron la cuenta, Roxana sonrió mientras limpiaba la mesa.

—Me encanta servir a los gringos —dijo llevando una pila de platos a la cocina—. Son tan generosos, más que los latinos. ¡Me dejaron un veinte por ciento de propina!

¿Veinte por ciento? ¿Como propina? Me quedé de piedra. En Perú, la propina era las monedas que llevábamos en los bolsillos, un sol o dos en un restaurante familiar como El Norteño. Hice el cálculo. Si podía trabajar los fines de semana, solo con las propinas podría cubrir los gastos de los que se habían hecho cargo mis padres. Además, podría tener la oportunidad de explorar la ciudad de Nueva York.

Cuando les propuse la idea a mis tíos, él entrecerró los ojos.

—¿Y qué hacemos con los uniformes? —preguntó en tono paternal.

Tío tenía tres camareras contratadas, todas ellas muy maquilladas, con faldas cortas y blusas blancas ajustadas. Me di cuenta de que los escasos trajes atraían la atención (y contribuían al negocio) de los clientes masculinos, y de cómo, a medida que se emborrachaban, se volvían más insistentes. A veces, alguna camarera se marchaba para bailar y beber con un cliente. En la época en la que crecía, los programas de televisión peruanos presentaban a las mujeres solo en dos papeles: como jóvenes tontas y atractivas, o como esposas fastidiosas. Juré por Dios que no sería ninguna de las dos cosas. Me preguntaba si mi tío había hablado alguna vez con las camareras para saber cómo se sentían, o si me veía de forma diferente porque era de la familia o quizás porque mi forma de vestir era de machona; yo nunca había usado una falda tan corta y ajustada como la de Roxana. Pero para ganar un buen dinero, me convencí a mí misma de que podía jugar el papel de chica *sexy*. Además, me sentía segura cerca del tío Jorge.

—¿Sabes? La mayoría de los inmigrantes aquí no van a la universidad, Silvita —dijo tío—. Me preocupa que caigas en la tentación y abandones los estudios. Tu padre me haría algo desagradable.

No le dije que ahí no había ninguna tentación para mí. Que, en realidad, tampoco me había sentido tentada jamás por ningún hombre.

—No hay problema —dije asintiendo—. Seguiré estudiando y solo trabajaré los fines de semana. Y me pondré la ropa que haga falta.

Me sorprendió mi facilidad para servir mesas. Todos los clientes que hablaban inglés eran conducidos a mi sección, pero yo trataba a todos por igual, como mi madre nos había inculcado. Incluso a los típicos peruanos que, después de una larga cena, doblaban un billete de un dólar en cuatro para que pareciera una propina mucho mayor o que otras veces no dejaban nada. Todos venían a El Norteño por la comida, pero el verdadero valor para mí, y creo que para muchos de ellos, era el sentido de comunidad. Tío Jorge era como el Padrino, pero sin el crimen, repartiendo ceviches deliciosos y lomos saltados en lugar de la cocaína. Por supuesto, conocía a gente que sí estaba metida en ese negocio. Por ese entonces, Pablo Escobar estaba en la cúspide de su poder, y durante largas comidas con vino —tío me había conseguido una identificación falsa— en restaurantes de lujo de Nueva York después de fines de semana ajetreados, tío Jorge me contaba historias salvajes y estrepitosas, susurrándolas como secretos.

—¿Te conté la historia de mi antiguo *barman*? Había pedido un préstamo a unos traficantes locales y, cuando no pudo pagar a tiempo, lo metieron en una secadora. Esas de las lavanderías que funcionan con monedas de veinticinco centavos. —Se reía y se servía más vino.

Tío Jorge tenía una lista de restaurantes que se moría por probar, pero a los que hasta entonces no había ido por la timidez que le producía su pobre dominio del inglés. Yo le traducía el menú y, mientras comíamos, él cerraba los ojos y saboreaba la comida, enumerando cada ingrediente. Más tarde, me pedía que comprobara sus conjeturas con el mesero. Acertaba tan a menudo que empecé a confiar también en todo lo que decía. Su paladar y sus instintos eran muy precisos. Le gustaba la comida tanto como a mi madre, y por eso lo quería.

Cuando tía Flor no estaba, a veces me hablaba de otras mujeres que había «conocido» en Nueva York. «¿Qué puedo decir?», se encogía de hombros, «ellas acuden a mí». Y así era. Por mucho que quisiera echarle en cara todos los estereotipos que encarnaba y que odiaba en los hombres latinos, no podía. Porque él era también todas las mejores partes de ellos. A diferencia de mi padre, tío Jorge era tierno, generoso, divertidísimo y, sobre todo, paternal, y por eso se lo perdonaba todo. Ni siquiera me importaban las cuatro horas de viaje desde Millersville hasta Port Chester.

Tío Jorge me ayudó a comprar mi primer auto: un Nissan 200sx coupé de 1987 de segunda mano, con techo corredizo y faros que subían y bajaban automáticamente. Yo solía llegar a Nueva York a eso de las seis de la tarde y entraba por Manhattan, tomando las calles equivocadas y saltándome los semáforos en rojo mientras miraba los edificios con la boca abierta, asombrada por su inmensidad. Desde el interior, la ciudad era colosal. Yo no era más que una pequeña hormiga. Insignificante. Lo cual era emocionante de una manera que aún no comprendía. Siempre había una cena esperándome en El Norteño, pero la mayoría de las noches me detenía y paseaba por los restaurantes baratos del barrio chino para saborear su *dim sum*. Bollos al vapor, *dumplings* y pasteles de camarones. Algunos eran los bocaditos que me encantaban en Lima, otros eran nuevos. Caminaba por las calles del bajo Manhattan, pasando por discotecas glamorosas como el Limelight, el Palladium y el Tunnel, donde filas serpenteantes de chicos con botas de plataforma altas y blusas a cuadros gigantes esperaban para entrar. Todos se veían libres y animados, con sus cabellos de colores fosforescentes, peinados *punk* y maquillaje exagerado, y yo me preguntaba cómo se sentiría ser así.

Me sentía como Alicia en el País de las Maravillas buscando un agujero por el que caer. En ese entonces no me atrevía a entrar en las discotecas. No me sentía lo suficientemente a la moda. Pero el mero hecho de pasar por delante de ellas era afrodisíaco. Mis años de adolescencia habían sido tristes y llenos de temor, sin jamás haber volado en las vertiginosas alas de un primer amor sano ni haber experimentado nunca la intoxicación de las alegres fiestas que duraban toda la noche. Nada de la liberación extática de las drogas que posiblemente tomaban los chicos de la discoteca. Mientras los espiaba desde la esquina, observando cómo los grupos entraban o eran rechazados por el portero, me di cuenta de que mi cuerpo nunca había sido así de libre.

CAPÍTULO 7

RIDUM

La mañana trae el rico aroma de la mantequilla de yak derretida. El estruendo de las ollas de hojalata sale de la cocina de la casa de té mientras el cocinero prepara nuestro desayuno. Estoy sentada en una rígida silla de madera, rodeada de una cadena de banderas de oración tibetanas en las cuales escribo los nombres de nuestros donantes en etiquetas blancas que había cosido en cada una cuando estábamos en Katmandú. La lista de personas que ayudaron a financiar parte de este viaje es de más de cien. Les dije que dejaría sus nombres en el Campamento Base, pero lo he estado posponiendo. No estaba segura de que fuéramos a lograrlo.

Pero es el sexto día en la naturaleza, y ya hemos adquirido un ritmo, nos hemos asentado. No hay internet. No hay distracciones. Nada del drama que se cuela en la vida cotidiana. Es como una desintoxicación. Durante el primer o segundo día estás bien, luego luchas por una dosis, pero finalmente te rindes. Anoche llegamos a Deboche desde Namche, y con la doctora Jackie en nuestro equipo me siento segura.

Intento mantenerme en el presente, deteniéndome para expresar un momento de gratitud mientras escribo el nombre de cada donante, pero me distrae la enorme foto panorámica del Everest que cuelga sobre la mesa. Su cima es ominosa. Se burla de mí.

Shreya se ha quedado en la puerta de la cocina, hablando con los cocineros en nepalí. Las cenas en la excursión son informales. A menudo, los cocineros de las casas de té invitan a los huéspedes a esperar en la cocina y ver cómo preparan la comida. El resto del grupo entra a trompicones, haciendo una reverencia al dueño.

—*Namasté, namasté.*

—Vamos, es la hora del desayuno, Silvia —dice Shailee—. ¿Tú nunca descansas?

—Descansaré en mi próxima vida —digo, riendo y ahuyentando la sensación de que esta puede llegar más pronto que tarde.

Dejo a un lado las banderas y sigo a las chicas hasta la mesa del comedor, deslizándome en el largo banco de madera entre Lucy y Rubina.

Shreya llega con un tazón humeante de sopa de ajo, el preventivo del Himalaya para el mal de altura. En todas las comidas les doy a las chicas sopa de ajo, les sirvo tazones llenos y las miro mientras beben el caldo verde, turbio y de penetrante aroma. Especialmente a Jimena y a Lucy.

—Al menos no tenemos que preocuparnos por los vampiros del Himalaya —murmura Lucy.

La sabelotodo está oficialmente de vuelta. Gracias a Dios.

Al final de la mesa, la doctora Jackie, Shailee y Ehani están enfrascadas en una conversación. La doctora examina los ojos de Ehani.

—Le han estado fallando —le dice Shailee—. Nunca ha visitado a un oftalmólogo. Pero fue a un puesto médico en Katmandú y dijeron que podría necesitar cirugía.

—Mantén el ojo bien abierto —dice Shailee, haciendo una demostración—. Sí, sí, así.

La doctora abre un *test online* y sostiene su teléfono a la altura de los ojos de Ehani.

—Bien, ahora tápate el ojo derecho —dice—. ¿Es más clara la diapositiva uno o la dos? ¿Uno o dos?

—Mmmmm —Ehani duda.

Las chicas charlan.

—¿Revisión de ojos aquí?

—Sobre los *omelets*, ¿qué es mejor? —bromea la doctora.

Shreya se mueve entre la cocina y la mesa, equilibrando platos de curry y *omelets* dispuestos alrededor de un domo de arroz con papadams encajados en el lado.

—Muchasgracias,mipequeñaShreya—ledicedulcementeJimena.

—El diagnóstico, me temo —dice la doctora Jackie mientras Ehani contiene la respiración—, es un poco más sencillo que la cirugía. Resulta que lo que necesita, señorita, es un buen par de anteojos.

Nos carcajeamos mientras Ehani sonríe, agachando la cabeza avergonzada.

Jimena señala sus monturas rectangulares de color púrpura:

—Oye, los *nerds* estamos de moda.

Shailee y yo nos hacemos un gesto para hacerle seguimiento al asunto de los lentes para Ehani.

—Esperen —dice Jimena, saltando de su asiento justo cuando empezamos a hurgar en la comida con nuestros cubiertos.

—Esta es una gran foto. —Jimena coge su teléfono y se menea en un banco al otro lado de la habitación, girándolo un par de veces para encontrar el mejor encuadre—. Me encantan estos colores.

Esta mañana me levanté con los ojos nublados, mi mente ya va a toda velocidad con el itinerario del día —monjas, Geshe lama, Periche— y ni siquiera me había fijado en la habitación. Tomo un largo sorbo de té de jengibre; el vapor picante me despeja las fosas nasales, y miro a mi alrededor a través de los ojos de Jimena. Tiene razón. La casa de té es una explosión de color. Las flores y las frutas llenan todos los rincones: distintas telas florales cubren las paredes, los bancos y las mesas. Una cortina color verde azulado con exuberantes rosas fucsias y naranjas es nuestro telón de fondo. La banca en la que estamos sentadas está envuelta en un chal escarlata con flores azules y rosas de estilo tibetano. Y la mesa del comedor, una plancha de madera de no más de treinta centímetros de ancho, está cubierta de un hule turquesa con una cenefa de frutas tropicales silvestres tan vívidas que casi son comestibles.

—Dios mío —dice Jimena—. Esto me recuerda, de una buena manera, a los doce apóstoles sentados a la mesa.

La Última Cena.

A través de los ojos de Jimena es fácil ver el arte. Nuestros platos y tazas dispuestos como un moderno bodegón. Nueve en una fila, sentadas una al lado de la otra en el largo banco, mirando no a las demás, sino al horizonte, juntas. Por un momento, es como si ya hubiéramos llegado. Somos fuertes y audaces y majestuosas. Estamos rebosantes como las frutas y las flores. En una pequeña casa de té en el Himalaya, rodeadas de monasterios, estamos reescribiendo nuestras antiguas historias, pintando sobre ellas nuestras propias versiones de hermandad. Conectando con la feminidad sagrada, pero vistiendo ropa deportiva de montañismo en lugar de mantos antiguos.

Lo que más recuerdo de mi Semana Santa de la infancia eran las repeticiones maratónicas de *Los diez mandamientos* y de la miniserie *Jesús de Nazaret*. Me hipnotizaban su fuerza y realismo. Cada vez que veía la escena dc la Última Cena, esperaba que Jesús tuviera un destino diferente. Pero siempre sabía lo que iba a pasar.

Y, aun así, cenaron.

Pasara lo que pasara, quería que su pueblo, los apóstoles, se reunieran y supieran que se les perdonarían sus ofensas y traiciones. Incluso aquellas que no sabían que iban a cometer.

—Toma mi lado bueno —dice Lucy, alisando su pelo.

Shreya se ríe y se gira hacia el mismo lado que Lucy. Subo mi bufanda sobre mi cabeza como el gorro de dormir de un anciano, y Asha tira de ella hacia abajo. Las fotos glamorosas no son lo mío.

—Sonrían —dice Jimena, y todas levantan su té de jengibre.

Ehani se distrae con su teléfono.

—¡Ehani! —la llama Jimena—. Mírame.

Jimena hace unas cuantas tomas y se baja de un salto.

—De acuerdo —dice, y le pide a un trabajador de la casa de té que nos tome una foto—. ¡Yo también quiero salir en una!

Su cara es brillante, su ceño no está fruncido. Es difícil imaginar que hace solo cuarenta y ocho horas Jimena estaba dispuesta a abandonar la excursión. Doy las gracias en silencio por que no lo hizo. Observo las dulces caras de todas las chicas.

«Bajo la superficie de las capas protectoras de los supervivientes del trauma existe una esencia intacta», escribe el psiquiatra Bessel van der Kolk en *The Body Keeps the Score*. «Un Yo confiado, curioso y tranquilo; un Yo que ha sido protegido de la destrucción por las diversas capas que han surgido en sus esfuerzos por asegurar la supervivencia del individuo».

Aunque la Última Cena fue un momento de dolor, también fue un momento de ajuste de cuentas. La traición y la muerte condujeron a la resurrección y, en última instancia, al perdón.

Sé que todas las presentes en esta mesa tendremos que encontrar la manera de perdonarnos a nosotras mismas.

* * *

Tras un breve paseo por un espeso bosque de azaleas, el camino de piedra se abre a un amplio patio de tierra con una larga hilera de ruedas de oración de latón. Giramos las clavijas de madera de su base y ponemos las ruedas en movimiento, provocando un sonido de metal chirriante. Por debajo de aquel sonido, oigo una tos. La doctora Jackie lleva toda la mañana tosiendo.

Al otro lado del patio y a través de una puerta de piedra, ani Chockle, la monja principal, nos saluda. Detrás de ella están los muros de piedra medio derruidos del convento de Deboche, algunas de cuyas partes fueron destruidas en el terremoto de 2015. Ani Chockle, calva y envuelta en un manto granate, se inclina a modo de saludo y me hace una reverencia extra. Cuando conocí a las monjas el año pasado en Katmandú, una de las otras ani llevaba un abrigo donado con un estampado de leopardo y se reía del hecho de que no fuera adecuado para su vocación sagrada. Después de eso, me empeñé en conseguirles abrigos más dignos, y pasé dos días en Katmandú buscando chaquetas y guantes de invierno de color granate. Los vendedores de Thamel pensaron que era otra extranjera quisquillosa que no se conformaba con cualquier color. Pero necesitaba el característico color granate de Deboche, y necesitaba veinte de ellos, rápido. Finalmente, encontré una tienda que cosía los abrigos en su propia casa, y ordené los veinte con guantes a juego para entregarlos a las monjas antes de que llegara el invierno. Si alguien comprendía la necesidad de un uniforme adecuado, era yo.

Deboche es el convento budista más antiguo de Nepal, pero las monjas no están formadas como maestras o meditadoras como las de muchos monasterios. Estas son monjas ceremoniales que viajan por la región de Khumbu realizando *pujas*. Aunque Deboche suele quedar eclipsado por el cercano monasterio de Tengboche, uno de los más altos del mundo, la belleza de Deboche me parece más tranquila, y la historia de las monjas, más impactante. Se dice que su líder, ani Ngawang Pema, era una joven hermosa que era asediada por muchos hombres que luchaban por casarse con ella, pero no quería casarse, así que escapó, deslizándose por el agujero de un baño hacia el acantilado. Luego huyó a Deboche, donde vivió aislada en una cabaña de piedra durante cincuenta y un años, alimentándose diariamente de dos sencillas comidas y rezando cada mañana para aliviar el sufrimiento de todos los seres vivos. Después de que los chinos ocuparan el Tíbet en 1950, un grupo de monjas tibetanas decididas a preservar sus creencias religiosas buscaron asilo con ella y caminaron juntas por Nangpa La, un traicionero paso de montaña, hasta llegar a Deboche.

Allí nació su hermandad.

Es una vida humilde. Me hacía mucha ilusión que las chicas pudieran verla. Esperaba que nos dieran una breve bendición y que luego siguiéramos nuestro camino. Por eso me sorprendió que ani Chockle nos guiara hasta su templo improvisado, un edificio bajo de piedra, y que nos colocara *khatas* de seda amarilla sobre los hombros al entrar. Asha le recuerda que estoy intentando llegar a la cima, y ani Chockle murmura y saca una *khata* blanca en su lugar. El blanco es para una bendición extra. Me inclino, agradecida.

En el centro de la sala, tres ani calvas se sientan con las piernas cruzadas, envueltas en capas granates; una de ellas usa gafas doradas parecidas a las de Dolce & Gabbana. Haces de luz polvorientos caen sobre un colorido altar, y pequeños cuencos de incienso se alinean en una larga mesa que divide la sala en dos. Otra mesa, situada en la pared del fondo, alberga una serie de estatuas de Buda y velas, así como una sencilla caja de madera roja con la inscripción

«Donaciones» escrita a mano con pintura blanca. Y otra estatua: Miyolangsangma. La diosa montada en un tigre rojo a la entrada del parque Sagarmāthā. Miyolangsangma, una de las cinco hermanas tibetanas de la longevidad, comenzó siendo un demonio y fue convertida por Guru Rinpoche, uno de los fundadores del budismo tibetano. Los valles y las cumbres del Everest son su patio de juegos, y solo con su bendición un escalador puede llegar a la cima. Es la diosa de la entrega inagotable. Espero que su generosidad se extienda lo suficiente como para llevarme hasta allá.

Nos arremolinamos en la sala, sin saber cuál es el protocolo.

Shailee le cuenta a ani Chockle nuestras intenciones para el viaje, pero en medio de una frase, una de las monjas empieza a cantar en voz baja y rápida, y luego las otras dos se unen por turnos, hasta que todas cantan al unísono. El sonido es ondulante y propulsivo; más que un cántico, es una letanía, como cuando yo rezaba el rosario.

Nos arrodillamos una al lado de la otra a lo largo de la pared del fondo e inclinamos la cabeza. Las velas parpadean en votivas de latón pulido, mientras el sonido llena lentamente la habitación. Su suave sonido se va cerrando a mi alrededor hasta que no oigo nada más. Ni siquiera mi propia respiración ni los pájaros o las conversaciones del exterior. El canto se convierte en un círculo cerrado. Su final y su principio se funden hasta que deja de ser una cadena de palabras y se convierte en un zumbido constante.

Viaja hacia mis oídos y baja por mi garganta, lavándome con el sonido, Y justo cuando se filtra en mi pecho, se divide en una luz, un millón de pequeños rayos que se difunden por mis venas. Mis ojos se abren de golpe y me descubro conteniendo la respiración. Dios mío. Miro a Rubina, Shreya y Ehani en la fila, pero parecen imperturbables, incluso serenas, con las manos cruzadas sobre el regazo. Jimena tiene el ceño fruncido en señal de reverencia, y los párpados agitados y la sonrisa serena de Lucy le dan un brillo como de querubín. Todas mueven la cabeza al ritmo de los cánticos.

En una prueba realizada con supervivientes de traumas, Bessel van der Kolk descubrió que era casi imposible que se relajaran físicamente. Durante una sesión de yoga, observó a los participantes mientras estaban en la postura Shavasana —postura del cadáver—, que se supone es la parte final del ejercicio de relajación. Cuando se les dijo que se relajaran totalmente y se dejaran llevar, su actividad muscular aumentó. «En lugar de entrar en un estado de reposo tranquilo, los músculos de nuestros alumnos suelen seguir preparándose para luchar contra enemigos invisibles», escribió. Uno de los principales retos cuando se recupera de un trauma, dice Bessel, es ser capaz de lograr una relajación total y una rendición segura.

Ser vulnerable es peligroso, demasiado peligroso para algunas de nosotras. Pero la pequeña habitación de piedra nos acuna, y las chicas se sientan en paz, con los ojos cerrados, en la oscuridad. Me doy cuenta de que es mi mente la que intenta correr, avanzando a un millón de kilómetros por hora, buscando una salida.

A la edad de ellas, había perdido la fe en todo lo sagrado.

Los ojos de Lucy se abren y se encuentran con los míos. Sonríe y mira rápidamente hacia otro lado, sus dedos acariciando distraídamente la *khata* de seda de su hombro.

Respiro profundamente y vuelvo a cerrar los ojos. El sonido me engulle. Las voces de las monjas se convierten en viento, separado de cualquier persona u objeto. Se mueve libremente, abundante y disponible para que lo recibamos, como dicen los budistas sobre el valor de la oración. Es incondicional. Libre de cualquier juicio o interpretación. Todo lo que tengo que hacer es ser, y seré amada. No sé de dónde viene este pensamiento, pero es tan radical, tan ajeno a todo lo que he conocido, que su simplicidad casi me aplasta. Siento una punzada física en el corazón.

Cuando la canción se apaga, abro los ojos y descubro que las chicas me miran. Los rostros de las mujeres de la sala son cálidos y tiernos. No estoy segura de cuánto tiempo ha pasado. Un minuto, diez, una hora. Me doy cuenta de que he estado llorando. Tengo la cara empapada de lágrimas y me caen pequeños riachuelos de mocos por la barbilla. Avergonzada, sonrío y me limpio rápidamente la nariz con la manga de mi chaqueta.

—Gracias. —Me inclino ante las monjas—. Muchas gracias. Les juro que no pensaba llorar hoy.

Las risas recorren la sala, pero las monjas parecen saber exactamente a qué me refiero. Hacen una reverencia a modo de despedida —tienen que hacer otra bendición en Pangboche— y sus sonrisas son alegres. Shreya y Ehani extienden sus manos para ayudarme a levantarme y me abrazan.

—Todo va a estar bien, Silvia —dice Ehani.

—Lo sé —digo—. ¡Son lágrimas de felicidad! Lo prometo.

No tenía ni idea de que las monjas iban a hacer una *puja* completa. Nunca había experimentado algo así. Quizás las chicas nepalíes sí.

Al salir, las monjas prometen rezar por nosotras todos los días, y seguir rezando por mí hasta que llegue a la cumbre.

—Pero envíanos un mensaje cuando llegues a la cima —dice ani Chockle en tono serio—. ¡Así podremos dejar de rezar por ti!

Me río. Supongo que incluso el amor incondicional tiene sus límites.

* * *

Cuando Rubina se pone en marcha, estamos llenas de bendiciones. Próxima parada: Pangboche. Para visitar al famoso Geshe lama, el lama de mayor rango en la región de Khumbu. Durante mi primer viaje al Everest, no presté suficiente atención a las tradiciones ni a la religión del Himalaya. Estaba demasiado hambrienta de respuestas, de una explicación, de una visión. Inmersa en una montaña rusa de comportamiento autodestructivo, estaba sufriendo y buscando algún tipo de bendición espiritual instantánea. Pensaba que, si el Everest era una gran experiencia transformadora, cuanto antes llegara al Campamento Base, más rápido llegarían mis descubrimientos y mi sanación, cualquiera que fuera el vago concepto de sanación que tenía en ese momento.

Estaba buscando una solución lógica a un problema espiritual.

Por ese entonces, seguía bebiendo.

Y seguí bebiendo hasta hace dos meses.

Nuestro cuchicheo en el sendero se apaga rápidamente. A 3800 metros, cada paso requiere más energía que ayer. El aire es frío y seco, como en el desierto. Incluso bajo el sol abrasador, estamos envueltas en lanas y gorros. Es abril, pero no parece que fuera primavera. No hay flores silvestres floreciendo. La ladera está llena de costras. Hierba marrón con algún árbol ocasional aferrado. La paleta es polvorienta: marrones cenicientos y secos, amarillos y *beige* apagados, azul pizarra, grises. Tantos grises. No soy una artista, pero incluso yo veo que el gris es un universo en sí mismo aquí. En la distancia, las montañas se expanden y despliegan en dimensiones de colores cenicientos, de gris piedra y gris humo y gris acero. Plomo y sílex y estaño y nube. Grafito y guijarro y humo. Embutidas en nuestro equipo de montañismo, somos lo más colorido a la vista: una cadena de chaquetas en fucsia y verde azulado y naranja, casi una bofetada contra los antiguos tonos de estas bestias geológicas. Este es el punto del camino en el que realmente entiendes que las montañas son rocas. Fósiles anclados a la tierra.

Marchamos por un estrecho sendero, una línea de lápiz trazada en la escarpada ladera de la montaña. La arena amarillenta cruje bajo nuestros pies. Nuestras botas dejan huellas como el polvo en la luna. Somos mujeres lunares. Astronautas terrestres. Exploradoras. Las montañas son nuestra frontera.

Muy por debajo, el río corre con su color verde agua. El caudal ha disminuido un poco, es más superficial, revelando ahora bancos de roca calcárea en algunas partes. En lugar de un grueso reguero o de arcos inclinados y elegantes, el río aquí es un collar arrojado sobre un aparador, que yace dondequiera que caiga. Posadas en lo alto de la ladera, sobre nosotras, vuelven a aparecer las casas del *Monopolio*. Pero han desaparecido los brillantes colores primarios del comienzo de la caminata, cuando el paisaje era verde, y el río, lleno y caudaloso. Aquí los edificios son de un color azul lavado y del verde de los hospitales.

Ahora estamos en lo profundo del alto Himalaya. La vida es escasa aquí.

El entumecimiento me pellizca la punta de los dedos.

—Rubina —digo suavemente, trotando para alcanzarla—. ¿Qué te parecieron las ceremonias de hoy?

—Bonitas, muy bonitas —dice ella.

—Esas monjas son tan puras y están llenas de amor —agrego.

—Sí, sin duda —dice Rubina.

Al salir del convento, el resto del grupo parece tener los ojos húmedos y la mirada suave, claramente conmovidas por la ceremonia, pero Rubina se muestra casi estoica. Ehani está callada debido a la brecha del idioma, y tal vez un poco por su timidez natural; pero el silencio de Rubina se siente diferente. Me pregunto hasta dónde debo presionar. Ahora todas estamos balanceándonos en una línea muy fina entre forzar nuestros cuerpos y forzar nuestras mentes. No sé dónde está el límite. La sanación, al igual que el senderismo a gran altura, tiene bordes a menudo tenues, incluso peligrosos.

Antes de que pueda decir algo más, un grupo de niños sale de la nada y corre a nuestro lado, con sus risas como el tintineo de pequeñas cucharas. Dos chicas jóvenes con el pelo negro hasta los hombros, con camisetas americanas holgadas y sandalias desgastadas, pasan corriendo. Tres chicos, que avanzan en fila alineados por su altura, resoplan al caminar. El resuello de los niños al final de cada respiración me hace reír.

—¿Eres coreana? —pregunta una chica con *jeans* que le llegan a las canillas y sandalias rotas, señalando a Shreya—. ¿Eres una actriz?

—¡Ohhh! —Ríe Shreya, claramente emocionada. Hace un mohín con los labios y se baja las gafas de estrella de cine para mirarla.

—No, es una modelo —dice Rubina.

—¡Vamos, señorita modelo! —grita Lucy.

—¡Ojalá lo fuera! —dice Shreya, agarrando la mano de Lucy—. Quizás, si me enseñaras todos tus trucos de maquillaje.

Rubina y Shreya son primas. Durante los últimos cinco días, he visto un fuego avivándose en Shreya. Parece más audaz y burbujeante, mientras que Rubina sigue mostrándose mesurada. Ambas llevan sus historias de forma muy diferente, pero están entrelazadas.

Durante la temporada de cosecha en Sindhupalchok, las casas de los vecinos de Rubina estaban llenas de comida —cestas de arroz, mijo y maíz—, mientras que la suya estaba vacía. Su abuelo era rico, pero se negaba a ayudar a Rubina y a sus hermanas porque todas eran mujeres. Las hijas se consideran menos valiosas porque no trabajan ni ganan dinero. Su único valor está en el matrimonio.

Su abuelo solía decir: «Con las niñas, cuando otros encuentren oro, tú encontrarás mierda».

Pero la madre de Rubina estaba decidida a que sus hijas estudiaran y salieran de la pobreza. Trabajaba en el campo varios días a la semana con los hombres y ahorró lo suficiente para matricular a las niñas en la escuela. Pero, luego, en un extraño accidente, la hermana mayor de Rubina fue atacada por un leopardo que vagaba por el pueblo, y sus padres tuvieron que pedir un enorme préstamo para cubrir el tratamiento. Se quedaron sin ahorros y los aldeanos se negaron a hacer trueques con la familia. «Tus hijas se van a fugar de todos modos», decían. «Nunca podrán devolvernos el dinero. ¿Por qué deberíamos darles de comer?». Tuvieron que rebuscar en las sobras de los campos para sobrevivir.

Fue un pariente cercano quien le habló por primera vez a la familia sobre la India.

Si enviaban a Rubina, tendría un trabajo y una educación.

Fue un sí fácil.

Rubina no quiere hablar de su estancia en la India ni de lo que fue para ella ver a su prima pequeña, Shreya, llegar allí, o lo que las dos pasaron antes de acabar aquí hoy, en la montaña con nosotras.

Shreya era muy pequeña cuando Rubina dejó su pueblo natal. Cuando sus padres se enteraron de lo bien que le iba a Rubina, decidieron enviarla también. Shreya tenía doce años cuando llegó a la India. Ese lugar no se parecía a ninguna escuela que hubiera visto antes. Esperaba que le enviaran tareas escolares, pero en lugar de eso la mantenían en una habitación oscura, con ropa nueva y comida fresca que le entregaba cada mañana otra joven. Rara vez pudo ver a su prima y nunca la oyó pasar por su habitación, como lo habría hecho de camino a la escuela.

Shreya no podía ver mucho desde su habitación, así que aprendió a oír bien. Un día, escuchó al hombre con el que había viajado a la India hablar en voz baja con la anciana que recorría los pasillos con un gran juego de llaves tintineando en su cintura.

«La vamos a trasladar ahora, a la nueva», dijo. «Sí, sí, a un lugar mejor. Las vírgenes tienen un precio más alto allí».

Su mente rápidamente descifró todo. La estaban engordando y cebando, cuidándola como a una vaca sagrada para que creciera brillante y sana y fuerte, para venderla al mejor postor, como al ganado. No había escuela. Ella era la virgen.

Rubina le había hecho eso. Su propia prima había mentido a la familia y la había traicionado. ¿Cómo pudo? ¿Y por qué? Durante días, Shreya estuvo desesperada por contactar a Rubina. Intentó enviar mensajes a través de las chicas que pasaban por su puerta a altas horas de la noche; notas crípticas en las que rogaba a Rubina que fuera a hablar con ella. Entonces, una noche escuchó un golpeteo contra la madera y se despertó con el susurro de su prima. A través de la puerta, discutieron en voz baja.

«¿Cómo pudiste hacerme esto?» le reclamó Shreya.

«No fui yo», dijo Rubina. «Yo tampoco lo sabía».

«¿Dónde estamos ahora? ¿Qué es este lugar?».

Pero ella ya sabía la respuesta. Había oído las historias de chicas que desaparecen, especialmente de su región natal, pero aun así necesitaba escuchar a su prima decirlo en voz alta.

«Estamos en un burdel. Lo siento mucho».

«¿Cómo podemos escapar? Tenemos que irnos. Tenemos que salir de aquí».

«No, no», dijo Rubina. «Si sales a la carretera y te atrapan, te cortarán en pedazos». Su voz se volvió un hilo. «Ya ha pasado antes».

«*Ma timilaai maya garchu*», dijo Shreya. 'Te quiero'. «Pero si no vienes conmigo, no importa. Si puedo llegar a Nepal, buscaré a nuestras familias y volveré por ti. Si no lo consigo, entonces tú morirás aquí y yo moriré fuera. Prefiero morir en esa carretera. Entonces, al menos lo habré intentado. Tenemos que intentarlo».

* * *

Bajando por un barranco, pasamos por un largo muro de piedras mani. Al final del sendero, entramos en el cañón del Imja Khola, un afluente del Dudh Koshi, y nos inunda el feroz sonido del agua que corre por el valle. Un puente roto yace junto al nuevo cruce, sus rieles metálicos doblados y destrozados, abandonado a su suerte junto al río.

Dos sherpas suben detrás de nosotras, llevando cargas sobrehumanas atadas a sus frentes con bandas de tela. Uno viste un suéter con capucha, y el otro, que tiene solo una camiseta, lleva una mesa entera de madera atada a la espalda. Cuando nos apartamos para dejarlos pasar, veo que lleva varias mochilas atadas a la tabla como si fuera una camilla, y él utiliza su cuerpo como punto de apoyo para recogerla o dejarla.

Comenzamos a subir una agotadora colina, escalando por un sendero artísticamente tallado en la pared de roca.

—Dios mío, por supuesto. Volvemos a subir —grita Lucy.

La altitud la está machacando, pero sigue adelante como un tanque. Ehani está pegada a su lado, sacando una botella de agua de su mochila de vez en cuando y obligando a Lucy a beber. Shreya se pone sus gafas de sol de estrella de cine y avanza con una sonrisa socarrona. Y la tos de la doctora Jackie suena peor. Jimena camina ligeramente por delante del grupo, ahora totalmente en su propio camino.

Al tomar una curva, el Himalaya se abre ante nosotros, con sus dientes de granito que se elevan sobre un grueso manto de nubes esponjosas, con antiguas corrientes de sedimento que caen en cascada por sus caras. La más cercana es Ama Dablam, una de las montañas más majestuosas. Se parece al Matterhorn de Suiza. Algunos dicen que parece el brazo de una madre protegiendo a un hijo a cada lado.

—¡Voy a escalar eso! —Shreya señala el pico más lejano. El Everest. Es una punta de flecha. Su cumbre redondeada es de un blanco puro y limpio—. Algún día.

Tener al Himalaya a ambos lados es como ser abrazado por las montañas. Nada me ha hecho sentir tan segura y tan aterrorizada al mismo tiempo.

* * *

En la cima de la extenuante colina llegamos a Pangboche y subimos otra agotadora colina hasta la casa de Geshe lama, el lama reinante y sacerdote oficial para cualquiera que intente llegar a la cumbre. Visitarlo es toda una operación. Una mujer nos conduce a una sala poco iluminada, donde el humo del incienso se desliza entre estantes repletos de baratijas y pilas de lazos rojos y sobres. Es como un armario sagrado de suministros de oficina, una mezcla hilarante de lo comercial y lo espiritual, que describe mucho de las expediciones al Everest. Detrás de un escritorio se sienta un anciano con gruesas gafas negras. Geshe lama. Su rostro está curtido y salpicado de pequeños bultos, sus hombros permanentemente encorvados bajo una túnica roja. Lleva una gran sonrisa como si indicara que acaba de hacer una broma y espera que todos nos demos cuenta. A través de los traductores, accede amablemente a darnos a cada una de nosotras una bendición individual, una breve ceremonia quejumbrosa que nadie parece entender, mientras se ríe y habla con las mujeres que dirigen el lugar.

Al parecer, somos más reverentes de lo que el lama tiene tiempo.

Lucy se arrodilla frente a su escritorio, inclinando la cabeza, y él suelta una carcajada, exigiendo en un balbuceante nepalí que se levante. «¡Arriba, arriba!», me lo imagino diciendo. «De rodillas no, mujer. ¿Qué es todo este alboroto?».

Cuando llega mi turno, miro las paredes repletas de fotos de escaladores de todo el mundo. Muchos de ellos, de pie en la cima. Intento no pensar en los que se pararon donde yo estoy ahora para recibir una bendición y nunca pudieron regresar. Mi *puja* en el Campamento Base será dentro de cinco días, y el tic-tac de mi mente se ha calmado un poco. Le entrego al lama mi dinero y mi *khata*, sobre los cuales murmura algo, y luego me hace un gesto para que me incline hacia él. Intenta atarme al cuello un cordón rojo, un *sungdi*, pero se enreda en los collares que ya llevo: el rosario de mi madre y otros dos con la imagen de la Virgen del Carmen. La Virgencita ha prometido que todo aquel que lleve su imagen cuando muera tendrá asegurado un pase seguro del Purgatorio al Cielo. Desde que me caí escalando un acantilado en Mont Blanc y perdí mi collar, llevo dos por si acaso.

No estoy para arriesgar mi entrada rápida en el Cielo. Solo la propia Virgen sabe cómo sería mi tiempo de espera en el Purgatorio.

Geshe lama, uno de los más venerados sacerdotes, intenta desenredar minuciosamente todos mis adornos religiosos y atar una simple cuerda. Sin querer, estoy imponiendo mi equipaje espiritual a la montaña.

—Bahh —dice agitando la mano.

Finalmente se da por vencido y termina la ceremonia lanzando un puñado de arroz sobre mi cabeza. Me río mientras llueve sobre mí granos de arroz. He tenido que venir hasta el Himalaya para conseguir mi buena boda católica.

—¡*Om bolo sat gurubhagavan ki jai*! —Me mira directamente a los ojos y rezonga un cántico—. ¡*Om bolo sat gurubhagavan ki jai*! ¡*Om bolo sat gurubhagavan ki jai*!

Su voz se hace más fuerte, insistente, mientras repite el cántico, moviendo la cabeza hacia mí hasta que lo capto y lo repito. Esto es lo que debo llevar conmigo. Lo entiendo. Me entrega una imagen en un sobre, y su asistente me traduce que debo tomarme una foto en la cima del Everest y enviársela.

Me conmueve su confianza en mí. Hace que el sueño parezca más posible.

* * *

La luz en el camino ha cambiado. Unas campanas lejanas suenan mientras la temperatura desciende y el cielo que rodea el Everest se desvanece en un frío rosa pálido. El cosquilleo ha desaparecido por completo de mis dedos, como si las bendiciones del día me hubieran dado una inyección de oxígeno.

Pienso en Rubina y en su historia. Nunca he conocido una pobreza como la suya, o como la que empujó a los padres de Shreya y Ehani a enviar a sus hijas lejos para darles la oportunidad de una vida mejor. Pero sí comprendo lo que se siente cuando las personas que te hacen daño son aquellas de las que dependes para vivir. Hay un cisma. Una ruptura mental. La confianza se convierte en un lazo imposible. Como una serpiente que se come su propia cola. Una parte de mí todavía siente que merezco lo que J me hizo; que las cosas malas les pasan a las personas malas, y las buenas, a los buenos. Sé que no es cierto y que suena infantil decirlo, pero la vergüenza es ilógica.

Es una capa pesada y hambrienta.

El cordón umbilical que nos une a todas en esta caminata.

Pienso en el abuelo de Rubina y en cómo decía básicamente que las mujeres no valemos para nada. Es una historia que me gustaría no entender tan bien, que todas nosotras no conociéramos tan bien. Cuanto más aprendo sobre las historias de estas chicas, más veo que cada una de ellas tiene trozos de las otras, trozos del mismo cristal marino arrastrado a costas lejanas. Hemos sobrevivido a atrocidades cometidas por hombres, y no fuimos las primeras en nuestras líneas familiares en hacerlo.

Perdemos de vista el Everest y el paisaje pasa de las laderas cubiertas de pinos a un terreno árido e invernal, mientras descendemos a un valle que se conoce como Cielo, hogar del pueblo rai, una pequeña población indígena nepalí y uno de los grupos etnolingüísticos más antiguos del país. Los rai no tienen dioses ni templos ni libros ni ídolos. Su religión se basa en el culto a los antepasados, y la práctica e idea central es el *ridum*. Cada zona y grupo tiene su propio *ridum* colectivo, no solo en las personas, sino en las piedras y los árboles, en los objetos vivos e inanimados. Y cada una de esas cosas porta la historia de un linaje, desde el principio de los tiempos hasta hoy.

El *ridum* es menos una fe que un acto de narración. Una herencia. Los rai *cuentan* y *hacen ridum*. Todo lo que somos contiene nuestro linaje ancestral, y al contar las historias o hacer los rituales que honran o recrean esas historias, los rai recuerdan de dónde vienen, y se convierten en lo que están destinados a ser. Solo contando las historias saben quiénes son.

Si todos heredamos las historias de nuestros antepasados, quizás todo esto que cargo no sea mío. Quizás la inagotable entrega de Miyolangsangma no sea un martirio. No se trata de exprimirnos para demostrar que somos dignos. Es inagotable porque la fuente somos todos nosotros.

El sol se oculta rápidamente tras el horizonte.

—Me adelantaré, entonces —dice Asha avanzando—. ¡Y reservaré una mesa en la casa de té!

—Yo también. ¡Espera! —grita Jimena. Parece distraíde, ansiose, inclusive.

—¿Qué dices? —Asha ya ha recorrido treinta metros del camino.

—¡Ella quiere ir contigo! —dice Shreya—. Espera.

—Elle. —Jimena se vuelve hacia Shreya y repite con firmeza—: Elle.

—¿Qué?

—Me identifico con «elle» —repite Jimena.

—¿«Elle»? Ah, sí. Tú eres elle. —Shreya se ríe nerviosamente y sé que está preocupada de haber herido los sentimientos de Jimena sin querer.

Todas guardan silencio por un momento.

—Está bien —dice Jimena, tomando a Shreya por el brazo—. Vamos a seguir aprendiendo juntes.

Asha se reincorpora al grupo y entrelaza su brazo con el de Jimena. Shreya se agarra al otro brazo de Jimena, y las tres bajan juntas por el sendero hacia Periche, el punto más alto de nuestro viaje. A pesar de que el viento empieza a aullar a nuestro alrededor, sus pasos son brillantes y alegres.

—Shailee —pregunto—, ¿qué era ese canto que hicieron las monjas?

—Un canto a la compasión.

—¿Compasión por quién?

Shailee me mira sin comprender.

—Por los yaks, por supuesto.

Debo haber soltado una sonrisa confusa, porque se echa a reír.

—¿Qué crees? Compasión por ti misma, por supuesto. Solo así podrás tenerla por los demás.

Riendo, asiento con la cabeza como si dijera: «Por supuesto. Por supuesto, lo sabía».

La compasión, aprenderé más tarde, es lo que permite que el dolor y el amor estén uno al lado del otro. Significa darnos permiso para recibir realmente todo el amor y la protección que se derraman sobre nosotras en estas bendiciones del Himalaya. Cargar con el trauma de mis abusos y con la responsabilidad moral de detenerlos dejó poco espacio para la compasión en mi vida.

Ni para los demás ni para mí misma.

Y seguimos. Nueve mujeres caminando y dejando atrás el paradisíaco valle Cielo. Siento que Miyolangsangma nos escucha. Todas nuestras bendiciones y conversaciones y la tierra que atravesamos tienen un mensaje particular: no estamos solas. Nuestros antepasados están aquí, para bien o para mal. La única manera de deshacer lo que se ha hecho es seguir contando nuestras historias y corregirlas a medida que avanzamos. Confiar en los demás y en nosotras mismas, incluso después de haber sido traicionadas y heridas. Y aceptar a las personas independientemente de nuestras propias ideas y limitaciones.

La compasión significa respetar las experiencias de los demás, aunque a veces no las entendamos ni sintamos una conexión con ellas. Yo, nosotras, no tenemos que entender la experiencia de Jimena para respetarla y tener compasión por elle. Solo tenemos que permitirle a ella —a elle— ser.

CAPÍTULO 8

DE PRIMERA CATEGORÍA

En una fiesta durante mi último año en Millersville, una nueva estudiante llamada Yoshiko, una chica mitad japonesa y mitad alemana, se me acercó y me dijo que se sentía tremendamente atraída por mí. Me quedé con la boca abierta, no tanto por lo que me dijo como por el hecho de que no estallara en llamas allí mismo. En el mundo de donde yo venía, la homosexualidad era un pecado con P mayúscula.

Solía salir con hombres. Incluso había tenido un novio formal en la universidad, Huib, pero después de él solo tuve pequeñas aventuras en fiestas. Encontraba a los hombres lo suficientemente atractivos, no tenía problemas. Aunque nunca había considerado la idea de salir con mujeres, ni siquiera sabía cómo se juntaba la gente gay. Pero Yoshiko era tan audaz, expresando su deseo por mí en voz alta y orgullosa, en lugar de dudar como lo haría cualquier otro.

Mientras estaba a su lado, lo suficientemente cerca como para sentir su calor, dejé que las palabras se asentaran. Algo profundo y verdadero se agitó en mi interior. Algo que me desesperaba por explorar. Pero ninguna de las dos nos sentíamos realmente cómodas experimentando en Millersville; además, yo no estaba preparada para nada físico de todos modos; así que durante el año siguiente Yoshiko y yo desarrollamos una intensa amistad romántica. Nunca nos tocamos, pero era íntima y emocional. No sabía cómo llamar a la relación, pero se sentía diferente a todo lo que había conocido. Hicimos planes para mudarnos a Nueva York después de la universidad. Allí podríamos ser anónimas. Pararnos en la fila con los chicos de la discoteca. Podríamos averiguar qué era esto.

Antes de graduarme, volé a California para pasar el verano con mis hermanos, Marianela, Ramiro y Rolando, que ya vivían en San Francisco. Rolando salía con una colombiana, Caleña, cuyo mejor amigo, Tony, era un flamante gay latino.

—Llámame Tony, preciosa —se presentó.

—¡No! Se llama To-to-to-ny —Rolando se burló de él.

Tony estaba entusiasmado con algo llamado la Marcha del Orgullo.

—Es el mayor festival inclusivo, Silvita, ¡ven! Es como un carnaval masivo.

Mis sentimientos por Yoshiko eran fuertes, pero aún no nos habíamos besado. ¿Tony olía algo en mí? ¿Lo habían hecho mis hermanos?

—Yo paso —dijo Rolando—. De ninguna manera voy a ser manoseado por un grupo de gais.

—Sí que estás loco —respondió Tony—. Los gais de San Francisco tienen mejor gusto como para meterse contigo.

Ese domingo, Caleña, Tony y yo tomamos el BART a San Francisco. Para cuando el tren pasó por Oakland, nuestro vagón estaba repleto de gente con pantalones *sexys* y relucientes, boas de plumas y plataformas brillantes. Había arcoíris por todas partes. Sus colores eran familiares: los del Tahuantinsuyo. El Imperio inca.

¿Los incas eran gais?

¿Todo el mundo era gay?

—¡Wuu-huu! —la gente gritaba mientras se apretujaba en el tren.

—¡Feliz Día del Orgullo a todos!

Los silbatos de carnaval puntuaban el alegre alboroto.

—¿Qué es exactamente el Día del Orgullo? —pregunté.

—Es el Día del Orgullo Gay —dijo Tony—. Una celebración de ser gay y abierto al respecto.

Yo no estaba preparada para ser gay ni para ser abierta.

Bajamos del tren y entramos en la estación de Montgomery, que estaba más abarrotada que la procesión del Señor de los Milagros en Lima. Nunca había visto tanta gente en un mismo lugar. Ese verano había tomado a menudo el BART por la mañana desde la casa de mi hermana hasta la ciudad, observando a los viajeros con sus gabardinas y maletines que parecían serios pero a la moda. Me recordaban a los trajes de mi padre.

Una parte de mí quería seguir esa tradición.

Pero cuando salimos a Market Street, había confeti volando por los aires, cayendo y bailando a nuestro alrededor, y el trino de los silbatos y el ruido de las maracas me inundaron de alegría. Nos escabullimos entre la multitud y encontramos un lugar detrás de una de las barricadas de acero que bloqueaban la calle. Apoyada en el frío metal, observé con asombro el paso de las carrozas con DJ que hacían sonar música tecno. En un carro alegórico había *drag queens* bailando con grandes cabelleras moradas; en otra, hombres que parecían cincelados, con látigos y cadenas en el cuerpo, y mujeres en *topless* con arcoíris pintados en el cuerpo besándose abiertamente. Luchando contra el autocontrol, mis caderas se empezaron a mover al ritmo de la música, mis hombros giraban y se sacudían, soltando algo que llevaba mucho tiempo atorado dentro de mí. Todos éramos un solo organismo que bailaba y gritaba, irradiando una libertad desenfrenada y una aceptación feroz con la que nunca había soñado. Las calles estaban eufóricas.

Incluso el alcalde de San Francisco, Willie Brown, pasó por allí saludando desde su auto.

«¿Qué cosa?», pensé. «¿Incluso el alcalde está de acuerdo con esto?».

Mi fe, mis padres y gran parte de mi país calificaban este estilo de vida como pecaminoso. Pero la alegría desafiante del desfile era embriagadora. Me parecía que ser gay significaba ser feliz. Entonces entendí lo que Tony había intentado decirme.

El orgullo era lo contrario de la vergüenza.

—¡Ay, Dios, que bendición! —exclamó mi madre cuando le dije que me mudaría a San Francisco después de la graduación. Nada la hacía más feliz que el hecho de que sus hijos estuvieran juntos, por fin. Pero no sabía lo que estaba por venir.

Yoshiko seguía empeñada en vivir en Nueva York.

Nos despedimos con lágrimas en los ojos sin habernos tocado jamás.

* * *

—¿Puedo ayudarle? —preguntó la guapa recepcionista rubia, cuyo gafete de identificación decía «Marikka».

—Estoy aquí para una entrevista con el señor Mitch —respondí tímidamente.

—¡Ja! El señor Mitch. Claro, cariño. Siéntate en ese sofá de ahí. Lo llamaré. —Sonrió, señalando una sala de espera con techo de vidrio y modernos sofás de cuero blanco. En todas las superficies había montones de botellas de cristal azul marino, con una brillante impresión dorada que decía «SKYY».

El vodka SKYY había sido creado por el excéntrico genio e inventor Maurice Kanbar, que se hizo rico en los años setenta al inventar el D-Fuzz-It, un peine para las pelusas de los suéteres. Tenía docenas de otras patentes, desde un eliminador de várices hasta el juego de rompecabezas *Tangoes*. Se cuenta que Maurice no era un gran bebedor, pero una noche, después de un par de cócteles de vodka, se despertó con una terrible resaca. Un amigo farmacéutico le dijo que las resacas eran causadas por sustancias químicas llamadas congéneres. El vodka suele pasar por un proceso de destilación de tres pasos para reducir los congéneres, pero Maurice pensó que, si añadía un proceso de destilación adicional, podría hacer un vodka «libre de resaca».

Por supuesto, yo no sabía nada de eso mientras estaba en las oficinas de SKYY al final de Van Ness Avenue, sentada tan delicadamente como podía con el traje azul marino demasiado ajustado de Lord and Taylor que había comprado por pánico el día anterior en Ross Dress for Less. Saqué mis notas y añadí una «y» más a «SKY». El cielo es el límite, pensé. Tres meses después de terminar la universidad, acababa de mudarme a San Francisco y estaba desesperada por encontrar un trabajo. Me quedaba un año de visado de estudiante internacional, un periodo posuniversitario al que llamaban «formación práctica». Para poder quedarme en Estados Unidos después de eso, tendría que encontrar un trabajo dispuesto a patrocinarme para una visa H-1B, el programa de tres años para trabajadores internacionales. Muchos de mis amigos extranjeros de Millersville no habían obtenido el documento para la formación práctica. Con mi licenciatura en Contabilidad, me presenté a todas las empresas de tecnología, y luego apliqué a las empresas de contabilidad, pero las cartas de rechazo se habían ido acumulando. Mi descuido durante esos primeros años de universidad tuvo consecuencias. El trabajo en SKYY era el número doscientos al que me había presentado.

Si nadie me patrocinaba, tendría que volver a Perú.

Eso no iba a suceder.

Estados Unidos se había convertido en mi hogar. Aquí estaba a salvo. Lo suficientemente lejos de Perú como para que el dolor se desvaneciera en la distancia. Recordaba mi vida allá como una triste historia que le había ocurrido a otra persona, en otro lugar, hacía mucho tiempo. Pero no podía quedarme en Estados Unidos indocumentada. Era demasiado riesgoso. Tenía que poder volver a casa si mi familia me necesitaba. Cuando trabajaba para tío Jorge, él había admirado mi intensa vocación y mi ética de trabajo. Era raro, decía. Él no sabía que yo luchaba por sobrevivir.

—El señor Mitch te verá ahora, cariño —dijo la recepcionista, señalando una puerta abierta al final del pasillo.

—Así que, Silvia —preguntó Mitch, el director financiero de pelo rizado, mientras me acomodaba en la silla—. ¿Has oído hablar de SKYY? —Sonrió desde su escritorio. Sus gafas de montura metálica y sus modos pulcros aliviaron mis nervios.

—Sí, he oído hablar de él —dije, sorprendida por la facilidad con que se me escapó la mentira. Cuando Mitch se lanzó a dar un discurso sobre la historia de la empresa, asentí agradablemente con la cabeza, garabateando notas incomprensibles.

Cuando levanté la vista, Mitch me miraba expectante.

—Yo… ¿Perdón? —trastabillé.

—Dije que si has oído hablar de Mensa.

No tenía ni idea de que Mensa era la sociedad de alto coeficiente intelectual más antigua del mundo ni de que acababa de decirme que él y Maurice eran miembros, y que así se habían conocido.

Sentí el sudor corriendo por la parte posterior de mis rodillas contra la silla de felpa.

—Por supuesto —volví a mentir—. ¡Mensa!

Según Rolando y Ramiro, casi todo el mundo en San Francisco era gay. Mensa sonaba como «hombres» en inglés, así que pensé que debía de ser una especie de acrónimo de un club de hombres gais. ¿Mitch era gay? Observé su camisa abotonada a rayas y sus pantalones caqui, escudriñando su amable rostro en busca de alguna pista.

Mi padre siempre había usado ternos. Los hombres con ternos no eran gais.

Pero ¿qué aspecto tenía lo gay exactamente?

—Así que Millersville —dijo, mirando mi currículum por encima de sus gafas—. Franklin y Marshall está cerca, ¿no?

—Oh, sí —asentí enérgicamente—. Tenemos muchos profesores de F y M en Millersville también.

Otra mentira blanca. Franklin y Marshall era una universidad privada altamente calificada, el orgullo del condado de Lancaster. Ocasionalmente, sus profesores daban conferencias como invitados en Millersville.

—Somos un equipo pequeño —dijo—. Solo somos doce en toda la empresa. Pero el producto está despegando. Somos una especie de emprendimiento tecnológico sin el puntocom. Es decir, todo el mundo hace un poco de todo. ¿Crees que podrás con ello?

Yo ya estaba ilusionada. Una puntocom sin el puntocom. Significara lo que significara, era música para mis oídos amantes de la tecnología. El Área de la Bahía era la frontera de este tipo de empresas. Sentí que con el Internet estaba presenciando el amanecer de un nuevo mundo que mis compañeros de Lima apenas habían empezado a imaginar.

Trabajar para una compañía que operaba como una puntocom, lo que sea lo que significara, era lo máximo para mí, tanto como trabajar en una verdadera empresa de tecnología. Si no podía trabajar en computadoras, al menos podría hacerlo alrededor de ellas. Cuanto más tiempo pasaba sentada en la oficina de Mitch, más desesperada estaba por conseguir el trabajo.

La entrevista de dos horas terminó alrededor de las seis de la tarde de un viernes y me ofreció un puesto como especialista *junior* en cuentas por cobrar. Intenté no llorar. Lo intenté. Me habían rechazado de todos los demás trabajos, pero Mitch se arriesgó conmigo, sin señalar lo obvio: que era una estudiante mediocre de una pequeña universidad estatal en medio del país amish. Me comprometí a demostrarle que contratarme era la mejor decisión que había tomado.

Después de estrecharnos las manos como auténticos hombres de negocios estadounidenses (luché contra mis ganas de abrazarlo), Mitch quiso enseñarme la «habitación de la diversión». Me llevó por un pasillo oscuro y abrió una puerta de lo que parecía un *walk-in closet*. Nos agachamos y entramos. Cada centímetro de pared estaba cubierto de estanterías, y en estas, en filas ordenadas, había botellas de vodka SKYY de todos los tamaños imaginables, desde botellas de avión hasta garrafas con asas de un galón. Todo ese vidrio azul proyectaba una oscura sombra submarina en la habitación. Las letras doradas —S-K-Y-Y— brillaban como gemas marinas, y yo volvía a tener nueve años, bajo las escaleras del almacén de licores de mis padres, encantada con una colección de botellas extrañas y glamorosas. Debajo del ambientador floral genérico, había un tenue olor a humedad que ya había sentido antes. Astringente.

—Te daremos dos litros cada mes como bonificación para empleados —dijo Mitch ladeando ligeramente la cabeza.

—Vaya —respondí—. Eso es muy generoso.

Hice las cuentas. Dos botellas de un litro eran 2000 mililitros, o sea, básicamente tres botellas de tamaño normal de 750 mililitros. ¿Quién bebía tanto vodka en un mes? Me encogí de hombros y cogí mi primera ración con orgullo, despidiéndome de Mitch, cargando mis botellas en cada brazo como si fueran un par de recién nacidos.

—Gracias —grité al salir por la puerta—. Gracias de nuevo. Nos vemos el lunes.

* * *

El hecho de no tener un lugar permanente en Estados Unidos sembró en mí una particular sensación de angustia. Cada día estaba veinticuatro horas más cerca del día en que mis papeles expirarían. Todos mis miedos y confusiones se calmaron al convertirme en una discípula de SKYY. Llegaba a la oficina todos los días a las siete de la mañana, y solía ser de las últimas en irse. Ayudaba el hecho de que no éramos una empresa de licor cualquiera. Éramos una marca de primera categoría.

Dave, nuestro elegante vendedor rubio, me lo había explicado.

—Cuando entras en un bar, solo ves las bebidas más elegantes, las de primera categoría, en la parte superior —dijo—. Lo barato está escondido, metido en el pozo. Nunca quieres estar en el fondo. No lo olvides.

Asentí con entusiasmo.

Cuando llamé a mis padres para contarles la noticia, mi padre se saltó las felicitaciones y empezó a hablar en jerga contable.

—Tengo curiosidad por los libros contables y la estructura que utilizan los norteamericanos —dijo—. Es una buena discusión teórica que podríamos tener en el futuro.

—Ughhh —gemí. No estaba preparada para una discusión teórica sobre la contabilidad de SKYY.

Después de dieciocho meses como estudiante de Biología Molecular en Millersville, me empezó a costar entender la ciencia. Mi amor de la infancia por las computadoras resurgió, pero cuando le dije a mi padre que me iba a cambiar a Informática, me amenazó con hacerme regresar a Perú. No se tomaba en serio las computadoras. Las calificaba de moda. «Nada cambia con la calculadora, con el ábaco», decía. «Lo de las computadoras es una carrera técnica. Necesitas algo fiable». Así que me dediqué a la contabilidad. Nunca pensé en esto como si estuviera siguiendo sus pasos, exactamente. Más bien lo veía como algo que tenía que hacer para quedarme en Estados Unidos. Pero estoy segura de que él veía las cosas de otra manera.

—¡Debes estar preparada para tomar notas en todo momento! —insistió—. Al principio, cada concepto no tiene precio. Debes estar lista con tu lapicero y tu papel. Lo peor que puedes hacer es incomodarlos pidiéndoles un lapicero o un pedazo de papel.

—Sí, señor —respondí—. Tienes toda la razón.

Mi madre estaba concentrada en el dinero.

—Tu padre y yo hemos trabajado mucho para que recibas una educación —dijo lentamente—. Hemos sacrificado mucho por ti, Silvita. Nos hemos privado de tomar vacaciones costosas para poder mantenerte a ti y a tus hermanos. Pronto te tocará a ti ayudarnos.

—Por supuesto, mamita. Nunca podría olvidarlo. Deja que me establezca bien aquí y les empezaré a enviar dinero.

Era extraño que mis padres me pidieran ayuda económica. Lo único que le había importado a mi padre fue el trabajo, y si todo lo que él había construido podía desaparecer de un día para el otro, entonces nada era seguro.

* * *

SKYY patrocinó mi visa de extensión como inmigrante, acercándome un paso más a una vida para siempre en Estados Unidos. Era una empresa *boutique* aún muy nueva que atendía los eventos VIP más modernos y artísticos. Patrocinábamos extravagantes desfiles de moda e inauguraciones de galerías, e incluso el Festival de Cine de San Francisco; Maurice era un gran aficionado al cine, había ayudado a financiar un par de películas de Hollywood.

Me codeaba con los americanos elegantes y *sexys* que siempre había imaginado. La gente de *90210*. Los trabajadores de las puntocom y las modelos delgadísimas y los empresarios que hablaban rapidísimo. Tenía veintitrés años y vivía la gran vida en una de las mejores ciudades del mundo de finales de los noventa. Era como el salvaje oeste. La frontera digital. Todo el mundo estaba encendido y excitado. Los empleados de SKYY solo iban a los lugares más modernos y de mayor categoría. Aprendí a invitar a los clientes a beber y a cenar de lo más fino, y me convertí rápidamente en una conocedora no solo de vodka, sino de todos los licores. Desde los vinos de Burdeos hasta los *bourbons*, aprendí a imitar la conversación de los *socialités* y de los que están de moda, adoptando su mantra americano de «trabaja duro, juega duro».

Aprendí a salir de fiesta profesionalmente.

Llegar a la oficina con resaca todas las mañanas era casi de esperar. Y como cenábamos —no comíamos— la comida más cara y nos emborrachábamos con el mejor alcohol, nuestro estilo de vida era elitista, no vergonzoso.

Incluso fuera del trabajo, ir a los bares más modernos era de rigor. Después de los eventos, mis compañeros de trabajo y yo íbamos al bar de Boulevard o de Jardinière, o a cualquiera que fuese el nuevo lugar de moda. Los camareros nos enviaban rondas de bebidas gratis. Después del tercer o cuarto cóctel, llegaban en oleadas entremeses de lujo: ostras, calamar frito, dátiles envueltos en *prosciutto*. Era una situación en la que todos salíamos ganando. Todos los camareros querían el botín de SKYY. Esas elegantes cocteleras azul cielo y los kits de coctelería perfectamente diseñados. Llené mi departamento con los productos de la empresa hasta que mi compañera de piso dijo basta.

Así que llené mis maletas con el botín para visitar Perú. Mi madre nunca había sido una gran bebedora. Se tomaba una copa o una copa y media como máximo, pero dejaba de hacerlo cuando sus mejillas se sonrojaban. Sin embargo, mi orgullo debía de ser contagioso, porque hablaba sin cesar con sus amigos, con sus vecinos, con cualquiera que quisiera escuchar, sobre el trabajo de su hija en una prestigiosa empresa de licores, como si estuviéramos embotellando agua bendita en lugar de alcohol de grano. Durante mi primera visita a casa, mamá colocó una botella de un litro de SKYY en la repisa de la chimenea, junto a nuestro retrato familiar enmarcado, como si fuera el nuevo miembro de la familia.

Incluso mi padre, un fanático del prestigio, se enorgullecía de SKYY. No importaba que nuestro producto se embotellara en Frank-Lin Distillers, en San José, el mismo destilador que fabricaba el vodka barato de pozo del que Dave me había advertido. Teníamos un proceso de destilación extra.

Éramos especiales; éramos diferentes.

Éramos de primera categoría.

Un año más tarde, estaba viviendo una doble vida.

* * *

La luz fluorescente inundó mis ojos. Parpadeé, luego volví a parpadear. Todo era blanco. Un blanco tan brillante que tuve que entrecerrar los ojos para asimilarlo. Desde todas las direcciones se oían chirridos y zumbidos, un grave susurro de aire, una serie de pitidos largos, luego más cortos y luego largos nuevamente. Todo era muy blanco. Mis brazos y piernas eran de cemento. Quizás estaba soñando. Cerré los ojos e intenté despertarme de nuevo, pero todo lo que veía era la misma nada blanca. Un constante pitido cercano. Mi lengua era papel de lija.

—¿Dónde estoy? —murmuré.

Mi cabeza se sentía como un saco de paja mientras miraba mis manos. En la parte superior de la izquierda tenía una venda de mariposa que sujetaba un fino tubo transparente. Seguí el tubo lentamente por mi antebrazo y por encima de mi hombro hasta llegar a un largo palo plateado dispuesto a mi lado, con una bolsa casi vacía de líquido transparente colgando de un pequeño gancho. Una vía intravenosa. Mi mente empezó a dar vueltas. Me miré las piernas. Estaba tumbada en una camilla de hospital. Cerré y abrí los ojos de nuevo. Seguían ahí. ¿Era una pesadilla increíblemente realista? Tal vez podría obligarme a despertar. Eso solía funcionarme a veces cuando era niña.

Sentía que la habitación iba a dar un vuelco en cualquier momento. Me agarré de las barandillas para evitar que diera vueltas.

En ese momento entró una enfermera.

—Vaya —dijo silbando—. Por fin te has levantado.

En silencio, señalé mi brazo.

Ella se paró frente a mí, quitó el vendaje de mariposa, arrancó la vía de mi mano y cubrió el área con una curita pequeña.

—¿Cómo te sientes? —dijo más suavemente. No estaba lista para hablar.

La enfermera se encogió de hombros y salió de la habitación. Me bajé de la camilla y miré a mi alrededor buscando la salida más cercana. Nadie dijo nada cuando pasé agachada por delante del mostrador de las enfermeras. Quizás fuera un sueño; una vez afuera del hospital, me despertaría…

Era de día. En la calle se veía el mismo blanco plano de la habitación del hospital.

Un cartel en la esquina. Sacramento y Buchanan.

Otro cartel.

En rojo.

Emergencias.

¿Qué ha pasado?

No tenía billetera. ¿Dónde estaba mi billetera?

Llevaba unos *jeans* negros deslucidos y una camiseta blanca ajustada con algunas manchas amarillentas y secas.

Mis llaves. Busqué en los bolsillos de mis *jeans*. Nada.

Recordé que la calle Sacramento estaba a un par de cuadras en paralelo a Bush, donde yo vivía. Caminaría hasta mi departamento y vería si mi compañera de piso estaba allí. Con suerte, ella estaría terminando su turno en una tienda de ropa de lujo en Union Square y me abriría la puerta. Le diría que me había olvidado las llaves en casa y me dirigiría a mi habitación, donde retiraría las sábanas, me metería en la cama y me quedaría profundamente dormida, con la esperanza de que, cuando me despertara, el sueño hubiera terminado.

La noche estaba cayendo cuando desperté.

Seguía con la misma ropa manchada.

Intenté unir las piezas. Primero fue un vacío. Nada.

Y luego, en pequeños retazos, apareció como en una presentación de diapositivas. Imágenes en blanco y negro de la vida de otra persona. Todas desordenadas. Sin subtítulos. Sin contexto.

Esperando. Bailando. Música atronadora y cuerpos. Luces moradas y verdes, rosados arremolinados. Cócteles. Risas. Fumar. Fumar. Fumar. Cuerpos de nuevo. Sudor y agobio. Manos y pechos. Míos. De otros. Mujeres por todas partes.

El Club Q.

Hoy es sábado, o sea que ayer fue viernes. El primer viernes del mes. La legendaria fiesta de chicas. En un enorme almacén de Townsend, en SoMa, en el Club Q se pasaban las noches lésbicas más ardientes de la costa oeste. Fundado por la distinguida DJ Page Hodel, el Club Q celebraba una gran fiesta una vez al mes. Las mujeres venían de toda el Área de la Bahía y hacían cola durante una hora para poder entrar.

De acuerdo a mis cálculos, estadísticamente, el Club Q era mi mejor oportunidad para conocer a una mujer, aunque todavía no estaba segura de lo que haría con ella cuando la conociera. Esperando sola en la cola con otras 1500 personas, intenté entablar conversaciones casuales, pero todo el mundo parecía estar pegado a sus propios grupos y amigos.

Era demasiada ingenua sobre la escena *queer* como para sentirme avergonzada.

Después de que mis compañeros de trabajo y yo cerrábamos los bares hetero y ellos se fueran a dormir, yo volvía a salir. Sola. A los bares gay. Siempre iba sola. No me atrevía a ir sola a una discoteca heterosexual, pero en lugares como el Club Q me sentía segura desapareciendo entre la multitud, deslizándome sin nombre entre mujeres sudorosas y ebrias, tratando de encontrar mi lugar, algo parecido al sentimiento de pertenencia. Intentando verme reflejada en ellas. Al principio, era una chica desconcertada que vagaba por una tierra nueva y extraña. Un Shangri-La gay con un amplio abanico de mujeres, algunas de aspecto más femenino, otras más masculino y otras que se parecían a mí, en medio del espectro. Janet Jackson y P. Diddy sonaban en los altavoces mientras mujeres negras, asiáticas, latinas y blancas se reunían en lo que parecía una salvaje fiesta familiar. Cuerpos iluminados por luces de neón, resbaladizos por el sudor y la brillantina. Bailarinas gogó vestidas de cuero se retorcían en escenarios y andamios. Los acróbatas giraban en anillos plateados colgados del techo. Era como un encuentro entre un *show* de MTV y el Cirque du Soleil, con toda la seguridad y la libertad que sentí durante mi primer desfile del Orgullo, solo que ahora yo estaba dentro y no entre el público.

Tal vez, algún día esté aquí con un grupo propio, pensaba, recorriendo el enorme almacén para ver cada sala, descubriendo en la sección VIP a las jugadores de la WNBA y de fútbol que había visto en la televisión. Mi estatus de VIP de SKYY no valía aquí. Casi nada de mi vida exterior lo hacía.

No sabía cómo coquetear, así que deambulaba de sala en sala esperando tener suerte y tropezar con una mujer hermosa dispuesta a enseñarme qué hacer. Algunas noches en el Club Q pensaba en lo que pasaría si realmente conociera a alguien con quien quisiera tener una relación. ¿Qué tipo de vida sería esa? Cada vez que intentaba visualizar el futuro, veía un marido y un hijo a mi lado. Mis padres sonriendo en el fondo de la escena, orgullosos. No podía modificar la imagen. Había demasiado en juego.

¿Cómo diablos había acabado en Emergencias? Lentamente, me recordé preparándome para salir la noche anterior, llegar alrededor de las diez y media, y dándome ánimos. «Esta va a ser mi noche de suerte. Esta noche es la noche». Dentro del Club Q no coqueteé con nadie y nadie coqueteó conmigo, pero bebí y bebí hasta que no puede ver bien. Estaba tan acostumbrada ya a ahogar mi vergüenza en el alcohol.

Recordé la actuación de medianoche: treinta bailarines con arneses y pintalabios rojo cereza bailando el último *single* de Missy Elliott, «The Rain». Con el licor, mi cuerpo se aflojaba. Al subir al escenario, me sacudí una vida de rigidez, balanceando mi cuerpo al ritmo de la música, con el sudor chorreando, la camiseta pegada al pecho, esperando que alguien me viera y, al mismo tiempo, aterrorizada de que lo hicieran.

Después, todo quedó en blanco.

Me duché rápidamente, me vestí con ropa limpia y decidí volver a la discoteca. Todo rastro del Club Q había desaparecido y el local volvía a ser una discoteca hetero corriente. Un portero que reconocí estaba afuera revisando las identificaciones de los clientes que hacían fila para entrar. Un hombre moreno y alto con una sonrisa de oreja a oreja.

—Bueno, bueno, miren quién ha vuelto por más.

—Hola, caballero —dije tímidamente, cambiando al lenguaje extrañamente formal que utilizaba cuando estaba avergonzada. Como si la cortesía pudiera contrarrestar cualquier imagen desagradable que alguien tuviera de mí. En este caso, no sabía exactamente lo que había hecho, pero tenía la sensación de que no podía ser bueno—. En realidad, esperaba que pudiera ayudarme a reconstruir lo que pasó anoche. Me desperté en la sala de Emergencias y todavía estoy confundida.

—¿Confundida? —exclamó—. ¡Me alegro de que estés viva!

Me quedé con la mirada perdida.

—¿En serio? De acuerdo.

Sacudió la cabeza con incredulidad, y luego continuó contándome que, después de la última llamada, yo había sido una de las pocas que seguían en la pista de baile, y que me había visto salir con dos hermosas mujeres.

—¡Qué bien! —dije, debo haber tenido una buena racha—. ¿Dos hermosas mujeres? ¿Recuerda por casualidad cómo eran ellas?

Tal vez, todavía tenía una oportunidad con alguna.

—¡Concéntrate, mujer! Maldita sea. —Sacudió la cabeza—. Te fuiste con ellas. Subiste a un auto, bamboleándote y arrastrando los pies. Cinco minutos más tarde, el auto vuelve chirriando y abren la puerta, te dejan en la acera, justo allí, y se van.

—¿Qué? ¡Guauu!

—Sí. Gritaban que habías vomitado en el auto. Aunque hacía bastante frío como para dejarte tirada así. Intenté despertarte, pero no pude, así que llamé a los paramédicos. Por eso terminaste en la sala de Emergencias.

Me quedé de piedra. Mi final de cuento de hadas en la discoteca —una chica en cada brazo— había sido una pesadilla asquerosa y vergonzosa.

—Siento mucho las molestias —murmuré—. De verdad, lo siento. Gracias por cuidarme.

—Me alegro de que estés viva. Descansa un poco. Te sentirás mejor para el lunes. Y estoy seguro de que te veré el próximo mes por aquí.

«Ni hablar. Hasta aquí nomás», pensé.

—Ah, una cosa más. ¿Ha visto mi billetera?

—Sí. Los paramédicos se la llevaron. Deberías volver a la sala de Emergencias.

Una hora después, en la recepción del hospital, una mujer me entregó mi billetera, y de nuevo me disculpé profusa y formalmente como si hubiera sido ella la que me hubiera hecho el lavado gástrico. No dijo ni una palabra y volvió a su papeleo. Durante todo el día, la gente me había mirado con una mezcla de exasperación y lástima. Las disculpas brotaban de mí y estaba desesperada por que alguien las recibiera y me asignara una penitencia. Saqué mi licencia de conducir y me quedé mirando mi foto con disgusto. Esa sonrisa. Odiaba esa sonrisa. ¿Alguien podía ver la montaña de vergüenza que se escondía detrás de esa sonrisa?

Idiota. ¡Idiota!

Lo repetí una y otra vez, flagelándome.

«Imagínate que alguien en el trabajo se hubiera enterado. Te habrían enviado de vuelta a Perú. SKYY se ha portado tan bien contigo, y tú estás a punto de destruirlo todo. Este país es tu salvavidas. ¿Quieres arruinarlo todo, no, pedazo de mierda?», me dije.

«Pedazo de mierda». La voz de mi padre hizo eco. «Nunca vas a lograr nada. Solo serás una vagabunda. Una borracha. Basura que solo espera ser llevada al vertedero». Cada crítica suya era un azote de su mejor correa de Pedro P. Díaz.

No había nadie que me regañara o me responsabilizara de nada porque nadie sabía dónde había estado. Mis únicos amigos eran mis colegas —mis compañeros de copas y de resacas—, pero me comportaba como una chica hetero con ellos. No sabían nada sobre el Club Q, y aún no tenía amigos gais en la ciudad.

El *shock* de despertar en el hospital me mantuvo sobria por un tiempo. Pero, como mi madre siempre decía, «borrón y cuenta nueva».

Así lo hice.

* * *

Caleña, la novia de mi hermano, me conectó con un club de fútbol local, Las Atrevidas. Parte de la Liga de Fútbol Femenino del

Golden Gate, estábamos en la división más baja y jugábamos un partido cada sábado. El fútbol me transportó de vuelta al jardín de mi casa con Miguel, a la pista de atletismo durante la clase de Gimnasia en la escuela y al movimiento que me alegraba pero en el que mi familia veía poco valor. Mi madre era demasiado distraída, mi padre se centraba en la practicidad por encima de la recreación. El atletismo no se valoraba, sobre todo en una chica joven. Cuando participé en competencias durante un tiempo en la secundaria, él nunca fue a verme ni me ofreció consejos como los demás padres.

Pero yo estaba hecha para correr. Y con Las Atrevidas era feroz. Mi técnica con la pelota la había aprendido yo sola, pero mi pique era imparable. No me importaba lesionarme. Tenía un instinto asesino. Era emocionante estar al acecho de una pelota suelta. Atraparla entre mis pies y correr por la cancha, dejando a todos atrás. Incluso dejando atrás mi propia vergüenza.

—¡Corre, Forrest, corre! —gritaban mis compañeras de equipo, y nunca fui tan feliz como cuando lo hacía.

Me convertí en la máxima goleadora de nuestra división, con un promedio de tres a cuatro goles por partido.

Con Las Atrevidas encontré el tipo de comunidad que nunca había tenido. La mayoría de las jugadoras eran *queer* y dos tercios salían entre ellas, lo que a veces hacía complejas algunas decisiones de juego cuando las discusiones de la casa eran llevadas a la cancha.

—¡Carol, pásale la pelota a Yana! —gritaba yo.

—Oh, por supuesto que no —gritaba Carol, corriendo por el campo—. ¡No me hablo con ella! Es una perra mentirosa y una infiel.

—No la estaba mirando de esa manera —gritaba Yana desde el centro de la cancha—. ¡Ella solo me estaba sirviendo el café!

Después de los partidos, íbamos a casa de alguien para hacer una parrillada y bailar. No importaba la hora que fuera, la parrillada era obligatoria, y con ella venían las botellas de cerveza: Coronas a raudales. Si el partido empezaba a las diez de la mañana, a mediodía ya estábamos ebrias, bebiendo y bailando hasta mucho después de que se pusiera el sol. Estar con Las Atrevidas me dio la oportunidad no solo de explorar profundamente la homosexualidad, sino de rodearme de la cultura latina que extrañaba tanto. Con ellas podía ser libremente la persona en la que me estaba convirtiendo.

Sin embargo, bebíamos muchísimo. Los únicos espacios en los que exploraba mi homosexualidad eran también lugares en los que me emborrachaba constantemente.

Pero éramos un equipo, una familia disfuncional, apasionada y borracha. Incluso fuera de la cancha. Íbamos sin falta a la noche latina semanal en la discoteca Bench and Bar de Oakland, donde bailábamos salsa y cumbia. Sentía mi cuerpo despertándose a la alegría y la seguridad de bailar con una pareja del mismo sexo, cantando las canciones en español con las que crecí —Alejandra Guzmán, Maná, Shakira— a todo pulmón. En cierto modo, me sentía más conectada a mi cultura de lo que jamás lo estuve cuando vivía en Perú. Las partes que me gustaban siempre se habían visto ahogadas por la misoginia, por la restricción y el abuso infligidos a mi cuerpo. El miedo evita que uno se mueva al ritmo de la música. Pero el ritmo por fin estaba saliendo de mí. Estaba desaprendiendo la idea que tenía del hogar, o tal vez estaba empezando a aprender que, para mí, un hogar podría significar algo totalmente distinto.

Nadie en mi trabajo sabía de Las Atrevidas.

Los secretos eran tan naturales para mí que mantener las partes de mi vida separadas no solo era un mecanismo de defensa, sino algo intuitivo. Con mi sexualidad mantuve un estricto control. Explorando en mis propios términos.

La bebida, en cambio, se me estaba escapando de las manos.

Marianela y su marido peruano, Beto, compraron su primera casa y la inauguraron como mejor sabían: con una enorme fiesta. Llevé mi botella de litro de SKYY y rápidamente me convertí en la *bartender* de la fiesta, agitando tandas de cosmopolitans, muy *chic* en aquella época. Aunque pasáramos del límite sin bajar la velocidad, beber cosmos le daba un aura elegante a la noche. Además, los peruanos tenemos la teoría de que bailar febrilmente equilibraba el alcohol.

Nos sentíamos bien. Estábamos lo suficientemente sobrios.

Cuando la multitud se redujo, «los borrachos», como Marianela nos llamaba cariñosamente, nos quedamos para tomar una última copa. Yo iba a pasar la noche en su casa, así que seguía el ritmo del resto de los hombres, igualando cerveza a cerveza. Para entonces, ya habíamos dejado de lado los cócteles con adornos. Marianela, que no era una gran bebedora, se fue a la cama. Los demás también cayeron. Y, finalmente, mi cuñado Beto y yo fuimos los últimos en pie, bebiendo «solo una más» en la barra de la cocina. De repente, nos estábamos besando.

Mi hermana vino arrastrando los pies por el pasillo en pijamas y encendió la luz.

—¡Beto! —gritó.

Se me fue la borrachera al instante.

A la mañana siguiente, Marianela me sentó y me preguntó calmadamente si estaba interesada en su marido.

—Marianela —dije—. No. Absolutamente no. Por favor, escúchame. Yo estaba más que borracha y ni siquiera sé cómo terminamos besándonos. ¡Por favor! No tuvo ningún significado. Cero. Nada.

Estaba destrozada. No recordaba nada de la noche anterior ni de quién había besado a quién. Tío Jorge tenía razón. Cuando trabajaba en Port Chester, me hizo una advertencia que nunca olvidé: «Mujer borracha hasta el perro se la cacha», dijo. Y yo había jadeado.

No habíamos crecido juntas, pero Marianela me había acogido como una verdadera hermana y me había ayudado a establecerme en San Francisco. Estaba desesperada por no perderla.

Pero había cruzado una línea. Sus ojos eran cautelosos. Sabía que no importaba lo que recordara de la noche anterior. Lo único que podía hacer era abandonar mi disfraz.

—Marianela —dije, tomando su mano en la mía—. Te prometo que no estoy interesada en él. Te lo prometo porque… soy gay.

Así fue como salí oficialmente del clóset.

Por primera vez. No porque quisiera compartir con mi familia quién era yo en realidad, sino porque quería a mi hermana y mi forma de beber la había herido. E incluso mientras decía las palabras, no sabía cuán ciertas eran. Sí, contaba los días para que llegara la fiesta del Club Q cada mes y pasaba el resto de mi tiempo libre corriendo por una cancha de fútbol con latinas *queer*, pero, por alguna razón, aun así, nunca pensé que fuera necesario decir las palabras en voz alta. Todavía no había estado nunca con una mujer. Las chicas del fútbol que me gustaban no me daban ni la hora. Me atraían lo suficiente los hombres como para pensar que, con el tiempo, podría establecerme con alguno. Tal vez, podría estar con mujeres en secreto. Esperaba que la homosexualidad fuera una elección para mí, que pudiera decidir cuándo apagarla y encenderla. Así podría complacer a mi familia y aun así encontrar el amor, pensaba.

Ese día en casa de Marianela escribí mi primera regla.

Regla n.º 1: Nunca beber delante de mi hermana. Ni siquiera en las reuniones familiares.

Beber en San Francisco estaba permitido, por supuesto. Era prácticamente un requisito para mi trabajo. Pero no bebería nada de alcohol con mi familia presente, con tal de que eso ayudara a reparar mi relación con Marianela.

Al cabo de unos meses, a pesar de que ella me perdonó y apoyó mi homosexualidad, yo empecé a evitar las reuniones familiares.

CAPÍTULO 9

NADA DE LO QUE HACEMOS ES INSIGNIFICANTE

En la película de mi mente, habíamos estado caminando hacia un *crescendo*; avanzando no solo hacia el Campamento Base, sino a un momento de catarsis. Hacia el momento en el que por fin nos sentábamos, cubiertas de tierra y con los músculos adoloridos, y reflexionábamos sobre cómo este viaje nos había fortalecido. Imaginaba que ocurriría de forma natural. Todo forma parte del guion. Pero todavía estamos a tres días del Campamento Base, y esto aún no ha sucedido. Al final del día, queda poca energía para lidiar con el peso del pasado. Y veo que, en cierto modo, ese es el punto: estar aquí y ahora. Estar presentes con las demás. Con nuestros cuerpos y ser conscientes de cómo se mueven por la montaña.

Pero hay algo más.

Una ansiedad persistente que he estado enterrando bajo vistas majestuosas e itinerarios apretados. Bajo bendiciones tras bendiciones. Monjas y lamas y banderas tibetanas y ruedas de oración y *khatas*. Bajo cenas alrededor de estufas de estiércol de yak. Me nombré a mí misma la líder de estas jóvenes supervivientes, así que, si no les enseño algo, si no se sienten cambiadas o abiertas como yo lo hice cuando experimenté por primera vez el Everest, entonces, ¿qué valor tendré? Si no tenemos un momento grandioso, ¿les habré fallado?

Entre la doctora Jackie, que está cada vez peor por el mal de altura, y la brutal subida, a duras penas llegamos anoche al pueblo de Periche. Fuimos directamente al puesto médico.

—¿Su apellido? —preguntó la doctora, garabateando en una tablilla.

Era joven y de aspecto muy moderno. Si no fuera por el estetoscopio que llevaba en el cuello, habría pensado que era una excursionista más en la travesía.

—Vásquez-Lavado.

—¡Lavado! ¿Hablas español?

—¡Sí! Soy peruana. ¿Y tú?

—Me llamo Isabel y esta —señaló a una mujer con una gorra y una camisa de franela que estaba encorvada sobre un libro detrás de nosotras— es mi novia Raidi —saludó con la mano y volvió a su lectura.

—¡Guau! Qué increíble conocerte aquí. Normalmente, yo soy, bueno…

—¿La única? —Isabel se rio.

—No iba a decirlo así, pero ahora que lo has hecho… ¡Sí!

—¿Hay alguna otra forma de decirlo?

Tenía razón.

Me había acostumbrado tanto a ser morena en un espacio blanco, a ser mujer en un espacio masculino, que nunca había imaginado lo que podría ser ver más de mí misma en las montañas. Cuando viajaba, a menudo mentía si me preguntaban por mi pareja, o respondía de una manera que hacía pensar a la gente que estaba hablando de un marido que no podía acompañarme por el trabajo. Ser una mujer sola en gran parte del mundo, especialmente una mujer que ama a otras mujeres, había sido un tipo de desafío en sí mismo. Ver a Isabel y a Raidi juntas aquí en las montañas me dio esperanza de que las cosas estuvieran cambiando para mejor, y de que, tal vez, algún día recorrería este camino abiertamente con una compañera.

Mientras las chicas hacían cola para que les revisaran los signos vitales, Raidi pasó con los brazos llenos de papeles y se detuvo para darle un beso a Isabel en la mejilla.

—¡Encantada de conocerte! —dijo, saludando con la mano. Me preguntaba cómo sería tener una compañera aquí, alguien con quien escalar.

La doctora Isabel nos autorizó a todas a seguir con la caminata, pero nos ordenó que nos tomáramos un día más de descanso en Periche.

—No lo sé —respondí, dando rodeos—. Estamos con el tiempo justo. Creo que podemos lograrlo.

Estábamos atrasadas, y tomar otro día de descanso significaría que no llegaríamos juntas al Campamento Base a tiempo para mi *puja* del Everest.

—Escucha —dijo la doctora Isabel—: incluso la médico de tu equipo está enferma. Entiende la indirecta. Aquí arriba no puedes jugar a ser la Mujer Maravilla. Deberías saberlo. O descansas o fracasas. Eso es todo.

Su severidad me hizo sentir escalofríos en la columna vertebral. Necesitaba una voz firme. Las montañas me habían enviado una señal a través de Isabel. Mi trabajo era escuchar.

—Sí, doctora —cedí—. Tiene razón. Muy bien, equipo, vamos a descansar un día más.

—¡Gracias a Dios! —dijo Lucy, cerrando el coro de suspiros del grupo.

¿Todas lo habían estado pasando mal? ¿Incluso las chicas nepalíes? Rubina y Ehani parecían tan resistentes. Shreya nunca se quejó. Examinaba todo el tiempo sus rostros en busca de signos de fatiga. Agua, comida, altitud: monitoreaba constantemente todas esas cosas. ¿Pero cómo estaban realmente? No quería invadir la privacidad de nadie ni entrometerme, pero era el momento de averiguarlo.

En lugar de utilizar todo el día siguiente para descansar, convoqué una reunión para la tarde.

—Un chequeo rápido —les dije, ya trazando una agenda como si se tratara de una reunión corporativa.

«¿Cómo se siente todo el mundo?». Les diría.

«Oh, realmente nos está gustando mucho esta cosa de la excursión», responderían. «Esto es lo que he aprendido, lo que quiero mejorar de mí misma. He encontrado nuevas fortalezas como x, y, z, etc.».

Todas dirían tres, quizás—sí, tres, eso es bueno—, tres cosas que habían aprendido, y luego, como grupo, nos trazaríamos metas y objetivos para los últimos días de nuestra caminata. Pensé que lo haríamos en cuarenta y cinco minutos, una hora como máximo, y luego cada una podría descansar en su habitación.

Hoy por la tarde, nos reunimos en la habitación de Asha y Shailee, todas envueltas en nuestros abrigos de lana y plumas, con los brazos cargados de mantas de nuestras propias habitaciones. Cuanto más subíamos, más tenue era el calor en las casas de té. Juntamos sus dos camas individuales contra la pared para formar una cama extragrande y luego colocamos todas las mantas como paracaídas gigantes de edredón. Nos arrastramos a la cama y nos acurrucamos hombro con hombro bajo las mantas, formando un gran semicírculo, lo suficientemente cerca como para sentir el aliento de la otra, los dedos de los pies tocándose en el centro. Yo estoy en un extremo junto a Shailee y justo enfrente de Rubina. La doctora Jackie está descansando en su habitación.

—¿Están todas cómodas? —digo.

Murmuran en coro un «sí, mm-hmm, bien, bien».

—Quería aprovechar este momento para ver cómo están todas. ¿Cómo se están sintiendo en general?

—Bien.

—Con hambre.

—Cansada.

—Vale, seguro, por supuesto. Pero, mmm…, ¿qué más? —Me estremecí ante el tono enérgico de mi voz. Pensé que esto me saldría más natural—. ¿Alguien quiere compartir parte de su experiencia en esta caminata?

Al observar al grupo, me encuentro con miradas vacías y hombros encogidos, ojos desviados, como si yo fuera la profesora y ellas las alumnas que no han hecho las tareas. Me muerdo las uñas.

—¿Cuál ha sido su momento favorito de la excursión? —Shailee interviene.

«Bendita seas, Shailee», pienso.

—El Hotel Everest —dice Jimena, con un firme movimiento de cabeza—. Mi primera visión del Himalaya.

—Las monjas —dice Rubina, y me sorprende escucharla. Lo único que recuerdo es su estoicismo durante la *puja*, su silencio el resto de aquella tarde.

Mientras el grupo cuenta lo más destacado de su experiencia, reevalúo mi enfoque. Saco una foto del bolsillo delantero de mi mochila y la apoyo en la manta que tengo delante.

—Algunas de ustedes conocen parte de mi historia —empiezo—. Pero quiero compartir un poco más sobre mi pasado y sobre cómo me convertí en montañista y llegué a organizar este viaje.

Espero en silencio mientras Shailee traduce rápidamente para las chicas nepalíes.

—Desde los seis hasta los diez años, mis padres me dejaban regularmente con un amigo de la familia que hacía trabajos en nuestra casa. Él abusaba sexualmente de mí y me convenció de que mis padres sabían lo que hacía.

Hago una pausa para recuperar el aliento mientras Shailee traduce.

—Esperé años para que mis padres me explicaran por qué querían que él me hiciera eso —continúo—. Esperé años para que se detuviera. Pero nunca dije nada, y todo el dolor que me tragué se convirtió en una oscuridad tan grande que lo ensombreció todo. Yo era una sombra andante. Pero cuando llegué por primera vez al Everest y caminé hasta el Campamento Base, sentí que podía respirar mejor.

—¡Bah! —Lucy suelta una risa sarcástica.

—¡Lo sé! Demasiado raro, pero descubrí que podía respirar mucho mejor donde había menos oxígeno. La sombra de la montaña era lo único lo suficientemente grande como para tragarse la mía. No sabía lo que significaba entonces, pero confié en ella de una manera en que nunca he confiado en otra persona. Esta montaña, la Madre Everest, es tan fuerte. Eones de roca. Nada podría sacudirla.

Shreya asiente y junta las manos para hacer una oración:

—Gracias por traernos aquí —dice tímidamente en inglés.

—Gracias a ti —le respondo, consultando mi reloj. Veo que tenemos unos buenos cuarenta y cinco minutos. Tiempo de sobra para que todas compartan lo que sienten y piensan.

Rubina está sentada justo enfrente de mí. Le hago una pequeña reverencia. Se aclara la garganta y habla rápidamente en nepalí.

Shailee se ríe y nos dice que Rubina le ha dado una orden directa:

—Ha dicho: «Shailee, asegúrate de que tu traducción sea impecable».

Todo el mundo, menos Rubina, empieza a desternillarse de risa. Con el rostro erguido, respira profundamente y empieza a hablar en nepalí. Shailee escucha con atención, asintiendo con la cabeza y soltando un pequeño «ajá, ajá» de vez en cuando a lo que dice Rubina. Lucy y Jimena observan las caras de Shreya y Ehani en busca de una reacción inmediata. Pero sus expresiones son de desconcierto.

Todas miramos expectantes a Shailee.

—Dice que normalmente no ve películas. Le despiertan demasiadas emociones e ideas. Pero que este año ya ha visto cuatro. Algo está cambiando para ella.

Rubina continúa, con una voz más baja, más metódica de lo que recuerdo. Hace una pausa después de cada pasaje para dejar que Shailee traduzca. Nos cuenta que los padres de Rubina hicieron un trato con un amigo de la familia que resultó ser un traficante. Como la mayoría de los padres de hijas víctimas de trata, no tenían ni idea de lo que estaba pasando. Estaban muy endeudados tras las operaciones de su hermana por el ataque del leopardo, y este amigo les dijo que, estudiando y trabajando en la India, Rubina podría saldar rápidamente la deuda familiar.

Durante mi primer viaje a Katmandú, me enteré de que la mayor parte del tráfico sexual en Nepal se basa en la servidumbre por deudas, una forma de esclavitud moderna, prohibida oficialmente en Nepal desde 2002, pero que continúa en diferentes formas. En zonas agrícolas como Sindhupalchok, de donde vienen Rubina, Shreya y Ehani, las familias pobres y sin tierras suelen verse obligadas a pedir dinero prestado a los terratenientes. Cuando alguien no puede pagar su propia deuda o ha heredado una, el enviar a un miembro de la familia a trabajar a una ciudad fuera de Nepal con una economía más robusta se considera una forma de empezar a saldar la deuda. Pero las personas que organizan el viaje —en algunos casos, trabajos legítimos— suelen cobrar elevados intereses y hacer fuertes deducciones salariales por el alojamiento, la comida y los boletos de avión, lo que significa que los trabajadores acumulan más deudas al momento de llegar a la ciudad de destino. Es un ciclo que puede prolongarse indefinidamente para algunos. Y las que acaban ejerciendo el trabajo sexual suelen ser estigmatizadas por sus comunidades, incluso después de haber pagado e intentar regresar a sus casas.

Cada año, entre 12 mil y 15 mil niñas nepalíes de entre seis y dieciséis años son víctimas de la trata de personas. Son llevadas a la India, donde pagan las deudas de sus familias un cliente a la vez. Algunas niñas ven hasta cuatro hombres al día. Conductores de taxi, estudiantes universitarios, dueños de restaurantes, turistas, hombres casados. Incluso policías, a cambio de dejarles continuar con el burdel.

La mayoría de estas deudas ascienden a menos de ochenta dólares americanos.

Cuando Rubina llegó a la India, la deuda de su familia era tan elevada que los traficantes eran prácticamente sus dueños. Durante su estancia allá, explica Shailee, sus custodios la obligaban a llamar a sus padres para reportarse: le ponían un cuchillo en la garganta mientras les decía lo bien que le iba en la escuela y en el trabajo. Tan bien, de hecho, que los padres de Shreya se animaron a enviar a su prima para que se reuniera con ella.

—Cuando Shreya llegó a la India —dice Rubina—, se me rompió el corazón. Intenté hacer un trato con el traficante. Le dije que me haría cargo de más deudas si la dejaba ir. Pero se negó. Dijo que la mía ya era tan grande que nunca podría pagarla en esta vida. Estaba avergonzada porque Shreya era muy joven, solo tenía doce años y vivía allí sola, encerrada en una habitación de piedra como esta. —Señala la habitación que nos rodea—. Pero sucia y fría y sin nada. No había nada que pudiera hacer para protegerla.

Miro a Shreya, que está sentada frente a mí, con su cara larga, sus pómulos altos y sus cejas finamente perfiladas como si estuvieran dibujadas. Trato de imaginármela con toda su valentía y su *glamour* agotados, hecha un ovillo en la esquina de una oscura habitación de piedra. Un tablón de madera como cama, una almohada manchada, ninguna manta. Rejas en la ventana. Imagino a alguien alimentándola bien para que su pelaje crezca brillante, como un animal siendo preparado para el mercado, únicamente para ser degollado después.

Es insoportable imaginarlo.

—Ella estaba decidida a escapar —sigue Rubina—. Conocía a Shreya, y sabía que si alguien podía hacerlo, era ella. No podía dejar que se fuera sola. Pero mientras estábamos ocupadas elaborando nuestro plan, otras dos chicas intentaron hacer lo mismo. Nunca más las volvimos a ver en el burdel. No supimos si lo lograron o si les ocurrió algo peor. Sin embargo, Shreya estaba preparada, así que no dejábamos de pensar en qué podíamos hacer.

Me imagino a las primas planeando su huida en susurros robados. A Aunty, la *madame* del burdel, lista para arrancarles a cachetadas las palabras sospechosas de la boca. Cómo se vieron en la necesidad de crear un lenguaje secreto para hablar entre ellas en la mesa o en la cola del baño o durante las raras salidas por las abarrotadas calles de Sonagachi, uno de los mayores barrios rojos de la India, donde los *rickshaws* chapotean en los charcos de barro, los vendedores ofrecen chai caliente y los hombres miran con lascivia desde los escaparates y las esquinas de las calles, llenos tanto de lujuria como de desprecio hacia las jóvenes.

Rubina continúa:

—Lo principal era la puerta.

—Ughhh —gime Shreya.

—Había un enorme portón de hierro con una cerradura gigante en el frente de la casa —dice Rubina—. Era demasiado pesada para que pudiéramos siquiera sacudirla. Por cuatro días, durante nuestros paseos diarios, nos escabullimos e intentamos todo lo que se nos ocurrió para abrir la cerradura. Nada funcionó, pero al cuarto día, todos salieron de la casa para asistir a un funeral, incluso el guardia de seguridad. Sabíamos que esa era nuestra única oportunidad. Eran las once de la mañana cuando corrimos hacia la puerta. Empujé y empujé con todas mis fuerzas, pero no cedió. Entonces, Shreya se volvió hacia mí y, ¿recuerdas lo que me dijiste? Me dijo: «Conéctate con Dios. No tienes que estar en un templo. No tienes que dar ofrendas. Solo conecta con Dios».

—Sí —dice Shreya, entrecerrando los ojos para ver el Himalaya a través de la ventana, como si tratara de conjurar esa noche. Se deja caer en la historia—. Dije: «Si rezas con fuerza, si realmente rezas desde dentro, funcionará».

—Y justo en ese momento —sigue Rubina—, di otro gran empujón y la puerta se abrió con tanta fuerza que prácticamente me hizo volar al suelo, hacia los escalones que bajaban a la calle. Recuerdo que eran enormes, construidos así a propósito para que la gente no pudiera subir y bajar fácilmente. Estábamos al otro lado del portón, pero cada paso hacia la calle seguía siendo un desafío. Apenas podía respirar del miedo que sentía en la espalda.

—Cuando llegamos a la calle principal —interviene Shreya—, corrimos descalzas. Corrimos descalzas por las sucias calles tan rápido como pudimos; el estiércol de vaca aplastándose entre los dedos de nuestros pies, pequeñas piedras y bichos pegados a ellos. Corrimos por un laberinto de callejones, con los pies untados de mierda de vaca, pero lo único que podíamos hacer era seguir adelante.

—Nunca miramos atrás —dice Rubina.

—Cuando llegamos al otro lado del barrio rojo, había un grupo de taxistas parados en la calle —sigue Shreya—. Indios. Rubina se acercó a ellos. Para entonces, ya sabía el idioma local.

—Les dije que era la hija de un militar y que necesitaba coger el autobús hacia Nepal —dice Rubina—. Sabía que los indios le temían al Ejército, y esa era mi única oportunidad de hacer que me escucharan.

—¡Y lo hicieron! —acota Shreya—. La escucharon.

Ahora hablan más rápido, empalmando sus frases, como si revivieran la fuga en tiempo real.

Esta es la primera vez que escucho su historia con tanto detalle, y mi corazón late con fuerza, con estrépito. Por un momento, mi cerebro corporativo vuelve a funcionar y me pregunto si Rubina va a hablar de la excursión. Si debiera redirigirla al tema y pedirle que comparta lo que ha aprendido en estos días. Pero me sacudo violentamente el pensamiento. Mi ejercicio es absurdo frente a lo que han vivido. Cada rostro de la sala está embelesado. Imaginando el ingenio que les sirvió para escapar, la confianza y la lucha que les costó volver a Nepal.

Al diablo con las metas y los objetivos, pienso.

—Cuando subimos a ese autobús —dice Shreya—, teníamos miedo. Pensamos que, si nos quedábamos dormidas, el conductor podría vendernos también. Era tan viejo que le salían pelos por las orejas. —Se echa a reír y las lágrimas le ruedan por la cara.

¿Son de alegría? No lo sé.

—Tardamos dos días en llegar a la frontera nepalí —dice Rubina—. No teníamos nada que comer ni beber. Justo antes de cruzar a Nepal, el autobús se detuvo. El conductor dijo que solo habíamos pagado para llegar hasta ahí y que teníamos que bajar. Le rogamos que nos dejara pasar la noche en el autobús. Si no, estábamos seguras de que nos descubrirían y nos llevaría la policía. Gruñó y se marchó. Nos dejó quedarnos. Ninguna de los dos durmió esa noche, por supuesto, y a la mañana siguiente nos escabullimos del autobús y cruzamos juntas la frontera. Justo cuando entramos a Nepal, un policía me detuvo. Shreya todavía se veía como una niña pequeña, así que ni siquiera la miraron.

Shreya frunce los labios como un pico de pato, a modo de broma, y sigue con la historia:

—Seguí caminando. Ni siquiera miré hacia atrás. No quería dejar a mi prima, pero si ninguna de los dos llegaba a casa, ¿de qué hubiera servido todo esto? Había autobuses dispersos, y mientras interrogaban a Rubina, me colé en uno que se dirigía a Katmandú.

—Finalmente, los policías que me interrogaban me dijeron: «¡Ve a buscar a tu hermana!» —cuenta Rubina—. Les dije que lo haría. Encontré el autobús de Shreya y, justo cuando subí, la puerta se cerró y arrancó, dejando atrás a los policías y llevándonos a Katmandú.

Shailee nos traduce las últimas palabras a Lucy, a Jimena y a mí, y nos quedamos atónitas, sin palabras. Hay tanto silencio que puedo oír la brisa que roza la hierba blanqueada por el sol justo afuera de la ventana. Rubina levanta la vista y sus ojos brillan, como si hubieran capturado toda la luz de la habitación.

Desde afuera parecen intactas. Sus rostros son tan jóvenes y frescos. Pero cuando las miro más de cerca, veo que no es la juventud lo que está escrito en sus rasgos, sino la resiliencia. Su historia era precaria en cada paso. Si la puerta no se hubiera abierto. Si los taxistas no hubieran creído la mentira de Rubina. Si el autobús no se hubiera alejado en ese preciso momento. Si todas las cosas hubieran salido mal... (Y salen tan devastadoramente mal para la mayoría de las mujeres que no logra salir).

Pero no fue así.

El silencio de Rubina, su estoicismo, tiene más sentido ahora.

—No puedo creer que lo hayan logrado —dice Jimena, apretando los labios, pensative y levantando un puño de solidaridad hacia Rubina.

—Tampoco nuestros padres —dice Shreya, lanzando una tierna mirada a su prima—. Ellos ni siquiera sabían lo que nos había pasado.

La única vez que visité Sindhupalchok, conocí a la familia de Rubina. Su madre, su padre, una de sus hermanas pequeñas y su abuelo. Insistieron en invitarnos a tomar el té en su casa, un cobertizo de tres por seis metros que toda la familia compartía con un establo de cabras. Su madre debió haber sufrido mucho al escuchar la historia de las niñas.

Mi madre tampoco sabía lo que J me estaba haciendo. Tantas madres no lo saben. Y qué dolor debe traerles eso. Saboreo una pizca de esa rabia materna cuando pienso en cómo estas niñas fueron castigadas por querer una vida mejor. Cómo fueron engañadas con tantas falsas promesas. Cómo sus sueños de ir a la escuela y de ayudar a mantener a sus familias fueron trastocados y explotados. Utilizados en su contra. Doy un gran suspiro de búfalo y Lucy salta.

—¡Ah! —suelta un grito ahogado—. Me asustaste. Maldita sea. Eres como uno de esos yaks.

Todas nos reímos y, a través del coro de risas, Ehani empieza a hablar.

—Cuando llegué a casa, a nadie le importó —susurra en nepalí. Habla tan bajo que Shailee nos hace callar para escucharla—. Estuve fuera dos años.

Todas nos inclinamos hacia ella.

—Nadie me aceptaba después de eso. Después de lo que me hicieron. Estaba marcada, ¿saben? Echada a perder. Simplemente quería morir —sigue Ehani.

Shailee traduce y todas asentimos. Todas sabemos lo que Ehani quiere decir. Sean cuales sean los detalles de nuestras historias, todas hemos vivido esa sensación.

—Tenía quince años cuando me llevaron a la India, y, como a Shreya y a Rubina, me llevaron en un burdel. Pero al cabo de seis meses la policía hizo una redada y nos metieron a todas en la cárcel. Allí el agua era tan turbia que no podía ver el fondo de la taza. Comíamos el arroz sobrante, infestado de gusanos y piedras. Teníamos que rebuscar con las manos para sacar lo que era comestible. Cuando por fin nos liberaron un año después, o quizás luego de un año y medio, la policía nos envió de vuelta al burdel. Me trasladaron a otro lugar, y ese era aún peor porque lo dirigía la esposa de un policía.

—Oh, por Dios —susurran Jimena y Lucy al unísono, mientras Shailee termina de traducir.

—Bajo su mirada —dice Ehani—, no había forma de escapar. Escuchamos que las que trataban de huir eran cortadas en pedazos. Pero me hice amiga de una mujer mayor que tenía acceso a las llaves. Y había un hombre, un cliente, que la quería tanto que aceptó ayudarnos a escapar. También planeamos llevar a otra amiga, una mujer que siempre tenía las piernas hinchadas. Tenía algún tipo de enfermedad. Recuerdo que justo cuando estábamos a punto de irnos, ella me dijo: «Déjame aquí». Tenía miedo de retrasarnos. «No te dejaré», le respondí, «no lo haré».

Ehani hace una pausa, tragando aire como si fuera agua.

Mientras Shailee traduce, todas contenemos la respiración.

—Una mañana —continúa Ehani—, antes del amanecer, el hombre que amaba a la mujer de las llaves llegó en un taxi y los tres salimos corriendo por la puerta principal. Corrimos hacia el taxi.

Corrimos por nuestras vidas. Durante un tiempo, viajamos por otra parte de la India para evitar a la policía y a la patrulla fronteriza. La mujer de las llaves y el hombre que la amaba se casaron. Y después de un tiempo, encontré mi propio camino de vuelta a Katmandú.

Nos quedamos mirando fijamente, con la boca abierta, mientras Shailee relata esta improbable historia de amor en medio de una angustiante huida. Tengo mil preguntas en la punta de la lengua. ¿Cómo volvió a Katmandú sin dinero? ¿Cuánto tiempo viajaron por la India? ¿Estaban disfrazados para evitar a la policía? ¿Dónde se casó la pareja? ¡¿La pareja se casó legalmente?! ¿Qué pasó con la mujer de las piernas hinchadas? Pero este no es el tipo de historia cuyo hechizo uno debe romper con preguntas logísticas y curiosidades.

Ninguna de estas lo es.

Por respeto, no quiero presionar para obtener más detalles. Los nepalíes son amables pero privados. Lo que deciden compartir aquí debe ser suficiente. Y lo es. Es más que suficiente. Sus historias son completas, independientemente de cómo se presenten.

—De nuestra región, cientos de niñas, quizás miles, fueron víctimas de trata —dice Rubina—. De ellas, solo seis de nosotras iniciamos el caso judicial. Las tres que estamos aquí hoy, y otras tres. Había gente poderosa que quería que nos calláramos. Mi propia familia fue amenazada muchas veces. Les ofrecieron mucho dinero para llegar a un acuerdo. Pero ellos querían justicia para mí más que nada.

Rubina se gira para mirar directamente a Shreya.

—Y es por eso que ahora solo los adoro a ellos, Shreya. —Sus ojos se entrecierran—. Ya no creo en Dios —dice Rubina.

La presión en la sala baja; la atención de todas se expande.

—¡Dios abrió la puerta! —grita Shreya—. Sabes que fue así.

—Ese Dios no, Shreya —responde Rubina—. Ya no lo creo. ¿Dónde estaba Dios cuando sufrimos? Solo mi familia estuvo ahí para mí.

—A mí nadie me defendió en absoluto —dice Ehani—. En mi familia, ni una sola persona me defendió. Cuando fui al juzgado a presentar mi caso, los funcionarios me acosaron. «¿Si yo fuera tu hermana, me harías las mismas preguntas?», les dije. En ese momento supe que no podía dejar que nadie me intimidara, por muy poderoso que fuera. Jamás, por el resto de mi vida. Mi familia era débil, pero yo ya había llegado tan lejos sola que sabía que podía lograrlo. Y yo tenía a Shakti Samuha. Ellas fueron las únicas que se preocuparon por mí.

—Shakti nunca tiene miedo —dice Shreya.

Observo los ojos perfectamente delineados de Lucy, rebosantes. Lágrimas sin palabras ruedan por la cara de Jimena. Yo también he llorado suavemente, secándome sin darme cuenta.

—Los hombres también intentaron sobornarme para que abandonara el caso —dice Ehani, susurrando de nuevo—. Les dije: «Si puedes devolvernos lo que hemos perdido, entonces hablaremos».

Esto es lo máximo que he oído hablar a Ehani. Ella está resplandeciente. Estoy impresionada. A su edad, yo estaba ahogándome en mi historia de abuso, comenzando mi ascenso en el mundo corporativo, convencida de que los logros serían mi boleto para liberarme del trauma. He tenido que escalar las montañas más altas del mundo, cinco de ellas hasta ahora, solo para encontrar un mínimo de la vulnerabilidad y la honestidad que ellas me están mostrando en esta sala. Nuestra conversación no es el ordenado montaje de curación que imaginé. Me avergüenzo por el impulso de querer guiar al grupo a través de una cursi lista de metas y objetivos, de puntos fuertes y débiles. Por suponer que necesitaban que yo les enseñara. Intento rendirme al momento, frenar el impulso de contener, de controlar. Mi mente es una pizarra. Los plazos y las hojas de cálculo pasan a toda velocidad. El calor irradia desde el centro de las mantas. Mis axilas están empapadas.

—Jimena, ¿puedes abrir un poco la ventana, por favor? —le pido—. Vaya. Quiero decir… Simplemente, ¡guau! Muchas gracias por compartir estas historias increíblemente poderosas y dolorosas. Yo solo… ¿Nos tomamos un pequeño descanso?

No estoy segura de si estoy preguntando por ellas o por mí misma. Mi estómago ruge y vuelvo a mirar el reloj. Han pasado dos horas. Saco una bolsa de almendras del bolsillo de mi chaqueta y las ofrezco alrededor.

Todas asienten con un educado «no». No a las almendras. No a la pausa.

Nadie se mueve ni toma un sorbo de agua.

Algo se ha liberado y se está desarrollando a su propio ritmo. Nuestros cuerpos han formado una masa, nuestra respiración sube y baja al unísono, una voz habla a la vez. Somos distintas y una sola al mismo tiempo. Es una forma que no puedo distinguir. Un círculo del que ciertamente no estoy a cargo.

—Me duele escuchar sus historias —dice Lucy.

Todas nos giramos para mirarla. Sus mejillas están más rosadas que de costumbre. Hoy ha estado inusualmente callada, acurrucada entre Rubina y Jimena como un gato. Ahora cierra los ojos mientras una brisa fresca recorre la habitación.

—Yo también estuve cautiva —dice—. Por alguien que conocía y en quien confiaba.

Shailee empieza a traducir de nuevo, ahora al nepalí.

—Era demasiado confiada, tal vez —sigue Lucy.

—Solo tenías dieciséis años —le responde Jimena.

—Mi hermana pequeña tenía un novio mayor. Un día, uno de sus amigos le dijo que nos llevaría a mí y a mi hermanito a la escuela. Lo dejó a él, pero luego me llevó a una casa extraña en algún lugar desconocido y me violó. Me mantuvo allí toda la noche. Estaba tan oscuro que no tenía idea de dónde estaba. Me dijo que me mataría si intentaba huir o si se lo decía a mi familia. Al día siguiente, me llevó de vuelta a casa, como si hubiese sido él quien me encontró. Todos estaban allí esperándome con la policía. Estaban muy preocupados. Y yo lo delaté. Después de eso, mi familia me envió de vuelta a México para recibir terapia. Cuando volví a Estados Unidos, a vivir en San Francisco con mi madre, ella y yo no nos llevábamos bien. Peleábamos todo el tiempo porque yo sentía que ella ponía a sus novios por delante de mis hermanos y de mí. A veces, se marchaba durante largos periodos. Así que yo también empecé a irme. Cuando estaba en la secundaria, antes de dejar la escuela, vivía entre su casa, los albergues y la calle.

Se detiene para dar un largo respiro, y Shailee se lanza a traducir la historia para las chicas nepalíes, que están sentadas con los brazos cruzados, esperando pacientemente.

—Shailee... —Levanto mi cantimplora—. ¿Necesitas agua?

—Estoy bien.

—¿Estás segura? —pregunta Lucy.

—Claro —dice Shailee—. Ya deberías saber que soy en parte camello. Por eso soy excelente en mi trabajo.

—Eso lo explica todo —bromea Lucy.

—Sigue, sigue —dice Shailee.

Incluso después de pasajes épicamente largos, ella parece captarlo todo. Me pregunto cómo puede cargar con tantas palabras en la cabeza a la vez.

—Está bien —dice Lucy—. Así que después de eso, me encuentro viviendo en las calles una y otra vez, ya saben. Un día, caminando hacia la casa de una amiga para recoger algo de ropa, pasé por una gasolinera y, de repente, todo se volvió negro. Me desperté en la parte trasera de un auto y me di cuenta de que estaba en un garaje. Eran como las dos de la mañana. Había un reloj en la pared. El mismo hombre, el amigo del novio de mi hermana, estaba allí. Me mantuvo encerrada en el garaje durante una semana sin comida ni baño. En lugar de idear un plan de escape, como hicieron ustedes —señala a Rubina y Shreya—, yo seguí intentando entender por qué me estaba pasando eso.

Jimena pasa un brazo por el hombro de Lucy.

—Sabía que esa semana era el cumpleaños de mi hermano, y le pregunté al hombre si podía usar su teléfono para enviarle un mensaje de feliz cumpleaños. En lugar de eso, le envié un mensaje a mi amiga y le dije que llamara a la policía. Borré el mensaje, pero cuando el hombre cogió el teléfono, vio que mi amiga respondió «¡¿Qué?!». Me golpeó tan fuerte que, cuando llegó la policía, yo estaba retorcida y ensangrentada en el suelo. Pero aún seguía viva. Estaba viva. Lo deportaron a México por lo que hizo, pero nunca lo acusaron de nada. Luego, hace un par de años, me enteré de que había vuelto a San Francisco. Da miedo vivir en la misma ciudad que él. Saber que está ahí fuera. Pero él no me va a arrebatar mi vida. Soy la mayor de tres hermanos y tengo que ser un modelo para mi hermana y mi hermano menores. Viví en la calle durante toda mi adolescencia, pero ahora tengo mi propio departamento y acabo de inscribirme en la universidad comunitaria. Estoy haciendo trabajos en el área de justicia social. Ese es mi destino.

—Y lo vas a hacer —dice Jimena—. Ya lo estás haciendo.

—Quería venir a este viaje porque el Everest sonaba épico, mágico —agrega Lucy—. Solo el entrenamiento para llegar hasta aquí ha sido lo más duro que he hecho nunca. Bueno, lo más difícil, físicamente. Pero no me he rendido. Y eso es gracias a todas ustedes.

Las lágrimas ruedan por sus mejillas mientras Rubina la envuelve en un abrazo. Shailee traduce el resto de la historia a las chicas nepalíes, y, al terminar, veo que Ehani está llorando y Shreya solloza, tratando de mantener la compostura.

Desde nuestro primer encuentro, Lucy y yo habíamos congeniado al instante. Ambas éramos inmigrantes y entendíamos algo tácito sobre la terquedad de la otra, sobre bromear constantemente para enmascarar el dolor, pero Lucy nunca había compartido conmigo su historia con tanto detalle. Me quedé atónita. Incluso mientras se quejaba y luchaba, su carácter jovial ha sido una luz brillante en el viaje: su ingenio rápido y su sarcasmo revoltoso, su calidez, su repertorio interminable de frases divertidas. Al escuchar su historia, mi afecto por ella se transforma en algo totalmente maternal. Quiero cuidarla como una madre durante y después de esto. Quiero estar a su lado cuando termine el viaje.

Ehani parece pensativa.

—Tenemos el poder para hacer que la gente rinda cuentas —dice—. Nuestro caso me lo demostró. El hombre al que acusamos era malvado y temido en todas partes. Dirigía una de las mayores redes de tráfico de Nepal. Cientos o miles de mujeres. Pero con la ayuda de Shakti, nosotras, seis jóvenes, conseguimos que lo condenaran a 170 años de cárcel. Nadie en la historia de Nepal había oído siquiera hablar de una sentencia como aquella. De vuelta en casa, en nuestra región, la gente todavía sigue hablando, ya sabes. Nos llaman «niñas estúpidas». Dicen que esos criminales nos van a matar.

—Pero el cabecilla ya murió —interviene Rubina—. En la cárcel. Aunque su compañero se escapó y todavía no lo han encontrado.

—Ya no nos preocupamos por él —agrega Shreya.

—No —dice Rubina, encogiéndose de hombros y con cara de piedra—. Si lo encontramos, lo mataremos a golpes.

Jimena se echa a reír.

—Lo siento —dice Jimena—. Mierda. Lo siento. Todavía estoy tratando de procesarlo todo. Qué historias tan increíbles, ¡guau! Yo solo…, me reía porque formaba parte de un grupo feminista radical en la universidad que hacía eso. Un grupo de mujeres morenas y latinas, algunas asiáticas. A ninguna de nosotras nos habían creído cuando hablamos sobre las agresiones que habíamos sufrido, así que nos unimos. Conocíamos a una chica que había sido violada, y literalmente fuimos a la casa del tipo y le sacamos la mierda.

—¡Ohhh! —dice Shreya, asintiendo con la cabeza—. Reinas.

—¿Han oído hablar de la Gulabi Gang? —pregunta Jimena.

—¿Gulabi? —Ehani le habla a Shreya en nepalí.

—¿Las guerreras que pelean todas vestidas de rosa? —pregunta Shreya.

—Sí, sí —dice Jimena—. En toda la India. En fin, eso que acabas de contar me recuerda a ellas. Nos protegemos a nosotres mismes.

—Nos protegemos —repite Shreya.

La energía en la habitación es palpable.

—En cuanto a mi historia —dice Jimena, con una mirada lejana—, a veces me resulta difícil recordar qué es real y qué no. Porque sucedió durante mucho tiempo… Intenté hablar, pero, en mi mundo, el bienestar masculino estaba por encima de la seguridad de las mujeres.

El círculo es un coro de asentimientos y murmullos de «sííí».

El precio que pagan las mujeres por el bienestar de los hombres no se limita a un solo país o cultura.

—Fui criade por dos madres —continúa Jimena—. Lesbianas. Una de ellas, mi madre biológica, la que me dio a luz, fue repudiada por su propia madre por ser gay. Mi abuela, una mexicana católica acérrima, no le habló durante veinticinco años. Uno pensaría que después de haber pasado por eso, mi madre sería más cariñosa. Uno pensaría que ella habría escuchado más. Pero ya saben, los traumas engendran traumas.

Mientras Shailee traduce esa última parte, las cejas de Ehani se levantan y asiente lentamente, con énfasis, en señal de acuerdo.

—Mis madres se separaron cuando yo tenía ocho años. Mi madre biológica y yo nos mudamos a la casa de mi abuela, con la que no había hablado en veinticinco años. Éramos nueve niños: mi madre tenía hijos adoptivos; no sé cómo se llama eso en Nepal. Y todos vivíamos en una casa rodante de dos habitaciones en un barrio latino del sur de California. La primera vez que mi abuelastro abusó de mí, se lo conté a mi madre, que a su vez se lo contó a mi abuela, y ambas se pusieron en plan shh, shh, shh. Me callaron porque no querían crear problemas. Él se me acercaba mientras mi hermana pequeña dormía a mi lado. Estaba aterrorizade. Cuando era menor, recuerdo que era capaz de disociarme fácilmente, de separarme realmente y de flotar lejos de mi propio cuerpo.

Me estremezco. Yo también recuerdo esa sensación.

La sensación de ser a la vez el globo que se aleja flotando y la niña que llora cuando el globo se le escapa de las manos.

—Un día —continúa Jimena—, estábamos haciendo una venta de garaje, y mi madre vendió todos mis peluches porque necesitaba dinero. Me dijo que entrara a la casa a buscar cambio para un cliente. Mi abuelastro estaba allí. Me arrastró a una esquina y abusó de mí allí mismo, en pleno día, mientras todo el mundo estaba afuera vendiendo camisetas viejas y juguetes. No conseguí el cambio para mi madre, pero algo sí que cambió. Salí de la casa rodante y empecé a correr, llamando a mi madre a gritos. Frente a mí había una luz blanca, corrí hacia ella y vi a mi madre pasar volando en la otra dirección. Ella entró en la casa, cogió un cuchillo y fue tras él, mientras yo caía al suelo llorando. Todo lo que podía pensar era: «Yo soy le responsable de esto. De todo este caos».

Jimena nos contó que más tarde, cuando los policías llegaron —dos oficiales blancos—, la madre de Jimena había desparecido. Al quedarse sole para responder a las preguntas de la policía, Jimena fue tan clare y concise sobre lo que había pasado que los oficiales no creyeron su historia.

—Siempre he sido demasiado elocuente como para que me crean —dice Jimena, con el rostro endurecido.

Ehani se vuelve hacia Shailee y le susurra algo en nepalí antes de volver a mirar a Jimena.

—Ehani dice que es increíble que estos mismos problemas ocurran en Estados Unidos —traduce Shailee.

—Pensábamos que todo el mundo allí era rubio y hermoso y feliz —añade Shreya, riendo.

—Para nada. —Jimena y Lucy sueltan una carcajada, negando con la cabeza.

—¿Sabes, Ehani? —digo, sonriendo para mí—, yo solía pensar lo mismo.

—Después de abandonar mi cuerpo durante tanto tiempo —Jimena retoma su relato—, tuve que volver a él. Es un proceso de resensibilización. Ahora, a veces soy demasiado sensible a todo en la habitación. Por eso pueden notar que me quedo muy callade. No me gusta decir que me estoy curando porque eso significaría que he estado rote. Y no lo estoy. Estoy tratando de trascender el trauma. Durante mucho tiempo, destrocé mi cuerpo. Lo traté como me habían tratado. Pero este viaje está cambiando las cosas para mí. Está rompiendo algunas barreras. Como dijo Lucy, he pasado por cosas mucho peores que esto, mentalmente, emocionalmente, incluso físicamente. —Jimena me lanza una mirada acusadora y juguetona a la vez—. Pero esto, este viaje, es lo más difícil que he *elegido* hacer físicamente.

Sonrío.

—Esas otras cosas que le sucedieron a mi cuerpo no pude elegirlas —afirma Jimena.

Ehani le hace un gesto a Shailee para que la ayude a traducir lo que quiere compartir, y empieza a hablar en nepalí.

—Cuando vivía en Shakti y estaba tratando de volver a la escuela, tenía un amigo en el trabajo —dice Ehani—. Fue el único que me ayudó. Se convirtió en el hermano que mi hermano de sangre ya no quería ser. Solíamos escuchar este popular programa de radio de los jueves. El presentador siempre decía: «Nada de lo que hacemos es insignificante. Todo empieza por ahí».

—¡Ah! —dice Shailee—. Me encanta esa idea —repite lentamente—: ¡nada de lo que hacemos es insignificante!

—¡Eso es! —digo, echando las mantas hacia atrás y levantando los puños al aire como si acabáramos de descubrir la cura del cáncer. Ehani ha dicho exactamente lo que yo pensaba, pero cuyas palabras no podía encontrar.

Nada de lo que hacemos es insignificante.

Al principio de nuestro viaje, en Shakti, Jimena dijo que la hermandad no es una idea. Es una acción.

Una fuerza creada por todas en la sala.

Ahora sé lo que quiso decir.

Nos acercamos hasta formar un círculo estrecho y lo repetimos juntas en voz alta:

—¡Nada de lo que hacemos es insignificante! —gritamos.

Una maraña de voces y risas. Las lágrimas rodando por nuestros rostros. Lo repetimos hasta que esa frase se convierte en un canto, en un grito de guerra.

La habitación se ha purificado, como el aire recién lavado después de una tormenta feroz.

Exhalo todo el estrés de la fecha límite y engullo este nuevo aire. Miro mi reloj. Vaya, han pasado cinco horas. La doctora Jackie nos debe estar esperando.

—¿Hora de cenar? —digo.

Todas asienten con la cabeza y salen lentamente de su capullo, sacuden las piernas y recogen sus botellas de agua y sus abrigos. Las chicas salen de la habitación tomadas de los brazos, y yo me quedo atrás para cerrar las ventanas. Mientras lo hago, me quedo contemplando el paisaje. Periche se encuentra en el fondo plano de un gran tazón, una tundra lunar congelada rodeada por un anillo de picos dentados. En el exterior, el humo se desliza por las chimeneas de los edificios de piedra de aspecto municipal, y queda suspendido como una escritura en el cielo, como un mensaje a medio formar. El Himalaya ya no es lejano. Estamos dentro de él. El sol está empezando a ponerse, iluminando el perfil de Lobuche en el marco de la ventana. Y, más allá, el Everest. Me doy cuenta de que ella ha estado allí todo el tiempo. Observando a través de la ventana, escuchando en silencio nuestras historias, absorbiendo las sombras de nuestras vidas. Chomolungma formó parte de nuestro círculo.

La Madre del Mundo es testigo cuando nuestras propias madres no pudieron. Una enorme sonrisa se dibuja en mi rostro y siento una sacudida de confianza.

Todas vamos a estar bien. Todas vamos a lograrlo.

* * *

Tengo que llegar a la *puja* del Everest. Es una ceremonia obligatoria para todos los que intentan llegar a la cumbre. Un lama hará la ceremonia, pidiendo a la montaña permiso para subir y dándole ofrendas a cambio de su bendición y protección. El resto de mi equipo está ya en el Campamento Base, conociéndose entre sí y a los demás grupos que intentan escalar el Everest esta temporada.

No pensé que mi excursión con las chicas se traslaparía con mi intento de llegar a la cumbre. Se suponía que ya debería haber terminado, que estaríamos descansando tranquilamente en el Campamento Base. Imaginé que las llevaría conmigo para presenciar la épica *puja* antes de que emprendieran su caminata de regreso. Pero si este viaje me ha enseñado algo, es que cada uno se mueve a su propio ritmo, y todavía nos faltan dos días para llegar. Para mí, hoy, eso significa el doble de tiempo, lo-que-sea-necesario-para-llegar-a-la-puja. Las chicas me animan a seguir adelante. Y prometen ir despacio, con Shailee y Asha a la cabeza, hasta la próxima parada en Gorak Shep, a solo una milla de distancia, mientras yo camino las cinco horas hasta el Campamento Base para llegar a tiempo para la *puja*. Después volveré a reunirme con ellas en Gorak Shep para recorrer juntas el tramo final hasta allá, nuevamente.

Me imagino que será fácil identificar la ceremonia, pero cuando subo la última colina, resoplando, sudorosa y en pánico, me quedo atónita. El Campamento Base es enorme. Nunca lo había visto durante la temporada de escalada, cuando se montan todos los campamentos de montañistas y las carpas de servicio. Tiene el tamaño de un pequeño asentamiento humano, como los que están en la cima de los cerros que rodean Lima.

«Ya nos verás», me había dicho Anthea, la responsable de Adventure Consultants. «Tendremos una gran lona azul y cinco carpas amarillas agrupadas».

Hay lonas azules por todas partes.

Y en el borde del árido paisaje rocoso, cientos de carpas de color amarillo brillante pululan juntas como abejas.

En el centro de este asentamiento, los amplias pistas de nieve están bordeadas de carpas con forma de casa marcadas como «Comedor» y «Tecnología». Hay carpas de aseo y de descanso, largas tiendas de campaña tubulares rojas y blancas de Emergencias, y carpas en forma de domo para no estoy segura qué cosa. Un millar de personas se instalan aquí temporalmente, entrenando, ascendiendo, descendiendo y esperando el momento perfecto para escalar hasta la cima de la montaña. Mientras miro a mi alrededor, me doy cuenta realmente de lo que estoy a punto de hacer.

Este va a ser mi hogar durante los próximos dos meses.

Me sacudo el pensamiento.

Primero es lo primero: encontrar la *puja*.

Me apresuro hacia el centro de la aldea improvisada y pregunto a otros montañistas vestidos con chaquetas The North Face si saben dónde está la *puja* principal, pero todo lo que obtengo son miradas confusas. Un helicóptero vuela sobre nuestras cabezas, sus hélices cortan el aire, azotando mi pelo contra mi cara. Todo aquí es de alta tecnología y perfectamente equipado. Es un *shock* después de haber estado de excursión con mi humilde grupo de chicas, comiendo cosas sencillas, enfocadas en la sanación y la conexión, en poner un pie delante del otro. Finalmente, un guía se detiene y me explica que cada expedición tiene su propia *puja*, y que tengo que encontrar a mi grupo. Me señala el campamento de Adventure Consultants.

—Está muuuy atrás —dice—. Solo tienes que seguir el camino durante unos treinta minutos más o menos.

Mierda.

Esperaba que nuestro campamento estuviera cerca de la entrada principal. Avanzo casi corriendo por el sendero. Me siento molesta, más conmigo misma que con cualquier otra cosa. Salto sobre una roca helada y me tropiezo; estoy a punto de caer, y logro recuperar el equilibrio justo a tiempo, pero me tuerzo un poco el tobillo. Mi enfado se desvanece mientras me obligo a reducir la velocidad. Abriéndome paso a través del mar amarillo, salto con cuidado de roca en roca, concentrándome en mantenerme erguida e ignorando los imponentes glaciares que veo por el rabillo del ojo. Todavía no puedo ver el final del campamento.

Pero justo delante veo un perímetro de hombres.

Avanzo con paso firme. Cuando me acerco, diez escaladores occidentales, todos parecidos, equipados con Patagonia y The North Face, están sentados bajo una lona color naranja neón, frente a un altar de piedra cubierto con imágenes sedosas de dioses budistas. Y más allá, un reluciente cuenco glacial se eleva desde el valle hacia un cielo azul penetrantemente claro. Frente al altar, Ang Dorjee se sitúa en el centro del escenario junto al lama, que ya está en medio de un canto. Parado a su lado, hay un hombre alto y blanco con gafas de sol Ray-Ban. Es Mike, el líder de mi expedición. Las banderas de oración tibetanas ondean al viento sobre ellos. Un semicírculo de unos cincuenta sherpas y hombres nepalíes rodea al grupo que está sentado. Además de Anthea y Lydia, y de un par de mujeres de aspecto occidental sentadas en sillas detrás de la lona, los sherpas, el personal de cocina, los encargados de las cuerdas, los escaladores y los médicos son hombres. Debe haber unas ochenta personas en el equipo de Adventure Consultants, todas ellas presentes en la *puja*.

Siento sus ojos clavados en mí, la irrespetuosa extranjera impuntual, mientras intento colarme en silencio, aún jadeando tras mi maratónica caminata.

Hay un cojín vacío una fila detrás de Anthea. Al sentarme, el frío del suelo congelado bajo el cojín se filtra a través de mis pantalones. Un joven sherpa trae un banquito azul y me indica con señas que me siente.

Es amable, pero no quiero ninguna atención ni trato especial. ¿Acabo de llegar y me da un banco? Solo porque soy mujer, estoy segura. No lo necesito. Sonrío amablemente, suelto un «*namasté*» mudo y coloco el banco a mi lado.

En el centro del altar hay una hoguera de piedra llena de ramas de pino frescas. Mientras arden, espesas nubes de humo herbal se agitan alrededor de nuestras cabezas. Los sherpas cantan y cogen puñados de arroz seco de un plato para echarlos al fuego. Miro a mi alrededor y veo a unos cuantos tipos blancos que lucen como aficionados sentados en taburetes, y decido que, si ellos pueden hacerlo, yo no pareceré débil si también tomo asiento un rato.

Durante los siguientes noventa minutos, estoy perdida. Me pongo a cantar con ellos y sigo las órdenes de comer esto o beber aquello, consumiendo una mezcla salvaje de té, galletas, mantequilla, chocolate y Sprite. Es como una eucaristía de universitarios. Estoy tan emocionada y feliz que cuando el hombre que se sienta a mi lado pasa la última ofrenda, casi la trago inmediatamente. Pero entonces miro un recipiente de líquido ámbar. Su olor dulce y su aroma a roble son inconfundibles. *Whisky*. Llevo dos meses sin beber, pero tengo miedo de saltarme alguna de las bendiciones. Necesito a la Madre Everest al cien por ciento de mi lado, y si el lama dice que necesito beber esto para conseguir mi bendición, ¿quién soy yo para discutir? Si es por motivos sagrados, no cuenta. Bebo un trago ardiente antes de poder seguir pensando. El familiar ardor me abrasa la garganta. Las puntas de mis oídos hormiguean. Un rubor de felicidad líquida.

Empieza a llover harina del cielo. Los sherpas se abren paso entre la multitud y la reparten entre todos los escaladores. Junto mis manos para recibir esta comunión. Un hombre curtido las llena. Lanzo la harina al aire y el viento la sopla de vuelta a mi chaqueta. Los sherpas y los escaladores empiezan a abrazar a sus vecinos y a untarse harina en la cara entre sí, una tradición sherpa para expresar la esperanza de que vivamos hasta que nuestro pelo y nuestra barba se vuelvan blancos.

Agua bendita, miércoles de ceniza, las ofrendas de paz para el prójimo.

La paz sea contigo.

Con la cara blanca como un fantasma por la harina, me apresuro a presentarme a Mike, y luego trato de salir de allí con un «*namasté*». Mientras me alejo, oigo a Mike dar indicaciones por encima de las charlas que se inician: «Bien, todos a cenar en una hora». Volteo, pero nadie me ve irme. En su lugar, se quedan cerca de Mike, charlando suavemente como viejos amigos.

Mientras vuelvo a bajar por el sendero rocoso, la luz dorada de la luna se desliza por la cara del Nuptse. Esta noche será la última con mi pequeña familia. Es la víspera de cumplir la promesa que le hice a la montaña hace diez años, y el sabor es agridulce. Por un lado, me llena de alegría el feroz equipo de jóvenes guerreras que confiaron lo suficiente en mí como para venir a este viaje conmigo, y no puedo esperar a ver sus caras cuando lleguen al Campamento Base. Para Ehani, Shreya y Rubina es una peregrinación. Como para los peruanos que van a Machu Picchu.

Por otro lado, me siento desolada por tener que dejarlas ir, pasándoles la posta a Shailee y Asha para guiarlas en su descenso de la montaña. Supuse que, si cumplía mi parte del trato y llevaba a todas a la base, de alguna manera el Everest me abrazaría y se encargaría de la curación. Pero escucharlas compartir las partes más dolorosas y vergonzosas de sus historias, no en el rincón oscuro de una discoteca o en el fondo de una botella, sino a la luz del día, fue algo de mucha humildad. El hecho de que pudieran enfrentarse a la verdad de cada una y de sí mismas, y no intentar maquillarla o apresurarla o beberla o espantarla, hacía evidente que ya tenían el poder que soñé que esta caminata les brindaría.

Sus historias me mostraron lo minúscula y cerrada que había sido mi idea de sanación.

Todo este tiempo había estado predicando el evangelio del matriarcado, del poder femenino, pero en algún momento había dejado de verme a mí misma como una compañera sobreviviente. En lugar de ello, dirigí al grupo como si fuera una fuerza externa, asegurándome de que cumpliéramos nuestros objetivos, forzándonos a la catarsis. Las presioné de la misma manera que me había presionado a mí misma. Como lo haría un padre.

Lo único que sé es presionar.

Así es como he sobrevivido, y siempre pensé que sobrevivir era el punto.

Si sobrevivo, entonces habré conquistado mi pasado.

Si podía sobrevivir a lo que me hizo J, crearme una nueva vida en Estados Unidos y tener éxito, entonces estaría bien. Pero sobrevivir no significa que estés bien. No significa que estés mejor. Solo significa que estás con vida. Funcionar, incluso funcionar bien, no es sanar; al igual que acumular bendiciones y llamar a esta excursión un viaje de sanación no lo hace uno.

Fueron ellas, estas guerreras valientes, quienes hicieron el delicado trabajo de contar sus historias, lo que lo hizo realidad. La vulnerabilidad que me mostraron es algo que yo no tenía a su edad.

Quizás todavía no la tengo.

De repente, siento un fuerte estruendo en mis entrañas. Un gorgoteo ominoso y familiar.

«No, no, no, no. ¡Ahora no, por favor! Ahora no», ruego.

Mi estómago se ha comportado muy bien durante toda la caminata. Pero ahora está revuelto con Sprite y *whisky* y té. Mientras corro por el sendero, buscando un lugar escondido para acuclillarme, doy gracias a mi padre Segundo, quien por lo menos me enseñó a llevar siempre un rollo de papel higiénico.

En Perú, el papel higiénico se consideraba un lujo occidental con el que mi padre se empeñaba en alinearse. Llevaba siempre un rollo en su auto. Todavía guardo uno en todos mis bolsos, un tic que agradezco ahora que me veo obligada —después de todas las bendiciones y avances del último día— a correr a la ladera de la montaña y ocuparme de mi mierda.

CAPÍTULO 10

LA VAQUERA PERUANA
SIN PASADO

Era el verano de 2002 y yo estaba de pesca. Los días en los que no sabía coquetear habían terminado. La captura del día variaba. Preferiblemente, era alta y superfemenina —todo lo que yo no era—, pero mis expectativas iban bajando conforme avanzaban la noche y los tragos.

El Club Q había cerrado el año anterior, pero cada vez se abrían nuevos locales de moda. Las lesbianas del mundo del arte y profesionales del mundo de la tecnología acudían en masa a Mecca, un nuevo y elegante restaurante situado en la esquina de Market Street y Dolores, que atraía mucha atención por su esplendor. Betty Sullivan, una promotora empresaria LGBTQ+, puso en marcha las noches de chicas de los jueves como una reunión social para profesionales lesbianas. Era la peregrinación perfecta para mis conquistas.

Mecca tenía un ostentoso bar circular que siempre se llenaba después de las ocho de la noche. Tenía un salón escondido con cabinas de cuero marrón, el rincón perfecto con poca luz para ejercitar mi nueva valentía. Los jueves no solo me garantizaban una captura, sino que a menudo me preparaban el menú de todo el fin de semana.

Rara vez las llevaba a mi departamento. Pasar la noche en los de ellas contenía cualquier desastre que pudiera ocurrir la mañana siguiente. Cuando despertaba desorientada y con una terrible resaca en una cama extraña, repasaba mi propia versión de la lista de Byron Katie:

a) ¿Estoy muerta? No, siguiente.
b) ¿Estoy en un hospital? Si es así, ¿dónde está mi ropa? Si no, siguiente.
c) ¿Estoy en mi propia cama? Si es así, fracasaste. Si no, siguiente.
d) ¿En la cama de quién estoy? No importa. Levántate, coge tus cosas y vete.

A la dura luz del día, el rímel de pestañas y el lápiz de labios que llevaba se habían esfumado, y el deseo carnal que había impulsado una noche de pasión ya olvidada era sustituido por la incomodidad de oler el aliento matutino de una desconocida. Nuestras ropas, arrancadas con furia, estaban ahora arrugadas en una triste ruma en el suelo, y yo me sentía desesperada y sucia mientras me levantaba y me ponía los *jeans*.

«Tengo que irme, pero ya nos veremos por ahí», decía, poniéndome la camiseta arrugada y saliendo a toda prisa por la puerta principal antes de que pudiera acorralarme con el desayuno o con preguntas sobre mi infancia.

Pensaba que la vulnerabilidad estaba muy sobrevalorada. Me había despojado de mi pasado como si fuera la piel de una serpiente y me había convertido en alguien nuevo. Alguien estoico y *sexy*. Alguien imposible de conocer.

La vaquera peruana sin pasado.

De vuelta en casa, me desnudaba y me metía en la ducha, restregando cada centímetro de pecado de mi cuerpo y lavándome el pelo dos veces por si acaso. Debido a la reciente fusión de SKYY y Campari, trabajaba durante muchas horas, cuando empezó a ocurrir algo muy extraño. Mi pelo, que siempre había sido grueso y liso, empezó a ondularse. No solo tenía ondas, sino rizos tipo Shirley Temple. Y con ellos llegó una inexplicable sensación de virilidad.

Como un Sansón moderno, descubrí una nueva fuerza en mi cabello, dejando crecer mis rizos y tomando nota de evitar a cualquier mujer llamada Dalila. Sin embargo, estaba abierta a todas las demás personas. Salía cada fin de semana y me acostaba con alguien nuevo cada noche. Si no lo hacía, había fracasado.

Mi plan era acostarme con cien personas. No fallé.

Tuve tríos.

Me acosté con un antiguo jefe.

Me acosté con mujeres heterosexuales y con mujeres homosexuales.

Si una mujer me decía que era heterosexual, yo pensaba: «Sí, claro, directo a la cama».

Los superé a todos.

No respetaba ningún límite. Las relaciones se convirtieron en sugerencias. Muros permeables. Fuesen mías o de otros, no importaba. Dos veces me acosté con las parejas de amigas que estaban fuera de la ciudad cuidando a sus padres enfermos. Era imparable.

Los amigos se convirtieron en examigos, pero yo seguía adelante, atribuyendo la pérdida a, bueno, a nada, en realidad. No buscaba respuestas ni lecciones de vida.

Buscaba el olvido.

Y cuantas más aventuras tenía, más quería. Quería ver dónde estaba el límite. Creo que una parte de mí esperaba que me desplomara.

* * *

Mi madre venía a visitarnos a mis hermanos y a mí siempre que podía. Mi vida no había resultado como ella esperaba cuando me envió en ese avión a Millersville, pero ella no lo sabía. Oculté en qué me había convertido porque sabía que la decepcionaría.

Los secretos se habían transformado en mi hogar: una cueva cálida y oscura en la que podía refugiarme, un manto cómodo que me ponía para proteger a los demás. Al menos, eso era lo que me decía a mí misma. Pero, poco a poco, la vida fue reduciendo mi tolerancia al silencio.

A las mentiras y los secretos.

En uno de mis viajes a Perú, había decidido que era hora de ser sincera con ella, así que le pedí que se sentara conmigo en el sofá y tomé sus manos entre las mías.

Mi plan era decírselo y luego irme directo al aeropuerto.

—Mamita, escúchame —le dije—. Sé que no lo aprobarás, pero necesito decirte algo. Tengo una novia.

Técnicamente, no tenía novia, así que supongo que no había terminado del todo con las mentiras, pero supuse que era más fácil que decirle que me había propuesto acostarme con cien mujeres.

Me miró fijamente a los ojos durante lo que me pareció una eternidad y luego negó lentamente con la cabeza.

—Pero hay tantos hombres buenos. Encontrarás uno bueno.

Había querido a los hombres cuando no sabía que amar a las mujeres era una opción, cuando todavía creía que ser gay era una opción.

Las lágrimas se acumularon en el borde de sus ojos, pero no las dejó caer. Todavía no.

—Me estás matando, hija mía. No tengo palabras.

Sus ojos estaban llenos de decepción.

—No es una elección, mamita. —Oí cómo se me quebraba la voz al decirlo.

Habíamos perdido tantas cosas; no podíamos perdernos la una a la otra.

—Oh, Silvita. Soy yo quien no tiene elección, ¿ves? ¿Cómo puedo hacerte ver que lo que haces está mal? Yo me ocupé de J para que pudieras recuperar tu vida. No tienes que hacer esto.

—¿Qué estás diciendo?

—Mira, llamé a J a la casa, y Meche y yo…, ella me ayudó. Lo atamos a una silla. Luego llené la olla grande con agua y la puse a calentar. Y cuando estaba hirviendo, se la eché a J encima, lentamente.

Me quedé en *shock*. ¿Por qué nunca me había contado esto?

—¿Ves?, J ya no tiene poder sobre ti —dijo—. No debes tener miedo de los hombres. —Las lágrimas que había estado conteniendo rodaron lentamente por sus mejillas.

Era cierto que me aterrorizaban los hombres. Mi padre, J, el machismo latino que había visto destruir a tantas mujeres de mi familia. Los recuerdos de hombres haciéndome daño estaban en mi conciencia más temprana, pero no era por eso que amaba a quien amaba.

No amaba a las mujeres por culpa de J.

Amaba a las mujeres a pesar de J.

—Lo siento, mamita, pero eso no cambia nada.

Ella lanzó un profundo suspiro al escuchar la convicción de mi voz y luego me miró a los ojos durante un largo rato, sin decir nada. Finalmente, retiró sus manos de las mías y las utilizó para acomodarse el pelo y limpiarse los ojos.

—Tengo que aceptarte como eres porque eres mi hija. —Me abrazó y su perfume inundó mis sentidos—. Y te quiero mucho.

—Yo también te quiero, mamita.

Su voz se convirtió en un susurro.

—Por favor, hijita, no se lo digas a nadie más. Especialmente a tu padre.

* * *

Después de confesarle la verdad a mi madre, me mudé al distrito de la Marina en San Francisco para estar más cerca del trabajo. Mientras deshacía las maletas en mi nueva casa, encontré una foto mía del primer grado, en el colegio María Reina.

En la foto llevaba un buzo de licra turquesa que me quedaba demasiado pequeña, lo que significaba que era un día de deporte. Un jueves. Lo recordaba bien. Era el día de nuestra foto anual de Navidad, y los preparativos para armar nuestro nacimiento estaban en plena marcha. Todos los alumnos de primer grado fueron asignados a una mesa con otros veinte niños; mi mesa era la 1B. Coloreamos las casas con crayones, pegamos copos de nieve imaginarios y convertimos tiras de terciopelo rojo en sombreros de copa torcidos. Yo tarareaba con alegría canciones navideñas mientras cortaba rectángulos de cartulina azul para formar nubes y apilaba bolas de algodón con pegamento para hacer un muñeco de nieve. Estábamos recreando una Navidad que nunca habíamos visto. Una como la de las películas estadounidenses; una con renos y muñecos de nieve y los personajes de *Blanca Navidad*; con Santa Claus y su gran barriga en un trineo llevando la alegría a todos los niños buenos. Íbamos a misa y colgábamos adornos brillantes y cantábamos y comíamos Lentejitas, los M&M's peruanos; pero la nieve era algo que solo podíamos imaginar.

La Navidad en Perú, en el hemisferio sur, siempre era soleada. Nunca habíamos visto la nieve.

Ese día mi madre llegó temprano para asegurarse de que las fotos salieran bien.

—Mira a la cámara y sonríe —dijo el fotógrafo. Pero yo no quería sonreír. Me faltaban los dientes delanteros y, además, ¿qué motivo tenía para sonreír? Me sentía incómoda en mi propio cuerpo. La licra se sentía viscosa contra mi piel. La camiseta era demasiado ajustada y corta.

¿Y cómo iba a sonreír cuando nunca sabía lo que me esperaba en casa?

Todo lo que pude conseguir fue una débil mueca. El remedo de una cara feliz.

—¡El que sigue! —llamó el fotógrafo.

Sola en mi departamento vacío de San Francisco, rodeada de cajas y de botellas de SKYY medio vacías, di la vuelta a la foto y vi la fecha escrita con la caligrafía de mi madre: octubre de 1981.

Dios mío, cómo odiaba ese buzo. Esa estúpida sonrisa en mi cara. Esa niña era débil. Temerosa de todo. Impotente. Patética. Quise destrozar la foto, pero no me atreví a desgarrar su cara en dos. Así que la enterré en lo más profundo de una caja, en un rincón oscuro del estante superior del armario que estaba en el pasillo.

La enterré una y otra vez, noche tras noche, en un ataúd hecho de botellas azules de SKYY.

* * *

Me desperté con un golpe en la puerta. El sol se derramaba por la ventana que daba a la bahía. La cabeza me palpitaba. Los últimos tres tragos de tequila blanco 1800 no me habían sentado bien. El estómago me rugía de hambre. La noche anterior habría llegado a casa hambrienta. Oh, ¡hice pollo! Tal vez quedaba algo. ¿Llegué a preparar el pollo? Recordaba el gélido aliento del refrigerador cuando lo abrí para sacar una bolsa de muslos congelados. Los puse en el lavabo para deshielarlos. Encendí la hornilla. Pero no recordaba haberlos comido.

—¡SILVIA! —Los puños golpearon con fuerza la puerta de mi casa. El interior de mi cráneo era una caverna palpitante. Cada sonido, un tren del terror—. ¡Abre la maldita puerta!

Ay, mierda. Mierda.

Cuando me puse de pie, el dolor me ahogó tan fuerte que casi colapso. Avancé a trompicones hacia la puerta principal, pasando por la cocina. Algo olía mal, a quemado. Un olor a podrido, a ceniza. Del marco de la puerta colgaban largas astillas de madera, como si la hubieran abierto a la fuerza. Me apoyé en el marco para protegerme de un puño volador, una bota, una orden de arresto. En las mañanas que seguían a mis borracheras, nunca sabía lo que me esperaba. Intenté repasar las escenas más importantes de la noche, pero todo estaba borroso.

Giré la manija, rezando por la salvación, que hubiera sido un galón de agua y un rápido deslizamiento hacia mi muerte por la escalera de emergencia de la parte trasera. Parado en el pasillo, con los dientes tan apretados que parecía que estaba luchando contra una sonrisa, estaba Sy, mi vecino del segundo piso.

—¿Qué demonios pasó? —preguntó Sy.

Me quedé en blanco.

Su cara era aterradora.

—Debería darte vergüenza —gritó—. Podrías habernos matado a todos. Podrías haber matado a la señora Lueck.

La señora Lueck era la dueña de los tres departamentos del edificio, pero nunca la había visto porque tenía más de noventa años. Sy y su esposa tenían un restaurante italiano en North Beach y administraban los departamentos por ella.

Me entregó un papel doblado con la palabra «Desalojo» estampada en rojo.

—Los bomberos tuvieron que tirar la puerta porque no podían despertarte —dijo. En algún lugar de los nebulosos recovecos de mi memoria vi a un hombre tomándome el pulso, tratando de mantenerme erguida, y a mí cayendo de nuevo en la cama—. Tienes cuarenta y cinco días.

—¡Sy! —lo llamé, pero ya se había ido.

Era mi tercer desalojo.

Aferrando la notificación en mis manos, caminé hacia la escena del crimen. La campana sobre la estufa estaba cubierta de un residuo negro y aceitoso. En la olla, el pollo se había convertido en carbón. Tosiendo, lo tiré todo a la basura y luego me hundí en el suelo, sintiendo el linóleo frío contra mi piel febril.

Yo no tenía problemas con el alcohol.

Era el alcohol el que a veces causaba problemas.

Reduciría su consumo. Me mantendría alejada de los licores fuertes. Eso era lo que causaba los verdaderos problemas. No más *shots* ni cócteles. Solo algunas cervezas de vez en cuando. Una buena copa de vino.

* * *

La reunión anual de ventas de SKYY estaba programada para mediados de julio. Habíamos añadido más marcas a nuestra cartera, y este año iba a ser el más importante. Llegarían los equipos de todo el país y, tras largos días de reuniones en nuestras nuevas y llamativas salas de conferencias, nos reuniríamos para un brindis antes de salir a comer. Después de la cena, los trasnochados haría una parada en la discoteca AsiaSF, o en el Gold Club, el infame bar de *striptease* de San Francisco. Por último, cerraríamos la noche con una última copa en el bar de la oficina o en el Marriott Fisherman's Wharf, donde se alojaba la mayoría de los visitantes.

Mi libido estaba descontrolado. Emborracharme ya no era suficiente para alimentar a la bestia; quería más. Tenía que acostarme con alguien cada noche. Era como un demonio sexual que solo necesitaba un poco de agua para activarse. Pero mi agua era el alcohol, y cuanto más bebía, más caliente me ponía, y cuanto más sexo tenía, más necesitaba. Es solo una fase, me decía. Una adolescencia retrasada. Un despertar sexual a la vida. Cuanto más sexo tenía, más validada me sentía. Estaba exteriorizando la energía masculina que tenía dentro de mí. El machismo. El conquistador.

Nadie puede quitarte nada si tú lo haces primero.

Después de tres tragos, me volvía imprudente. A medida que la gente se empezaba a emparejar por la noche, me iba entrando pánico; escudriñaba la discoteca, el bar, la mesa del restaurante, lo que fuera, en busca de alguien con quien irme. Para cuando llegaba la última llamada y mi copa se vaciaba, no importaba quién fuera esa persona.

Las representantes de ventas y de *marketing* de SKYY eran hermosas. Modelos contratadas por empresas de promoción que utilizaban su atractivo sexual para conseguir los mejores lugares para exhibir nuestros productos. Mis compañeros heterosexuales desaliñados coqueteaban con ellas sin descanso, pero yo no tenía las agallas, así que babeaba en secreto. Mis colegas de San Francisco ya sabían finalmente que yo era gay, pero nunca había estado con una mujer delante de ellos. El equipo nacional que había llegado a la ciudad estaba formado en su mayoría por hombres republicanos del medio oeste, que eran increíblemente expresivos de sus opiniones conservadoras. Un verdadero grupo de hombres con «valores familiares».

El trabajo era lo único que iba bien en mi vida, y estaba decidida a seguir ascendiendo en la cadena de mando. No estaba dispuesta a hacer nada que les diera algo que pudieran usar en mi contra. Además, no quería incomodar a las mujeres. Que los hombres las devoraran con los ojos era una cosa, pero yo no iba a ser tachada de lesbiana impúdica.

La última noche de la conferencia de ventas estábamos de vuelta en el Marriott. Todo el mundo estaba borracho. Los más ebrios hacían cola en el bar rogando por un último trago. Otros se lanzaban miradas no tan sutiles y se escabullían a sus habitaciones. Mi botón de pánico de la última llamada se había activado y, por alguna razón, me empujó hacia Nick, un alto ejecutivo. Nick solía llevar a su novia a los eventos de la empresa. Pero esa noche ella no estaba allí. Mientras una parte del grupo salía del bar y se desviaba por el pasillo alfombrado, me quedé atrás y le susurré al oído:

—Nick, quiero tomar una última copa en tu habitación.

Me miró con los ojos azules muy abiertos por la sorpresa.

—Por supuesto —dijo con una sonrisa creciendo en su rostro—. Vamos.

Dentro de su *suite* principal había un bar bien provisto. Nos tomamos un par de *shots* de tequila de veinte dólares y me transformé. En modo seductora, me convertía en alguien completamente distinta. Una fuerza serpenteante guio mis manos sobre su cuerpo, nuestras bocas se juntaron, lenguas bifurcadas lamiéndose. Toda la contención que ejercía en mi vida laboral se desvanecía cuando el deseo se apoderaba de mí. Se me antojaba algo salvaje, y pensé que Nick me lo daría.

Esa noche, sin embargo, mi fantasía no se desarrolló de forma tan erótica y ruidosa como había esperado. Entre el cuerpo fuera de forma de Nick y nuestra excesiva forma de beber, solo nos acariciamos un poco antes de quedarnos dormidos, desnudos bajo el edredón blanco y crujiente. La frescura de las sábanas calmó el calor de mi piel lo suficiente como para que pudiera dormir.

Cuando desperté, el edredón aún me cubría la parte inferior de la cara, pero sentía un extraño dolor entre las piernas, como la presión sorda al empujar un pequeño tampón seco. Mis ojos estaban pegajosos, pesados. Respirando lentamente para estabilizar mi ritmo cardíaco, repasé mi habitual lista de verificación de después de una noche de copas.

¿Muerta? No. ¿Hospital? Demasiado tranquilo. ¿Mi propia cama? Pasé las manos por las sábanas. No, demasiado crujiente. ¿De quién es la cama? Es hora de irse.

Abrí los ojos de golpe y la habitación dio un giro mientras miraba a través de mis párpados ahora semicerrados. La luz brillaba y resplandecía a través de la ventana desnuda. Las persianas estaban abiertas. Mareada, parpadeé para protegerme del sol y, cuando volví a mirar hacia la cama, me sorprendió ver a Nick encima de mí. ¿Nick? ¡Nick! Mierda. ¿Qué estaba pasando? Se mecía lentamente y gemía. Había empujado el edredón hacia arriba de la cama lo suficiente como para entrar en mí. «Urghhhh, urghh, uhh», gruñía, como si tratara de crear un ambiente *sexy*. Tardé un rato en darme cuenta de lo que estaba pasando, porque, aunque parecía que estaba teniendo sexo conmigo, yo apenas podía sentirlo. Mi cuerpo estaba entumecido, todavía medio muerto por la noche anterior. Pero no recordaba que Nick hubiera empezado a besarme o intentado seducirme para tener sexo por la mañana. Supongo que pensó que el sí de la noche anterior había sido suficiente.

Ay, Dios, ¿estaba usando protección?

Apretando los puños, ahogué un grito. Quería apartarlo de un manotazo, pero era Nick, el ejecutivo Nick, el poderoso ejecutivo Nick; así que me quedé tumbada, rezando para que se detuviera. Esperando el sonido de la puerta del garaje abriéndose. Esperando oír los zapatos de mi madre golpeando los brillantes suelos de madera de casa. Esperando que se alejara de mí con un salto cuando ella me llamara: «¡Silvia! He traído algo para ti. ¡Silvita!».

—¿Silvia? ¡Silvia!

—¿Eh? ¿Qué? —Nick estaba sentado a mi lado, con cara de saciedad. Sus ojos inyectados de sangre recorrían mi cara.

—Pregunté si puedo hacer algo por ti. —Su voz rasposa de resaca me arañó la piel—. ¿Puedo ofrecerte algo? —Me guiñó un ojo.

«¡Una nueva vida!», quería gritar.

Todas las veces que había tenido sexo, que para entonces ya eran más de las que podía contar o recordar, siempre había sido con consentimiento. Incluso durante mis dos años corriendo por la ciudad como una especie de conquistadora sexual, siempre había habido consentimiento. Había querido tener una noche salvaje, pero mi fantasía de una aventura lujuriosa y apasionada se había convertido en una pesadilla, en una aventura de una noche que salió mal.

Nick era intocable, yo era reemplazable.

La vergüenza descendió sobre mí como una nube de tormenta.

Después de todo, yo misma me había puesto en esta situación. ¿Qué esperaba? Pensé de nuevo en las mujeres de *El Club 700*. «Soy una basura. No soy nada». Ellas tenían razón. Pero esta vez, mi madre no me seguiría hasta la azotea y me abrazaría con fuerza. Estaba sola. Otra vez.

En silencio, me levanté de la cama. Era viernes por la mañana y tenía que asearme y volver al trabajo. En SKYY, la regla de oro era que no les importaba si habías salido de fiesta con los búhos, siempre que aparecieras con el coro de alondras por la mañana.

Ese mismo día, la secretaria de Nick me preguntó si estaba libre para cenar con él el viernes por la noche. Nos había reservado una buena mesa en un restaurante de carnes de moda. Sin saber cómo negarme y mantener mi trabajo intacto, acepté incómodamente.

Cuando llegué, todavía con la resaca de la noche anterior, Nick tenía una botella de *sauvignon* añejo esperando. Como una verdadera profesional, volví al juego, pidiéndome un Campari con un toque de naranja para ayudarme a tragar la amargura de estar allí. Más tarde, bebí el delicioso vino tinto, mientras Nick se pasaba parloteando sobre los problemas que él y su novia estaban teniendo. Sin que nadie se lo pidiera, me confesó que estaba pensando en separarse de ella, y mientras saboreaba mi *filet mignon* a término medio acompañado de una segunda copa de vino generosa, me quedó claro que esperaba que me fuera a casa con él.

Me negué cortésmente.

Un mes después, el anuncio de su compromiso se extendió por toda la oficina.

* * *

En dos semanas, Nick era un recuerdo que se desvanecía. Una de mis antiguas jefas de SKYY me invitó a comer a A16, un divertido restaurante italiano en la Marina. No pude rechazar su invitación porque nos habíamos acostado un par de meses antes, justo antes de que me desalojaran. Ella nunca había estado con una mujer, y me emocioné cuando me confesó su atracción. Atraer a una mujer heterosexual se había convertido en el premio más preciado.

Nos sentamos en la barra, riendo con el camarero, y disfrutamos de una cena italiana completa con todos los aditamentos alcohólicos: aperitivos de *prosecco*, dos botellas de vino, una copa de oporto de 1974 y digestivos de sambuca para terminar. Alrededor de la medianoche, recibí un mensaje de una amiga, recordándome que había una nueva fiesta de chicas en la zona de Castro, que estaba justo al otro lado de la Marina.

Salimos del A16 casi a la una de la madrugada. Mi antigua jefa se subió a un taxi y me despidió con la mano mientras yo me dirigía con confianza hacia mi Jetta negro, sonriendo para mis adentros durante todo el trayecto.

Al principio, me contuve. Con las manos firmes en el volante, me detuve completamente en cada señal de «Alto» y no me desvié demasiado. Pero la ruta con menos señales de detenerse era también aquella cuyas colinas, notoriamente empinadas, eran un reto para cualquier conductor sobrio y experimentado. Para un borracho, subir a la cima era como conducir un auto por una montaña rusa y rezar para que no se saliera de la pista.

Después de subir con éxito algunas cuestas, aceleré el Jetta por una calle muy empinada y perdí el control, chocando de lado con un Muni estacionado, uno de los autobuses públicos de San Francisco. Mi guardafango izquierdo de adelante se estrelló contra la puerta de emergencia del autobús y se partió por la mitad, lanzándome contra el volante. Por lo que pude ver, el autobús no había sufrido daños, así que lo empujé hasta la cima de la colina, arrastrando mi guardafango, que colgaba al lado del auto, sostenido por un fino hilo de plástico.

El guardafango chirriaba y chocaba con la pista, pero yo seguí avanzando. Nada me podía parar ahora. El Castro me estaba esperando. Mi pesca del día estaba lista para ser recogida. Si los desalojos, las múltiples visitas a la sala de Emergencias, las innumerables resacas y un encuentro matutino que aún no me atrevía a calificar de violación no me habían detenido, un pequeño accidente no iba a hacerlo. Puse Guns N' Roses en la radio. Tamborileé contra el volante, cantando a través de las ventanillas abiertas «Welcome to the Jungle», mientras mi auto se desviaba y cojeaba por la pista, arrastrando el guardafango como un miembro amputado.

Frené de golpe en una señal de «Alto», salí del auto, arranqué el guardafango que colgaba y me alejé a toda velocidad sin mirar atrás, intentando mezclarme con la noche. Me arrastré a mí misma, ensangrentada y magullada, con el corazón entumecido, hasta la fiesta, pasara lo que pasara. Pero alguien en aquellos barrios residenciales debió verme, porque justo cuando me acercaba al cruce de Divisadero y Bush Street, una espiral de luces azules y rojas atravesó el aire.

—¡Detenga el auto! —exigió una voz—. Es la Policía de San Francisco.

«Oh, Dios. Oh, Dios. Mierda. ¡Carajo! Mantén la calma, Silvia. Este no es tu primer rodeo. Si juegas la carta de la coquetería, tal vez te deje ir con una advertencia», me dije.

—Señora, ¿sabe que ha chocado un autobús Muni estacionado? —El policía se inclinó a la altura de mis ojos, escaneando el interior de mi auto—. Eso es propiedad de la ciudad y es un delito grave. Además, parece que ha dejado su guardafango varias calles atrás…

—Coon toddo reshpetto, sheñor —balbuceé—, no shé dde quééé mmme eeshtá hablnndo.

—Señora, voy a necesitar que salga del vehículo.

Con un control calculado, salí del auto y me sometí a una serie de pruebas de sobriedad, que pasé con lo que me pareció un éxito. Mi piel estaba humeante y podía oler el alcohol, pero sonreí para mis adentros, segura de que había sido más astuta que los policías. Hasta que, de repente, me hicieron girar y me tiraron de los brazos hacia atrás. El oficial me dijo que mi nivel de alcohol en sangre era de 0.28. Casi cuatro veces el límite permitido.

Hacía mucho tiempo —si es que alguna vez lo había hecho— que no consideraba que mi vida fuera valiosa, pero nunca me había propuesto poner a otros en peligro. Estaba tan aterrorizaba de la melodramática profecía de *El Club 700* que intentaba huir de ella, pensando que, si mi vida parecía lo suficientemente respetable desde el exterior, no importaba lo que hiciera a puertas cerradas o en los rincones oscuros de las discotecas o en los eventos oficiales de la industria del alcohol. Incluso cuando estaba fuera de control, me aferraba a mi elegante trabajo y a mi llamativa vida como prueba de que había vencido al destino. Pero mi dolor simplemente se había adaptado a su entorno. No me vendía a mí misma por dinero, pero me prostituía cada noche a la botella. En algún lugar, bajo la bruma del alcohol, la ira y la vergüenza, mi sombra se había transformado en una gran serpiente. Y me estaba comiendo por dentro.

Cuando sentí que las esposas se apretaban y cerraban alrededor de mis muñecas, se me escapó un suspiro de alivio. Por fin.

Necesitaba que me detuvieran.

CAPÍTULO 11

CAMINANDO JUNTAS

—Silvia, ¿puedo entrar?

—Por supuesto —digo, mientras Lucy empuja la puerta de la habitación que comparto con Shailee. Las habitaciones de las casas de té son todas muy parecidas: paredes de madera contrachapada, camas gemelas de madera cubiertas con mantas tipo chales. Tal vez una pequeña ventana con cortinas hechas a mano. Esta mañana, me empapo de todos los detalles.

Es mi último día en una habitación de verdad durante las próximas seis semanas.

—Quiero darte algo —dice Lucy, sacando una pequeña muñeca de tela vestida con ropa indígena y el pelo recogido en dos largas colas de caballo. Se parece a las muñecas que se venden en los mercados de artesanías andinas de Perú.

—Es de mi pueblo en México —agrega—. La tengo desde que llegué a Estados Unidos y me ha protegido. Quiero que la tengas mientras continúas tu viaje.

—¡Guau, Lucy! Gracias. Esto significa muchísimo para mí —respondo, conteniendo las lágrimas mientras guardo la muñeca en el bolsillo delantero de mi mochila, junto a mis fotos y el papel higiénico extra.

—Nos vamos pronto —digo, enterrando una cascada de emociones bajo la logística del día—. Prepara tus cosas. Y, por favor, antes de irnos, bebe al menos dos litros de agua tibia. Añade el Gatorade en polvo para una mayor hidratación. Pasa la orden a las chicas.

Lucy se ríe.

—Sí, mamá.

—No estoy bromeando —digo, asintiendo con una mueca—. ¡Esto todavía no ha terminado!

Hoy es nuestro día de caminata más corto. Ayer había hecho la misma ruta hasta el lugar de la *puja*, y me alegró ver lo corto que era el tramo final. Pero no es fácil ni directo. Es un sendero rocoso y delgado como un lápiz, con constantes zigzags y curvas que empujan hacia el interior de la ruta, y suben y bajan colinas cubiertas de hielo y nieve. Con la elevación, el clima helado y el terreno rocoso sin árboles, este es el punto de no retorno. Todos los rasgos de la civilización han desaparecido.

Estamos en lo más profundo del vientre de la naturaleza.

Esperando frente al Buddha Lodge en Gorak Shep, las chicas están vestidas con chaquetas de esquí y bufandas, gorros y guantes gruesos, pantalones de nieve sobre capas de ropa interior larga. El termómetro marca menos veinte grados Celsius. Los labios de Rubina y Ehani están teñidos de un gélido color púrpura. La Antártida debe haber preparado mi sangre, porque me siento sorprendentemente cómoda. A finales del año pasado, pasé tres semanas escalando el macizo Vinson, la montaña más alta del continente. En la cumbre, la temperatura media era de menos treinta y tres grados Celsius y el viento era helado. Luché contra el frío y los fuertes vientos y me enfrenté a la pared de hielo más empinada que jamás había visto. Nunca había tenido tanto frío en mi vida, pero todo eso me preparó para el intento de llegar a la cumbre que tenía por delante. Tenía que creer que estaba preparada.

—¡Campamento Base, allá vamos! —Asha grita, tomando la delantera. Jimena la sigue y Shreya camina detrás de ellas junto a la doctora Jackie, que se lo toma con calma. Su mal de altura ha mejorado esta mañana, pero el mal de montaña agudo es un riesgo grande a esta altitud, y puede aparecer de repente. A veces, de forma trágica.

Shailee se pone a la par de Lucy, charlando, y Ehani y Rubina caminan lentamente detrás de ellas, mientras yo me pongo en la cola. Solo nos quedan tres kilómetros, y quiero saborear cada paso. Memorizar el balanceo de sus brazos y el golpe melódico de sus pasos, para que cuando ya no estén conmigo pueda recordar este momento en el que ya casi llegamos, cuando lo peor había quedado atrás y la montaña estaba justo enfrente. Levantarse cada día para no hacer nada más que caminar ha sido un tipo especial de oración. Poco a poco, el mundo exterior ha ido desapareciendo a medida que nos íbamos acostumbrando a levantarnos con el sol, tomando tazas de agua caliente por la mañana y tazones interminables de sopa de ajo apestosa en los comedores de las casas de té.

—Tómense su tiempo —les digo—. Hoy no tenemos nada de prisa.

Todas giran al mismo tiempo para mirarme, como si me hubiera crecido una tercera cabeza. ¿Quién es esta Silvia que quiere ir despacio y se toma las cosas con calma? Yo también me lo pregunto.

Marchando en fila india y en silencio, sorteamos las rocas que se interponen en nuestro camino mientras se abre un enorme valle a la derecha. Es como una cantera en la luna, todo polvoriento y gris y extendiéndose hasta donde alcanza nuestra vista, corriendo hasta la base del Himalaya, cuyos dientes helados y rasposos rodean el horizonte, con volutas de nubes lamiendo sus picos. A 5000 metros de altura, toda la vegetación ha sido despojada de la tierra. Es como una vasta y austera catedral de piedra y hielo.

Realmente, no hay forma de aplicar la escala humana al Himalaya.

Vistas desde lejos, somos unos puntitos, más pequeñas que las hormigas, marchando hacia un horizonte surrealista. Todos los pueblos han quedado atrás. Ahora hay pocos excursionistas y están cada vez más alejados entre sí, y el ganado es escaso. Restos de banderas de oración tibetanas cubren el paisaje. Algunas son brillantes y nuevas, atadas alrededor de las rocas que bordean el camino, como guirnaldas en un árbol. Otras ondean en el suelo, descoloridas por el sol y olvidadas hace tiempo. El viento es un cuchillo. Su agudo silbido y el swish-swish de los pantalones de *nylon* son los únicos sonidos mientras avanzamos por el último tramo, rindiéndonos a la satisfactoria percusión de los pies en el suelo.

Han sido necesarios diez días de esto —de caminar juntas, de mover nuestros cuerpos en sincronía, de bromas tontas y conversaciones triviales, de decir nuestra verdad y no marchitarnos en el acto— para caminar cómodamente en silencio. Un silencio que no es de soledad ni está cargado de tensión ni de miedo.

Un silencio íntimo y satisfecho.

Un espacio seguro.

En el silencio, me doy cuenta de más cosas, como que Rubina camina de forma diferente desde Periche. Sus hombros, que estaban contraídos hasta sus orejas por la tensión, han bajado y se han ensanchado. Ahora camina con el pecho en alto, como si se hubiera quitado algo de encima. Pero cuando miro más de cerca, me doy cuenta de que hay algo más.

También se mueve con más lentitud que de costumbre, prácticamente arrastrando los pies.

Todas estamos cansadas.

Ehani entrelaza su brazo con el de Rubina y ambas caminan al mismo ritmo.

Antes de comenzar nuestra caminata, les pedí a todas que eligieran una palabra o palabras que quisieran llevar consigo. La de Rubina había sido «liberar», y al verla apoyarse en Ehani, parece que lo ha conseguido. En Periche, cuando ella y Shreya nos contaron su historia, vi destellos de vergüenza en el rostro de Rubina. Vergüenza por haber arrastrado a su primita a la India. Una vergüenza cuyo peso no tendría que cargar. Pero la vergüenza es así de extraña. Es voluminosa. Absorbe todo el aire de la atmósfera, y con el tiempo puede convertirse en la columna misma que nos mantiene erguidos. También es el centro oscuro que subsume todo lo demás, mientras luchamos por regenerarnos a pesar de ella, como lo hace un árbol que crece alrededor de cualquier cosa que corte su tronco, hasta que finalmente el alambre, la piedra, la cicatriz, se convierte en parte de él.

Algunas de nosotras hemos cargado con la vergüenza durante tanto tiempo que no sabemos cómo mantenernos en pie sin ella. Cuando se extirpa la vergüenza profunda, queda un agujero en su lugar. Un bolsillo tierno y crudo que anhela ser llenado. Pero si podemos luchar contra el impulso —que en mi caso es a menudo abrumador— de llenar, de vendar, de distraer; de beber, de fumar, de trabajar en exceso; de declararnos inmediatamente fuertes y curadas, entonces puede que finalmente estemos llegando a alguna parte.

Espero que esto sea lo que estamos haciendo por Rubina. Por las demás. Creando una barrera física con nuestros cuerpos: nuestros nueve torsos, dieciocho brazos y piernas, forzando nuestros músculos al máximo para que ella, o quien sea que sostengamos en el centro, pueda ser vulnerable. Para que podamos exponer nuestras heridas al aire de la montaña y dejarlas respirar, sabiendo que no seremos dejadas atrás.

Entonces, tendremos la oportunidad de ser verdaderamente libres.

Hubo un tiempo en el que fuimos libres de mover los brazos y de girar las caderas. De perder el aliento y volver a encontrarlo.

Alguna vez esto no fue peligroso.

«Para cambiar, las personas deben tomar conciencia de sus sensaciones y del modo en que sus cuerpos interactúan con el mundo que les rodea», escribió Van der Kolk. «La autoconciencia física es el primer paso para liberarnos de la tiranía del pasado».

Liberarnos de la tiranía del pasado.

Espero que eso sea lo que estamos haciendo con el simple acto de caminar.

* * *

A las dos horas, solo estamos en la mitad de una caminata que debería tomarnos dos horas en total, pero no me preocupa. Nos detenemos para reagruparnos a la sombra de una roca baja y Ehani se apoya en ella, inhalando fuertemente por la nariz y exhalando con respiraciones constantes y serenas. Se lleva la mano al pecho mientras este sube y baja.

—¿Estás bien? —pregunta Shailee, tocándole el hombro.

Ehani asiente con lo que parece un «no», pero que en nepalí significa «sí».

Saco mi oxímetro y se lo coloco para obtener una lectura. Setenta y cinco por ciento de saturación de oxígeno. No es lo ideal, pero es normal a esta altitud. Ya que tengo la máquina en las manos, les hago una medición a todas. La de Ehani es la más baja. Su tos crónica ha sido un motivo de preocupación constante en mi mente, y anoche la oí toser en la casa de té. Cuando apareció esta mañana sin tos, todo mi cuerpo se relajó. No me di cuenta de que la había estado sosteniendo así. De que había estado sosteniéndolas a todas —cada alegría y dolor—. Me había preocupado por que sobrevivieran y por que llegaran a la meta. Preocupada por haberlas presionado demasiado. Preocupada por no haberlas presionado lo suficiente.

—¡Helicóptero! —grita Rubina.

Volando a baja altura sobre los glaciares en dirección al Campamento Base, las aspas de un helicóptero para seis personas cortan el silencio. Resulta chocante oír un motor en medio de este paisaje lunar. La realidad de lo que me espera en el Campamento Base —sistemas operativos de alta tecnología, escaladores de élite de todo el mundo— no me ha llegado del todo, y la alejo, saboreando mis últimos momentos de sencillez.

Lucy saca su bolsa de caramelos mexicanos picantes y las chicas se apresuran a mirar dentro para coger sus nuevos favoritos.

—¡Pulparindo, por favor! —Jimena extiende la mano.

Yo me pongo a un lado, tragando agua azucarada y chupando un caramelo de limón peruano.

Mientras nos atamos de nuevo las mochilas, pasa un grupo de tres hombres blancos mayores.

—Hola —dicen.

—*Namasté* —les decimos, ofreciéndoles el saludo habitual en los senderos del Himalaya.

Uno de los hombres se detiene y nos mira con curiosidad, como si fuéramos muñecas en una estantería.

—¿Pertenecen a alguna hermandad? —pregunta.

La gente no está acostumbrada a ver tantas mujeres juntas. Y menos aquí.

—Algo así —digo riendo, demasiado cansada para explicar.

—No —interviene Jimena—. Nada de eso. ¿Has oído hablar de la Gulabi Gang?

El hombre frunce las cejas mientras trata de ubicar el nombre.

Rubina reprime una risa y le susurra a Ehani, que se tapa la boca con la mano para no reírse.

—¿Qué es una hermandad? —pregunta Shreya, mientras los hombres se despiden y continúan su camino.

—Es una especie de comunidad de mujeres —le digo—. Algunas chicas se unen durante la universidad en Estados Unidos. Viven juntas en grandes casas y hacen fiestas.

—Ooooh —dice Shreya—. Suena divertido.

—Somos una especie de hermandad —agrega Lucy.

—¡Pero más ruda! —replica Jimena.

—Sí —dice Shailee, flexionando sus bíceps—. Somos fuertes.

—Escuchen todas —dice Lucy, batiendo las pestañas—. Pueden seguir siendo fuertes y tener pestañas postizas, ¿está bien? Es feminismo.

—Perdón —se disculpa Shailee, agachando la cabeza.

Todas se ríen, y Lucy parece satisfecha de sí misma, mientras Jimena y Shreya se atan sus mochilas y marchan delante, con pasos firmes. Las demás nos ponemos en fila. Me quedo atrás, observándolas a todas. Ahora son excursionistas expertas, con mochilas cargadas de botellas de Nalgene y latas de Pringles excesivamente costosas.

El camino es de tierra compactada bajo una fina capa de hielo, y Lucy, Rubina y Ehani luchan por mantenerse en pie, clavando las puntas de sus bastones en el resbaladizo suelo para mantenerse firmes. Lucy se tambalea especialmente y se agarra con las dos manos a cualquier roca grande. Me mira y nuestros ojos se encuentran. Su mirada se vuelve suave, como si quisiera decir que todo está bien. Que su lucha está yendo bien. Que no tengo que hacer nada para mejorarla.

Me pregunto si será cierto. ¿Estará bien? ¿Lo estarán todas?

* * *

El Everest sigue oculto a la vista, pero en el horizonte se vislumbran el Pumori, el Ling-tren y el Khumbutse, una monstruosa cadena de picos que colinda con el primero. Enclavados en sus bases se puede ver a la distancia lo que parecen ser trozos de nieve sucia del tamaño de un autobús, todos llenos de guijarros y tierra. Pero a medida que nos acercamos, pasan de un blanco sucio a un azul neón angelical que brilla de dentro hacia fuera. Glaciares.

De repente, nos detenemos como fichas de dominó. Jimena está señalando algo en la distancia a Shreya.

—¿Qué es eso? —pregunta Lucy desde atrás, apoyándose en un palo.

Seguimos la mirada de Jimena hacia la cara del Nuptse, donde dos columnas de humo lechoso surgen de la nieve. Es extraño, pienso, nadie acampa en ese lado. Los truenos retumban y el silbido de un avión sobrevolando el valle rebota, y entonces, en menos de sesenta segundos, queda claro que las columnas no son de humo, sino de nieve, y estas se funden y explotan en una ola blanca que grita en su paso montaña abajo, con penachos atómicos de polvo floreciendo a su paso.

—Mierda —susurra Jimena.

—El *whumpf*. —Trago saliva. Se me entumecen los dedos.

—¿Qué es el *whumpf*? —sisea Lucy, con la barbilla sobre mi hombro—. ¿Qué fue eso?

—Una avalancha —dice Asha, acercándose—. Es una avalancha.

—¿Es ahí donde irás? —Lucy chilla mirándome.

—Oh, no, no te preocupes, querida —dice Shailee, apretando su hombro—. Silvia va a un sitio mucho peor.

Shailee se ríe y yo le sigo la corriente, pero nadie capta el sonido hueco y metálico del eco de mi miedo.

* * *

Justo adelante, un enorme peñasco marca el final del sendero, o lo que se llama la entrada principal al Campamento Base. A la derecha, sobre una cresta rocosa, puedo distinguir las tiendas amarillas del campamento central, los techos azul brillante de la sala de Emergencias del Everest y el helipuerto, y más allá de todas las operaciones humanas, el mar helado del glaciar del Khumbu.

Paso al frente de la fila y me pongo a la cabeza, mostrando al resto del grupo cómo apoyar su peso en la resbaladiza ladera de grava y navegar alrededor de la roca para llegar a la entrada, la cual es bastante anticlimática.

No hay ningún cartel de neón que diga «Estás aquí. Ya has llegado».

El grupo ni siquiera se da cuenta de que lo hemos logrado. No digo nada. Mientras se deslizan alrededor de la roca, una por una, me inclino hacia atrás y miro al cielo. Es una cúpula de nubes grises y azules dramáticos. Dos buitres del Himalaya vuelan por encima de mí, surcando el aire con poco esfuerzo, escudriñando el suelo en busca de cadáveres, huesos, cualquier cosa que hurgar.

Se siente como si también pudiéramos volar aquí. Como si al correr ahora mismo y lanzarme desde el borde del acantilado rocoso, pudiera volar con los buitres.

Shreya es la primera en llegar y la acerco a mí. Ella retrocede, mirando a su alrededor, sin saber qué está pasando, pero luego su cabeza se recuesta sobre mi hombro.

—Sí —digo con la voz baja—. Sí. Lo logramos.

Jimena entiende inmediatamente y se echa en mis brazos, con la cara contraída por la emoción.

—Sí —repito, canalizando el orgullo materno que me posee.

Rubina es la siguiente. Nos rodea con sus brazos sin decir nada.

—Sí —susurro—. Sí.

Luego vienen Ehani y Asha y Shailee y la doctora Jackie, cada una de ellas abriendo los brazos todo lo que pueden y rodeándonos con ellos para completar nuestro abrazo de nueve personas.

—¡Sí, sí, sí! —grito, finalmente.

Lucy es la última en llegar, y lleva entre sus brazos un osito de peluche marrón oscuro con un «*I Love You*» bordado en rojo en el vientre. Es el oso que le regaló su hermana pequeña. Al que se aferró en nuestro turbulento vuelo hacia Lukla, mientras Jimena miraba por la ventana, con el ceño fruncido en permanente reflexión.

La visión de Lucy cargando su oso casi me quiebra. Es como si volviera a ser una niña pequeña.

Todas lo somos.

Tenemos seis y nueve y doce y quince años. Estamos esperando que un silbido resuene en el pasillo. Estamos encerradas en una habitación oscura planeando nuestra huida. Escarbando entre el arroz partido y los gusanos en busca de algo para comer. Estamos flotando sobre nuestros cuerpos mientras nuestra propia sangre nos traiciona. Estamos cautivas en un garaje, paralizadas, preguntándonos por qué, por qué esto, por qué nosotras.

Y, de repente, otra imagen brilla. La de una niña que me tomó de la mano y me guio hacia las montañas, que me empujó a encontrar a las demás. Otras cuya inocencia había sido arrebatada y que estaban listas para reclamarla.

Lucy llega hasta nosotras y rodea con su brazo libre el grupo de cuerpos.

—Sí —chillo por última vez mientras mi voz se quiebra.

Somos una sola entidad, una masa oscilante de plumas y sudor, respirando juntas en jadeos cortos y fríos. No sé quién está llorando, pero todas lo sentimos, y por un momento somos todas nosotras. Intento imprimir este recuerdo en mí, lo que se siente el estar así en carne viva, pero ya no puedo más.

—¡Lo hicimos! —grito, rompiendo el abrazo.

—¡Wuhuuu! —Vienen los vítores apagados—. ¡Wuhuuu! ¡¡¡Sí!!!

Pero no me sueltan, y me jalan de nuevo hacia el grupo, agarrándome con fuerza. Mi mejilla se aprieta contra el gorro de Jimena, y de mi boca salen palabras imprevistas.

—Esto que hemos hecho es sagrado —digo—. Esto ha sido muy especial, ¿me oyen? Ahora pidan lo que quieran, pídanselo a la montaña —digo entre lágrimas.

Me retiro, secándome los ojos.

—A ver, a la cuenta de tres, ¿qué diremos todas juntas? —les pregunto.

—Campamento Base —dice Rubina.

—Perfecto —asiento, sonriendo.

—Uno, dos, tres: ¡¡¡CAMPAMENTO BASEEE!!!

Y con eso, el hechizo se rompe. Todo el mundo mira alrededor de la pila de rocas, sin saber qué hacer a continuación. Están agotadas y necesitan guardar energía para volver a Gorak Shep antes de que anochezca, así que no las llevaré al corazón del campamento. Nos despediremos aquí.

—Bueno, ya estamos aquí —digo riendo—. En la base de la montaña más alta del mundo. ¿Pueden creerlo?

—Espera, espera un minuto. Pausa. —Jimena levanta la mano—. ¿Esto es? ¿La montaña más alta? ¿De todo el mundo?

—¿Sííí? —dice Shreya lentamente.

—¿Por qué? ¿Conoces una más alta? —bromea Shailee.

—Es que —dice Jimena, en voz baja—. No sé. No me había dado cuenta.

—¿Eh? —se burla Rubina—. ¿Acabas de enterarte ahora?

—¿Qué crees que has estado haciendo aquí? Caminando al pie de la poderosa Chomolungma —la reprende Shreya, inclinándose juguetonamente ante el suelo.

Jimena agacha la cabeza, sonrojade, pero me recuerda que hay muchas formas de llegar a una montaña, de moverse por el mundo. Una experiencia no tiene que ser la más grande ni la mejor para que te cambie. En cierto modo, nunca había importado la altura de la cima. No estaban aquí para atravesar una montaña, sino algo más abstracto. El terreno del interior.

—¿Y ahora qué? —se escucha por ahí.

—¡Banderas de oración! —dice Shailee.

Sacamos de nuestras mochilas las banderas que compramos en Katmandú y subimos a una saliente rocosa en la parte superior, donde hay largas tiras de banderas de oración tibetanas atadas en una roca y extendiéndose en todas las direcciones, como los radios de una rueda.

—Lo que han hecho ha sido muy difícil —les digo—. Llegar hasta aquí no es fácil.

—Quería rendirme a mitad de camino —reflexiona Lucy—. Pero todas ustedes me ayudaron a seguir adelante. Logré algo súper grande.

—Al principio del viaje, me repetía que no podía creer que estuviera haciendo esto —dice Jimena—. Pero he dejado de decirlo. Me creo realmente que lo estoy haciendo. En cierto modo, no podría haberlo hecho sin el apoyo de todas ustedes. Pero, al fin y al cabo, he sido yo quien me trajo hasta aquí. Y estoy orgullose. Me siento muy poderose.

Jimena se agacha y empieza a tallar algo en la piedra con un palo.

—Llevo a todos mis hermanos conmigo —agrega—. Estoy diciendo todos sus nombres, individualmente, en mi cabeza.

Agarrando las cuerdas de las banderas, empezamos a atarlas unas con otras, enroscando torpemente los hilos en nudos triples con los dedos cubiertos por los guantes congelados y tirando de ellos lo suficiente como para que soporten el viento azotador.

—Nada como el olor de caca de yak para unirlo todo —dice Jimena, sollozando.

Shailee nos dirige, y todas temblamos y sollozamos, tanto por las lágrimas como por el frío y la risa, mientras imitamos a las chicas nepalíes e intentamos crear una forma con las banderas. Cada una empezó con una constelación única de dolor, pero mientras atamos una con otra, el dolor se intercambia por fortaleza. No por fortaleza muscular, sino por la fortaleza de la ternura, por el dejarse llevar y dejar entrar a los demás. Las banderas ondean juntas en el viento helado, llevando consigo deseos y oraciones al cielo.

—Todas tenemos un cuarto oscuro dentro de nosotras —dice Rubina—. Y sé que muchas de nuestras hermanas aún siguen en esos cuartos. Para tantas de nosotras, que logramos escapar —con gestos, se dirige a sí misma, a Ehani y a Shreya—, la tendencia aquí en Nepal es casarse con cualquier hombre que nos acepte. Los hombres ven aquello que hemos padecido como una debilidad, y si alguno de ellos acepta nuestro pasado lleno de cicatrices, se nos dice que simplemente debemos estar felices por eso. Pero, para mí, la cuestión ya no es si algún hombre me aceptará, sino si yo aceptaré al hombre.

Lucy y Jimena chasquean los dedos, una forma de aplaudir poéticamente, y le dan a Rubina suaves palmadas en la espalda.

—Mi pasado ya no es más mi debilidad —dice ella.

—Lo único que necesitamos es tener un sueño, y si este viene del corazón, estoy segura de que se cumplirá —dice Shreya—. Yo quiero guiar a las personas hasta aquí también, como Silvia. Y, luego, algún día, iré allá. —Todas nos volteamos cuando apunta más allá de Khumbutse, en dirección al Everest.

Ese es el espíritu que la sacó de la India. Que las sacó a ambas, a ella y a Rubina.

La mirada de Rubina se suaviza mientras observa a su prima.

—Y lo vas a lograr, mi Shreya. Sé que lo harás —le dice.

* * *

Llegar al Campamento Base significa algo diferente para cada una de nosotras, pero para las mujeres de Nepal es más que un viaje de curación espiritual o una prueba de resistencia física. Es un logro que la mayoría de sus compañeras nunca tendrá la oportunidad de alcanzar.

—Vine a este viaje porque sabía que era una oportunidad para crecer —dice Ehani—. Eso es lo que quiero. Siempre. Simplemente crecer. El año pasado me casé, y en mi acuerdo prenupcial le dije a mi futuro marido que este matrimonio se produciría solo con una condición: que yo pudiera seguir haciendo lo que quisiera.

En Periche, Jimena dijo que quería trascender el trauma, y recuerdo que me preguntaba de dónde había sacado ese lenguaje. Yo nunca había sido capaz de expresar tan bien mi experiencia. Pero ahora, de pie en el Campamento Base, me pregunto si eso es lo que he estado haciendo, lo que todas hemos estado haciendo, en cierto modo.

En lugar de ascender, estamos trascendiendo. Trascendiendo las expectativas. Trascendiendo el dolor. El trauma se transmite de generación en generación, pero el hechizo también puede romperse de esa forma. Podemos curar la historia de dolor para la siguiente generación haciendo un cambio para nosotras mismas.

La palabra que Ehani escogió para la excursión fue «suavidad». Ella me ha demostrado que la fuerza no tiene por qué ser ruidosa o dominante. Puede ser tierna y nutritiva. Puede ser una corriente subterránea. Una montaña. Un Everest. El padre de Ehani le dijo que debía convertirse en alguien «grande», pero quiero decirle que ya lo es.

Estoy henchida de todo lo que quiero decir antes de que se vayan, pero cuando abro la boca, las palabras se me escapan.

Mientras las banderas atadas ondean en el aire con todas las demás, llevando nuestros deseos secretos y nuestros sueños al cielo, todo el mundo se aleja durante unos minutos a solas para mirar las montañas o sentarse en una roca y absorberlo todo. Jimena sigue tallando y pronunciando en silencio cada uno de los nombres que va grabando en las piedras. Shailee, Asha, la doctora Jackie y yo empezamos a discutir en voz baja la logística para que todas logren bajar la montaña con seguridad, ya que la doctora se quedará en Gorak Shep. Tengo que irme pronto para unirme a mi expedición.

—¡Silvia! —Lucy está de pie en la saliente rocosa que domina el sendero y me hace señas para que me acerque. En una mano lleva un bulto envuelto en un pedazo de tela y en la otra, una vara de salvia blanca. Me entrega el fardo. Dentro hay una pequeña pila de tierra roja.

—¿Qué pasó?

—Es de México —dice—. De mi casa. Vamos a hacer una ofrenda, tú y yo, al espíritu de la montaña, para que nos proteja en nuestro viaje. Y para que consigas llegar hasta la cima y puedas volver sana y salva.

—De acuerdo —digo suavemente. Estoy muy conmovida.

Cerramos los ojos durante un minuto, luego cogemos puñados de tierra y los lanzamos al aire. Se esparcen por la pendiente rocosa.

—¿Puedo hacer yo también una ofrenda? —pregunto.

—Claro que sí —dice ella.

Saco otro puñadito de la tierra especial.

—Esta es una ofrenda para que todas ustedes tomen lo que han aprendido aquí y simplemente vuelen. Tan alto como puedan. Tan alto como esta montaña y más allá. Esto es para ti, Lucy —digo.

Lanzo la tierra al cielo.

Lucy enciende la salvia, la mueve en círculos en el aire mientras arde, dibujando halos a nuestro alrededor con el humo de las hierbas. Por un momento creo entender la agridulce nostalgia de ser madre.

Nadie me pidió que me convirtiera en una. Simplemente ocurrió. Durante esta caminata he visto qué clase de madre sería. No tan cariñosa como había imaginado o esperado, honestamente, pero totalmente comprometida con dejar que cada una descubra y explore su propia fuerza. Incluso todas las veces que avanzábamos con una lentitud desesperante, algo maternal en mí luchaba a diario contra la escaladora malhumorada que llevo dentro. Una fuerza maternal que sabía que era necesaria. No solo para ellas, sino para mí. Sabía que nos estábamos moviendo al ritmo del dolor que abandona el cuerpo.

Nos juntamos para un último *selfie* y extiendo el brazo para tomarnos la foto.

—A la de tres —digo—. Uno, dos, tres…

—¡CAMPAMENTO BASE! —gritamos de nuevo, con los dedos haciendo la señal de paz y amor, con la lengua torcida, algunas sonriendo, otras serias, todas mirando a la cámara para retratar un momento que nos va a marcar para siempre. No estoy preparada para decir adiós. De donde vengo, llorar abiertamente es una muestra de debilidad. Mi madre rara vez se derrumbaba delante de mí o mis hermanos. «Una madre nunca debe llorar delante de sus hijos, por más dolor que tenga», solía aconsejar a sus amigas.

Pero mientras caemos en un último abrazo grupal, y me aplastan entre el calor de sus cuerpos, las lágrimas ruedan por mi cara.

No hay debilidad alguna en ellas. Puede que mi madre no me haya enseñado eso, pero la montaña sí. Estas chicas lo han hecho.

Jimena se vuelve hacia el grupo:

—Me siento tan… segure —dice.

Nos separamos del abrazo.

Todas estamos más seguras gracias a este arriesgado viaje.

—¡Adiós! —les digo cuando se dan la vuelta para alejarse.

—¡Adiós! —Se giran y me saludan con la mano.

—¡Adiós! ¡Adiós! —grito mientras caminan alrededor del peñasco.

—¡Adiós! —dicen sin darse la vuelta.

—¡Adiós! —grito, corriendo por el camino tras ellas cuando doblan la primera curva.

—Adiós. —Sus voces se desvanecen.

—Adiós —digo ya más tranquila, viendo cómo mi nueva familia se hace más pequeña en el horizonte.

Pensé que al dejar a las chicas en el Campamento Base y empezar mi expedición para escalar hasta la cumbre del Everest sin ellas, estaría terminando un viaje y comenzando otro. Pero mientras desaparecen de mi vista, me doy cuenta de que nuestras historias no tienen un principio, un medio y un final, sino que son un continuo. Su viaje continúa conmigo. Llevo su resiliencia y su valentía conmigo, y eso es tan importante como cualquiera de las piezas de mi equipo. Yo no las entrené; ellas me entrenaron a mí para llegar a la cumbre de esta montaña. Tal vez lo logre, tal vez muera en el intento. No lo sé. Lo que sí sé es que, al igual que subo siguiendo los pasos de todos los que me precedieron, tengo que dejar mi propia huella para los que vendrán después. Para los que se han perdido y necesitan encontrar su camino.

Nadie escala una montaña sola.

Respiro profundamente y susurro un último adiós a mis valientes chicas y luego empiezo a bajar la colina hacia el campamento.

Tengo trabajo por hacer.

CAPÍTULO 12

CUANDO LAS COSAS SE DESMORONAN

A las seis de la mañana de un domingo, una camioneta blanca con el distintivo sello de Caltrans se detuvo frente al edificio blanco sin numeración de la calle Morris. Yo estaba presentándome a mis labores de servicio comunitario, que debía cumplir como parte de la penalidad por conducir bajo los efectos del alcohol.

La puerta de la camioneta se abrió y subí rápidamente, dirigiéndome a los últimos asientos. Una mujer con capucha blanca se giró hacia mí:

—¡Hola! —dijo—. ¿Y tú qué has hecho?

—Ahh… conduje ebria —murmuré, mirando al frente.

—A mi novio también lo condenaron por eso —dijo asintiendo—. Yo estoy aquí por robar en tiendas.

—¿Por robar en tiendas? —dijo la rubia con ojos de mapache que estaba a su lado—. Yo también.

—Yo por fraude al seguro —retumbó una voz grave desde el frente—. Presuntamente.

No me molesté en ver quién había hablado. Mantuve la mirada fija en la ventanilla y en el camino, con una sonrisa educada en el rostro. Mi plan era cumplir mi condena y salir, no hacer enemigos ni amigos.

—¡Oye, Michael! —La mujer de la capucha blanca me señaló y gritó hacia la parte delantera de la camioneta—. ¡Ella también está aquí por conducir ebria!

Me hundí más en mi asiento.

Nadie de mi entorno sabía lo de mi condena. Ni mis amigos, ni mi familia, ni nadie de SKYY, que, irónicamente, tenía una política de tolerancia cero. Nadie sabía que durante los últimos dos meses un tribunal había ordenado que pasara las tardes de los sábados en una clase de educación sobre el alcohol en Fort Mason, viendo sangrientos videos de personas que morían o quedaban mutiladas por conductores ebrios. En lugar de ir a la cárcel, el caro abogado que contraté consiguió rebajar mi pena a recoger basura. Mis mañanas de domingo las pasaba recogiendo desperdicios al lado de la autopista 101. El conductor nos dejaba en varios puntos a lo largo de la 101, y hacíamos nuestro servicio comunitario, recogiendo basura en turnos de ocho horas.

Era un nuevo giro en el día sagrado. Una especie de misa, sin la gloria de Dios, pero con toda la condena y la penitencia. Cada envoltorio de caramelo o colilla de cigarrillo era una cuenta de mi rosario.

Ave María, llena eres de gracia.

Los camiones de carga y las camionetas pasaban a toda velocidad, azotándome los ojos con mi propio cabello y convirtiendo los periódicos viejos y las latas de Coca-Cola en plantas rodantes inmundas que perseguíamos por el medio de la pista. Mientras el grupo intercambiaba historias de sus conquistas de la noche anterior o de sus otros crímenes en clave, yo mantenía la cabeza agachada, tratando de ser la primera en llenar mi bolsa. No era como el resto del grupo, había tenido un momento pasajero de mal juicio, eso era todo. Perdí el control de mi auto en una calle notoriamente peligrosa de San Francisco.

Podría haberle pasado a cualquiera.

* * *

El crecimiento en Silicon Valley fue estratosférico. Las empresas se acostaban como emprendimientos y se despertaban como gigantes mundiales que cotizaban en la bolsa de valores. Mi experiencia internacional como parte de Campari y de SKYY había adquirido un nuevo valor, y los reclutadores me llamaban semanalmente. Todos los que dejaban SKYY eran criticados por sus antiguos compañeros. Y que Dios los salvara si se iban a un puesto inferior; se convertían en el blanco de nuestras odiosas bromas. Estábamos tan intoxicados con nuestro propio suministro que no podíamos imaginar por qué alguien dejaría nuestra prestigiosa familia empapada de vodka. Yo había prometido lealtad a SKYY, y marcharme después de todo lo que habían hecho por mí para asegurar mi residencia en Estados Unidos me parecía una traición.

Pero el brillo estaba empezando a desaparecer. Todos los trámites que tenía que hacer ante nuestra agencia reguladora —la Oficina de Alcohol, Tabaco, Armas de Fuego y Explosivos— dejaron en claro la espantosa y peligrosa realidad del producto que estaba vendiendo. Puede que no haya embestido a un peatón con mi auto, pero, sin querer, me estaba ganando la vida matando a la gente y a mí misma. Durante mi tiempo en SKYY, me había convertido en una trifecta mágica: alcohólica, adicta al trabajo, adicta al sexo.

Proteger a la familia tiene sus costos.

En lugar de mirar hacia dentro para responsabilizarme de mis acciones y mi comportamiento, o preguntarme por qué había hecho esas cosas, era más fácil cambiar de empleo. Empecé a responder a las llamadas de los reclutadores, atraída por el canto de sirena de los paquetes de beneficios y las ventajas que ofrecían las empresas de tecnología. Me imaginaba a mí misma como una verdadera ejecutiva de una puntocom, envolviéndome en la fantasía de lo que podría ser, en lugar de enfrentarme a lo que era.

* * *

Mi amiga Shereen había organizado una pequeña reunión por Halloween. Yo había completado mis tres meses de servicio comunitario y recuperado mis privilegios de conducir, pero era la vergüenza lo que me mantenía completamente sobria. Estaba en la cuerda floja. Y, sin alcohol, necesitaba algo para darle un poco de emoción a mis días libres. Tal vez, disfrazada podría sacudirme las ganas de beber.

—*Mademoiselle* Sylvie, a su servicio —dije con mi peor acento francés cuando Shereen abrió la puerta—. Estoy aquí para barrer los esqueletos de su armario.

—¡Oh, cariño, mira esos tallos! —Shereen silbó. Fuera de los partidos de fútbol, mantenía mis escuálidas piernas para mí sola. Pero *mademoiselle* Sylvie era una mucama traviesa a la que le gustaba mostrar la pierna y pasar el plumero por ella seductoramente.

Detrás de Shereen oí un silbido. Cuando entré en la abarrotada sala para ver de quién se trataba, me encontré con un ángel.

Rodeada por un halo de plumas y con una varita de estrella brillante, el ángel tenía unos intensos ojos redondos de color verde avellana. Con un bronceado dorado y cabello rubio oscuro que caía en cascadas sobre sus hombros, incluso con un disfraz tan caprichoso, era toda una belleza americana. Sin adornos, muy al estilo de Ralph Lauren. Como si pudiera encantar al vaquero y atar su caballo al mismo tiempo. Su sonrisa era amplia y clara, revelando unos dientes blancos que brillaban como si nunca hubiera tenido nada que ocultar.

Me sentí tan atraída que no me di cuenta de que sus ojos recorrían mis piernas de arriba abajo, hasta que se detuvieron. Levantando ligeramente su ceja perforada, me lanzó una mirada que reconocería en cualquier lugar. Era *mi* mirada. La que decía «ten cuidado».

—Silvia —dijo, golpeando suavemente mi plumero con su varita—. Como siempre, el mundo gay es tan pequeño…

Debió haber leído el miedo en mi cara, porque empezó a partirse de risa.

—No te preocupes —dijo ella—. ¿Red Devil? ¿Ozomatli?

—¡Ohhh, claro! Dios mío. Por favor, perdóname —dije—. Conozco a tanta gente en el trabajo. A veces es difícil ponerle nombre a las caras.

No era una mentira, exactamente.

Me guiñó un ojo, y el pequeño aro de plata sobre su ceja derecha brilló.

—Soy Lori —dijo.

Dios mío. Era la mujer de la chaqueta de cuero. Mi corazón se aceleró. Hacía un mes nos habíamos topado brevemente en un concierto de Ozomatli. Ella llevaba una chaqueta negra de motociclista. Exudaba el tipo de despreocupación que yo había tratado de emular en mis días de vaquera peruana. Una verdadera rebelde sin causa. Siempre necesité unos cuantos tragos para hablar con mujeres así. Sin alcohol, mi coraje se desinflaba. Cuando dejé de beber, también se acabaron mis aventuras de una noche.

Aquella vez intenté sacarla a bailar, pero ella se negó dulcemente, lo que me llevó a tropezar con la conversación, tratando de descifrarla. Parecía heterosexual, pero tal vez era gay, o tal vez yo solo quería que lo fuera. En cualquier caso, no había sido capaz de obtener una respuesta clara esa noche.

Pero ahora aquí estaba ella, un ángel en una fiesta muy gay.

Resultó que el personaje de la mucama francesa traviesa no era solo una caricatura de telenovela, sino una fantasía universal, y mi atuendo, el plumero en particular, era carne fresca para una fiesta pervertida.

Alrededor de la medianoche, un cántico surgió en el departamento.

—¡Endup! ¡Endup! Endup!

El Endup era el lugar en el que terminabas. Una discoteca sin ventanas y llena de humo, iluminada por luces de neón afiladas y nocturnas.

—¡Yo conduzco! —dije, orgullosa de ser la persona sobria y responsable del grupo por primera vez.

Seis de nosotros nos metimos en mi Jetta negro: dos parejas, Lori y yo.

En la pista de baile, las parejas desaparecieron, y Lori y yo creamos un juego que consistía en esquivar el torrente de hombres heterosexuales que se nos acercaban. Lori se pegó a mí, gritando por encima de la música para poder conversar. Había crecido en Denver y se había ido a vivir a la costa este antes de establecerse en San Francisco. Era periodista de una revista especializada en alimentos y bebidas, y me dijo que se dedicaba a crear conciencia sobre los productos orgánicos.

—Pero mi verdadera pasión es escribir ficción —dijo todo esto con tanta seriedad y convicción que me excité de una manera totalmente nueva. De una forma sana.

Yo también compartí cosas, retazos de mi vida. Pero todo lo que recuerdo es el lóbulo de su oreja. Mi aliento caliente. La textura a piel de durazno contra mi mejilla, sintiendo electricidad cuando su cara se acercaba a la mía, sus labios rozando el borde exterior de mi oreja mientras se reía de mis chistes malos.

Ebria, mi libido había sido una cruda fuerza palpitante con una sola misión. Pero sobria, mi cuerpo rebosaba de nuevas sensaciones. Mientras Lori hablaba, la electricidad entre mis piernas subía por mi columna vertebral, hormigueando y golpeando a lo largo de mis vértebras.

En ese momento, el ritmo *sexy* y contagioso de Beyoncé cantando «Naughty Girl» sonó por toda la discoteca. Esta vez no presioné a Lori para que bailara conmigo, sino que ella me cogió de la mano de forma natural y me llevó a la pista.

Nuestros cuerpos se fundieron lentamente en el baile, con una sensualidad tierna y cariñosa que nos unía. Me tragué mis nervios y le solté un «¿Puedo besarte?».

Arqueando sensualmente una ceja, su aro plateado brillando en la luz violeta intermitente, Lori me dio todo el permiso que necesitaba.

* * *

En nuestra primera cita oficial, la llevé a un restaurante peruano y pedí los platos básicos, los platos por los que los peruanos juzgamos a todos los restaurantes peruanos: ceviche mixto de mariscos, pollo a la brasa y, por supuesto, la joya de la corona, el lomo saltado.

La conversación fluyó con naturalidad.

—Se nota que tienes mucha pasión por tu trabajo —dije.

—No es el trabajo más *sexy* —respondió Lori—, pero realmente creo que podemos hacer la diferencia. Estas industrias desperdician tanto. Nadie lo cuestiona. Solo se necesita que alguien agite un poco las cosas.

Asentí y clavé mi tenedor en un jugoso trozo de lomo. Nunca rompió el contacto visual mientras hablaba. No era un intento de seducción. Más bien parecía que miraba más allá de lo que yo le mostraba para descubrir quién estaba realmente allí.

—Por ejemplo —dijo, tomando un sorbo de Inca Kola—, estaba haciendo un reportaje sobre Tyson, la empresa de pollos, ¿sabes? Y, por alguna razón, se les metió en la cabeza que yo necesitaba cincuenta kilos de pollo para hacer una reseña. Ahora que lo pienso, ¡quizás estaban intentando sobornarme! —Se rio—. Como sea, tuve que apresurarme y meter esa enorme caja de pollos en mi auto yo sola y encontrar un refugio local para dejarlo antes de que se malograra.

—Increíble —dije, encantada de nuevo por la pureza de su deseo de hacer lo correcto—. ¿Sabes? Cuando nos conocimos intenté descifrarte. La chaqueta me decía que tal vez eras gay.

—Deja las chaquetas de cuero fuera de esto. Son andróginas y deben seguir siéndolo.

—Perdona, mi error.

—No te preocupes —dijo ella—. Soy bi. He tenido dos novias con las que he convivido y acabo de separarme de un novio.

Antes ya me habían dejado por un hombre, y me dolió de otra manera. Con las lesbianas, al menos se quedaban en la pecera gay. Tal vez las volviera a ver, y si el destino y la oportunidad confabulaban, siempre existía la posibilidad de volver a estar juntas. Pero cuando las mujeres se enamoraban de los hombres, desaparecían para siempre, engullidas por el mundo heterosexual. Volver con cualquier hombre era volver con todos los hombres. Pero Lori parecía más libre que eso, y yo quería confiar en ella. Algo me impulsaba hacia ella. Era más que la sensación de familiaridad o comodidad que me transmitía. Ella no era solo alguien para llenar un vacío en mi vida. En la cultura hawaiana, se dice que siete generaciones de tus antepasados viven en tu columna vertebral, y, si eso era cierto, sentía como si todos ellos se hubieran despertado y estuvieran bailando en la mía, diciéndome que estaba exactamente donde debía estar. Que no metiera la pata. Y, si realmente eran mis ancestros, sabía que era mejor no cuestionar su guía.

Estaba dispuesta a aceptar todo lo que Lori estuviera dispuesta a ofrecer.

—Pienso quedarme soltera durante un tiempo —dijo de pronto, llevándose una cucharada de arroz a la boca—. O… —me miró, sus ojos color avellana se suavizaron y se volvieron verde mar— lo estaba.

Nunca supe que creía en el destino hasta que lo sentí.

Después de la cena, caminamos cargando recipientes con lo que sobró del pollo y el arroz. Estaba decidida a enviarla a casa con todos esos manjares. Mientras caminábamos por Market Street, pasamos junto a un hombre agazapado en una puerta oscura. A la luz de la farola, pude ver que estaba envuelto en una manta; su cara estaba oscurecida por la suciedad. Nos llamó y yo aceleré el paso, pero Lori se detuvo.

—Espera —dijo, cogiendo la bolsa y corriendo hacia las sombras para darle la comida.

¿Qué podía ofrecerle a una mujer así? Alguien que se detenía para compartir una comida con una persona en la calle. Que transportaba un palé de pollo a través de la ciudad en medio de la jornada laboral para donarlo a un albergue. Todo lo que hacía estaba orientado hacia el exterior. Hacia el planeta, su comunidad, los necesitados. Trabajaba para mejorar el mundo, y yo trabajaba hasta la muerte por dinero y lealtad. El tipo de lealtad retorcida que nos exige que, aunque nos estemos matando, aparezcamos con una sonrisa. No podía decepcionar a mi «familia alcohólica». Lo que pasa con el trauma, con la adicción, es que te encierra en un eterno Día de la Marmota de tu propio interior. Quería salir de mi propia piel, ver lo que era hacer algo por los demás, sin ataduras.

Los seis meses siguientes fueron una bendición.

Mi hermano menor, Eduardo, acababa de emigrar a Estados Unidos, y alquilamos juntos un *loft* en la Undécima con Harrison, en el distrito del SoMa. Eduardo trabajaba por las mañanas como guardia de seguridad en una joyería, y Lori y yo nos turnábamos entre mi casa y la suya. Durante el otoño y el largo y gris invierno de San Francisco, el *brunch* de los domingos era lo mejor de mi semana.

Lori tenía una receta que transformaba una extraña combinación de leche y pan con papas asadas en una brutal tostada francesa. Mientras cocinaba, tomábamos mimosas y escuchábamos a su cantante favorito, Al Green. Ella no era una gran bebedora, así que dejé que me guiara hacia el consumo responsable. Me imaginé a mí misma renaciendo como una bebedora ocasional. Una bebedora de una copa y punto. Lori no sabía lo de mi sentencia por conducir ebria. Sobre lo mala que era realmente mi forma de beber. No sabía ninguno de mis secretos. Me había dado a mí misma un borrón y cuenta nueva, así que nuestra relación también se lo merecía.

Mis días de ligues descuidados y mañanas amnésicas en la sala de Emergencias habían terminado. Mientras comíamos, la deliciosa voz de Al Green le daba al *loft* un ambiente sensual. Empeñada a bailar con ella, hacía girar a Lori cariñosamente desde su silla hasta el salón, donde la luz vespertina de la bahía se filtraba a través de los relucientes ventanales. Mientras bailábamos, mi cabeza se apoyaba en su hombro, y a veces la dejaba reposar allí, sintiendo por primera vez que no tenía que hacerme cargo de la situación.

A veces, incluso dejaba llevar por ella.

«Let's Stay Together» era su canción favorita, y la reproducía una y otra vez durante gran parte de la tarde. Yo cantaba con ella, pensando que Al me había quitado las palabras de la boca.

* * *

Cuanto más me enamoraba, más miedo tenía de perderla. Algunas mañanas me despertaba con un nudo en el estómago, segura de que me llamaría para decirme que se había enamorado de otro. De un hombre. Lori no había hecho nada para confirmar mis pensamientos, siempre se empeñaba en presentarme como su novia y me cogía de la mano en público. Pero mientras aprendía a amar y a ser amada de nuevo, a estar en una relación, a ver y a dejarme ver, el miedo a la intimidad siempre estaba ahí acechando, nebuloso, vertiginoso, persistente. Era una suave corriente subterránea que se deslizaba por debajo de todas nuestras interacciones, especialmente cuando se trataba de aquello que más le apasionaba en el mundo, aquello que decía que pondría nuestra relación a una prueba de fuego, que nos acercaría más que nunca: Burning Man.

Burning Man es un festival de diez días que se celebra cada agosto en un remoto desierto de Nevada. Comenzó en 1986, en Baker Beach, en San Francisco, cuando un artista quemó una efigie de madera de dos metros y medio de altura que simbolizaba a «el Hombre», y se erigió como un movimiento contracultural. Veinte años más tarde, se transformó en una fiesta anual de arte llena de drogas que atraía a miles de personas de todo el mundo que se enfrentaban a feroces tormentas de polvo diarias para experimentar un mundo libre de comercio. Los artistas y los ejecutivos de la tecnología lo entregaban todo, ahorrando y planificando el año entero para dar rienda suelta a sus *alter egos* en medio del desierto.

Se llamaban a sí mismos *burners*. Y eran la familia elegida por Lori.

Ella ayudaba a dirigir uno de los campamentos más grandes del festival. Le tomaba todo un año planificar, construir y financiar el campamento. La mayoría de los eventos para recaudar fondos eran recreaciones cargadas del ambiente sexual de Burning Man, con esculturas y arte local, mujeres semidesnudas con plumas y pintura corporal, y hombres de aspecto femenino con un fuerte delineado de ojos. Hombres delicados y guapos, tal vez lo suficientemente femeninos, pensé, que podrían ser perfectos para una chica bisexual como Lori. Muchos de los *burners* eran adinerados ejecutivos, y la combinación de valores comunitarios y de librepensadores, junto con la riqueza y el exceso capitalista del auge tecnológico del Área de la Bahía, lo convirtieron en un festival *hippie* con dinero, con *deep house* como música de fondo. Una fiesta en la que quería participar y, al mismo tiempo, con la que no quería tener nada que ver.

Aquella primavera, mientras las mañanas de niebla se convertían en días más largos, Lori empezó a rogarme que fuera con ella. «Burning Man te cambia», dijo. Y aunque estaba buscando un significado más profundo en la vida, un experimento humano con vibraciones poliamorosas no era la respuesta. Para Lori, Burning Man era una utopía ejemplar, una alternativa a nuestro acelerado modo de vida capitalista. Un lugar para aprender lo que es realmente el amor, decía, lo que lo hizo sonar aún más como una orgía masiva repleta de drogas.

¿Quién necesitaba ser tan libre, sinceramente?

En lugar de pensar en eso, me lancé a conseguir el trabajo de mis sueños. Si pudiera conseguir un trabajo en el sector tecnológico, como *burners* de Lori, podría darle un giro a mi imprudente vida. El ambiente acelerado alimentaría mi necesidad de velocidad, y el pensamiento vanguardista me mantendría siempre alerta. Además, para mí, sería el signo definitivo del éxito.

Cuando la primavera dio paso al verano, le hice creer a Lori deliberadamente que iría con ella a Burning Man, con la secreta esperanza de que lo olvidara. Me aterraba decirle que no. Esa comunidad parecía tan importante para ella, parte de su identidad de una manera que yo no quería o no podía presenciar. Sabía que, si no iba, perdería esa parte de Lori.

* * *

Las fiestas del Orgullo Gay de 2005 en San Francisco fueron el último fin de semana de junio. Fuimos invitadas a una organizada por un rico diseñador gay de ropa interior que vivía en un magnífico *penthouse* con vistas al puente Golden Gate. Con todas las pieles, las plumas, la brillantina y las botas gogó que había coleccionado durante años en Burning Man, el armario de Lori estaba preparado para el Orgullo. Mientras nos vestíamos, me tumbé en su cama y la vi volar entre montones de atuendos.

—No, no, no —dijo, sacando tutús y cadenas para el cuerpo. Recordé mi primer festival del Orgullo Gay ocho años antes. Tenía veintidós años, el rostro fresco y me preguntaba cómo sería besar a una mujer. Celebrar con desenfado. Sentirme lo suficientemente feliz en mi propio cuerpo como para encontrar una libertad y una tranquilidad que nunca había conocido. Fue la promesa de libertad lo que me atrajo a San Francisco. Ahora, a punto de cumplir treinta y un años, intenté recordar aquellos sentimientos de alegría y libertad, pero había algo que se interponía.

El *penthouse*, decorado con estampados de leopardo y acabados dorados, era como una isla de *Boogie Nights*, con bailarinas gogó escasamente vestidas, y ríos de éxtasis y cocaína que corrían en todas direcciones. El fino *champagne* Veuve Clicquot era una laguna sin fondo.

Las mejores y más grandes fiestas de los chicos de la comunidad gay se celebraban el sábado antes del gran desfile del domingo. Yo había salido mucho de fiesta, pero el mundo de SKYY no se comparaba en nada a esto. Solo había un puñado de mujeres ahí, Lori y yo con mi amiga Anne, algunas otras lesbianas; además de chicos con sus novios. El resto de los hombres eran heterosexuales que se hacían pasar por gais por una noche.

Mientras lo asimilaba todo, Lori me llevó al baño del pasillo y me dio una píldora circular de color celeste con la silueta de una paloma de la paz impresa en ella. Era una pequeña píldora divina. Cogió otra para ella, cuyo color azul tiznado ya se estaba desprendiendo y manchando la palma de su mano sudorosa.

—¿Lista? —dijo con los ojos brillantes.

—Lista o no. —Me encogí de hombros y me reí nerviosamente mientras nos metíamos el éxtasis en la boca y lo acompañábamos con *champagne*. La fuerte música hizo vibrar la araña de cristal que se balanceaba sobre nuestras cabezas.

Lori me había vestido con una *sexy* bata traslúcida y ella llevaba un top completamente blanco y un sombrero de fieltro color rosa vivo. Salimos del baño y nos dirigimos a la sala de estar, que tenía una bola de disco en medio de la pista de baile, en la que se retorcían cuerpos sin camisetas. Anne arrastró a Lori a la pista y yo me dirigí a la barra, decidida a mantenerme hidratada con *champagne*. Sus burbujas frescas y crujientes chisporroteaban en mi garganta mientras bebía una copa tras otra y esperaba que la euforia hiciera acto de presencia.

Habían pasado tal vez cinco minutos, tal vez una hora, no lo recuerdo, pero cuando miré hacia atrás, vi a Anne y a Lori en sostén, bailando sobre un parlante. Los hombres las rodeaban, sus rostros se tensaban y deformaban al verlas convertidas en resbaladizas criaturas femeninas. Uno de ellos sacó una rosa de un jarrón y se la entregó a Lori. Ella arrancó los pétalos, y al verlos caer sobre su cara en una lenta lluvia rosa, mis piernas se pusieron rígidas. Una oleada de rabia, de celos, de pérdida me invadió. Me di la vuelta. Lori estaba allí, pero no podía tocarla. La estaba perdiendo. Contra ellos. Pero no si yo me iba primero.

* * *

A las seis de la mañana nos arrastramos hacia el ascensor. Mi cabeza era una campana que repiqueteaba sin parar. Todo mi cuerpo se sentía como un trapo mojado.

—Algo está mal —refunfuñé.

—¿Qué quieres decir, cariño? —La cara de Lori brillaba por el sudor, sus mejillas pálidas se veían perfectamente rosadas. Era perfecta. Demasiado perfecta. Y libre—. ¿No te has divertido? —dijo sin aliento, empujando la puerta del edificio y lanzando sus manos hacia la oscura mañana.

Llamé a un taxi y, mientras viajábamos, Lori exhaló un «ohhh» mirando la salida del sol sobre la bahía. Yo estaba sentada en silencio, sumiéndome cada vez más en la oscuridad de mi mente, y sintiéndome más y más agitada. Cuando el taxi nos dejó, ya sabía lo que tenía que hacer.

—Puedo verlo —murmuré, más para mí que para ella. Las palabras eran un lodo pesado que salía de mi boca—. Eventualmente, te irás.

Se dio la vuelta y vi cómo su rostro pasaba de la alegría del amanecer al pozo oscuro de mis palabras.

—¿Qué has dicho?

En lugar de ablandarme, su dulce rostro avivó mi ira.

—Lo siento, Lori, tuvimos buenos momentos. —Apenas podía creer las palabras que salían de mi boca. Eran frías, casi robóticas—, pero ya no puedo continuar esto.

—¿Tuvimos buenos momentos? —Prácticamente escupió. Sus ojos se llenaron de lágrimas y sus pupilas dilatadas se prendieron de las mías.

—Dame mis llaves, Silvia. —Me sentía extrañamente tranquila. Obedecí, las saqué del llavero y se las entregué.

Conmocionada, se quedó mirándolas en la palma de su mano. Luego, sin decir nada, abrió la puerta de golpe y atravesó el portal de su edificio. Vi cómo su figura se alejaba mientras entraba en el ascensor, de espaldas a mí. Mientras las puertas plateadas se cerraban, su figura se hacía más y más pequeña, hasta que solo pude ver una brizna, y luego nada.

Se había ido.

No me había dado cuenta aún de lo que había hecho, porque en lugar de devastación, solo me sentí reivindicada. Había hecho lo que tenía que hacer para evitar sufrir en el futuro. Por primera vez estaba tomando el camino correcto, pensé.

Para el siguiente fin de semana había regresado a beber con todas mis fuerzas.

* * *

Hay tantas maneras de contar la historia del olvido. No había nada nuevo en mi forma de beber. Nada nuevo sobre la noche del sábado. Sobre bar tras bar tras bar. ¿Desmayarse en el departamento de un extraño? Nada nuevo.

Lo que sí fue nuevo fue que el domingo por la mañana, de camino a su turno en la joyería, Eduardo me encontró tirada boca abajo en la entrada de nuestro departamento. Se agachó hacia mí y me sacudió los brazos.

—¡Silvia! ¡Hermana! ¿Qué demonios está pasando? ¿Estás bien? ¿Puedes respirar?

—Arrrggg…

Me apoyé sobre mis codos y me limpié los restos de vómito de la cara. Mi aliento era una nube hedionda: tequila viejo mezclado con vinagre, como el fétido olor del aderezo para ensalada dejado mucho tiempo sin refrigerar. Me dieron ganas de vomitar más, pero también eso me resultó familiar. Había estado ahí antes. Al menos conocía a esta persona.

Sabía lo que vendría después.

—No me siento muy bien, necesito recostarme.

Mis palabras eran un pantano desastroso que salían mientras Eduardo me ayudaba a llegar a mi habitación. El vómito había salpicado las paredes y el suelo del baño del primer piso. Se necesitaba mucho vómito para llenar un baño tan grande.

Me tumbé boca abajo en la cama, miré por la ventana y traté de reconstruir la noche mientras Eduardo gritaba vagas palabras de preocupación, seguidas por el golpeteo de sus botas y el clic de la cerradura de la puerta. Intenté volver sobre mis pasos. Jugar al juego de la mañana siguiente de quiénhizoqué. Pero estaba cansada. No por falta de sueño o por el exceso de alcohol, sino cansada por dentro. Cansada de correr, de destruir todo lo bueno de mi vida, de derribar muros solo para construir nuevamente unos aún más altos. Estaba cansada de cargar con tantos secretos que ya no podía distinguir lo que era secreto y lo que no, así que me lo guardaba todo, por si acaso.

Todas estas búsquedas de tesoros en estado de embriaguez terminaban en el mismo lugar. Yo en una cama, con aliento a tequila agrio, sola y avergonzada. No había más misterios. Solo los largos y tristes días que se sucedían unos a otros. Excepto que esta mañana en particular algo era realmente diferente. Había un testigo. Mi hermanito, al que había prometido amar y proteger siempre, me encontró boca abajo en un charco de mi propia vergüenza. Nadie en mi familia me había visto nunca así. Eduardo me admiraba, pero ya no. ¿Por qué lo haría?

Entonces, hice algo que nunca había hecho. Llamé a casa.

—¿Mamá? —dije al borde de las lágrimas cuando escuché su cálido y suave «¿Aló?»—. Mamá, necesito ayuda. He bebido demasiado y me siento muy mal. No puedo seguir así.

Hubo un largo suspiro al otro lado.

—Lo sé, Silvita —dijo ella—. Tu hermano me lo dijo. Ya es suficiente. Ven a casa. Francis te va a ayudar.

Mi primo Francis era el único médico de la familia. Había hecho su residencia en el Amazonas, en la pequeña ciudad de Tarapoto. Allí se había hecho amigo de un médico francés, Jacques Mabit, uno de los principales investigadores sobre los beneficios psicológicos del ayahuasca. El ayahuasca es una ancestral medicina indígena que se elabora empapando una liana de la selva en hojas de chacruna, que contienen un potente alucinógeno llamado DMT, también conocido como la molécula del espíritu. El DMT se encuentra en el cuerpo humano, pero los investigadores y los místicos siguen debatiendo sobre su función. Algunos dicen que esa sustancia química se libera justo antes de morir y es la responsable de ese momento que se ve en las películas en el que tu vida pasa ante tus ojos. Dicen que el DMT te lleva a través de la muerte y te escupe al otro lado, de modo que, si tienes suerte, puedes ver lo que harías de forma diferente.

En San Francisco, el uso de la medicina nativa se había reencarnado en los rituales *hippies*, muchos de ellos practicados por el mismo grupo de Burning Man con el que Lori salía. Pero el ayahuasca no era una droga recreativa ni algo para tomar a la ligera, decía Francis. Al tratarse de conocimientos ancestrales, era una tarea espiritual que solo debía realizarse bajo la dirección de un chamán experimentado. Los curanderos y chamanes utilizan el ayahuasca para sanar el dolor emocional y desbloquear estados superiores de conciencia. La liana canta sus mensajes a través de ellos.

Francis había organizado una ceremonia de ayahuasca para mi muy católica madre, y durante el viaje, su padre, Francisco, que había sido asesinado cuando ella tenía doce años, se le apareció. Mantuvieron una conversación que le permitió cerrar una herida que nunca había cicatrizado. Si ella pudo encontrar un cierre gracias a una medicina psicodélica, entonces tal vez yo también podría. Sanar las cosas de las que mi familia nunca había podido hablar. Cosas que ninguno de nosotros estaba preparado para manejar.

Yo había huido de todas las formas posibles. Nuevo país, nuevos trabajos, nuevas relaciones, nuevas identidades. Me había emborrachado hasta llegar al olvido, y me había librado por poco de la cárcel y de matarme a mí misma o a alguien más. No me quedaba más que hacer que rendirme. Volver al lugar donde habían empezado los problemas.

—Está bien, mamá —dije—. Déjame pensarlo.

* * *

A la semana siguiente, eBay me llamó y me ofreció un trabajo en su departamento de Finanzas. Este fue mi avemaría. Mi oportunidad de cambiar las cosas. Lori se había ido, pero había sacado a flote la parte de mí que quería más, algo mejor, que buscaba un significado.

Mi fecha de inicio en eBay estaba fijada para el 6 de septiembre, en mi cumpleaños número treinta y uno. Me sentía tan culpable por dejar SKYY que avisé con cuatro semanas de antelación, lo que me dejó una semana libre. Compré un boleto a Perú.

Era ahora o nunca.

En la recuperación de adicciones, dicen que el primer paso para curarse es admitir que no se tiene control sobre la sustancia y entregarse a un poder superior. Sinceramente, eso sonaba como un alivio; pero, para mí, Dios seguía siendo un ente nebuloso, y la terapia era un lugar para personas con problemas serios. Aceptar tomar ayahuasca fue mi forma de rendición.

Para limpiarme espiritualmente para la ceremonia, Francis me sometió a una estricta dieta de tres semanas sin alcohol, carne, sexo ni dulces. Consiguió organizar la ceremonia de ayahuasca con María, una reconocida maestra shipiba, para un sábado por la noche en Carabayllo, un barrio humilde a las afueras de Lima, junto a Puente Piedra, donde vivían tía Emérita y mi primo Felipe. La ceremonia duraría al menos entre dos y tres horas.

Mis padres y yo recogimos a Francis alrededor de la medianoche y comenzamos el largo viaje. Nos advirtió que el ambiente sería remoto, rústico. Hablaba muy en serio. Si no se tenía cuidado con la planta, se podía tener un brote psicótico, nos dijo. Una sombría calma se apoderó del auto. Condujimos en silencio a través de la oscuridad durante lo que me pareció una eternidad, y me imaginé recorriendo una húmeda carretera fantasmal hacia una decrépita mansión encapotada. Mi estado de ánimo era resignado, como si marchara a encontrarme conmigo misma por primera vez, viajando con mis dos padres en el asiento delantero porque necesitaba ayuda. Algo que nunca les había dicho.

En mi familia no nombrábamos las cosas por su nombre. Alcohólico. Pedófilo. Violador. Abusador. Las cosas que nos atormentaban estaban envueltas en eufemismos e insinuaciones. Con el nombramiento llegaba la vergüenza.

De repente, una salvaje oleada de salsa y cumbia inundó el auto cuando pasamos por una serie de discotecas con música a todo volumen, con gente haciendo fila, bailando en la calle al son de las trompetas y los timbales que resonaban en altavoces del tamaño de un camión. La ciudad estaba libre y viva. Desde la ventanilla observé, recordando todas las veces que había bailado, lo libre que me sentía, pero ahora mis piernas estaban llenas de dolor.

Giramos por un camino de tierra lleno de baches.

—¡Aquí! —dijo Francis, frente a un gran almacén blanco—. Deténgase.

—¿Aquí? —pregunté sorprendida, dudando de todo el asunto. Esto se estaba poniendo raro. Tal vez mi vida no era tan mala después de todo.

Mi padre estacionó y seguimos a Francis por una puerta lateral que daba a un gran patio trasero. Subimos unas escaleras de madera destartaladas y entramos en una sala abierta iluminada por un centenar de velas. En el centro, María, la curandera, estaba sentada en un cojín de color púrpura junto a un altar, con el rostro iluminado desde abajo por las velas oscilantes que proyectaban un aura mística en la habitación. A ambos lados estaban sentadas dos jóvenes, sus ayudantes. En un semicírculo frente a ella, se colocaron ocho lugares, cada uno con una pequeña colchoneta, una silla de plástico blanca, una manta y un cubo. Francis me advirtió que lo peor era vomitar. Todo formaba parte de la purga.

Ya era una experta vomitando. Al menos, esta vez sería productivo.

Las otras cuatro personas eran desconocidos, me di cuenta con un sobresalto. ¿Cómo iba a hacer esto delante de extraños que ya estaban sentados en silencio con las piernas cruzadas en sus colchonetas? Parecía que todos menos yo sabían lo que les esperaba. Francis me dirigió al asiento que estaba enfrente de María, mientras él se sentó en la colchoneta de mi izquierda, y mi madre y mi padre a la derecha.

¿Quién toma ayahuasca con sus padres?

Mi padre había estado en la primera ceremonia con mi madre, pero no sintió nada. No podía imaginar lo que mi madre le había dicho para que aceptara venir de nuevo. Debió de haberle hecho sentir culpable. Cualquier conversación que teníamos sobre el abuso acababa en una discusión. Nunca habíamos intentado hacer terapia familiar para afrontar el tema, y él nunca se había disculpado.

Una de las ayudantes golpeó un gong y su vibración plateada brilló en la habitación. La otra ayudante agitó un palo de lluvia y pequeñas gotas de sonido cayeron sobre nosotros, mientras María iniciaba una invocación en la lengua shipibo. Empezó a mezclar en una tetera líquidos turbios que sacaba de varias botellas de plástico, y luego añadió agua caliente. Apretó los labios, se inclinó sobre la tetera y empezó a silbar en el líquido y a cantar de nuevo en shipibo. Según la tradición, silbar despierta los poderes del ayahuasca.

Francis me hizo una señal para que me acercara al altar y recibiera el brebaje. Mientras bebía de una pequeña taza, y el líquido espeso y amargo bajaba lentamente por mi garganta, María seguía cantando y una de sus ayudantes agitaba una maraca de hojas.

Mi madre me siguió, luego mi padre y el resto del grupo. Volví a la colchoneta y me tumbé para la fase de meditación, como me indicó Francis.

Después de que todo el mundo bebiera la preparación, María encendió un enorme cigarro y empezó a dar rápidas caladas, lanzando el humo en pequeñas bocanadas. Luego comenzó a rezar. De algún lugar profundo de su pequeño cuerpo salió una melodía que hacía vibrar el espacio, un himno interminable que me transportaba dentro y fuera de mi conciencia. Cerré los ojos y me tapé las piernas con la manta. La hermosa melodía recorría la habitación. El canto se fundía con los sonidos del palo de lluvia. Me dejé perder en la voz de María.

La música serpenteaba por mi cuerpo como la liana del ayahuasca que se desplegaba en mi interior. La liana era el maestro, y la curandera, María, el canal. Los cantos, llamados ícaros, eran los cantos de la planta, canalizados a través de la chamán. Aunque no entiendas lo que quieren decir, se dice que tu espíritu comprende el mensaje.

Mis mejillas comenzaron a sonrojarse y sentí un cosquilleo. No había necesidad de abrir los ojos. Todo lo que veía lo podía ver sin ellos.

Había un arcoíris que se ahogaba, un charco de acuarela de morados y rojos y verdes y naranjas, y mientras miraba en él, empezó a girar, transformándose en un vórtice. Envuelta en la canción de María, caí en él, girando en espiral, cayendo hasta lo que parecía ser el centro de la tierra. Luego, el silencio. Ya no podía oír más la música, pero había una luz. Caminé hacia ella. Era la luz de una casa. La casa de mis padres. Abrí la puerta principal, con cuidado de no hacer ruido, recordando lo chirriantes que eran siempre los brillantes suelos de madera, pero no hicieron sonido alguno. En la esquina de la habitación había una pequeña silueta. Tenía que ver quién era.

No sentí miedo.

Al acercarme, me agaché y ella se dio cuenta de mi presencia. Levantó la vista. Había estado llorando y aún temblaba un poco. La había visto antes en una fotografía. Tenía dos colas de caballo. Era una niña vestida con un buzo color turquesa. Era yo a los seis años. La levanté y se aferró a mí, abrazándome con fuerza, sentí todos sus pequeños músculos contraídos. Mi corazón empezó a agitarse. La abracé con fuerza y empecé a llorar. Entonces un rayo de fuego me atravesó las entrañas. Furia. Furia incandescente. Alguien le había hecho daño. La abracé con más fuerza. La rabia se convirtió en bilis, subiendo caliente y rápida por mi garganta. Me salí de la visión con una sacudida y me volví a tumbar, bañada por una extraña sensación de paz. La niña volvió a aparecer y mi yo adulto estaba junto a ella. Mientras yo estuviera allí, mientras no la soltara, nadie iba a volver a hacerle daño. Había una luz idéntica brillando en nuestros pechos, y me incliné para acunarla, enviando ondas de compasión de mi cuerpo al suyo.

Su rostro se volvió más cálido, más brillante.

A lo lejos, se oyó un gran estruendo. Nos quedamos como flotando en la entrada de algo. ¿De nosotras mismas, tal vez? Debajo, el suelo temblaba y se agitaba. No podía ver nada, pero ella me tomó de la mano y comenzamos a caminar. El aire era fresco. Estábamos en una espesa zona de árboles y hierba, y algo se estaba formando en el horizonte. Corriendo hacia nosotras, como un trueno.

Pero no, no era una estampida de animales. Eran rocas. Enormes rocas; no, eran montañas, elevándose a través del suelo, rompiendo la tierra como si fuera un huevo. Un valle interminable se desplegaba frente a nosotras, mientras un anillo de picos escarpados se disparaba en el aire, tan alto que atravesaba las nubes y desaparecía al otro lado.

Observamos con asombro. Cuando el estruendo cesó, miré a mi alrededor con cautela para asegurarme de que fuera seguro. Pero la niña no tenía miedo. Me cogió de la mano y me llevó hacia lo profundo del valle. Mientras caminábamos, se fijaba en todo, parpadeando alegremente mientras miraba a los pájaros y señalaba cada pequeño insecto en la hierba.

Su mano seguía siendo cálida. Estaba tranquila. En paz. Simplemente caminando.

La música volvió a sonar.

Luego llegaron voces formando palabras incoherentes.

Mis ojos se abrieron de golpe y volví a estar en Perú. El rostro de mi madre era suave y distante, mientras se mecía en la colchoneta a mi lado. A su otro costado, mi padre roncaba con la boca abierta y los brazos cruzados sobre el pecho, como dormía durante las siestas de la tarde. Volví a cerrar los ojos y escuché con más atención. Los ronquidos de mi padre se habían convertido en un estruendo que se había convertido en una montaña. Sus ronquidos habían sido la banda sonora de mi visión. Mientras me limpiaba las lágrimas de risa y de liberación, solté un gran suspiro y me desplomé en mi colchoneta. Me reí mientras el humo del incienso flotaba por mi nariz en una corriente lechosa. El aroma a madera de palo santo inundó mis sentidos.

Los curanderos dicen que el ayahuasca te dará lo que necesitas.

Al parecer, lo que mi padre necesitaba era una siesta.

Ellos llaman al ayahuasca «la Madre», porque ella te revela quién eres. Al igual que el Everest, ella no siempre es tierna o cariñosa, pero tal como mi propia madre, que había arrastrado mi ser agotado y destructivo a esta casa abandonada en medio de la nada en Perú, intenta decirme la verdad.

Escuchar depende de ti.

La pequeña niña en el buzo era la de la foto. La que no soportaba ver. La niña a la que había llamado débil, y cuya imagen había escondido en el fondo del armario. Pero en las montañas habíamos estado en paz. ¿Eran las montañas un símbolo? ¿Significaba que tenía que sortear mejor los picos y valles de la vida?

La mayoría de nosotros tenemos falsos fondos. Creemos que los puntos bajos son absolutos. Pero, a menudo, hay algo aún más bajo, y no siempre es lo más obvio o dramático. Para mí, el verdadero fondo no fue el haber sido arrestada por conducir ebria, ni el desamor, ni las anónimas aventuras de una noche, ni siquiera haber sido violada por mi jefe. El verdadero fondo fue que mi hermano me viera. Que mi propia sangre haya sido testigo de la profundidad de mi dolor.

«Reconecta con tu niña interior, Silvia», eso es lo que me decía la planta. «Atiende su dolor». Esa niña tenía algo que mostrarme, algo dentro de ese dolor. Algo que no entendí hasta dos semanas después, cuando, de vuelta en San Francisco, sentada en mi nuevo escritorio en eBay, lo comprendí.

Las montañas no eran un símbolo en absoluto.

Mi niña interior quería que la llevara a un lugar donde pudiera pasear libremente. Donde su cuerpo pudiera expandirse y moverse y sentir todas las cosas a las que había tenido demasiado miedo para prestar atención. Para sentirse libre. El ayahuasca había ayudado a mi madre a curar su mayor dolor, y lo que le había pasado a esa niñita era mío. No solo iba a llevarla a las montañas, sino que iba a llevarla —y, con ella, a mi mayor dolor— a la montaña más alta del mundo.

El monte Everest. Chomolungma. La Madre del Mundo.

CAPÍTULO 13

TESTOSTERONA

Soy la única mujer en el club de los hombres y llego tarde.

La carpa del comedor de Adventure Consultants es un *hookah-lounge* elegante, un nivel de *kitsch* que a los 5400 metros de altura parece lujoso a primera vista. De los postes estructurales que sostienen la carpa cuelgan brillantes ramos de flores de plástico; un trío de sillas con forma de huevo se agrupa alrededor de una acogedora estufa eléctrica, y hay dispuestas dos mesas rectangulares de comedor revestidas con suaves manteles de hule, todas las sillas están cubiertas con una tela púrpura psicodélica.

La primera mesa ya está ocupada por hombres muy varoniles, muy blancos y en su mayoría calvos, que cuentan bromas y hablan a gritos. Considerando que he pasado la mayor parte de mi vida temiendo a los hombres, se puede decir que he elegido un deporte extraño. El montañismo de élite saca a flote el machismo más primario que he visto en mi vida.

Todo el mundo parece haber elegido ya sus grupos. De repente, estoy de vuelta en la secundaria. Al fondo de la clase. Respiro profundamente y me acerco a una de las mesas.

—Hola, soy Silvia —digo, saludando con la mano—. Encantada de conocerlos a todos.

—¡Bendito día, por fin has llegado! —dice un hombre de pelo castaño con acento australiano y robusto como un tanque—. Estábamos a punto de darle a Danny el resto de tu comida.

La mesa entera se echa a reír. Sonrío amablemente, intentando no ser sensible, pero después de dejar a las chicas, soy un corazón andante.

—Brian —dice, extendiendo una mano, la cual me aseguro de estrechar firmemente—. Gusto en conocerte. El acento es de Nueva Zelanda, por si te lo estabas preguntando —Brian también está escalando las Siete Cumbres. El Everest y el Denali son las últimas de su lista.

—Soy Rob —dice un hombre con una corta barba blanca y con lo que supongo que es otro acento australiano, pero vuelvo a equivocarme. Rob es un ingeniero nacido en Nueva Zelanda pero afincado en Adelaida, Australia. Este es su tercer intento de llegar a la cima del Everest—. Siéntate aquí. Tengo algo para ti —agrega, arrastrando una silla desde la otra mesa, y saca un koala de peluche de una bolsa de plástico.

—¿Para mí? Gracias —digo con una sonrisa nerviosa pegada a mi cara—. Qué detalle.

No sé qué pensar, pero Rob parece sensible al hecho de que sea la única mujer del grupo. Tal vez piense que un animal de peluche me ayudará.

Quién sabe, tal vez lo haga.

Mientras esperamos a que llegue la cena, el resto de los hombres se apresura a presentarse. Intento seguir el ritmo.

Tom, un hombre casi calvo de pelo blanco y cuello musculoso, se levanta:

—Si alguno de estos vándalos te da problemas —ladra—, ¡los pondré en su sitio!

—No pierdas de vista al viejo Tommy, nunca se sabe cuándo podría interrogarte —dice Brian.

Resulta que Tom no es un militar cualquiera. Es un exmiembro del Equipo Seis de los SEAL de la Marina. También es un corredor de ultramaratones que una vez completó dos triatlones Ironman en un día. Siento encogerme mientras Tom enumera sus logros. Este es su primer intento en el Everest, pero parece muy confiado.

Junto a Tom está Gabe, un jefe de policía australiano que se levanta de un salto en medio de su presentación para hacer rebotar una pelota de fútbol en su rodilla.

—Pienso patear esta pelota en la cumbre. Así sabrán que soy yo. Haciendo dominadas *freestyle* a 9000 metros de altura —dice.

—¡Oh, ya basta, sienta tu trasero! —grita Brian.

«Brian, "Siete cumbres"», digo mentalmente, intentando recordar quién es quién.

Me quedo con la boca abierta cuando el siguiente hombre de la mesa se levanta para presentarse. Debe medir más de dos metros.

—Danny —dice—. Kiwi. Segundo intento de cumbre. El primero fue el año pasado. Durante la avalancha. Devastador. Rob —el hombre del koala— también estuvo ahí.

La avalancha de 2015 fue la más mortífera en la historia del Everest. Mató a veinticuatro personas y diezmó la pequeña ciudadela que es el Campamento Base. Ni un solo montañista llegó a la cumbre esa primavera. Era la primera vez en cuarenta y un años que eso ocurría.

—¿Estuviste en la avalancha? —pregunto.

—Ciertamente, no quedé enterrado bajo ella —dice Rob.

«Koala: Rob. Koala: Rob», repito en mi mente.

—Pero estábamos atrapados en el Campamento 1 cuando se produjo el terremoto. Ese día nos preparamos para morir —sigue.

—Solo puedo imaginarlo —digo, soltando un silbido bajo.

En la segunda mesa está John, un financista británico que vive entre Hong Kong y Tokio, dos de mis ciudades favoritas. Su acento elegante y sus gafas cuadradas dicen que es profesor, no montañista. Está en una experiencia privada con Adventure Consultants, y ha contratado a Lydia Bradey, la primera mujer que escaló con éxito el Everest sin oxígeno, como su guía principal.

Y, finalmente, al lado de John está Mark, un profesor universitario que vive en Connecticut. Mark tiene un rostro amable y es más reservado que los demás. Destila una especie de dulzura que agradezco después de tanta testosterona. También es su primer intento en el Everest.

Mike entra en la carpa comedor. Solo lo he visto una vez, brevemente, durante la *puja*.

—Bienvenida, bienvenida, Silvia —dice Mike—. Nuestro equipo está oficialmente completo. —Sonríe, las líneas que se forman en su rostro parecen más bien los surcos de las montañas, arrugas profundas que se extienden desde la esquina de sus ojos hasta sus mejillas.

—Gracias —digo suavemente.

—Cuéntanos un poco de dónde vienes —me pide.

—Por supuesto —digo, radiante de orgullo. Me aclaro la garganta y me pongo de pie—. Durante los últimos diez días, he guiado a un grupo de valientes jovencitas hasta el Campamento Base. Mujeres que, como yo, han sido víctimas de violencia sexual. La excursión consistía en ponerse en contacto con su fuerza interior. Quería que el Everest les mostrara lo poderosas que son, que se sintieran abrazadas por ella. Ahora están bajando la montaña. Y yo seguiré aquí. Con ustedes —termino mi presentación, gesticulando con las manos.

—Inspirador —dice el elegante John, arqueando las cejas. No puedo distinguir si es sarcasmo o solo su seco tono británico.

—Fiuuu —silba el Navy SEAL Tom—. Debes estar agotada.

—¿En serio? Desde luego, esa no sería la forma en que yo me prepararía para el Everest —dice Gabe, el futbolista de la montaña—. Tienes que estar en tu mejor juego aquí. Veremos cuánto duras.

Su mirada es jovial y divertida. Todos se ríen, pero algo me dice que lo ha dicho en serio.

—Sí —digo con una sonrisa—. Ya lo veremos.

Pero tiene razón. Estoy agotada. No solo físicamente, sino también emocionalmente.

Dos jóvenes sherpas entran corriendo a la carpa trayendo bandejas humeantes de comida y una gran olla de sopa. Tendi, el cocinero de la expedición, nos explica el menú de la noche: papas fritas, arroz, *dal bhat* —un guiso nepalí de lentejas—, pollo frito.

—Bien, se acabó la ronda de presentaciones —dice Danny—. Me muero de hambre. ¡Vamos a comer!

La primera mesa se levanta y todos nos ponemos en fila para servirnos como en un *buffet*. Rob se pone delante de mí e intenta ponerme un trozo de pollo en el plato.

—No, gracias —digo, lo suficientemente alto como para que todos lo oigan—. Soy vegetariana.

—Aww, vegetariana, ¿eh?

—Bueno, en la montaña, al menos. ¿Y tú?

—Nunca —responde Rob.

—¿Alguien más? —Miro la fila de un extremo a otro.

—No.

—Demonios, no.

—¡Carnívoro presentándose al servicio!

—Cuanto más sangriento, mejor.

No solo he llegado tarde y soy la única mujer, sino que también soy la única vegetariana. Una lesbiana vegetariana alérgica al gluten, el máximo jodido cliché. No me aguanto a mí misma, pero tengo demasiada hambre para pensar en ello. Cabizbaja, me sirvo un bol de papas fritas aceitosas, arroz y más *dal bhat*. Como dicen los sherpas: «Poderes de *dal bhat*, poderes que duran siempre». Lo que es bueno para los sherpas es bueno para mí.

La mesa bulle de testosterona: la energía de *Survivor* se une a la lucha de pulsadas de los bares. Intentar seguir el ritmo de las bromas que hacen en la cena es como unirse a una historia que ya está comenzada. Mientras yo me concentraba en las chicas, ellos se estaban aclimatando, hablando de rutas y equipos, e intercambiando historias de guerra, literalmente.

Está claro que las próximas seis semanas van a venir con una buena dosis de competitividad.

Termino de comer rápidamente y me pongo la chaqueta.

—Estoy bastante agotada. Voy a descansar un poco —anuncio a modo de despedida.

Cuando salgo de la carpa mal ventilada y me apresuro a atravesar el aire oscuro y gélido del campamento, el pánico se apodera de mí. Todos ellos parecen sacados de una película de James Bond. ¿Un millonario británico? ¿Un jugador de rugby? ¿Un kiwi de dos metros de altura? ¿Un miembro de los SEAL de la Marina? Dios mío. Dios mío. ¿Qué mierda estoy haciendo?

No puedo creer que haya tenido miedo de dirigir a las chicas. Añoro la ternura que compartimos tan solo unas horas antes. Durante una década, he estado trabajando para alcanzar mi gran sueño. «Algún día escalaré el Everest», me decía a mí misma y a cualquiera que quisiera escucharme. Pues bien, «ese día» ha llegado, e incluso después de todos los entrenamientos y las excursiones, de todos los retrasos y los desengaños, no me siento preparada porque no me concentré solo en *ese día*.

Abro la cremallera de mi carpa y me meto en mi bolsa de dormir. Una vez envuelta en el plumón, mis párpados se vuelven de plomo. Espero que las chicas hayan vuelto sanas y salvas a Gorak Shep. Debería llamar para ver cómo están, pero mi teléfono no tiene cobertura y no puedo volver a la carpa comedor.

Estoy demasiado sensible. Demasiado asustada. Demasiado cansada. Demasiado… demasiado. Cansada.

La maravillosa nada del sueño me baña.

* * *

«¡Silvia, Silvita! ¡Despierta, levántate!».

Abro los ojos. Mi madre está sobre mí, sacudiéndome en la cama. «Ha explotado una bomba», dice sacándome de las sábanas. Baja corriendo las escaleras delante de mí. Yo camino con cuidado, intentando no resbalar, con los ojos apenas abiertos. Mi familia está en medio del patio, en pijamas.

«¡Silvia!», brama mi padre. «Esta chica duerme con cualquier cosa, incluso con una maldita bomba».

«Se están acercando», dice mi madre, acariciando mi pelo.

Me despierto como un rayo. Sigo sumergida en mi bolsa de dormir. Mi aliento es una nube helada. En algún lugar a la distancia se oye el ruido de una ametralladora. Avalanchas. Hay avalanchas ahí afuera. Estoy en el Everest, no en Perú.

Pero Perú, al parecer, siempre está conmigo.

Me sacudo el sueño y vuelvo a preguntarme por mis chicas. Oigo un suave pitido y busco a tientas en la oscura carpa mi teléfono satelital. Los mensajes de Shailee iluminan la pantalla.

> Estamos bien.
> Todas de muy buen humor.
> Ve a dormir, debes estar cansada.
> Mañana hablaremos.

Mientras me desplomo nuevamente sobre la almohada, siento que un peso se levanta de mi pecho. Todo el tiempo que había pasado con las chicas durante las últimas dos semanas, dos meses, en realidad, mientras me ponía sobria en San Francisco y canalizaba mi energía en el entrenamiento y la logística para este viaje, ahora está vacío. El espacio que había reservado para ellas vuelve a inundarse de viejos temores.

A todo el mundo —especialmente a mí— le gusta decir que el luchar te hace fuerte. He vivido, y prácticamente he muerto, con la idea de que sobrevivir es vencer. Pero una y otra vez, las montañas me han demostrado que ser fuerte no es lo opuesto de ser suave. Que son simbióticas. La fuerza por sí sola no es suficiente. Puede llevarme a la cumbre, pero de vuelta al nivel del mar, seguiría estando a la deriva.

Y ahora estas chicas valientes me han mostrado que puedo inclinarme a los pies de lamas y monjas, hablar el lenguaje del *New Age*, llevar todos los chales y rosarios y cuentas de oración, y adoptar la lengua local de la sanación, pero mientras descuide el músculo de la vulnerabilidad, seguiré conquistando en lugar de rendirme.

Vuelvo a sollozar en silencio hasta quedarme dormida. Detrás de la fina piel de mis párpados, en sueños cargados de peligro, enormes trozos de hielo caen en mi dirección, ganando impulso, explotando en olas de polvo nevado. El crujido de la avalancha se transforma en alarmas y explosiones. Estoy de vuelta en Perú. Hombres y bombas. Las explosiones gemelas de mi juventud. Donde todo puede destruirse en un momento.

CAPÍTULO 14

LA GRAN MURALLA

Una cura geográfica —en el simbolismo de la recuperación— es la creencia de que un cambio en las circunstancias nos cambiará a nosotros. Nos liberará de la incomodidad, de la soledad que nos carcome, o de la inseguridad o la depresión o la adicción.

Es la idea de que podemos dejar atrás lo que nos persigue.

Que podemos escapar de nosotros mismos.

Había cumplido con mi servicio comunitario. Recogido mi basura sin mirar de qué se trataba. Había atravesado el proceso de arrepentimiento sin hacer ninguna confesión. En lugar de detenerme a preguntarme cómo había acabado allí en primer lugar, contaba las horas que faltaban para que todo terminara. Incluso después de mi primer viaje al Everest, mi atención no se centraba en cómo había llegado, sino en lo que iba a hacer a continuación.

—¿Así que vas a escalar el Everest? —dijo Lori, mirándome fijamente, arqueando su ceja perforada en señal de sorpresa. Sus ojos color avellana tenían un tono verdoso ese día. Un verde marino nublado. Un lugar para perderse.

—Sí, señora —dije bromeando.

—¿No es peligroso?

—¡Por supuesto! Pero eso es parte de mi promesa —respondí, añadiendo azúcar rubia en mi té.

Era una tarde de sábado muy concurrida en Farley's, una acogedora cafetería situada en la cima del soleado distrito de Potrero Hill. Farley's era la favorita de Lori. Convencerla de que se reuniera conmigo había sido más fácil de lo que pensé. Recién llegada de mi excursión al Campamento Base, estaba sobrecargada de determinación y me moría por compartirlo con Lori. Después de mi experiencia con el ayahuasca, había vuelto a San Francisco y comenzado mi nuevo trabajo en eBay. Pero no podía sacarme de la cabeza el Everest y la niñita caminando por las montañas. Mi jefe me dio una semana de vacaciones e hice mi primera visita a la base del Everest, donde prometí que algún día volvería.

—Solo tengo que convertirme en una montañista primero —ahogué las palabras.

¿Una montañista? Dios mío. Era la primera vez que lo decía en voz alta y sonaba absurdo, pero Lori sonrió.

—Ya veo —dijo, dando un sorbo a su *latte*. Un bigote de espuma se formó sobre su labio superior. Tuve que contenerme para no pasar la mano por encima de la mesa y limpiarla—. Tú puedes hacer cualquier cosa.

Me ardían las puntas de las orejas. El solo hecho de pensar en Lori me ponía eufórica. No nos habíamos visto cara a cara desde la estúpida ruptura inducida por el éxtasis seis meses antes, y la echaba mucho de menos. Esperaba que en esta nueva etapa de mi vida pudiera darle un giro a todo esto. Entre sorbos de té verde almibarado, le conté todo sobre el ayahuasca y el Campamento Base. Cómo mi visión se había desenrollado como una alfombra y me había llevado hasta Katmandú, lo insignificante y pequeña que me sentí cuando vi por primera vez el Himalaya. Y lo agradable que fue esa sensación. Cómo, por primera vez en mi vida, me sentí segura y libre. Cómo mis pulmones y mis piernas habían estado sorprendentemente vigorosos, tanto que empecé a preguntarme si aquello que vi fue más que una visión puntual, algo más conectado con mi destino. Como lo que sentía por Lori.

Omití esa última parte.

Lori había sido una influencia muy positiva en mi vida. El suyo era el tipo de amor que te hace querer ser una mejor persona.

Supongo que compartir mi experiencia en el Everest era una especie de ofrecimiento. Tal vez ella vería este brillo de determinación en mis ojos y estaría dispuesta a darnos otra oportunidad.

—Le hice la promesa al Everest de volver. Estoy lista para hacer las paces con mi vida —dije, encontrando su mirada—. También me encantaría darnos una nueva oportunidad.

Sus labios se curvaron en una tímida sonrisa y pude ver que ella sentía lo mismo.

* * *

Volvimos más fuertes que nunca. Fortalecida con una nueva perspectiva y un nuevo trabajo, finalmente pude amar a Lori sin aferrarme a ella. Sin preocuparme de que me rompiera el corazón y sin tratar de vencerla. Éramos magnéticas. Dondequiera que fuéramos, las parejas heterosexuales comentaban lo *sexy* que éramos. Los camareros nos enviaban bebidas gratis. Era un amor de leyenda. O, al menos, de una buena comedia romántica de lesbianas de San Francisco, con todos los altibajos esenciales. Nos conocimos estando sobrias, rompimos intoxicadas con éxtasis y nuestra relación volvió a reavivarse después de una visión espontánea de ayahuasca y un viaje hasta la base del monte Everest; fue como un episodio psicodélico de *L Word*.

Alguien dijo una vez: «Si no es un "claro que sí", es un "no"».

Sentí como si el universo me gritara: «¡Diablos, claro que sí!».

Incluso si nunca lograba alcanzar la cima del Everest, mi visión me había traído de vuelta a Lori, y eso era suficiente.

eBay era una de las empresas que más rápido crecía en Silicon Valley. En SKYY, la atención siempre se había centrado en las ventas, pero eBay fue una de las primeras empresas tecnológicas en hablar de la responsabilidad corporativa. Desde el principio, crearon una fundación para donar millones de dólares a organizaciones sin fines de lucro de todo el mundo y desarrollaron una plataforma para que los comerciantes de comunidades remotas pudieran vender sus productos. Lori siempre se presentaba como voluntaria en comedores sociales y buscaba formas de ayudar a su comunidad, y a mí me vino bien tener un propósito, que mi trabajo fuera algo más que emborracharme con las modelos de moda. Me había pasado años proyectando una imagen prestigiosa y vistiéndome para que los camareros y las personalidades de la ciudad reconocieran mi importancia. Pero en eBay, la apariencia era algo secundario. Me retaban a pensar no solo a nivel local, sino a nivel global. De la misma manera que al estar rodeada por el Himalaya, me sentí pequeñísima en el buen sentido. En mi nuevo papel en eBay, por una vez formaba parte de algo más grande que yo misma.

Además, no podía beber mientras trabajara allí. El trabajo era riguroso, y su campus de San José era una máquina profesional y bien engrasada. Llegar a la oficina con resaca y gafas oscuras era motivo de preocupación, no un acto de retorcida camaradería. Era el momento de probarme a mí misma, sin la bruma del vodka adormeciendo mis deseos, sueños y decepciones.

Mi vida se estaba estabilizando, y las cosas que siempre había imaginado para mí —lo que sabía que era capaz de hacer— parecían estar a mi alcance por primera vez desde, bueno, quizás desde siempre.

Pasaba tres o cuatro noches a la semana en casa de Lori. Durante las noches que no dormíamos juntas, nuestros intercambios de mensajes de texto, llenos de amor, hacían que me acostara con una sonrisa en la cara. Pero no había prisa por irnos a vivir juntas. Todo lo que había apurado en la vida se había terminado estrellando y quemándose. Quería hacer las cosas de otra manera. Ir más despacio y dejar que estas evolucionasen de forma natural, en lugar de dejar que el miedo me azotara, exigiendo más y más todo el tiempo. Me había entregado por completo a SKYY, a las aventuras de una noche. Pero ahora, en lugar de intentar controlar el amor, intenté confiar en que, sin importar los detalles, el centro se mantendría intacto. Por primera vez estaba intentando confiar, probando la moderación. No solo en nuestra relación, sino en mi forma de beber. Si podía mantener en equilibrio esta nueva carrera y mi relación amorosa sin volver a caer en la botella, entonces todo era posible.

Algunas mañanas, me escabullía sin despertar a Lori para tomar el primer tren a San José. En la encimera de la cocina, encontraba una bolsa de papel con mi almuerzo y una nota. «Para que puedas concentrarte en tu día. Te amo». O «Gracias, mi vida, por venir. Estoy ansiosa por que pasemos el fin de semana juntas».

Trabajábamos duro de lunes a viernes y pasábamos juntas los fines de semana con la música de Al Green y wafles para el *brunch*.

Pero un domingo Lori se levantó de golpe en la cama, en pánico. La sangre había abandonado su rostro y su delgada camisa blanca de dormir estaba empapada de sudor bajo las axilas.

—¿Qué? —murmuré con los ojos todavía llenos de lagañas—. ¿Qué pasa, amor?

—Tengo miedo —dijo—. Algo no se siente bien.

—¿Sobre nosotras?

—No, no, sobre mí. Sabes que tengo esos dolores de cabeza, ¿no? Asentí. Lori había empezado a desarrollar horribles migrañas, y su médico le había recetado medicamentos, pero fumar marihuana era lo que más solía ayudarla.

—Bueno, el viernes pasado no trabajé —dijo, su voz sonaba como un disco lento y rasposo—. En realidad, me pasé la mayor parte del día en la cama, preguntándome todo el tiempo si esto era real.

—¿Qué era real, nosotras?

—No, este mundo. Este lugar. Si era real o una especie de simulación.

¿Estaba volviéndose loca? ¿Qué significaba eso de una simulación?

—¿Tienes depresión? —pregunté, repitiendo lo que había oído hablar más en la comunidad LGBTQ+ o en los anuncios nocturnos de medicamentos con efectos secundarios que sonaban peor que la misma enfermedad que trataban.

—Más o menos —asintió y recogió las sábanas bajo sus brazos.

Su cabello color arena estaba enmarañado en la parte de atrás y sus ojos pasaban de marrón a verde como si trataran de camuflarse. Escondiéndose de alguna amenaza que solo ella podía ver.

—Cuando vivía en Chicago —dijo—, solía tener episodios de algo llamado trastorno bipolar. De repente, sentía que todo el mundo vivía en una realidad diferente a la mía. En otras ocasiones, me convencía de que todos éramos extraterrestres viviendo en un mundo alternativo, a la espera de la liberación para ver la verdad.

—Mmm… —Le acaricié el pelo, sin saber qué decir.

—Hablé con un psiquiatra sobre algunos de mis síntomas. Me dijo cómo se llamaba, pero nunca se lo he contado a nadie. El viernes pasado empecé a sentirlo de nuevo —continuó.

—¿Has hablado con tus padres de ello?

—No creo que lo entiendan. Podrían llevarme a algún sitio y encerrarme. Inyectarme medicamentos, como en *Girl, Interrupted*.

Cuanto más explicaba, más me confundía. No sabía casi nada de salud mental. Mi familia solo hablaba de esas cosas en términos vagos. «Ella está pasando por un mal momento», o «Él es complicado», cosas por el estilo. Era difícil para mí imaginar a una mujer tan bondadosa como Lori viviendo con tal tortura. Desde fuera, se veía tan enérgica y brillante.

El tipo de persona que yo aspiraba a ser.

Quería estar ahí para apoyarla.

—Vamos a la playa —dije, acercándome y besando su frente. Su piel se sentía fría y resbaladiza contra mis labios.

Aquella tarde la envolví en una cálida manta y la acompañé hasta el asiento del copiloto de mi Jetta. Nos cogimos de la mano mientras conducía y ella miraba por la ventanilla, con su pelo ondeando al viento. Mientras aceleraba por las serpenteantes curvas de la autopista, Lori me agarró la mano y, por un momento, sentí un atisbo de su miedo. No solo por la velocidad en la que conducía, sino por lo que le estaba ocurriendo a ella. Encontramos un lugar pintoresco en Poplar Beach, en Half Moon Bay, donde el viento soplaba al ritmo de la marea. Sin palabra alguna, la abracé cariñosamente y nos sentamos allí durante horas hasta que el sol se puso sobre el Pacífico. Cuanto más la abrazaba, más suave se volvía su llanto.

Era tan frágil.

Nunca la había visto así, y cada parte de mí anhelaba protegerla; hacer lo que fuera necesario para que se sintiera segura. Me quedé en su casa durante cuatro días seguidos después de eso.

—Gracias por estar aquí —susurró a la mañana siguiente—. Me siento mucho mejor.

Eso era lo que había estado esperando escuchar. Que el dolor había pasado. Que ella estaba a salvo. Que todo había terminado.

Así es como lo veía yo. No sabía nada de las inconsistencias del trastorno bipolar, de sus fluctuaciones. Después de todo, yo nunca había acudido a un terapeuta.

* * *

—Tienes libres del veintisiete al cinco, ¿verdad? —dijo Lori. Semanas después, volvimos a nuestra rutina.

—Mmm-hmm —dije, asintiendo y mascullando con la boca llena de pasta dental.

—Vas a necesitar un día libre más antes y después para viajar —dijo, atando su pelo leonado en una media cola.

—Pehdóname —golpeé su cadera con la mía cuando avancé hacia la puerta mientras me agachaba bajo su brazo para escupir y enjuagarme en el lavabo.

—Si puedes, pide más días, cariño. Para que tengas tiempo de recuperarte. Créeme, lo necesitarás. Esto te va a volar la cabeza. Burning Man es indescriptible. El arte y la música..., nunca has visto nada igual. No puedo esperar —dio un salto de emoción en el piso de azulejos.

—Eso es todo lo que me pueden dar —dije, echándome un puñado de agua helada en la cara—. Estoy segura.

Me sequé con una toalla y me pasé una mano por los rizos. Las lujosas cremas para la piel de Lori estaban haciendo magia en mí. Era eso o el amor, pero, maldita sea, me había quitado cinco años de encima. Lori también estaba radiante mientras pasaba un cepillo de rímel por sus pestañas.

—¿Sabes? Dicen que Burning Man puede hacer o deshacer una pareja —dijo.

—Mmm, ¿lo dicen? —levanté una ceja de villana malvada.

Lori se echó a reír. Pero su tono hizo que se me erizara la piel. No me gustaban las pruebas. Especialmente para las que no sabía cómo prepararme. Al menos tenía hasta agosto para averiguarlo.

* * *

Ese marzo tenía programado un viaje de trabajo a Shanghái. Parte de mis funciones en eBay era apoyar la expansión de los mercados internacionales. Bajo la dirección de Meg Whitman, estábamos muy centrados en el mercado chino, y este iba a ser mi tercer viaje a China desde que había entrado en la compañía. Me estaba enamorando de ese país. Lori nunca había viajado fuera de Estados Unidos y quería que lo experimentara, así que hice los arreglos para que viajara conmigo. China la cautivó tanto como sabía que lo haría.

Recorrió las calles de Shanghái con asombro. Su curiosidad era magnética. Su pelo rubio y su alta estatura destacaban entre los lugareños, y, aunque no hablaba el idioma, se lograba comunicar de algún modo. Era una de esas personas que pueden hablar con cualquiera, en cualquier lugar. El tipo de persona que es tan sincera, tan auténtica, que no puedes evitar sentirte encantado. Lo que en otros resultaba falso o cursi, en Lori se sentía generoso y verdadero. Al pasear por el Bund de Shanghái, se entusiasmó. Se enamoró de la versión oriental de la Space Needle, la Torre de la Perla Oriental, una enorme estructura plateada y rosa que domina el horizonte. Aquel día le saqué una foto delante de esta, irradiando pura alegría.

Cuando terminé mis labores en Shanghái, volamos a Beijing y, usando mis habilidades peruanas de regateo, encontré un guía que nos llevara a una parte remota de la Gran Muralla. Quería regalarle a Lori una experiencia mágica en una de las nuevas siete maravillas del mundo. Algo fuera de lo común, distinto a la típica visita a Badaling que hacen todos los turistas, algo que nadie más pudiera darle.

Cruzamos por un portal gigante y seguimos un camino de tierra que subía en zigzag por una empinada pendiente. Delante de nosotras, la Gran Muralla era una larga y rocosa espina dorsal que atravesaba frondosas montañas. Éramos las únicas extranjeras, y, cuando subimos a la muralla, pasó un grupo de nubes lanosas, oscureciendo las estribaciones de la montaña hasta convertirlas en un verde azulado. Las montañas de Beijing no tenían la altura y la grandeza del Himalaya, pero al contemplar los pliegues esmeralda de la tierra, tuve la misma sensación de libertad. De posibilidad. Agarré la mano de Lori y caminamos en fila india, sorteando montones de piedra desmoronada, hasta que llegamos a una sección bien restaurada. Intenté imaginar el trabajo que había costado construir el muro. No solo una, sino muchas generaciones de chinos que dedicaron sus vidas a la construcción de esta barrera, una vez necesaria para la protección, pero que ahora es una reliquia.

—¿Qué va a pasar con la muralla? —preguntó Lori.

—Parece que lo restaurarán todo o dejarán que se derrumbe. Tal vez dejen que la tierra la recupere.

Cada fortaleza tiene su final natural.

—¿Sabes? —dije—, he estado esperando un momento adecuado para preguntarte algo.

Lori se volvió hacia mí con la cara ruborizada.

—¿Sí?

—eBay quiere que considere la posibilidad de mudarme al extranjero. Es que estamos muy centrados en China, y hay mucho trabajo en Europa. Estar en California no tiene sentido para mi rol en este momento.

—Eso es genial, amor. Es genial para ti.

—¿Tal vez podrías acompañarme?

Me besó, pero no dijo nada.

—¿Lo pensarás? —pregunté con el corazón latiéndome en el estómago.

—Pasemos por Burning Man primero.

* * *

Aquella noche en Pekín fue de ensueño, como una luna de miel. Riendo a carcajadas, recorrimos el mercado nocturno, embriagadas la una de la otra mientras comíamos brochetas de grillos, y probábamos escorpiones y orugas a la parrilla. Lori quiso probar una brocheta de estrella de mar, que le pareció apetitosa «de forma artística». Estaba terrible, pero se comió dos de las patas para demostrar su espíritu de optimismo y aventura. Me permití soñar con una vida en el extranjero con ella. Ambas seríamos expatriadas, explorando juntas un nuevo mundo. Podríamos vivir entre los bohemios europeos. Yo era lo más alejado de la bohemia —prosperaba dentro de un mundo corporativo, estricto y establecido—, pero estar rodeada de artistas y de espíritus libres sonaba romántico. Tal vez Lori podría convertirse en una periodista para *National Geographic* o escribir los libros que siempre había querido, mientras yo me desarrollaba como montañista.

Antes de salir de China, hicimos un pacto.

Después de Burning Man, armaríamos una lista de viajes por emprender y tacharíamos juntas los lugares visitados. Le compré un costoso collar de jade como símbolo de nuestra intención. Una promesa de viajar juntas por el mundo y abrazar la aventura donde y cuando pudiéramos.

—¡De Beijing a Burning Man! —le dije.

Apretó sus labios contra los míos y, al igual que aquella primera noche en el Endup, sentí electricidad. Cuando volvimos a San Francisco, estábamos más enamoradas que nunca.

* * *

La semana de Burning Man no estaba en el desierto del norte de Nevada con Lori. Estaba en París, terminando un lujoso menú de tres platos para uno en una romántica *brasserie* y saboreando lo último de una deliciosa botella de *syrah* con mucho cuerpo. Poco después de nuestro viaje a China, eBay me había trasladado temporalmente a Europa. Le había rogado a Lori que viniera.

—Necesitan trasladarme lo más pronto posible —le había dicho durante una cena en mi *loft*, vibrando de emoción—. Y me van a dar dos meses para que visite las diferentes oficinas. Están Londres, Berlín, París y Berna. ¡Vamos! Seremos mujeres internacionales. Bueno, mujeres trabajadoras, pero internacionales.

—¿Podrás volver para Burning Man?

—No lo sé; no me han dado un cronograma —dije erizándome. Se trataba de una de las mayores oportunidades de mi vida y ella solo podía hablar de Burning Man—. Puede que esté en Berlín.

—¿Podrías pedir permiso para regresar? ¿Pedir una excepción especial?

—Lo dudo —respondí con severidad.

Por fin había llegado al escalón superior en mi trabajo, rodeada de personas de tipo A de universidades muy respetadas y familias muy prestigiosas. Conseguir un puesto en el mundo de la tecnología no había sido fácil, y aún no era lo suficientemente valiente como para atreverme a irritar a los demás. Era hora de demostrarles, y de demostrarme a mí misma, de lo que era capaz.

—¿Qué hay de nuestras aventuras? —Deslicé mi dedo a lo largo de su clavícula y bajo la suave piedra de jade que llevaba cada día desde que volvimos de China.

—Amor, Burning Man es más que una fiesta —dijo—. ¿No lo ves? Es una forma de saber si podemos manejarnos en un entorno desafiante como pareja. Te hace pasar por cosas. No solo físicas, sino mentales. Espirituales.

¿No acabábamos de estar juntas en China? ¿No era eso un reto? ¿Cuál era su obsesión con desbordar su furia en el desierto durante una semana?

—Esta es una gran oportunidad para mí —dije, cruzando los brazos sobre mi pecho—. Me voy en dos meses.

Mientras pasaban las semanas, seguí presionándola, pero ella parecía tener una excusa para todo.

—Es una revista con sede en Estados Unidos —dijo sobre su trabajo en *Dairy Foods*, la publicación que editaba—. Quieren tener un editor que viva en Estados Unidos.

—¿Y si dejas tu trabajo y te conviertes en escritora? —le contesté, orgullosa de mi rápida solución al problema—. El tipo de escritora que siempre has querido ser.

A Lori le gustaba la idea de ser escritora a tiempo completo, pero durante uno de nuestros *brunch* dominicales con música de Al Green, había confesado que tenía demasiado miedo de compartir sus textos con el público. Pero pensé que no había mejor momento que el presente. Podríamos dar el salto juntas.

—Ojalá pudiera —dijo—. No es tan fácil.

—¿Por qué no? A mí me parece bastante sencillo.

No sabía nada de la vida de un novelista. Acerca de lo que exigía o lo complicado que era. Pero mi temperamento se encendió.

Lori no estaba preparada para convertirse en escritora o dejar San Francisco o estar sin su comunidad de Burning Man. Excusas todas. Excusas de mierda.

—Entonces, si no vienes, ¿qué vamos a hacer? —dije; mi enfado se estaba convirtiendo en desesperación.

—Quiero que sigas tus sueños.

—Pero tú eres parte de mis sueños. Te amo. No veo por qué no podemos intentarlo.

—Lo siento, mi vida. —Su voz temblaba—. Pero no creo que pueda ir…

A pesar de amar profundamente a Lori, el amor me había traicionado. Había traicionado a todas las mujeres de mi vida. A mi madre, que renunció a todo por amor, o por su versión de este, que tal vez no era más que seguridad en una vida que garantizaba poco a una mujer como ella. Mientras tanto, mi padre le arrebataba cualquier sueño que ella se atreviera a tener, pero nunca había rechazado una oportunidad de avanzar en su propia carrera. El trabajo siempre había sido lo primero para Segundo. Mis hermanos eran un cercano segundo lugar; mi madre y yo, distantes terceros.

Quizás me parecía más a mi padre de lo que podía admitir, porque no quería renunciar a esta oportunidad de avanzar en mi carrera. No renunciaría a ella, ni siquiera por amor.

Esta vez Lori me dejó.

Estaba destrozada. Absolutamente devastada. Estaba convencida de que era el peor error que Lori había cometido, y al mismo tiempo rezaba por que no fuese el mío; segura de que lo arreglaríamos de alguna manera, algún día, de alguna forma. Mi amor por Lori no se desvaneció, pero su decisión confirmó mis sospechas de que el amor era fugaz.

Pero la ambición era una planta que solo prosperaría mientras yo la regara, alimentara y cuidara. Si conseguía ser una alta ejecutiva y llegar a la cima del Everest, podría levantar a esa niñita de corazón roto sobre mis hombros, donde nadie podría herirla nunca más.

El trabajo era mi redención.

Si podía alcanzar la grandeza con eBay, una empresa de verdad, el tipo de empresa en la que todos los que anhelaban ser alguien querían trabajar, mi dolor se evaporaría. Atrás quedaría la mujer que se desmayaba en la cama de extraños. Se desvanecería la vergonzosa hija gay. La rota. Para mí, el éxito tenía un brillo tan poderoso que pensaba que podía ocultar todos mis rincones oscuros.

Por otro lado, no escuché lo que Lori me estaba diciendo en realidad. Que había encontrado una comunidad segura y un suelo firme. Que no estaba preparada para desarraigar su trastorno bipolar y su depresión, y llevárselos a un país extranjero, sin nadie más que yo en quien confiar.

Así que, mientras Lori deliraba en látex y con gafas de aviador en el desierto, yo me acercaba al final de mis dos meses en Europa y había descubierto una nueva forma de empoderamiento: la mesa para uno. Sentada en una lujosa mesa esquinada, sola, me sentí audaz. Me imaginaba a mí misma como una versión *queer* de Hemingway, una auténtica mujer empoderada en un mundo de hombres, cenando jugosos filetes y bebiendo buen vino. Lo único que me faltaba era un habano.

Mientras saboreaba lo último de mi *syrah*, recordé la promesa que le hice al monte Everest. Beber vino y deambular por Europa Occidental no me estaba preparando precisamente para escalar. Pero estaba aprendiendo sobre las Siete Cumbres: el reto de escalar la montaña más alta de cada continente. Menos de doscientas personas en el mundo lo habían hecho, y muy pocas de ellas eran mujeres. Tal vez, pensé —mi cerebro Virgo evaluando ya el orden que debían tener las cosas—, si simplemente subía las montañas en orden ascendente, sería una preparación natural para el Everest.

La montaña más fácil debía ser el Kilimanjaro, en Tanzania, a la que los masai llamaban la Casa de Dios. No estaba completamente preparada para ir, no estaba segura de tener el equipo adecuado o el entrenamiento suficiente, pero quería ver los glaciares de la cima. Se suponía que eran reliquias místicas de la Era de Hielo.

Ahora estaba más cerca de Tanzania que nunca.

Si no es ahora, ¿cuándo?

* * *

Cuando bajé del Kilimanjaro, eBay me ascendió a jefe de sistemas financieros para Europa y Asia, y me dio a elegir la ciudad. Elegí Berna, en Suiza. Berna era un hermoso pueblo construido a orillas del río Aare, con forma de herradura, cuyas aguas azul verdosas brillaban como una laguna mística. Al principio, vivir en Suiza era emocionante. Aunque tenía mi *green card*, que me declaraba residente permanente, nunca me había sentido estadounidense. En Europa simplemente encajé desde el principio. Mis nuevos colegas eran personas brillantes y entusiastas de todo el mundo. El trabajo era interesante, y nos reíamos durante largas cenas empapadas de vino. Al principio, me recordaba a SKYY, cuando solo éramos una docena de empleados. En las oficinas de eBay en San José había mucha competencia para captar la atención de los altos ejecutivos. Pero en Europa tal vez podría construir una pequeña comunidad de mentes afines. Aquí podría ser un pez gordo en un estanque pequeño.

Pero faltaba algo.

A principios de diciembre, tenía planeado un último viaje a San Francisco para meter todo lo que tenía en mi departamento en un contenedor de seis metros.

Ya no quedaba nada para mí en la ciudad. Nada excepto Lori.

Había estado distante desde Burning Man, pero la llamé después del Kilimanjaro y se rio de mis chistes tontos como solo ella podía hacerlo, haciéndome sentir más vista que estúpida. Incluso por teléfono, la distancia entre nosotras estaba llena de anhelo. Finalmente, cedió y me habló de Burning Man y de cómo ya estaba planeando el campamento para el año siguiente.

—Todavía tengo mi collar de jade —dijo—. Lo llevaba todos los días en el desierto.

—¿Puedo verte cuando vuelva? —le pregunté.

—Tienes mi teléfono —bromeó.

Lo dejamos así.

Estaba orgullosa de no haber rechazado una oportunidad que me cambiaría la vida por ella, pero cuando finalmente acepté la idea de dejar Estados Unidos para siempre, vi que se trataba de algo más que una simple ambición. Ya no bebía hasta quedar inconsciente los días de semana, pero había asumido el manto de la adicción al trabajo con facilidad. En mi familia, el alcoholismo, y en realidad cualquier etiqueta, era algo vergonzoso. Ponerle un nombre le daba miembros. Lo convertía en algo con lo que teníamos que lidiar, una etiqueta chismosa a la que se aferraban los vecinos. La ambición, sin embargo, era un punto de orgullo familiar. Como decía mi madre: «Por mi mejoría, mi casa dejaría».

No nos proponemos convertirnos en nuestros padres. Pero parece que eso nos persigue incluso cuando corremos en dirección contraria.

Una tarde, Lori dejó un comentario en el blog que había iniciado para documentar mis aventuras en el extranjero. «La ciudad se siente vacía y poco generosa sin ti. ¿Por qué solo nos damos cuenta de lo que era bueno una vez que se ha ido?».

* * *

Tenía un mes para arreglar mis asuntos en San Francisco y un boleto de ida a Berna. Lori y yo habíamos acordado encontrarnos el sábado por la tarde en Barney's para tomar el té. Esta era mi última oportunidad. Tenía que jugármelo, decirle todo. Decirle que fuera de mudarme a Europa, haría cualquier cosa por estar con ella. Lo único que podía hacer era esperar que nuestro amor fuera suficiente. La mañana de nuestra cita me desperté con el sonido de las sirenas. Con los ojos entreabiertos, miré el reloj que tenía a mi lado. Las siete y media de la mañana.

Estaba en un hotel de Sausalito.

Me levanté de la cama y abrí las cortinas de un tirón. El sol brilló contra la ventana y, durante una fracción de segundo, todo se volvió blanco. En ese instante, la noche anterior se desenvolvió: Sushi Ran. Copas de celebración con amigos. Demasiadas copas de celebración con amigos. Sushi. Sake. Vino. ¡Salud! Brindis. Desconocidos uniéndose a la mesa. ¡Felicidades! Eres una europea. Una expatriada. Una de nosotros ahora. ¡Oh, Dios, me estoy mudando! Me estoy convirtiendo en una expatriada. Estoy muy, muy enamorada de Lori. Estoy demasiado borracha para conducir de vuelta ahora mismo. Tengo que hablar con Lori. Muy borracha. Sausalito.

Sausalito. Todavía sigo en Sausalito.

Encontré mi auto estacionado frente a Sushi Ran y me subí. Mi dolor de cabeza se apagó por la emoción de ver a Lori. La tarde no podía llegar lo suficientemente rápido. Al cruzar el puente Golden Gate de vuelta a San Francisco, el tráfico era lento y molesto, una rareza para ser tan temprano y fin de semana. Mi furia se calmó con la nostalgia. El puente, la bahía, esta ruta, todo en la mañana estaba teñido de despedida. Con el brillo especial de saber que algo ha terminado. Me di cuenta de cosas que nunca había visto antes. Por ejemplo, cómo el sol creaba sombras en los grandes arcos del puente, convirtiéndolos de un rojo plano a un color terracota, como algo terroso y natural en lugar de una enorme pieza de acero. Con esa luz, el puente parecía casi vivo. Bajé la ventanilla y aspiré todo el aire salado del mar de un solo trago, y luego lo expulsé con un suspiro. Sentí cómo mis miembros se aflojaban y mi corazón se llenaba. La canción «I Left my Heart in San Francisco», de Tony Bennett, se repetía en mi cabeza.

A las once, envié un mensaje a Lori para confirmar nuestra cita.

«Espero verte a las 2. Dime si quieres que pase a recogerte».

Dios, pensé, nada más pulsé «enviar». Parece que estuviera atendiendo una reunión de negocios. Muéstrate más viva. ¡Más expresiva! Estás hablando con una escritora.

No hubo respuesta. No era inusual en Lori. La temporada navideña estaba en pleno apogeo, y ella era una ávida decoradora. Debía estar ocupada con los preparativos para la Navidad.

A la una, todavía no me había contestado. La llamé y le dejé un mensaje de voz.

«Hola Lori, soy yo. Avísame si sigue en pie lo del té».

Arggg. Patética. Te estás esforzando demasiado.

A las dos, seguía sin noticias de ella. Fui a Barney's y esperé en los bancos soleados de afuera, donde me encontré con algunos amigos de Lori. Me felicitaron por la mudanza a Europa.

—Gracias —dije, y luego pregunté con timidez—: ¿Han visto a Lori por ahí?

—No, pero sé que estará en la fiesta de esta noche —dijo una.

Perfecto. Ella nunca se perdía la fiesta de Navidad ¡Jo, jo, jo! que nuestra amiga Elena había iniciado hacía varios años como una forma de recaudar fondos para organizaciones benéficas locales. Se había convertido en la meca de las fiestas navideñas de lesbianas.

—Genial —dije—. ¡Nos vemos allí!

Hacia las tres y media me fui. Oficialmente, Lori me había dejado plantada.

Llevaba una bolsa dulces que había traído de Suiza para ella. Tal vez podría pasar por su casa y dejarla allí. Solo pensar en su cara cuando encontrara la bolsa en su puerta me alegraba.

Cuando llegué, su auto no estaba estacionado en su lugar habitual, pero dejé las cosas delante de su puerta y me concentré en la fiesta de esa noche. Esperaba poder hablar con ella a solas, pero ya había desperdiciado tantas oportunidades que era el momento de soltar todo lo que tenía dentro. De no ocultar nada. De ser valiente y vulnerable.

Esa noche, la fiesta estaba repleta, y buscar a Lori era como jugar a un teléfono malogrado de borrachos. Alguien juró que la había visto temprano esa noche; otra persona dijo que estaba en el patio o en otra habitación, tal vez, en algún lugar. Todo el mundo estaba disfrutando el ponche de huevo y del espíritu navideño. Me quedé hasta las dos de la mañana y volví sola a mi departamento, dejando un último mensaje en el contestador de Lori.

«Lori, necesito hablar urgente contigo», dije, tratando de no sonar demasiado desesperada, pero me estaba deshaciendo. ¿Había perdido mi oportunidad? «Tengo algo muy importante que decirte. Por favor, llámame».

A la mañana siguiente, me dormí hasta tarde. Cuando encendí el teléfono, había veinticinco llamadas perdidas. Empecé a revisarlas cuando sonó el teléfono.

Era mi amiga Tara.

—Silvia, ¿dónde estás? —dijo mientras yo balbuceaba un aturdido «hola».

—En casa.

—¿Estás sola?

—Sí.

—Ya vamos. Espéranos.

—Espera, ¿por qué? ¿Qué está pasando?

—¿No has oído?

—¿Oír qué?

—Lori.

—¿Qué ha pasado? ¿Ella está bien? La he estado buscando. Se suponía que iba a reunirse conmigo.

—Silvia… —Hubo una larga pausa.

—¡¿Tara?! ¿Qué? ¡¿QUÉ!?

—Ella saltó. Ayer saltó. El puente.

El Golden Gate.

—¡Silvia! —Tara gritó—. ¿Silvia?

Ayer conducía por el puente mirando la bahía, sus tranquilas aguas azul marino. El sol brillando en sus picos espumosos. Tony Bennett dándome una serenata. Tony Bennett recordándome que *no* iba a dejar mi corazón en San Francisco. Que había vuelto por ella. Y luego algo más. Aquellas señales de emergencia para parar y avanzar en el puente. Aquel tráfico tan raro. Un tráfico muy extraño para un sábado. Las sirenas a primera hora de la mañana. ¿Habían sido reales o fue la alarma del hotel? Todas esas sirenas ululantes.

Agua. Era solo agua. Gracias a Dios. ¡Lori había saltado al agua!

—Tara —finalmente exhalé—. ¿Qué hospital? ¿Dónde está ella? ¡¿Dónde la llevaron?! ¿Cuántos huesos rotos?

Silencio.

—Silvia, espéranos. Estaremos allí en diez minutos. Menos, tal vez. Probablemente, en menos.

—Tara, necesito que respondas mi pregunta. ¿A dónde llevaron a Lori?

Silencio.

Silencio.

Silencio.

—¡¡¡TARA!!! —grité desesperada.

—Lo siento mucho… Lo siento. Es que… —La voz al otro lado del auricular ya no era la de una amiga mía; ya no era la de una mujer o una persona o cualquier cosa viva. Era una aspiradora que succionaba todo el aire de mis pulmones. Mi habitación se volvió gris—. Ha muerto, Silvia —fueron las últimas palabras que escuché—. Lori se ha ido. Pronto estaremos ahí.

Al aspirar el aire marino mientras cruzaba ese mismo puente, ¿había respirado también el último aliento de Lori? ¿Me había tragado sus gritos o había saltado en silencio?

CAPÍTULO 15

AMABLE SI LA DEJAS

—Sirdar —dice Da Jangbu sherpa.

—Cigar —digo yo.

Da Jangbu sacude la cabeza:

—Sir-DAR —repite.

—Ci-GAR —pronuncio más lentamente, pero las sílabas siguen rodando por mi lengua obstinadamente mal. Un buen comienzo, por lo que veo. Cuando salí antes del amanecer esta mañana para rezar en el altar del campamento, me sorprendió encontrar a Da Jangbu de pie cerca de ahí. Pero no estaba rezando, sino observando en silencio el glaciar del Khumbu.

Da Jangbu es nuestro sirdar. En el Campamento Base, los sirdares son como los controladores del tráfico aéreo. Esenciales. Invaluables. Están a cargo de muchas cosas. El sirdar de cada expedición gestiona la logística y las rutas de escalada, los cargamentos hacia la montaña, y la comunicación entre los guías, los escaladores y el personal sherpa.

—El Everest es una diosa —dice, señalando con la cabeza el glaciar. No sé si me está hablando a mí o si dirige a sí mismo—. Lo más importante es ser siempre respetuoso.

—Por supuesto, sí —asiento con la cabeza.

—No como lo que ha ocurrido aquí.

Sus ojos se oscurecen mientras mira el horizonte, conjurando la destrucción de los últimos dos años. Adventure Consultants perdió a seis de sus empleados en la avalancha que llegó tras el terremoto, la mayoría de ellos, personal de la cocina, y una docena más resultaron heridos. Había visto videos del estruendo, el repentino tsunami de nieve y hielo que volaba montaña abajo, aplastando todas las carpas a su paso. Cuando la nube de polvo se asentó, incluso las enormes carpas del comedor estaban volcadas bajo montones de nieve. Las brillantes ollas de hojalata se esparcieron por el campamento como migas de pan.

Y el año anterior, en 2014, dieciséis sherpas murieron cuando una torre de hielo de diez pisos de altura se desprendió del glaciar del Khumbu y los aplastó.

En los sesenta años transcurridos desde que Tenzing Norgay sherpa y Edmund Hillary llegaron a la cumbre del Everest por primera vez, han muerto más de trescientas personas. Algunos de aquellos cuerpos nunca se recuperaron. Pero en toda su historia, nunca ha habido desastres consecutivos con un número de fallecidos como los de 2014 y 2015. Algunos sherpas dicen que esos años estuvieron malditos, y que la pérdida de vidas en la montaña fue el resultado de algo que vino antes. No un desastre natural, sino una catástrofe humana.

La catástrofe del ego occidental.

Cuando estás a 6700 metros, la energía es muy preciada, y el oxígeno, escaso. Pero en 2013 nadie pensaba en la conservación de estos delicados recursos cuando estalló una pelea entre un centenar de sherpas y tres afamados escaladores europeos, después de que estos ascendieran del Campamento 2 al 3 en contra de las órdenes de los sherpas. Las piedras se esgrimieron como armas, se lanzaron puñetazos e insultos. Ambas partes recuerdan la historia a su favor, pero por lo que puedo decir, todo se reduce a una cuestión de respeto. La experiencia y la labor de los sherpas se puso en entredicho, y las tensiones que desde hacía mucho tiempo se habían ido acumulando entre los montañistas y los sherpas, para quienes esa montaña no es solo un pico, sino una diosa, llegaron finalmente a un punto de ebullición. Elizabeth Hawley, la famosa escritora encargada del registro oficial del Everest, explicó más tarde a los confundidos europeos que sus acciones habían avergonzado al líder sherpa. «Para la cultura asiática», les dijo, «eso es lo peor que puede pasar».

Otros dicen que esa pelea venía de mucho tiempo atrás.

«El resentimiento siempre estuvo ahí», dijo Tashi sherpa en una entrevista con la revista *Outside*. «Antes, la mayoría de los sherpas eran incultos, y sonreían y lo aguantaban todo. Antes reprimíamos nuestros sentimientos». Tashi sherpa forma parte de una nueva oleada de jóvenes sherpas, como los fundadores de la compañía Seven Summits Treks —un par de hermanos nepalíes que han escalado los catorce picos de 8000 metros— que ya no se conforman con servir de apoyo a los montañistas, en su mayoría europeos, neozelandeses y estadounidenses.

Muchos sherpas mayores se han instalado en cómodos puestos en empresas como Adventure Consultants y ganan hasta 6000 dólares por una temporada de trabajo en el Everest, una cantidad importante si se tiene en cuenta que el ingreso medio anual en Nepal es de 1100 dólares. Aun así, los escaladores de rango medio como yo pagamos alrededor de 45 mil dólares en promedio.

Aquellos que buscan más apoyo para la excursión —guías privados o mayores comodidades en el Campamento Base— pueden pagar hasta más de 100 mil dólares. Aunque el Everest no es una mercancía que pueda cosecharse y comercializarse en la bolsa de valores, muchos lugareños sienten que la montaña está siendo vendida al mejor postor, y que no son ellos los que se llevan la mayor parte.

Y este año, el que elegí para subir, es el vigésimo aniversario del desastre de 1996. Después de tres años seguidos de caos, los susurros de una maldición flotan en torno al Campamento Base. El aire es inestable, incierto. Muchos siguen llorando a los muertos. La homeostasis espiritual del Everest se ha visto sacudida, y yo me dirijo con cautela. Si los sherpas la consideran su diosa y su iglesia, yo la honraré como propia.

—Discúlpame —le digo a Da Jangbu sherpa a modo de despedida con una pequeña reverencia. Quiero hacer mis oraciones antes del desayuno.

—Hmmf —gruñe y vuelve a observar el glaciar.

El altar exterior es una rústica torre de piedra cubierta con banderas de oración tibetanas muy desgastadas. Las frutas del día están dispuestas como en un bodegón refrigerado. Peras asiáticas perfectamente redondas y nueces de lychees del tamaño de un bocado, con la piel roja tan agrietada que parecieran haber estado escalando demasiado tiempo sin guantes. Como el suelo es demasiado rocoso para arrodillarme, me inclino ante el altar, intentando recordar las cuatro direcciones de una práctica taoísta que había aprendido. Hago tres reverencias hacia el norte:

—Sé agradable y caritativa con tus amigos, parientes y vecinos.

Al este, me inclino tres veces:

—Para respetar y honrar a mis padres.

Al sur, tres veces:

—Para respetar y obedecer a mis maestros.

Y, finalmente, al oeste:

—Para ser fiel y dedicada a mi vida.

Aferrando el rosario de mi madre entre los dedos rígidos, hago un canto budista que Marta, mi amiga chamán de San Francisco, me enseñó para que lo trajera conmigo al Everest. Nunca le pregunté qué significaba, pero sus instrucciones fueron que lo repitiera 108 veces. Lo había memorizado en el avión.

—*Om, Tare, tare tuttare, ture soha* —canté con la percusión de las banderas de oración que chasqueaban en el viento.

Om, Tare, tare tuttare, ture soha.
Om, Tare, tare tuttare, ture soha.
Omtaretareturesoha.

En algún momento, alrededor del número cuarenta y cinco, las palabras comenzaron a fundirse en un largo sonido.

Detrás de mí, el campamento cobra vida. Las sartenes traquetean y me imagino a Tendi revolviendo huevos y cocinando a fuego lento la avena de la mañana. Cuando abro los ojos, me sorprendo al recordar dónde estoy. Es difícil asimilarlo todo de una sola vez. La cumbre del Everest es casi imperceptible. Un pequeño punto en el horizonte. ¿Ahí es adonde voy a ir? Con mis propios pies y manos voy a arrastrar mi cuerpo hasta la cima del mundo. No es posible. Está más allá de lo que puedo imaginar, y yo tengo una gran imaginación. Miro cómo llegué aquí en primer lugar. Pero cuando cierro los ojos, no puedo ver nada. No puedo verme en la cima. Está más allá de mi campo de visualización. El Everest es una gran idea. A la gente le encanta hablar de ello en las cenas. «¿Vas a escalar el Everest? Qué osada, qué atrevida. Yo nunca lo haría. Cuéntame más». Se inclinaban, con la respiración contenida, el lenguaje corporal de repente más abierto. Es una verdadera aventura heroica cuando todo está en tu mente. Pero mientras me inclino en el aire gélido ante un anfiteatro de montañas que se eleva hacia el cielo a mi alrededor, mis rodillas empiezan a temblar y las palmas de mis manos se calientan con el sudor resbaladizo. Estoy viendo las montañas con mi cuerpo por primera vez. Y son monstruosas.

La idea de encontrar la sanación aquí me parece de repente tan absurda que me parto de risa. Da Jangbu sherpa me mira de reojo con desconfianza y, con una cortés inclinación de cabeza, se apresura a comenzar el trabajo de la mañana.

Hoy empezamos el entrenamiento con la escalera.

Una suave capa de nieve me baña la cara mientras atravieso el laberinto que es el Campamento Base. Es el comienzo de la temporada, y hay un zumbido de actividad mientras todos se preparan para vivir a 5000 metros de altura durante las próximas seis semanas. Es como la escena inicial de *M*A*S*H*, pero con yaks en lugar de jeeps. Todo llega en helicópteros que revolotean como colibríes sobre el helipuerto, dejando suministros y personas, o en yaks, conducidos por porteadores nepalíes con *jeans* desgastados y chaquetas de lana raídas. Los cencerros de los yaks suenan como un gong mientras llegan al campamento con retretes de plástico, bolsas de expedición The North Face y sacos titánicos de comida apilados en sus espaldas. El Campamento Base es un pequeño pueblo. Veinte expediciones, cada una con alrededor de cuarenta y ochenta personas, incluyendo a los guías, los escaladores, los sirdares y los sherpas. Las banderas de oración tibetanas flamean por encima, creando carriles sueltos que separan a cada expedición, dividiendo el campamento entre ricos y muy ricos.

En el extremo del Campamento Base, donde se alojan los montañistas que pagan la mínima cantidad, unos 30 mil dólares, todos los campamentos se parecen. Hay una carpa comedor para comer y descansar, y tiendas de campaña individuales más pequeñas para dormir, pero los escaladores carecen de las comodidades de los campamentos de gama alta.

Dos hombres pasan cerca de mí, y veo que se trata de Russell Brice y Conrad Anker, íconos del Everest, a los que pocos fuera del mundo del montañismo reconocerían. En 1999, Anker, uno de los montañistas más respetados del mundo, descubrió el cuerpo aún congelado del británico George Mallory, quien participó en el primer intento de ascenso a la cima del Everest y murió en la montaña en 1924. Y Brice es uno de los guías más conocidos del Everest para expediciones de alta gama. Sus escaladores pagan por duchas calientes en cabinas privadas y beneficios adicionales como clases de yoga o su famosa sala de estar en forma de cúpula geodésica con alfombras de imitación de piel de tigre, un televisor de pantalla grande y una pared con una impresionante vista panorámica del Himalaya.

Con cinco de las Siete Cumbres en mi haber, ya debería estar acostumbrada a la colisión de clase y cultura en el montañismo. Pero aquí todo se amplifica. El hambre es palpable. Todo el mundo en este pueblo temporal tiene un objetivo. Llegar a hasta la cumbre o llevar a alguien a ella.

Esto es el Everest.

La hazaña más grande.

La joya de la corona.

Abriendo la puerta de lona, me meto en nuestra carpa comedor e intercambio saludos con el personal antes meterme en la fila del *buffet*.

—Buenos días —dice Tendi, mientras sirve tazas de avena.

Tendi perdió a su hermano y a su primo en la avalancha del año pasado. Pero, como tantos otros miembros de la comunidad sherpa que hacen posible el funcionamiento del Campamento Base, regresó esta temporada. El campamento de Adventure Consultants se encuentra en la zona de clase media, donde los montañistas, vestidos con chaquetas de alto rendimiento y pantalones de *nylon*, pagan los ahorros de su vida para tener una oportunidad de perseguir su sueño. La mayor parte del equipo local de Tendi ha trabajado en la empresa durante más de una década. Hay una lealtad, un orgullo, en saber que cada uno de los miembros de la expedición es parte fundamental de una temporada exitosa, sin importar el número de personas que consigan llegar a la cumbre. Cuando me ve, Tendi se detiene y, en lugar de avena, llena una taza con quinua caliente.

—*Namasté* —digo y tomo la taza—. Gracias por acordarte.

Ha mezclado los granos de quinua con mantequilla y canela, y el rico vapor amaderado me cosquillea en la nariz mientras me deslizo tranquilamente en un asiento junto a Mark, el profesor de voz suave de Connecticut.

Mientras comemos, Mike se levanta.

—Como saben, las rotaciones se escalonan entre las diferentes expediciones para evitar la aglomeración —brama como un general que se dirige a sus tropas—. El entrenamiento comienza mañana.

Escalar el Everest no es un simple viaje de abajo a arriba, sino una serie de ascensos y descensos realizados en tres rondas llamadas rotaciones. Para acostumbrar a nuestro cuerpo al aire fino, es decir, con poca concentración de oxígeno, tenemos que escalar de forma incremental. Desde el Campamento Base hay cinco paradas en el camino: Campamento 1, Campamento 2, Campamento 3, Campamento 4 y Cumbre. Cada rotación nos lleva a un campamento más alto y termina con un descenso de vuelta al Campamento Base para descansar y recuperarse, hasta el empujón final. El viaje dura seis semanas, y para cuando lleguemos a la cumbre, si es que lo hacemos, habremos escalado toda la montaña casi dos veces.

Me perdí la primera charla de orientación porque estaba con las chicas y, además, aparte de haber empacado según la lista de equipaje y de haber completado el entrenamiento en casa que exige Adventure Consultants, no he estudiado la ruta, ni siquiera he dejado que mi mente deambule por el Everest. Parece una tontería ahora que estoy aquí, pero memorizarla era hacerla realidad. La falta de preparación es mi arma secreta. Me ayuda a cortar la ansiedad, el inevitable «¿qué pasaría si?» del fracaso. Visualizarme en la cumbre y no lograrlo es peor que no haberlo imaginado nunca. Mientras la quinua de la mañana se convierte en lodo en mis entrañas y nos preparamos para empezar a entrenar, ya no estoy segura de mi probada eficacia.

Al día siguiente, Mike y Ang Dorjee nos llevan a un campo nevado abierto con pequeños barrancos y acantilados helados. Las escaleras de extensión de aluminio están colocadas horizontalmente sobre los barrancos como puentes, y otras están atornilladas verticalmente a los acantilados. Las cuerdas de *nylon* ancladas en el suelo con tornillos especiales para hielo serpentean por ambos lados de las escaleras. Es como un campo de entrenamiento para bomberos. Para cuando lleguemos a la cumbre, habremos subido por más de doscientas de estas escaleras, la mayoría de ellas en la cascada de hielo del Khumbu. Es temprano en la temporada, y somos uno de los primeros equipos programados para cruzar.

La cascada de hielo del Khumbu es una sección traicionera del glaciar del Khumbu, de cuatro kilómetros de largo, que separa el Campamento Base del Campamento 1. Deslizándose montaña abajo con una velocidad de metro y medio por día, la cascada de hielo es una entidad viviente. Como una carrera de obstáculos mortal de torres de hielo llamadas seracs que pueden derrumbarse en cualquier momento, la cascada del Khumbu se está fracturando y migrando, hundiéndose y derritiéndose y volviéndose a congelar todo el tiempo. Llamar al Khumbu inestable es como llamar al Everest una colina. El Khumbu es volátil, errático, cambiante. Sísmico.

Donde el hielo se agrieta y se separa, deja enormes abismos. Grietas gigantes, algunas de más de cincuenta metros de profundidad. Al principio de cada temporada de escalada, los Icefall Doctors, un equipo especializado de sherpas contratado por el Gobierno nepalí, son los primeros en pisar el Khumbu. Trabajan durante largas jornadas para trazar una ruta por el glaciar, instalando una serie de escaleras y cuerdas para que los escaladores puedan navegar por el laberinto de cañones y agujas de hielo del Khumbu.

Los Icefall Doctors son muy hábiles, pero el sistema que utilizan no es tan avanzado como cabría esperar. Atornillan escaleras de aluminio al hielo, a veces incluso atando dos o tres con una cuerda gruesa para crear pasarelas desvencijadas sobre una grieta o una pared enorme. Algunos años, hay pasajes que requieren cinco escaleras seguidas. Cinco. Imagina que cruzas un río peligroso, pero, en lugar de un puente, hay un montón de escaleras sacadas de tu garaje atadas entre sí. Y, en lugar de agua caudalosa, el río es un abismo helado que bosteza. Y, si te caes, rezas por morir mientras desciendes, porque si no, lo más probable es que mueras solo y congelado mientras sientes el dolor de todos tus huesos rotos.

Nos quedamos en silencio mientras nos ponemos y ajustamos los arneses de escalada. Mirando a mi alrededor, viendo en dónde encajo yo, viendo quién es el más rápido en abrocharse. Gabe y Tom son rápidos, y sus movimientos, fluidos; el resto de los hombres se mueve metódicamente, mientras que yo tanteo los cierres: los nervios repentinos convierten mis dedos en cucharas.

Una vez con los arneses puestos, nos acercamos al borde del campo de entrenamiento y nos colocamos los crampones. Mientras formamos una fila, me imagino la canción de *Rocky* sonando a la distancia.

Acercándome a Danny, quien hizo esto el año pasado, señalo el recorrido de entrenamiento.

—¿Esto se parece a lo que cruzaremos en el Khumbu? —pregunto con ingenuidad.

—Para nada —responde con una sonrisa socarrona—. Esto es una broma. Piensa que será diez veces más difícil. O veinte, quizás.

Trago saliva.

«La ignorancia es una bendición», me digo, aunque no por primera vez en mi vida. «Mantente en el presente. Ya habrá tiempo de sobra para preocuparse después», me digo a mí misma.

Primero, las escaleras horizontales.

De cerca parecen aún más pequeñas.

Dos largas cuerdas dispuestas como pasamanos corren a lo largo del lado externo de las escaleras, y cada cuerda está anclada en el hielo con tornillos especiales, como estacas para carpas. Solo una persona cruza a la vez, y otras dos se sitúan en cada extremo, tensando las cuerdas para crear barandillas firmes para la persona que cruza. Tom, el ex SEAL, y Gabe, el jefe de policía australiano, cruzan la escalera.

Soy la siguiente. Desde el otro lado, Gabe me mira y tira de un extremo de la cuerda. Detrás de mí, Brian sostiene el otro lado.

—Lo más importante es la tensión —dice Ang Dorjee—. Sientan la cuerda. Incluso a través de los guantes, deben percibir con sutileza. El equilibrio entre la tensión y la holgura es esencial.

Engancho el mosquetón que cuelga de mi arnés a la cuerda de mi derecha, agarro una cuerda en cada mano y empiezo a caminar. Los hombres me dejan la suficiente holgura para tirar de las cuerdas hasta la altura de mi cintura, pero no tanta como para que la barandilla colapse. La canción de *Rocky* se convierte ahora en música circense. Me visualizo en un circo. Soy una artista que camina por la cuerda floja, las cuerdas en cada mano son mis bastones de equilibrio. Huelo las palomitas de maíz. Oigo los rugidos dispersos del público que está por debajo. El calor de las luces que se arremolinan, el estruendo de las pezuñas de los animales salvajes, los trajes brillantes. Mis extremidades palpitan de adrenalina. Mi piel es un latido.

Pero tengo un problema que los hombres no tienen. Sus botas coinciden con el espacio entre los peldaños de la escalera, de modo que los dientes de sus crampones se enganchan a los peldaños en cada extremo de sus botas y los mantienen en su sitio. Pero mis pies, quince centímetros más cortos que los de Tom o Gabe, se resbalan por el hueco entre los peldaños. Tengo que equilibrar mis dos pies, con crampones y todo, y moverme muy despacio, aprovechando la tensión de las cuerdas fijas con más delicadeza para mantenerme en pie. Por primera vez, desearía que mis audaces pies de futbolista fueran gigantescos como los de los hombres.

—Siéntete cómoda con esa flexión y esa inclinación —me dice Mike, mientras voy de un peldaño a otro. Le lanzo una mirada de muerte—. ¡Relaja las rodillas!

De vuelta en San Francisco, mi vecino, un especialista retirado del Ejército, oriundo de Wisconsin, me ayudó a pasar una escalera de extensión de seis metros desde mi terraza hasta su patio, inclinándola para recrear el bamboleo con el que necesitaba fusionarme. Pasaba las mañanas de los domingos supervisando cómo cruzaba de un lado a otro en crampones, tratando de recrear la sensación del Everest. «Hazte una con el bamboleo», había cantado. Pero esto. Esto se siente diferente.

—Mmmm —dudo, moviendo mi cabeza.

—¡Adelante! —Mike me presiona.

Doblo las rodillas y empujo con mi peso hacia abajo ligeramente. La escalera salta un poco, como flotando, más flexible de lo que sabía que podía ser el metal. Se me corta la respiración y el corazón me golpea el pecho cuando el tintineo del aluminio vibrante resuena en el cañón helado. Solo estoy a un metro y medio del suelo, pero para mí la brecha de abajo es infinita. Un abismo. En toda la historia, nunca ha habido un vacío más profundo y oscuro.

—Sigue la línea de la cuerda —dice Ang Dorjee—. Solo mantén la vista en los anclajes que están más adelante.

Fijando los ojos en la línea, encuentro un ritmo constante: el pie derecho en el peldaño, el pie izquierdo se une, pausa, respiración, recuperar el equilibrio, repetición. Cada tintineo del crampón contra la escalera es un sonido precioso. Metal contra metal significa que estoy conectada. Cuando mi crampón finalmente pisa la nieve del otro lado, dejo escapar un suspiro de alivio. Han pasado horas, días, toda una vida. He envejecido cien años.

—¡Bien! —John me lanza un pulgar hacia arriba desde el otro lado de la grieta. Lo saludo con la mano.

Después de que todos cruzamos, Mike y Ang Dorjee nos conducen como patitos hacia una cresta de la cascada de hielo de seis metros de altura con una escalera vertical atornillada en su cara. Asentimos mientras Mike nos explica los fundamentos de la escalada vertical y el rapel.

—¡Número uno! —dice—. Miren la escalera. DOS. Aseguren su mosquetón en la cuerda de seguridad. Siempre deben estar enganchados. Dos puntos de seguridad en todo momento. Repitan después de mí: «Siempre deben estar enganchados».

—¡Siempre deben estar enganchados! —grita Brian.

—Ellos no, ustedes —dice Ang Dorjee. Todo el cuerpo de Brian se estremece de risa.

—Siempre debemos estar enganchados —coreo, irritada. Necesito que estas palabras se graben en mi memoria.

—Compruébenlo con el compañero que sostiene su cuerda —continúa Mike—. Ellos son su línea de vida. Asegúrense de moverse rápido. ¿Todo claro? Comiencen a escalar y asegúrense de que la cuerda no se enrede en su arnés. Una vez que lleguen a la cima, libérense de la cuerda fija, engánchense a la cuerda de extensión y aléjense rápidamente del borde hasta una posición segura. Es sencillo. Vamos a intentarlo.

Mike sube a lo alto de la escalera y se cierne sobre nosotros como un padre severo, con los destellos del sol rebotando en sus gafas oscuras de montaña. Ang Dorjee se planta en la parte inferior de la escalera con los brazos cruzados sobre el pecho, sin sonreír, con unas gafas a juego.

—Lo más importante —dice Ang Dorjee—: miren hacia arriba. ¡Solo hacia arriba! Al cruzar cualquier escalera, jamás miren hacia abajo.

La escalera vertical solo tiene una cuerda. Me engancho a ella con mi mosquetón, que es una medida de seguridad bastante endeble, pero por alguna razón aceptamos el peligro salvaje de esto. Supongo que por eso estamos todos aquí, y la gente que queremos está cómoda en casa haciendo cualquier cosa excepto esto.

Subir es rápido. Es lo más natural que hemos hecho.

Y, ahora, lo divertido: el rapel. He hecho rapel muchas veces, en el macizo Vinson el invierno pasado, en el monte Rainier y en gran parte de la pirámide de Carstensz en Indonesia, un pico de piedra caliza irregular cerca de la costa de Nueva Guinea. El Carstensz consiste en una escalada muy técnica de un día. Es más escalada en roca que montañismo. El descenso implica veinte largos tramos de rapel y una tirolesa, un tramo de cuerdas tendidas en el aire en las que uno cuelga del arnés y tira de sí mismo para el otro lado.

Me encanta la sensación de caída libre pero con seguridad, deslizarme por la ladera de una montaña, y ese hipnótico crepitar de la cuerda resbalando por el aluminio.

Soy la última del grupo y me siento confiada, mientras los ojos de todo el mundo se posan en mí. Pero mi primer intento empieza torpemente. «¡Tú puedes!», me digo a mí misma. «Hazlo con calma». Después de las escaleras, tengo que demostrarle a Ang Dorjee que tengo al menos una habilidad, que me he ganado mi lugar aquí. El aire es profundamente helado y mi nariz empieza a gotear; siento el cosquilleo de las gotas en su recorrido hacia mi labio. Me inclino hacia delante para limpiarme con la manga de mi chaqueta.

—¡Concéntrate! —grita Mike, provocando totalmente lo opuesto en mí.

Me desplazo hacia un lado, golpeando mis muslos contra el hielo sólido, magullando mis piernas y mi ego.

—Debes dominar el rapel para el descenso —dice Ang Dorjee—. Esto es absolutamente necesario.

Sé que puedo hacerlo. Quiero llorar.

Finalmente, me deslizo hasta el fondo y aterrizo agotada, con un golpe seco en la nieve. Durante la siguiente hora, nos turnamos para escalar y descender en rapel, utilizando las suelas dentadas de nuestros crampones para bajar lentamente. Los ojos de Ang Dorjee van de un lado a otro mientras lanza indicaciones sobre la técnica. Al cabo de varios intentos encuentro mi ritmo y bajo rápidamente, con la sensación de una caída libre controlada. Mientras los demás siguen practicando en la pared de hielo, yo regreso corriendo a la escalera horizontal. Brian y John me siguen y se colocan a ambos lados, sujetando la cuerda para mí mientras cruzo una y otra vez. Ahora es momento de dominar cualquier punto débil. Mañana tendremos una prueba en el Khumbu.

—Cuéntame sobre las chicas de San Francisco con las que has ido de excursión. ¿Cómo las conoces? —me pregunta John mientras paso metódicamente de peldaño en peldaño.

John tiene un departamento en San Francisco y se animó cuando mencioné la ciudad. Es el único que se ha interesado por mi viaje con las chicas. John, un antiguo académico convertido en financista con casas en varias ciudades del mundo, conserva su estilo refinado incluso cuando suda y gruñe en la montaña. Exuda una especie de decoro y modales que me recuerdan mi vida en Europa.

—A través de una organización sin fines de lucro —respondo—. Hablé frente a una sala llena de chicas, y ellas fueron las únicas que no pensaron que era una mentirosa de mierda.

—¡Ajá! —dice John—. Chicas inteligentes, entonces. El aprendizaje en el aula no se compara con esta experiencia.

Con las manos en las caderas, Tom se acerca a mirar. Tiene un consejo para mí en la punta de la lengua. Puedo sentirlo.

—No he practicado mucho con la escalera —digo despreocupadamente—. Ya le cogeré el truco.

—Escucha —dice, con una pequeña sonrisa—, si acabas marchándote antes, estaré más que encantado de llevar una de tus ofrendas a la cumbre.

—Gracias —respondo dulcemente, mordiéndome la lengua—. Es muy considerado de tu parte.

Pero cuando tropiezo durante la siguiente pasada, me pregunto si tiene razón. ¿Qué posibilidades tengo de lograrlo realmente?

—Alrededor del cuarenta por ciento —dice John.

—¿Eh?

—Tus posibilidades.

Oh, Dios. Había dicho eso en voz alta.

—Y tus posibilidades de morir, ¿quieres oír eso? —pregunta Tom.

—Oye —dice John con un tono repentinamente crispado—. Los hombres y las mujeres tienen las mismas probabilidades tanto de muerte como de éxito.

Puede que sea cierto, pero nada de aquella estadística es tranquilizador. Después de completar el entrenamiento del día, me detengo en la carpa comedor para tratar de comunicarme con las chicas. Shailee me ha estado enviando mensajes de texto contándome sobre la caminata de regreso. Ahora deben estar almorzando en Phakding, recargando energías para el agotador tramo final hasta Lukla. Marco el número de Shailee.

—Hola, Silvia —responde.

Luego una voz, dos, tres, cinco, tal vez, no puedo seguir la pista. Todas hablan con entusiasmo por encima de las demás.

—¡Silvia! ¡Te echamos de menos!

—¡Shreya! ¿Eres tú? Yo…

—¡Mamá! —grita Lucy—. Nunca adivinarás lo que me están enseñando.

—¿Qué? ¿Qué cosa?

—«La Macarena» nepalí.

Estallan en frenéticas risas, un alegre enjambre de voces. Hay una nueva tranquilidad en sus bromas. Puedo verlas amontonadas alrededor del teléfono, con los brazos extendidos una sobre otra. Ahora son una pequeña familia, una hermandad. Bajo todo el ruido, puedo distinguir la voz de Rubina.

—Te queremos mucho —dice suavemente—. Y te extrañamos.

—Yo también las quiero —digo—. Las quiero a todas. —Y realmente lo siento. Nunca ha sido tan fácil decirlo y sentirlo.

—¡Por favor, ten cuidado! —dice Lucy.

—Gracias por todo, Silvia. —Es Jimena. Su voz empieza a quebrarse—. Nunca olvidaré esto. Te quiero.

—¡Adiós por ahora! —Ehani dice en un tosco inglés.

Más risas.

Están muy cerca de la meta. Sé que van a conseguir volver. Lo lograron. Lo han hecho. Cada una regresará a sus casas llevando recuerdos que solo ellas conocen. Sabiduría privada que nadie les puede arrebatar. Ni ahora ni nunca.

Sigo diciéndome que las deje ir y que me concentre en el Everest. Pero tal vez no es así como esto funciona. Tal vez están conmigo ahora. Para el resto del viaje. Durante todo el entrenamiento, cuando me caiga de las escaleras y vuelva a levantarme, en todo lo que viene después.

—Ve paso a paso, Silvia —dice Shailee, justo antes de colgar—. Y recuerda que tienes a la madre contigo. Ella será amable, si la dejas.

* * *

Tom no llegó ni a la primera rotación.

—Es EPA —dice Mike mientras acompaña a Tom a la carpa de Emergencias.

El toque de la muerte.

Con el edema pulmonar de altura (EPA), los pulmones se llenan de líquido. La única manera de revertirlo es descender inmediatamente a un lugar de menor elevación. Desde el campamento vemos un helicóptero flotar hasta el helipuerto. Tom se convierte en un cuerpo diminuto en la pista. Lo suben y el helicóptero se desliza hacia Katmandú. Así de fácil, Tom y su sueño desaparecen.

Es el quinto día.

Estoy en *shock*. Todos lo estamos. Tom era un héroe de acción de la vida real. El patriotismo norteamericano encarnado. A los sesenta años, era el más viejo, pero posiblemente el que estaba más en forma del grupo. Uno de los mejores triatletas del mundo. Un superviviente. Cortado con la misma tijera que el equipo que capturó a Osama Bin Laden, por el amor de Dios. Lógicamente, sé que el mal de altura no tiene nada que ver con el estado físico o la actitud. A esta le importa poco la edad, ataca al azar y a su antojo. No hay forma de predecir lo que la altitud le hará a tu cuerpo.

Pero si Tom, el verdadero héroe norteamericano, fue arrasado en nuestras dos horas de prueba en el Khumbu, ¿qué malditas posibilidades tengo yo de llegar a la cumbre? Tom lo tenía todo. La concentración, el músculo, las agallas. Y aun así, esto no lo protegió.

Durante la cena engullo mi comida con una voracidad silenciosa. Mis nervios están a flor de piel. Nuestra primera rotación comienza mañana, y el Khumbu me atormenta.

—Desayuno a la una —anuncia Ang Dorjee.

Gimoteo. Ya son las ocho. Adiós a la idea del sueño reparador.

—¡Duerman bien! —dice Mike mientras salimos de la carpa comedor—. Lo van a necesitar.

Me despido con la mano y me desplomo en la pequeña cueva de mi carpa. Sus paredes de *nylon* tiemblan con el viento mientras me meto en mi bolsa de dormir y la cierro hasta enmarcar mi cara. Le ruego al sueño que llegue. Por favor, por favor. En casa, por muy agotada que esté, en cuanto mi cabeza toca la almohada, una nueva oleada de energía me empuja hacia arriba. Tengo que leer hasta las dos o las tres de la madrugada o distraerme en Internet o hacer cualquier cosa para llegar a un agotamiento tan profundo que mi mente ya no pueda luchar contra mi cuerpo. Dormir nunca me ha sido fácil. Tardé mucho tiempo en comprenderlo. En darme cuenta de que, para algunas personas, la cama era un lugar de relajación, no una puerta a recuerdos que trataban de olvidar. En mis sueños, cualquier cosa puede suceder. Mientras estoy despierta, en movimiento, tengo el control.

Pero aquí, en las montañas, tengo que entregarme. Aquí, obedecer la hora de dormir es una pequeña fortuna.

Es una de las cosas que más me gustan del montañismo. El orden militarista del campamento. Al principio, es una lucha, pero eventualmente es un alivio dejarme llevar y hacer lo que me dicen. Acallar el demonio de Tasmania que llevo dentro. Estar en la montaña, ser parte de un equipo, exige el tipo de estructura que se me escapa en la vida cotidiana. Aquí tengo que cuidarme a mí misma.

Aquí el descanso no es un lujo. Y beber alcohol no es una opción.

A las nueve caigo en un sueño sin sueños. Estoy tan cansada que ni siquiera oigo el crujido de las avalanchas en la distancia.

* * *

Ang Dorjee comienza a cantar oraciones en cuanto pone un pie en la cascada de hielo. Nos alineamos en el camino brilloso detrás de él, uno por uno, esparciendo el arroz seco que el personal de la cocina nos ha dado en las manos esta mañana. El arroz es nuestra ofrenda a la montaña. «Respira y confía», me digo a mí misma mientras los granos se derraman entre mis dedos. Mis mejillas son de porcelana fría. Mi aliento, una nube cristalina. Pedimos por una travesía segura. «Respira y confía». Por protección. «Respira y confía». Por bondad. «Ella será amable si la dejas».

Realmente quiero creerlo.

Son más de las dos de la mañana.

Es mejor cruzar el Khumbu en medio de la noche, cuando el glaciar está más congelado y su entramado de hielo se mantiene firme. A medida que avanza el día, el sol abrasador del Himalaya empieza a ablandar el hielo, creando bolsas empapadas más propensas al colapso. Subimos en total silencio y oscuridad, el camino iluminado únicamente por los círculos amarillos deformados de nuestras linternas frontales.

Mark, Brian y Danny van delante de mí; John, Rob y Gabe, detrás. El sonido de nuestros crampones cortando la nieve es meditativo, como cuando partimos leña o cortamos verduras; es un mantra que marca cada paso.

A medida que nos adentramos en las cámaras heladas, el crujido de nuestros pasos resuena, y las resbaladizas paredes brillan desde el interior, produciendo un inquietante resplandor blanco que compite con la luz de nuestras linternas frontales. Los sherpas dicen que los espíritus de los muertos permanecen cerca durante semanas. Me pregunto cuántos fantasmas rondan estas tumbas heladas. Las sombras juegan al escondite. En ciertos ángulos, las escarpadas columnas de hielo parecen rostros siniestros; en otros, desaparecen. El Khumbu es un *test* de Rorschach; cada formación helada es una mancha de tinta.

A las dos horas, llegamos a la primera serie de escaleras. Cada cruce es ceremonioso. Mientras cruzamos de uno en uno, los demás esperamos en silencio, como si cualquier sonido o movimiento repentino pudiera tentar a la montaña a tragarnos enteros. Y es posible. En el Khumbu, los sonidos fuertes y repentinos pueden provocar una avalancha. Si una avalancha se produjera ahora, nos levantaría como naipes y nos lanzaría montaña abajo.

Mientras cruzo, cuento los tintineos de mis crampones en los peldaños metálicos. 1-2, 1-2, 1-2, 1-2. Debajo de mí, la grieta es una boca ancha y hambrienta. «Hagan lo que hagan, no miren hacia abajo», la advertencia de Ang Dorjee resuena en mi mente. Pero la ausencia total de luz debajo es hipnótica. Siento una atracción por la oscuridad que me resulta familiar. Casi puedo oler la nada llamándome.

«Confía, Silvita», me digo. «Confía en que tu equipo mantendrá las cuerdas tensas. Confía en que te darán la tensión exacta que necesitas para mantener el equilibrio. Confía. Confía. Confía». Si sigo repitiéndolo, tal vez lo sienta. No recuerdo la última vez que deposité tanta confianza en los hombres.

Ya estamos en la cuarta escalera, una horizontal que lleva a una vertical más adelante, y me sorprende sentirme más tranquila al subir el primer peldaño. Me estabilizo y doy un rápido vistazo hacia la grieta. Mi pie casi resbala.

—¡Siempre adelante, Silvia! —La voz de Ang Dorjee es un grito susurrante.

A las cuatro de la madrugada, la noche empieza a romperse y el cielo se convierte en un mar de un azul profundo. Un azul majestuoso. No un celeste tranquilizador o un azul hospitalario, sino un pigmento tan exuberante y puro que casi parece falso. Azul como los orígenes del propio color azul. ¿Y las estrellas? Un millón de cristales lanzados contra el terciopelo. ¿Y la luna? Iluminando nuestro camino con charcos de luz plateada.

Así es como describiría la belleza del paisaje si estuviera sentada en casa, viéndonos subir. Exigiría esa clase de poesía.

Pero todo lo que veo es la esfera oblonga de luz frente a mí. El moretón azul negruzco del hielo mientras se levanta la cortina de la noche. Todo lo que puedo ver es un enorme trozo de hielo que se podría derrumbar en cualquier momento para pulverizarme. En todo lo que puedo pensar es en la ironía de ser asesinada por un lugar tan hermoso.

Eso es lo curioso del Everest. A pesar de todas sus tradiciones y belleza, cuando finalmente llegas aquí, la mayor parte de tu energía se gasta en comer, dormir y tratar de no morir.

Hacia las cinco de la mañana, el amanecer lanza flechas de luz a través del hielo. Las estalactitas heladas gotean como largos dientes afilados sobre bancos de nieve del tamaño de una casa. En las fotos aéreas, el Khumbu parece accesible, como una serie de colinas decentes para trineos. Pero a medida que el sol comienza a salir, se revela el espantoso dramatismo del paisaje. Es un Sahara helado de dunas onduladas de hielo azul y escarpados arcos de nieve esculpidos por el tiempo y el deshielo de antiguas aguas.

Lo poco que puedo asimilar es asombroso.

—Ojalá mi esposa pudiera ver esto.

—¿Eh? —Una voz me saca de mi trance. Estiro el cuello para mirar hacia atrás. John está detrás de mí.

—Estaría totalmente impresionada —susurra.

La esposa de John está enferma. Así fue como lo dijo la primera vez. Pero en los siguientes días alrededor de la mesa, me enteré de que se tratada de depresión clínica. Le preocupa dejarla en casa, pero este es su gran sueño, su única oportunidad.

Asiento con la cabeza, concentrada en poner un pie delante del otro.

—Siento mucho que no pueda ver esto —le digo.

El resto de los cruces de escalera son rápidos. Un relevo humano, atravesamos dos escaleras, luego cinco, luego diez. No hay zonas planas. No hay partes fáciles. Solo hay arriba y arriba. Subir y subir, subir y subir. Cayendo en una coreografía sin fisuras, incluso nuestra respiración empieza a sincronizarse, nubes heladas que salen en resoplidos trabajosos.

Es peligroso detenerse demasiado tiempo. El suelo es una isla movediza. Hacemos pocos descansos.

Cuando las escaleras se acaban, como ocurre en algunos bancos verticales, tenemos que volvernos hombres araña durante el resto del camino hasta las crestas heladas, aferrándonos con los dientes de nuestros crampones y activando los músculos de los hombros y la espalda para impulsar nuestro peso hacia arriba con la cuerda. Siento las pantorrillas abrasadas cuando me detengo a beber agua en la cima de lo que parece ser la centésima escalera. Llevamos cuatro horas escalando.

Mientras engullo medio termo, Mike grita de repente:

—¡Silvia, muévete más rápido!

«Mierda, mierda, hasta aquí llego. ¡Una avalancha! Lo sabía. Padre nuestro…», me pongo a rezar, haciendo la señal de la cruz mientras observo el horizonte en busca del revelador penacho de nieve.

—¡Esa no es Silvia! —Brian grita desde abajo. Lo oigo reírse—. Ella ya está delante de nosotros. Este no es el trasero de Silvia. Es el mío.

Justo en ese momento, Brian se impulsa sobre la cornisa.

—Oye, según Mike, tengo tu trasero. Qué insulto —me dice.

—Yo… —No estoy segura de si es una broma o una indirecta. Con Brian es difícil saberlo.

—¡Un insulto para ti! —grita—. Pero un honor para mí. No sabía que mi trasero fuera tan diminuto.

—Supongo que ahora eres mi doble de trasero. —Me encojo de hombros—. Nunca se sabe cuándo puedes necesitar uno.

Ruge, dándome una palmada en el hombro. Hago una mueca de dolor. Los brazos me laten.

Seguimos avanzando. La temperatura aumenta de menos veintitrés grados Celsius a rondar los menos diecisiete, parece que se está nivelando.

A las seis de la mañana ya estamos en la cancha de fútbol, un enorme anfiteatro de hielo escalonado que parece tribunas. A la izquierda, el hombro occidental del Everest nos flanquea, elevándose en un imponente ángulo de cincuenta grados. De repente, el ritmo se acelera. Al echar un vistazo alrededor de Danny, veo a Ang Dorjee a la cabeza del grupo, dirigiéndose hacia la zona conocida como Golden Gate, el lugar del desastre de 2014.

Dicen que fue más como un cohete que una avalancha típica porque había muy poca nieve. Un serac de sesenta toneladas, una nave espacial de hielo se desprendió del glaciar y salió disparada hacia la ladera de la montaña, aplastando a dieciséis sherpas hasta la muerte. Cuando desenterraron un cuerpo, vieron nueve más apilados debajo.

La tristeza se apodera del grupo cuando alcanzamos a Ang Dorjee. Está de pie en el lugar donde encontraron a los hombres, señalando exactamente el punto donde se fracturó el glaciar. Mientras nos cuenta la historia, su voz retumba profundamente. La cascada de hielo tiene unos quinientos metros de largo, dice, y esta parte, donde estamos parados —los 150 metros centrales— es la más peligrosa porque el hielo se desplaza muy rápidamente; a veces, hasta un metro por día.

Sigo pensando en lo que dijo Tashi sherpa en su entrevista con *Outside* sobre la visión sherpa de la montaña: «El Everest es una diosa. La veneramos antes de emprender una expedición», dijo. Sabía que los sherpas pensaban que muchos de los montañistas occidentales solo ven el Everest como un reto físico, como una forma de probar lo cerca que pueden llegar a estar de la muerte. Para los sherpas es un lugar sagrado, que debía inspirar más humildad que valentía.

Durante dos décadas, la ruta oficial del collado Sur ha pasado por debajo de este mismo serac porque es más rápida que la ruta original, más segura, establecida en la década de 1970. Ahora es un pueblo fantasma. Las escaleras rotas están cristalizadas en el hielo duro como una roca. Las cuerdas desgarradas se balancean sobre la grieta.

Los restos del bodegón de la tragedia.

Cuerpos congelados detenidos en el ascenso.

Como lo que permanece del trauma.

A veces, tenemos que volver al lugar de los hechos para empezar a sanar.

* * *

El último esfuerzo del día parece otro acto circense que desafía a la muerte. Cinco escaleras de aluminio están atadas extremo con extremo con una cuerda de *nylon* y atornilladas a una pared de hielo de treinta metros de altura. Es una escalera totalmente vertical sobre lo que parece un abismo nevado. Y es prácticamente todo lo que se interpone entre nosotros y el Campamento 1.

Mark ya está a mitad de camino, y mientras sube, sus pasos hacen vibrar las escaleras hasta el fondo, donde yo espero nerviosa mi turno. Cuando finalmente desaparece por la cornisa superior, me acerco a la escalera. Mis crampones perforan el hielo. Mi piel chirría. Cada sensación se amplifica. Mi volumen interno está al máximo.

Respiro profundamente y me preparo para el vértigo.

Respira.

Engancho mi mosquetón a la cuerda de seguridad de la derecha.

Bota izquierda, mano derecha.

Bota derecha, mano izquierda.

Mis crampones rechinan contra el aluminio mientras subo.

Respira.

No mires hacia abajo.

No hay abajo.

El abajo no existe.

Solo hay arriba.

Solo esta escalera.

Este peldaño.

Este momento.

No hay pasado. No hay futuro.

Solo este momento.

Esta escalera.

Este hielo.

Esta brillante pared de hielo. Este pequeño cuadrado de hermoso hielo azul.

El hielo realmente no es blanco cuando lo ves de cerca. Es translúcido. Un blanco lechoso y azulado. El tipo de blanco que solo existe en el departamento de pintura de una ferretería, en un muestrario con nombres tontos: nube suave, alabastro, boca de ballena.

Hielo azul mortal.

Bota izquierda, mano derecha.

Bota derecha, mano izquierda.

Respira.

Quizás pinte mi salón de azul hielo mortal cuando regrese a casa. Si es que llego a casa.

No hay futuro. No hay pasado.

Este momento.

Esta escalera.

Este peldaño.

Este hielo.

Miro cómo se derrite el hielo allí. Oh, genial. La forma en que gotea por la pared, muy poético, como un rastro de lágrimas cayendo, abajo, abajo para no mirar hacia abajo. El Infierno está abajo. El Cielo está arriba. «Mira hacia arriba. Ohhhh, mira, estoy casi a mitad de camino», me digo.

Sí.

Estoy ascendiendo.

Bota derecha, mano izquierda.

Estoy escalando. Estoy impulsándome. Estoy cambiando.

La escalera empieza a tambalearse. Ahora debo estar en el medio. El vientre ondulante de la bestia. Un miedo caliente inunda mi cuerpo mientras el metal choca contra el metal, una cacofonía distorsionada de chirridos, dobleces y deformaciones. Es la orquesta del miedo, y es ruidosa, sinfónica. Los platillos chocan en mi mente, haciendo sonar «miedo, miedo, miedo».

Angelito de la Guarda…

Hasta aquí llegué. Este es el final.

Si el Cielo está arriba y el Infierno abajo, esto debe ser el Purgatorio.

Esta estúpida escalera es lo último que veré antes de morir. Qué anticlimático. «Muerta por una escalera». No es lo que imaginaba grabado en mi lápida. «Aquí yace Silvia. No fue el vodka ni la avalancha lo que la mató, sino una escalera de aluminio».

Pero, espera, he pasado la cuarta escalera. Solo falta una más. Dios mío, creo que lo voy a hacer.

Veo una cara. Un sherpa. Se cierne sobre mí, señalando algo. La cuerda de seguridad en la parte superior. «Engánchate a la cuerda de seguridad antes de desengancharte de la escalera. No lo olvides, Silvia», me digo.

Enganchar antes de desenganchar.

Hay un momento entre soltar la escalera y subir a la cresta superior en el que me siento flotar. Dudo. No estoy preparada para soltarme.

—No pasa nada, no pasa nada —dice el sherpa, haciéndome señas para que suba.

Todo el mundo dice que estar presente es el boleto a la felicidad. Hacia la libertad. ¿Es esto lo que quieren decir? Estar donde no hay escapatoria. Donde no hay manera de ir más rápido o más lento. De dar la vuelta o saltar hacia adelante. El de marchar a través del largo y lento dolor de cada momento. Si es así, si esto es lo que significa el refrán, ¿habré estado realmente presente alguna vez en mi vida?

La mitad de mi equipo sigue abajo, esperando para subir. Volver a bajar sería más difícil. No hay otro sitio al que ir que no sea hacia arriba.

El sherpa extiende su mano. Engancha antes de desengancharte. Engancha. Desengancha. Tira de la cuerda. Agarro su mano caliente y firme que envuelve a la mía. Último paso de la escalera. Un tañido metálico que reverbera detrás de mí. Aterrizo los crampones en el hielo. Empujo hacia abajo con más fuerza para clavarlos bien. Bajo a la nieve y suelto un suspiro. Estoy en suelo firme.

Ang Dorjee, John, Mark y Rob me dan palmaditas en la espalda, en los brazos. Incluso dentro de los guantes, mis manos están congeladas. La adrenalina corre por mis venas, mi corazón palpita con fuerza mientras un sudor frío me punza la piel. Debajo de los brazos, la primera capa de mi ropa está empapada de sudor, pero en la superficie estoy helada. Ang Dorjee dobla las rodillas y mueve los brazos de adelante a atrás, recordándome la técnica de circulación para calentar el cuerpo.

—Por supuesto —digo avergonzada—. ¿Cómo podría olvidarlo?

Hay demasiada información que asimilar. Todo parece esencial, mucho de ello es de vida o muerte. Es como si todo mi cuerpo, mi ser completo, se estuviera adaptando a este entorno. Pronto, espero, todo esto se convertirá en algo natural.

Doblo las piernas y balanceo los brazos, haciendo que la sangre regrese a mis dedos.

—Bien, Silvia —dice Lydia, acercándose sigilosamente por detrás—. Lo estás consiguiendo de verdad. Eres fuerte. Estoy impresionada.

—Gracias —chillo con la garganta reseca. Debería sentirme halagada. Lydia es una leyenda del Everest. Y una pequeña parte lejana de mí está chillando de emoción. Lo he hecho. Lo estoy haciendo. Lydia lo ve.

Pero sobre todo estoy conmocionada. Nada de lo que acabamos de hacer tiene sentido.

—¿Cuánto duró eso? —le pregunto a Mark. Esa subida ha sido la hora más larga de mi vida.

—Unos tres minutos —responde.

—¿Qué?

—El tiempo es relativo en la escalera —dice.

—¡Mierda!

No miro hacia abajo para tomar perspectiva. Ya me harté de mirar hacia atrás. A partir de ahora, solo miraré hacia adelante.

Después de que todos escalaran la pared, llegamos al Campamento 1, que está rodeado por grietas masivas más profundas y más amplias que cualquiera de las que acabamos de cruzar. Nuestras carpas están encaramadas en el borde de un vasto tazón sin viento y cubierto de nieve.

El Valle del Silencio.

Dos días después, Gabe es evacuado.

El estado de ánimo es sombrío mientras vemos a la distancia un helicóptero rojo cereza volando en círculos a baja altitud, buscando un lugar para aterrizar. El viento levanta la cola, y el piloto sigue volando hacia arriba y bajando de nuevo, tratando de hacer un ángulo para aterrizar con éxito. Gabe se desgarró un músculo de las costillas, y el lado de su torso se volvió de un azul enfermizo, dificultándole la respiración. En un lugar en el que el oxígeno ya es limitado, una simple lesión como esa puede suponer un gran retraso. Para cuando llegamos al Campamento 2, estaba empeorando, y Mike y Ang Dorjee tomaron la decisión de evacuarlo.

Vemos a Gabe desaparecer en el helicóptero. Mike hace una señal con el pulgar mientras el helicóptero se aleja, siguiendo la cresta hacia abajo, hasta que desaparece de vista.

—¡Y entonces quedaron seis! —Retumba la voz de Brian.

Todo mi cuerpo se contrae. Primero Tom, ahora Gabe. Me embarga el pánico y no sé bien por qué. Cuando Gabe hizo rebotar esa pelota de fútbol en su rodilla, no tuve ninguna duda de que llegaría a la cima. Él mismo se vio allí tan claramente, estaba muy confiado. Pero cada vez está más claro que las reglas tradicionales no se aplican aquí. Que el ego y la fuerza bruta —todo aquello sobre lo que había visto a los hombres construir sus vidas, sus carreras, sus identidades y lo que yo había tratado de emular en mis tiempos de ejecutiva ambiciosa— garantizan poco. Puede que Miyolangsangma sea la diosa de la entrega inagotable, pero su paciencia con los que escalan el Everest con arrogancia sí parece agotarse.

Los que se lanzan al mundo, aquellos cuya intención es conquistar, cueste lo que cueste; los que quieren reinar sobre la naturaleza, sobre la tierra, llevan décadas, siglos, milenios haciéndolo. Soy solo una montañista más con una chaqueta de plumas de alto rendimiento, pero antes de que mi padre marchara a Lima buscando una vida mejor, él y sus antepasados vivían en las montañas. Mi linaje es andino. Lleva las historias de los conquistadores, los que intentaron destruir el modo de vida indígena. Sendero Luminoso trajo mucho terror a Lima durante demasiado tiempo, pero para algunos campesinos rurales, la revolución era la única manera de devolver la tierra a sus legítimos dueños.

Para gente como ellos, para los sherpas de aquí, la tierra lo es todo. Perder a dos de nuestros hombres más fuertes y audaces en la primera semana me recuerda que el Everest es un espíritu al que hay que honrar, y no una cumbre que hay que conquistar.

Me he estado preguntando si soy lo suficientemente fuerte para seguir aquí, para llegar a la cumbre, pero tal vez esa sea la pregunta equivocada. Tal vez debería preguntarme si soy lo suficientemente sensible para escuchar. Para rendirme. Para confiar profundamente en algo, en mi linaje, en mi herencia, en todo lo que se opone a la lógica y a la fuerza.

Todavía no puedo visualizarme en la cumbre. Pero tal vez eso no sea malo.

CAPÍTULO 16

LOS DIVORCIADOS

—*Gruetzi Miteinander*. Quiero un *latte macchiato* y un *grüner tee*, por favor —dije, haciendo gala de mi alemán básico para saludar al barista

—Por supuesto. Enseguida se los traeré —respondió con calma.

La pequeña cafetería Siddhartha, ubicada debajo de mi oficina en Berna, era mi lugar habitual para tomar el té.

—Gracias, cariño —dijo Margaret cuando el barista nos entregó las bebidas. En cuanto desapareció detrás del mostrador, ella se volvió hacia mí—. Como te decía, soy una bruja, mi amor. —Me guiñó un ojo—. Una bruja buena, eso sí.

Sorbí mi *grüner tee* caliente como si fuera una limonada helada; el líquido especiado me calentaba la garganta mientras pensaba en algo que decir. El anillo de matrimonio de platino en mi dedo anular se sentía frío y pesado. La verdad es que no sabía casi nada de la mujer pelirroja que estaba sentada frente a mí, excepto que, con la luz adecuada, tenía un brillo mitológico.

—No me digas. —Mis cejas se alzaron en lo que esperé que fuera un gesto de curiosidad y no una señal de pánico subiendo por mi garganta—. No, no lo sabía. No sabía que eras una bruja. Por favor, cuéntame más —dije amablemente.

Este era el tipo de información vital que habría proporcionado una segunda cita. En lugar de eso, habíamos pasado directamente a la boda.

Nos habíamos dado el «sí, quiero» dos años después de la muerte de Lori. Nos conocimos en la fiesta de una amiga en común cuando yo estaba de visita en San Francisco por un viaje de trabajo, y me cautivó el acento inglés de Margaret, su esbelta figura de metro setenta y cinco, y sus labios carnosos y seductores. Margaret era el alma de la fiesta: explosiva, atrevida e increíblemente sensual. Un espíritu libre al que le encantaba la danza oriental. Llevaba muchas joyas de oro y plumas en el cabello. Era divertida y cálida y tenía un boston terrier llamado Bo. Aquella noche nos fuimos juntas a su casa y nunca miramos atrás.

Cuando volví a Berna, al cabo de una semana, Margaret me confesó que estaba profundamente enamorada, pero que no podía involucrarse en una relación a larga distancia. La mayor parte de su familia seguía viviendo en el Reino Unido y estaba dispuesta a mudarse a Suiza. Así de fácil. La última vez que había dudado del amor, había perdido a Lori. Lori sabía que la amaba, se lo decía todo el tiempo. Pero hay una diferencia entre decir «te amo» y demostrarlo. Cuando me fui a Europa, fui arrogante. Pensé que tendríamos tiempo. No le pedí a Lori un periodo de prueba. No le dije que ella era el amor de mi vida y que aceptar este trabajo me ayudaría a convertirme en una mejor persona, no solo para mí, sino para nosotras. Todavía era demasiado hermética para dejar en claro que, aunque aceptara el trabajo, quería hacer que nuestra relación funcionara. Quizás eso hubiera cambiado las cosas. Si ella hubiera sabido lo mucho que me importaba, tal vez seguiría aquí. Su muerte me mostró lo frágil que es el amor.

«En las buenas y en las malas, en la enfermedad y en la salud», había empezado a sonar bastante bien, de hecho.

Todavía no había acudido a un terapeuta, pero después de seis semanas de relación a distancia, me casé con una. Además de ser una bruja buena, Margaret también era una terapeuta matrimonial y familiar certificada.

Cuando mi madre se enteró de que me había casado, se ofendió porque no la invité. Una parte de mí se enfadó. ¿Por qué iba a invitarla a mi boda? Nunca había reconocido mi relación con Lori ni lo devastador que fue para mí perderla. Si el amor es el amor, la pérdida es la pérdida.

«Siento que hayas perdido a tu amiga», fue todo lo que pudo decir.

Nunca habíamos pasado más de una semana sin hablar, pero no podía perdonar a mi madre por haber despojado el aspecto romántico de mi relación.

No hablamos durante un año.

De vuelta en Europa, viajaba mucho por trabajo, lo que significaba muchas cenas de negocios de alto nivel. A Margaret no parecía molestarle, o, más bien, no le importaba. Se había tomado un año sabático, tratando de hacer la transición entre su práctica terapéutica y la creación de lo que ella llamaba un «ministerio de mujeres» global. Ella estaba decidida a «despertar a la sacerdotisa que habita en cada mujer», o algo por el estilo. Mi vida todavía se medía en términos corporativos, pero siempre acababa con mujeres que se dedicaban a lo místico, a lo espiritual. Con Margaret, al principio no pensé mucho en ello. Todo eso sonaba vagamente alentador y bastante altruista, lo suficiente como para aprobarlo sin que necesitara insistir en los detalles. Mi pensamiento crítico no estaba en su mejor momento.

* * *

«Silvita. Llámame». El asunto del correo electrónico de mi madre era escueto, pero el cuerpo del mensaje estaba vacío. Se me erizó la piel mientras marcaba el número de memoria.

Ella atendió tras un solo timbrazo y se quedó en silencio al otro lado.

—¿Qué pasó, mamá?

Un largo y profundo suspiro.

—¡Mamá! —insistí.

—Silvita, no quiero mentirte. No voy a mentirte.

—¿De acuerdo? Qué demonios... ¿Qué pasa, mamá?

—Me han diagnosticado cáncer, cáncer de pulmón.

La sangre se drenó de mis extremidades.

—¿Pero no te has estado haciendo tus chequeos? —pregunté—. ¿Incluso después de la histerectomía y los pólipos? Prometiste que ibas a hacerte tus chequeos.

—Lo sé, lo sé. Pero estuve ocupada con tantas otras cosas que tenía que hacer aquí.

Me pregunté cuánto tiempo me había estado ocultando esto.

—Voy a empezar la quimioterapia la semana que viene. Miguel estará aquí. Y tú estarás aquí para la Navidad, ¿no? Podremos hablar más entonces.

Viajé sola a Perú por Navidad, pero mi madre y yo hablamos poco sobre el cáncer. En cambio, me embarqué en una misión relámpago para llevar alegría y juguetes a todos los niños pequeños de Santa Cruz de Chuca, el pueblo natal de mi padre en la falda de los Andes.

—¿Nada de alcohol, de acuerdo? —le dijo mi madre al conductor mientras subíamos a un autobús nocturno en la estación de Trujillo.

Las carreteras hacia la sierra eran caóticas cintas de asfalto llenas de baches. Cada pocos meses, un autobús nocturno se estrellaba, normalmente conducido por un chofer que había tomado demasiados vasos de chicha de jora, la potente bebida de maíz fermentado muy típica de la sierra.

Si mi madre me hubiera visto prendida a más no poder, conduciendo ebria por las serpenteantes calles de San Francisco... En los Andes, una cabeceada o un desliz al volante nos enviaría al fondo de un cañón, donde nos convertiríamos en comida para buitres.

Mamá se paseó por el pasillo, examinando cada asiento. Parecía estar a gusto en el abarrotado e incómodo autobús, saludando con la cabeza a todo el mundo mientras los bebés lloraban y las familias llevaban al hombro costales de arroz y provisiones a sus pueblos. Mamá, iba vestida con un buzo morado y unas zapatillas Reebok blancas, y una riñonera colgada de la cadera. Su despreocupada seguridad en sí misma era una alegría y una sorpresa de presenciar.

—¡Aquí! —declaró, señalando dos asientos en la parte delantera—. Siéntate aquí. No le quitaré los ojos de encima —susurró.

Me dejé caer junto a la ventanilla mientras ella se encaramaba en el pasillo, con los ojos fijos en el frente. La puerta se cerró con un gran silbido hidráulico y el rugido grave del motor cobró vida. Me apoyé en su hombro, con los ojos cerrados respiré una nube del perfume Trésor y de la crema facial de Lancôme. Lirios blancos, almizcle y leche. Olía así desde que yo tenía uso de razón. Empalagoso y fresco a la vez, el aroma atravesaba los túneles problemáticos de mi mente y me llegaba directamente al corazón. Era un bálsamo. Una rica canción de cuna floral.

El olor de mi madre.

Nunca había imaginado una vida sin ella.

* * *

Santa Cruz de Chuca es un típico pueblo andino. Hileras de edificios de dos plantas rodean una plaza central bordeada de palmeras con una fuente de piedra y arbustos gigantes tallados en burbujeantes formas abstractas y animales de dibujos animados. Los peruanos arreglan sus parques con pomposidad. La plaza central es la sala de estar de la ciudad, y cada una adorna la suya con orgullo.

Las farolas gemelas con adornos de hierro curvado iluminan el parque por la noche, y una suave niebla baja a menudo de las colinas circundantes por la mañana, serpenteando por las calles empedradas como si quisiera despertar a todo el mundo.

Mi padre siempre quiso para sí mismo algo más que este lugar. Cuando él y su hermano Walter tuvieron la oportunidad de vivir con un tío acomodado en Trujillo, una gran ciudad en comparación con su pueblo, no lo dudaron. Quizás esperaba que su tío fuera un padre sustituto; el suyo había abandonado a la familia para casarse con otra mujer. Cuando mi padre intentó ponerse en contacto con su padre muchos años después, fue rechazado.

Cuando todos sus hijos nos fuimos de Perú y mi madre se convirtió en abuela, ella empezó a hacer viajes a Santa Cruz de Chuca.

Reunía dinero recaudado entre mis hermanos y yo para ayudar a modernizar el pueblo natal de mi padre. A lo largo de varios años, trabajó para ganarse la confianza de sus habitantes, y juntos crearon un taller de artesanía para los niños, renovaron la posta médica de la región —un centro de urgencias rural de escasos recursos— y construyeron una mejor infraestructura para la escuela primaria de 150 alumnos a la que mi padre había asistido. Durante la época navideña, ella organizaba un evento con regalos y chocolatada, que había crecido hasta llegar a casi trescientas personas.

Al principio, me pareció extraño. Después de todos esos años y de todo lo que él le había hecho pasar, ¿por qué dedicaría su tiempo libre a otra cosa centrada en mi padre? ¿Era un gesto para tratar de sanar a un hombre incurable? ¿Proveer a los niños de la aldea de una manera que ella no pudo hacer con todos sus hijos? ¿Estaba atendiendo al niño que había sido mi padre? Pero durante nuestro viaje de Navidad, me di cuenta de que no se trataba de él en absoluto. O, al menos, no como me lo había imaginado.

Cuando nos acercamos a la plaza central desde el hostal en el que nos alojábamos, una procesión de niños y sus madres, docenas de ellos, desfilaron por una calle lateral de tierra, encabezados por dos niñas que sostenían con orgullo una pancarta pintada a mano que decía «Bienvenida Sra. Teresa Lavado». El camino descendía hacia el pueblo, y pasaron por delante de hileras de casas de piedra con techos de teja pintados en marrones terrosos y azules como los huevos de los petirrojos. A medida que la tierra se convertía en cemento, más gente bajaba por las calles laterales, y pronto había cientos de personas reunidas en la plaza central. Caminamos entre la multitud, metiendo los brazos en enormes bolsas para repartir regalos a los niños de mejillas rubicundas y peinados con forma de tazón, vestidos a juego con pequeños buzos y chaquetas de *jean*. Otros, con camisetas una talla más grande. Estaban las abuelitas con vestidos floreados y suéteres de punto que llevaban medias largas bajo las sandalias, y las madres con los tradicionales bombines andinos o los altos sombreros blancos de paja que daban cuenta de la mezcla de las herencias inca y española.

En una calle lateral, cinco mujeres removían enormes ollas metálicas de chocolatada, el chocolate caliente especial de Perú. Lo servíamos en teteras de hojalata y caminábamos por las aceras llenando las coloridas tazas de plástico de los niños entusiasmados y colocando en sus manos extendidas mini panetones, un pan dulce tradicional que se come en estas fiestas.

Mi madre era como la Santa Claus de Santa Cruz de Chuca.

Allá parecía estar en casa. En Lima, en los círculos sociales adinerados a los que aspiraba mi padre, la gente era clasista y despiadada. Alrededor de ellos, especialmente de las mujeres, la exuberancia natural de mi madre se veía inhibida. Se le veía tímida, casi deferente, como si hablar demasiado pudiera exponerla como una impostora.

Ser una mujer divorciada de La Victoria que nunca terminó la escuela secundaria era una historia que ella estaba feliz de obviar. Pero rodeada de personas de clase trabajadora, de gente humilde, de los que vivían con lo justo, tal como ella en su juventud, su confianza, generosidad y sentido del humor eran eléctricos. Incluso se movía de forma diferente. El pecho abierto, los hombros relajados hacia atrás. Hasta que no la vi recorrer las calles empedradas riendo mientras llenaba las tazas de los niños, no caí en la cuenta de que su madre también era de los Andes. En concreto, de Cochabamba, un remoto distrito situado en las faldas de la Cordillera Blanca, la cordillera tropical más alta del mundo.

Sus raíces eran innegables. Nuestras raíces eran innegables. Y empezaban a mostrarse con más claridad cuanto más nos adentrábamos en las montañas.

* * *

Dos años más tarde, el cáncer de mi madre había progresado a etapa IV. Margaret y yo vivíamos de nuevo en San Francisco, y las cosas eran, en el mejor de los casos, complicadas. eBay me permitía trabajar a distancia parte de la jornada, y yo pasaba mi tiempo libre volando ida y vuelta de Perú. Margaret rara vez viajaba conmigo.

Acompañar a mi madre a las citas de oncología se convirtió en un deber sagrado, como llevarla a misa, donde podría ocurrir un milagro. Yo necesitaba creer en los milagros. Lo que fuera necesario para mantener a mi madre con vida. Mi problema con el alcohol estaba controlado, pero solo circunstancialmente. Tenía miedo de perder el control delante de mi familia y, aunque mi madre nunca confrontó el problema, me recordaba constantemente que no bebiera demasiado. Marianela le había contado lo sucedido con Beto, y el recuerdo de Eduardo encontrándome boca abajo en mi propio vómito aún estaba fresco. Al crecer como católica, había heredado el sentido de la vergüenza. Nunca se nos pidió que examináramos nuestros actos, que entendiéramos el porqué, sino que simplemente nos arrepintiéramos y dejáramos de hacerlo. La vergüenza era lo único más fuerte que mi sed.

En Perú, hasta los médicos funcionaban en hora latina. Sobre todo, los más solicitados. Esperábamos durante horas en largos pasillos de paredes blancas y deslumbrantes. Esperábamos junto a otros como nosotras, pacientes y sus familiares. Algunos parecían más enfermos que mi madre, otros tenían mejor aspecto. Y mientras esperábamos, nos apoyábamos una con otra. Por una vez, mi madre había parado de correr, y yo tenía la oportunidad de estar con ella. No había recados que hacer ni malabares de vidas secretas. Solo este momento. Ella y yo. Juntas. Luchando por su única vida. Era el mayor tiempo que habíamos pasado a solas, y mientras esperábamos en las salas de los hospitales, en las consultas de los médicos, por las cirugías, por los medicamentos, por las noticias, por la cura, poco a poco empezamos a hacernos amigas. Esta mujer hermética, una mujer a la que yo idolatraba, empezó a cobrar vida ante mis ojos.

Sin ningún otro sitio al que acudir, me puso al día de todos los chismes familiares. A medida que me explicaba los pormenores, fui comprendiendo mejor su papel de matriarca entre sus hermanas. Se convertía en la juez de paz cuando surgían las disputas entre los miembros de la familia. La mujer sabia que cuidaba de todos, la que tenía empatía y compasión.

Los médicos le extirparon dos tercios del pulmón izquierdo para atajar el cáncer. Después de su operación, acerqué una cama vacía a la suya y apreté su mano izquierda entre las mías, besándola suavemente, mientras su otra mano caía a su lado, conectada a la bolsa de fluido intravenoso.

—¡Mamita, lo tengo! —dije, chasqueando los dedos. Para entonces estaba calva, su cabeza era una cúpula brillante. Su tez, ya de por sí blanca, parecía ahora pálida e hinchada, pero sus pómulos seguían siendo afilados y emanaba un aura de felicidad—. ¡Te pareces a Gasparín, el fantasma amistoso!

—Ji, ji, ji… —Soltó su risa divertida. Su cara de querubín brillaba.

Cuanto más enferma estaba, más santa parecía. Envuelta en chales y mantas con flecos, saludaba a todos desde su silla de ruedas, lanzando palabras amables como si fueran caramelos. Se había convertido en una Madre Teresa.

Mi madre, Teresa.

Santa Claus, una santa, la diplomática de la familia.

Me pregunté si siempre había sido así.

De vuelta en casa después de la operación, transformamos la sala de estar en el dormitorio de mi madre para acomodar los enormes tanques de oxígeno que nebulizaban la medicación para sus pulmones.

—Mamá, cuando te mejores —le dije en uno de mis últimos viajes—, iremos a La Bistecca para tu cumpleaños.

La Bistecca era lo más parecido que había en Perú a Sizzler, un restaurante tipo *buffet*, su favorito en Estados Unidos.

Había dos líneas telefónicas en la casa: una para el moribundo negocio de mi padre y otra para todo lo demás. Con el tiempo, las llamadas de sus familiares y amigos inundaron ambas líneas. Un flujo constante de invitados la visitaba en la «*suite* presidencial», como ella la llamaba, y los recibía con orgullo desde su cama estilo hospital.

«Déjenme decirles», presumía. «Vamos a ir a La Bistecca. ¡Es casi tan bueno como el Sizzler!». Sus manos danzaban y revoloteaban cuando enfatizaba lo buenas que eran las papas asadas dos veces o lo jugoso que era el filete, como si el Sizzler estuviera más allá de lo que pudieran imaginar.

«¿Un cafecito?», ofrecía. Alguien —yo, mis hermanos, Meche— preparábamos café, y ella bebía el suyo desde la cama, asintiendo con la cabeza mientras sus visitantes desentrañaban sus dramas diarios. Una don Corleone matriarcal. Por una vez, parecía tener el control total de sus dominios.

Mi padre, que por entonces tenía casi noventa años, tenía dificultades para caminar y había instalado una pequeña cama en el primer piso, donde quedaba su antigua oficina. De pequeña me maravillaba verlo pasar los días allí, con sus camisas perfectamente almidonadas y sus trajes pulcramente planchados, dictando a su secretaria o inclinándose sobre ordenadas pilas de papeles, con una mano en la calculadora, sumando durante horas, sin detenerse nunca a comprobar si sus dedos estaban presionando las teclas correctas. En esa sala había sido un concertista de piano. Un maestro.

Pero fuera de su organizado mundo de números, empecé a ver lo pequeño que era mi padre en realidad. A medida que mi madre se enfermaba más y más, él se atrincheraba en su habitación, ignorando el flujo constante de visitas y llamadas, y solo entraba y salía de la cocina para comer. No acudía a la cabecera de mamá para tomarla de la mano o comprobar sus signos vitales. Cuando ella intentaba hablar de su salud, él hablaba por encima de ella.

—¿Y si me voy yo primero? —gruñía, como si fuera una competencia—. ¡Seré el primero en morir!

—¡Cállate! Hierba mala nunca muere —se burlaba ella.

Eso siempre me hacía reír.

Intentamos trasladarla a Estados Unidos, donde estaría cerca de sus hijos y nietos. Tras años de trabajar en eso, Marianela le consiguió la *green card*. Pero por mucho que insistiéramos, no quería dejar a mi padre. Había aceptado su deber de un matrimonio sin amor. ¿Y mi padre? No tenía ningún deseo de mudarse. No sabía hablar inglés, y era demasiado viejo y terco para aprenderlo. Nunca fue capaz de recuperar su riqueza original después de perder todo ese dinero en la estafa piramidal de CLAE cuando yo estaba en la universidad. Además, había comenzado a perder vigencia en la industria, reemplazado por contadores que eran más jóvenes, más modernos y más baratos que él. A pesar de su implacable prédica sobre la permanencia de la calculadora, las cosas habían cambiado.

Todo había cambiado menos él.

En Estados Unidos, Segundo Vásquez sería un inmigrante más que empezaba de cero; mientras que, en Lima, al menos, aún tenía recuerdos de sus días de gloria.

Mi matrimonio apenas existia. Justo antes de nuestro primer aniversario, en un viaje de negocios a Singapur, le había sido infiel con una mujer que me recordaba a Lori. Se lo confesé a Margaret, pero ella me perdonó y seguimos juntas. Cuando volvimos a Estados Unidos, ella empezó a alejarse, pasando los fines de semana en retiros espirituales con nombres como «La divinidad femenina» y «Hacer crecer la diosa interior», y volví a engañarla. Esta vez, con una amiga cercana.

Decir que fui infiel porque era lo que veía en mi cultura es demasiado fácil. Nada verdadero es tan sencillo.

Pero también sería falso negar por completo que lo llevaba en la sangre. En el nombre. Que venía de una larga línea de hombres con segundas familias e hijos secretos. De mujeres que pusieron la otra mejilla, y luego la otra, a menudo porque no tenían más opción. Mientras yo rechazaba los roles que la cultura peruana me daba por mi condición de mujer, en el proceso me había deslizado hacia otro estereotipo. El hombre infiel de la casa. El perro con hueso.

Cuando la condición de mi madre se agravó, empezó a dejar mensajes de voz para cada uno de sus hijos. Sus últimos deseos. Ella imploró a cada uno de mis cinco hermanos que construyeran sus familias y permanecieran cerca. A mí, me dijo: «Eres muy inteligente. Haz una maestría».

Mi madre había conseguido por fin su título de escuela secundaria mientras estaba en las primeras fases de su quimioterapia. La educación representaba para ella la libertad y la posibilidad de un tipo de vida diferente.

También se había convertido en el centro social de su entorno y le encantaba escuchar los entresijos de los dilemas morales de todo el mundo. Pero cada vez que yo intentaba compartir mis primeras quejas matrimoniales por teléfono, recibía un coro educado de «mmm, mm-hmm, sí, está bien», interrumpido por el sonido de fondo del barajar de las cartas electrónico. ¡Ella estaba jugando al solitario en la computadora!

Era como si el hecho de que yo fuera gay hubiera trastocado todo su sistema. Como no podía aprobar mi vida con una mujer, descartó por completo a mi familia, lo que más valoraba en la vida.

Después de aceptar mi homosexualidad, yo tampoco me imaginaba casada. Tal vez porque, en mi país, el matrimonio era algo que solo se podía imaginar con un hombre. Pero una vez que dije esas palabras —«sí, acepto»— estaba sorprendentemente decidida a honrarlas y hacerlas durar.

Margaret y yo no éramos felices, pero, como decíamos en Perú, «peor es nada».

Tenía demasiado miedo de divorciarme. Sería otro fracaso más.

Había caído en la misma trampa que mi madre, usando el matrimonio como un escudo. Aferrándome a su falsa seguridad, a sus promesas huecas. Estaba más comprometida con la identidad que me daba el estar casada que con mi matrimonio en sí. Como si este fuera un salvavidas contra el caos y la disfunción. Pero, por supuesto, ya debería haberlo sabido.

A mediados de 2012, el cáncer se había extendido a la médula espinal de mi madre. Ahora estaba postrada en la cama. Un tumor la dejó paralizada de la cintura para abajo. Estaba siendo tratada con esteroides, lo que hizo que su peso aumentara de setenta y siete kilos a casi ciento cinco. Para Acción de Gracias, Miguel y yo nos habíamos mudado de vuelta a la casa de nuestra infancia. Durante las noches dormía en el largo y bajo sofá junto a la cama de mi madre en la *suite* presidencial. Su respiración era lenta y dificultosa, y la enfermera nocturna, que dormía en la habitación de al lado, venía a menudo a ver cómo estaba. Yo seguía el camino invisible del oxígeno que salía del tanque hasta llegar a su torrente sanguíneo, viendo cómo sus ojos se agrandaban y su respiración se hacía más fuerte. Me fascinó la idea de que un poco de aire adicional pudiera ayudarme a subir más alto de lo que era humanamente posible.

Empecé a bromear, poniéndome la máscara de oxígeno.

—Algún día voy a escalar el Everest —le dije.

—Silvita, no —dijo ella—. Es demasiado peligroso. Puedes morir. Por favor, no lo hagas.

—Pero, mamá, fue muy especial estar allí la primera vez, lo sabes. Y voy a entrenar duro. Ya he escalado el Kilimanjaro y el monte Elbrus.

No le dije lo poco preparada que había estado en el Kilimanjaro. Todo lo que no supe en el Kilimanjaro, lo aprendí en el Elbrus. Fue esa experiencia la que me ayudó a convertirme en una verdadera montañista. Además, había aprendido a detenerme, a evitar deslizarme montaña abajo hasta la muerte, si me caía. Aunque no se lo dije porque este no era el mejor punto a tratar con ella.

—No creo que hacer eso sea muy inteligente, hijita —me dijo.

Me quité la máscara de oxígeno e imaginé que era un salvavidas. ¿Qué pasaría si tenía una fuga? ¿Y si el tanque se abollaba? ¿Y si toda mi vida dependiera de ella?

Cuando conocí a Margaret, le dije que quería continuar con mi meta de escalar las siete cumbres y la pirámide de Carstensz en Papúa, pero ella también me desanimó, diciendo lo mismo que mi madre: que era demasiado peligroso. Así que durante mucho tiempo dejé de escalar, incluso dejé de hablar sobre eso, canalizando mi deseo por más —por dar más, por ser más— en el trabajo. El montañismo seguía siendo un zumbido en el fondo de mi cerebro, pero la vida real seguía su curso.

Tomé la mano hinchada de mi madre entre las mías, acunando sus dedos gruesos, absorbiendo el calor que me decía que aún estaba viva.

El Everest siempre estará ahí, me dije. Las montañas siempre estarán ahí.

Este era un momento especial. Un tiempo que nunca había tenido. Tiempo para mamita y para mí.

En una soleada mañana de sábado a mediados de abril de 2013, me desperté al oír los jadeos de mi madre, luchando por respirar. La enfermera nocturna entró corriendo a la habitación, y yo agarré la mano de mi madre mientras la enfermera la sedaba y llamaba al médico. Sus pulmones estaban fallando. No era la primera vez. Había sucedido varias veces en los últimos cinco meses. Había sido aterrador verla así, pero ahora que estaba inconsciente, anhelaba verla jadear por aire, verla luchar.

Su saturación de oxígeno estaba cayendo en picado.

La enfermera empezó a llorar.

Sabía que había llegado el momento.

Miguel se paró al lado de la cama, sosteniendo su mano derecha, y yo apreté mis dos manos alrededor de la suya. Mi padre entró a trompicones y se sentó en el sofá junto a nosotros.

—Mamita —dije acercándome—. Te quiero. Te quiero mucho. Sé que me oyes, mamita. Te quiero mucho, Teresita. ¿Puedes oírme? Sé que puedes. Estoy aquí para ti, mamita. Estoy aquí contigo.

Apreté su mano contra mi mejilla. Estaba tibia, esponjosa; su aroma a lirios blancos y a crema.

Había perdido a Lori antes de poder decirle lo mucho que la amaba. Y todo el amor que había retenido dentro se derramó como un conjuro. Como una unción que solo yo debía ofrecer a mi madre; ella no tendría ninguna duda de lo que sentía.

—Te quiero, te quiero, te quiero. Mamá, te quiero —canté cada palabra más suavemente que la anterior.

A las tres de la tarde, el oxímetro de pulso llegó a cero.

Miguel soltó un grito gutural y yo me desplomé sobre su cuerpo, esperando escuchar una última exhalación, un último sorbo de aire. Pero no oí nada. No más aliento, no más de ella.

Mi madre se había ido.

* * *

Al principio, su muerte no me afectó tanto como pensaba.

Al principio.

Me consolé volcándome de lleno al trabajo y fantaseando sobre cómo Margaret y yo podríamos volver a empezar. Pasar los últimos años con mi madre me había reafirmado en la importancia de la familia y me había mostrado que la sanación —o como mínimo la aceptación— era posible. Quizás Margaret y yo también pudiéramos reparar nuestra relación.

Me invitaron a dar una charla en Tokio sobre un programa piloto que eBay había lanzado con uno de nuestros socios tecnológicos. Tokio era una de mis ciudades favoritas del mundo, y me pagaron un boleto en primera clase, extendiendo la alfombra roja. Los organizadores me instalaron en una habitación con ventanales que daban al horizonte, en el lujoso hotel Prince Gallery, cuyo bar futurista servía platos como tempura de langostinos en pan de oro. La mañana de mi conferencia entré en un pequeño auditorio en el que 120 hombres con ternos oscuros casi idénticos estaban divididos en dos grupos a ambos lados de un escenario bajo. Detrás de mí, en el escenario, había dos traductoras de japonés.

Este era el sueño de mi padre. Tener la atención y el honor de estar en una sala llena de ejecutivos japoneses. Él veía a los japoneses como la cúspide de la elegancia y el profesionalismo. Y aquí estaba yo, su improbable hija lesbiana, con dos japonesas dispuestas a traducir cada una de mis palabras a una sala llena de hombres conservadores. Hice una reverencia a modo de presentación y comencé a hablar. Las mujeres alternaban la traducción en cada pausa que hacía. Entonces, en medio de una diapositiva, todo se detuvo. Mientras miraba la presentación —que había pasado días perfeccionando—, mi mente se puso en blanco. Fue como acercar a mi oreja una de esas enormes conchas marinas, esas de las que se oye el ruido del océano. El mar se agitó en mi mente, borrando todos los pensamientos, y me quedé suspendida en algún lugar, flotando.

Fue como si alguien hubiera pulsado el botón de pausa de mi vida y yo hubiera salido de la escena. Como si hubiera estado jugando a ser Superman y de repente me viera descubierta como Clark Kent. La máscara se cayó, la capa se arrugó en el suelo. Todos los hombres con trajes me miraban fijamente, esperando educadamente. Y yo no quería decir ni una palabra más sobre la nueva tecnología que estábamos desarrollando. Ni ahora ni nunca más. Toda la pasión y el entusiasmo que me caracterizaban se evaporaron allí mismo, en el escenario.

Estaba perdida.

Ahora era una huérfana de madre.

Y ya estaba harta de todo esto.

Conseguí recomponerme y terminar a tientas el resto de la presentación, pero la falla era evidente. No solo para el público, sino para mí. Se trataba de algo más que el agotamiento laboral. Lo que sea que había estado tratando de abrirse paso a través de mi psique durante la última década, empezó a florecer y a desplegarse mientras hacía una reverencia, dando las gracias al público, y me apresuraba a salir de allí tan rápido como podía.

Había hecho más de lo que mi padre jamás podría.

Y así, sin más, su poder sobre mí se evaporó.

Volví a casa llena de esperanza.

Pero cuando llegué a San Francisco, la mitad de la casa estaba empacada, y Margaret se había ido. Dejó una tarjeta florida en la que decía que lo lamentaba y que se preocupaba por mí, pero que «íbamos por caminos diferentes», lo que habría quedado muy claro en la tercera cita, si no hubiéramos estado casadas para entonces. Incluso dejando fuera de la ecuación mis infidelidades, desde el principio nos costó conectar, y el tiempo que pasé con mi madre en Perú no hizo más que ampliar la brecha. Me vi envuelta en un matrimonio disfuncional porque yo misma era disfuncional. Pero eso no hizo que la partida de Margaret doliera menos.

Recurrí a lo de siempre. El alcohol. Pero esta vez era distinto. Ya no me calmaba. Ni siquiera el estupor del *bourbon* más fuerte me pegaba. La embriaguez me desmayaba sin problemas, pero todas las mañanas, a las cinco, me despertaba de golpe, profundamente adolorida, en mi cama. El dolor no se debía a la resaca ni a la nube de ansiedad que me embargaba cuando trataba de contar las copas que había bebido la noche anterior. Era un dolor en carne viva, como si me hubiesen volteado la piel hacia afuera. Como si me estuvieran estrujando el corazón. Echada en mi cama, veía el lugar vacío a mi lado que solía ocupar Margaret. Y lo sentía como un abismo sin fin. Uno que se había tragado a Margaret, a mi madre y a Lori. Que amenazaba con tragarme nuevamente.

Por primera vez, esta pena era peor que la resaca.

Incluso en los días en que no bebía, me despertaba en medio de la oscuridad con lágrimas en los ojos. Le rogaba al sol que se mostrara.

«Por favor, despierta conmigo. Por favor, despierta ahora. Estoy sufriendo. Por favor, sal. Necesito luz. Esto es demasiado oscuro, demasiado doloroso».

Pero el sol nunca salía cuando más lo necesitaba.

Una noche me subí a mi auto en la oscuridad y conduje a toda velocidad hacia el puente Golden Gate.

El aire fresco y húmedo se pegó a mi cara mientras estacionaba y caminaba hacia la bahía. Bajo el puente, las luces de la ciudad eran un halo lejano. El agua era una mancha de aceite nocturno. Intenté imaginarme el momento en que rescataban el cuerpo de Lori del fondo. Los equipos de búsqueda y rescate buceando por ella en el momento exacto en que yo cruzaba el puente en la otra dirección, sin prestar atención, tarareando la canción de Tony Bennett. Pensando, una vez más, que mis sentimientos habían llegado justo a tiempo. Que tenía una oportunidad. Que podía seguir avanzando como una bola demoledora por la vida y acabar donde quería estar cuando estuviera preparada. Estaba en el puente cuando Lori saltó, pero nunca estuve lo suficientemente cerca para alcanzarla.

Había estado corriendo desde que tenía memoria. Y me había quedado sin nada. Sin razones. Sin gente que me animara. Sin segundas oportunidades. Sin nuevos comienzos. Sin Lori, sin madre, sin matrimonio y con una carrera que, de repente, me importaba poco. No tenía nada. No había ningún otro lugar adónde huir.

Estaba realmente sola.

Estaba sufriendo.

Y por primera vez en mi vida el alcohol no lograba adormecer ese dolor.

Me resigné a buscar ayuda. Por sugerencia de una amiga, me inscribí al Hoffman Process, un retiro de meditación de una semana centrado en la comprensión de los patrones negativos que aprendemos entre los cinco y los doce años, y que moldean y determinan en quienes nos convertimos. En el círculo grupal de uno de los últimos días, el encargado dijo: «Este trabajo nos permitirá escalar nuestras montañas interiores». De repente, estaba en Nepal, en la base del Everest, recordando lo fresco y sagrado que era el aire; cómo llegar al Campamento Base en la mitad del tiempo se había sentido como una bendición especial, casi como un presagio de que la montaña me guiaría. De pie a la sombra del Everest, me sentí asombrada e inspirada por algo más grande que yo. Y en ese momento todo cobró sentido.

La Navidad estaba cerca y yo temía la primera sin mi madre. Era su fiesta favorita. Laboriosos y llenos de amor, sus banquetes navideños eran una clase magistral. El jugoso pavo, los purés de manzana y arándanos, el puré de papas amarillas, sus características judías verdes y su famosa ensalada Waldorf. No podía imaginarme sentada en otra mesa que no fuera la suya. Pasar el Año Nuevo sin ella regañándome para que siguiera la tradición peruana de llevar ropa interior amarilla y comer doce uvas a medianoche —seis moradas y seis verdes— para tener buena suerte cada mes del año siguiente.

Si no hacía algo drástico, podía acabar bebiendo hasta caer en coma. Cuando escalaba, no bebía. Temía y respetaba las montañas por igual, y milagrosamente eso me mantenía sobria. Llevaba seis años sin escalar hasta la cumbre de una montaña, pero tenía días libres en el trabajo por Navidad, y las expediciones eran baratas, así que reservé un cupo. El siguiente pico en mi lista de las Siete Cumbres era el Aconcagua. En la escuela, siempre nos enorgullecíamos del Aconcagua, el monte más alto de toda América. Mi montaña territorial, el pico más alto de mi propio continente, de la tierra de la que provengo.

Después de tantos años sin escalar, no estaba segura de poder llegar a la cumbre. Haber escalado una montaña no significaba necesariamente que fuera capaz de subir la siguiente. El treinta y cinco por ciento de los escaladores no consigue llegar a la cima del Aconcagua la primera vez; incluso algunos montañistas nepalíes que han alcanzado la cumbre del Everest tienen dificultades. La proximidad al Pacífico crea unas condiciones meteorológicas brutales allá arriba. Los crueles vientos y la nieve torrencial provocan fuertes tormentas. En la cima, la presión atmosférica es tan solo del cuarenta por ciento de la que hay al nivel del mar, y el ambiente seco aumenta la posibilidad de sufrir mal de altura. Pero el mayor reto es que el tiempo de aclimatación es mínimo. Para llegar a la cima del Aconcagua se debe hacer un ascenso directo. Cada montaña tiene sus propios retos, y el Aconcagua los tiene todos.

* * *

Al igual que en mi primer viaje a Nepal en 2005, llegué a Argentina siguiendo una visión, un pasaje de una conversación en Hoffman para explorar mis montañas internas.

Me agrupé con dos hombres: Mike, un estadounidense de Atlanta, y Rajat, un indio que vivía en Dubái. Enseguida encontramos algo en común. «Los divorciados» se convirtió en el nombre de nuestro equipo.

Tras diez arduos días, estábamos a punto de llegar a la cumbre. A 6700 metros de altura, el oxígeno era escaso; la luz, escarpada. Habíamos partido del Campamento Base y nos dirigimos a los tres campamentos superiores en días consecutivos, sin rotaciones. Solo una línea recta. Algunos escaladores ya habían dado la vuelta, y a veces deseaba haber ido con ellos. Todo este asunto —escalar una montaña para cambiar algo— empezó a parecerme ridículo. La verdad es que estaba furiosa con la vida. Llena de dolor, había venido a desquitarme en la montaña, a patearle el trasero a una roca gigante. Pero esta me devolvió la patada. Y más fuerte. La montaña siempre sería más fuerte que yo. Escalarla no me iba a sanar más de lo que me sanaría tener un trabajo elegante en el rubro tecnológico o casarme con la mujer rubia perfecta.

La noche antes de intentar llegar a la cumbre, el aire estaba quieto y había poco viento. En mi carpa, temblaba, luchando contra el aplastante dolor de cabeza que produce la altitud. Los únicos sonidos eran las voces ocasionales de los escaladores que pasaban por allí y los ronquidos dentados de mi compañero de carpa. Hecha un ovillo, acurrucada sobre mi costado, dejé caer unas pocas lágrimas solitarias. Luego unas cuantas más. Y cuando empezaron a acumularse, salieron todas las pérdidas, el dolor, la tristeza, el miedo y la ira. Lloré por todo el amor, el tiempo y las posibilidades que había perdido. Por mi madre y por todas las mujeres de mi familia que habían sufrido antes que ella. Por toda la gente a la que había hecho daño porque no pude encontrar la manera de escapar de mi dolor. Lloré porque pensé que no iba a llegar a la cumbre. Me compadecí de mí misma, de que mi sueño, todo esto del montañismo, no estuviera destinado a ser. Mi cuerpo se sacudía en espasmos mudos y sollozaba tan silenciosamente como podía contra mi almohada para no despertar a mi compañero. Lloré hasta quedarme vacía. Y en ese vacío apareció la silueta de una niña. Una niña que había intentado salir, que quería despojarse de este sufrimiento de una vez por todas. Una niña que estaba cansada de estar sola. La niña del buzo turquesa no había dejado de creer en mí.

Ella estaba esperando pacientemente, con la mano extendida.

Justo antes de que Lori saltara, se había aislado de todo el mundo. Más tarde me enteré por amigos en común que había dejado de responder a sus llamadas y de asistir a eventos de recaudación de fondos y a fiestas. En alguna época, había conseguido estabilizar su bipolaridad al encontrar una comunidad a la que cuidar, construyendo gigantescos carros alegóricos artísticos y planeando todo el año la construcción de un brillante campamento en medio del desierto. Me pregunté qué había vuelto para devorarla. ¿Qué fue lo que Lori no había podido superar? Ella nunca quiso agobiar a los demás. Al igual que mi madre, Lori mantenía ocultas las partes más oscuras de sí misma, y luego se abría camino de vuelta a la vida entregándose a la comunidad. Después de que todos sus hijos se fueran de Perú, mamá se había labrado una nueva vida basada en la entrega. En Lima y en los Andes. Más de mil personas habían acudido a su funeral para presentar sus respetos. Gente que yo ni siquiera había visto jamás.

Si alguien hubiera estado mirado de lejos en aquella amarga y fría noche en el Aconcagua, habría visto cómo el cielo, cubierto de estrellas, se abría por encima de la mancha roja de mi carpa y cómo el universo derramaba su compasión sobre mí, porque una vez agotadas mis lágrimas, caí en un profundo sueño. Cuando me desperté al día siguiente, me sentía inundada de gracia.

Llegué a la cumbre con tiempo de sobra, casi como si mis lágrimas hubieran despejado el camino. Estaba aprendiendo que llegar a la cima, al igual que a la sanación, exigía entrega. Vulnerabilidad.

Mientras contemplaba el paisaje, la respuesta se reveló tan clara que no podía creer que no la hubiera visto antes. El Everest no tenía que ver conmigo. No se suponía que debiera hacerlo sola. No se suponía que debiera simplemente escalar montañas y plantar mis banderas en sus picos como una conquistadora moderna. Se trataba de lo que tenía para ofrecer, de lo que tenía para dar a la comunidad, a las mujeres, a las chicas como yo. Tenía que cumplir mi promesa de escalar el Everest, pero debía llevar a otras conmigo. A otras mujeres como yo. Supervivientes. Ese había sido el mensaje todo este tiempo.

Cuando volví a San Francisco, sentí el vacío de la ausencia de mi madre. Pero había algo más bajo la tristeza. Libertad. Invitada a hablar en One Billion Rising, una manifestación contra la violencia sexual organizada por Eve Ensler, me subí al estrado y conté mi historia a una multitud de miles de personas. La gente rugió en señal de apoyo. Era la primera vez que lo contaba en voz alta desde que me derrumbé en la azotea veinte años antes. Era la primera vez que podía contar mi historia sin sentirme culpable. Sin preocuparme de que pudiera avergonzar o herir a mi madre. Finalmente, había encontrado mi voz.

Ahora era el momento de encontrar a las demás.

CAPÍTULO 17

EL VALLE DEL SILENCIO

A veces, cuando hace suficiente frío y la presión atmosférica y todos los componentes físicos se alinean a la perfección, la nieve experimenta una metamorfosis.

No es solo la pendiente de la montaña o un repentino estallido lo que desencadena una avalancha. A nivel atómico, se trata de la estructura de cada copo de nieve. Un manto hecho de capas y capas de nieve que ha caído como polvo a lo largo del tiempo y se ha unido entre sí es, generalmente, muy seguro; pero digamos que un día cualquiera, debido a un descenso perfecto de la temperatura, este manto se puede transformar espontáneamente en una facetada. En algún lugar profundo del manto de nieve hay un punto débil. Si se produce la sacudida, la vibración o el golpe adecuados, puede desmoronarse y desencadenar una avalancha.

* * *

Descendiendo al Campamento Base temprano por la mañana, las montañas parecen tan vivas. El sol se cierne en lo alto del glaciar, pero enormes espirales de hielo nos protegen de los rayos con su sombra. Se dice que bajar una montaña es tan difícil como subirla, y esta mañana nos damos cuenta de que, para volver al

Campamento Base, una vez más tendremos que descender por las escaleras que cruzamos en la subida. A medida que nos adentramos en el Khumbu, oigo el sonido del agua, del hielo derritiéndose y de la nieve que se deshace.

Rob es el último en llegar al campamento. Hace a un lado la lona de la carpa comedor y se derrumba con un ataque de tos. Lleva así todo el camino desde el Campamento 2, y sin hacer contacto visual con nadie sé que todos pensamos lo mismo. El ataque de la altitud. El temido jadeo del fracaso.

La tos del Khumbu.

Una tos seca nacida de la combinación perfecta de frío, baja humedad y esfuerzo a gran altura: es el fantasma del Everest. Y, una vez que la coges, es difícil deshacerte de ella. Como básicamente duermes dentro de un congelador todas las noches, es de esperar que te resfríes, pero la tos del Khumbu puede acabar con tus planes.

Los cuerpos se curan lentamente en la altura, si es que lo hacen. Cuanto más alto se sube, menos posibilidades hay de recuperarse. A diferencia de otros deportes en los que los atletas entrenan, haciéndose más fuertes y rápidos en la preparación para una gran carrera o un partido de eliminatorias, cuanto más alto subimos, más débiles nos volvemos. Para cuando lleguemos a la cima —si es que llegamos a la cima—, nuestros cuerpos estarán apagándose. Nuestro apetito será inexistente; el sueño, esquivo; nuestra respiración será escasa. Incluso a la altura del Campamento Base gastamos más energía que a nivel del mar, a veces, el doble. Hasta la comida se vuelve menos apetecible; y cuando todo esto termine, algunos de nosotros habremos perdido el peso equivalente a un niño pequeño. Estamos acondicionando nuestros pulmones y cuerpos al vivir a gran altura, empujando nuestros límites un poco más allá con cada rotación. Pero no nos estamos fortaleciendo en el sentido atlético tradicional. Cuando lleguemos a la cima, estaremos muriendo activamente.

A veces, la única opción es descender a una altitud menor.

* * *

Tendi se apresura a traer una taza de té de jengibre, y Rob asiente con la cabeza, gesticulando suavemente un «gracias» sin que las palabras salgan de su boca. Anthea se acerca al médico y señala a Rob. Después del almuerzo, se confirma. Ha cogido la tos del Khumbu. Este es el tercer intento de Rob en el Everest, y no está dispuesto a rendirse todavía, así que Ang Dorjee y Mike acuerdan que descienda a Periche y descanse unos días. Si su tos mejora, podrá unirse a nosotros para la segunda rotación. Tal vez unos días en una cama adecuada, con comidas e hidratación apropiadas, acaben con la tos del Khumbu. Eso no suena mal, en realidad. Estoy tentada a ir con él.

Rob se marcha sin oponer resistencia y promete que nos mantendrá informados sobre su estado. Lo acompañamos hasta el final del campamento, despidiéndolo con alegres «Mejórate» y «Nos vemos pronto», mientras se aleja por el camino; pero a medida que se hace más pequeño, la pérdida se posa sobre nosotros como un fino polvo. La pregunta tácita persiste: ¿quién será el siguiente?

De los ocho que comenzamos, solos quedamos cinco: Brian, Danny, John, Mark y yo.

Dos días después, John empieza a flaquear.

Es una de esas increíbles mañanas del Everest en las que el sol calienta tanto que nos quedamos en camisetas y nos untamos protector solar. Montones de protector. El glaciar del Khumbu es una hoja de papel aluminio que amenaza con freírnos. Todo el mundo está en el Campamento Base, recuperándose y preparándose para nuestra segunda rotación. John y yo estamos sentados en sillas de plástico afuera de la carpa comedor, con los pies apoyados en un montón de piedras. Tuvo una dura subida al Campamento 2 y no ha sido el mismo desde entonces. Está más tranquilo, incluso retraído.

—Estoy preocupado por mi esposa —dice—. Yo... Ella está sola allá.

Al ver sus serios ojos azules, casi puedo ver lo que está pensando. ¿Cómo se las arreglará su esposa sin él? ¿Qué hará ella si él muere aquí arriba? ¿Qué hará él si ella muere mientras él está fuera? Sé lo que está pensando porque yo también lo pienso. Todas las noches, con el arrullo de las rocas desprendiéndose y los bancos de nieve desmoronándose, me pregunto cómo sería morir aquí. A veces pienso que estaría bien. Aunque, a diferencia de John, no tengo a nadie en casa que dependa de mí.

—Haz lo que sea mejor para tu familia. —Es todo lo que se me ocurre decir—. El Everest siempre estará aquí. Nuestras familias, en cambio… Bueno.

Asiente con la cabeza, examinando un pequeño charco de nieve derretida bajo sus pies. Los simpáticos hoyuelos que se forman en su rostro tan fácilmente cada vez que sonríe han desaparecido.

—¿Tal vez puedas intentar llamarla? —le sugiero—. A ver qué dice.

* * *

Incluso mientras nos recuperamos, tenemos que mantenernos activos. Si no te mueves en absoluto, es más probable que te enfermes. El movimiento continuo es la mejor manera de hacer creer a nuestros cuerpos que podemos operar plenamente con oxígeno limitado.

Cada dos días, recorro los tres kilómetros hasta Gorak Shep y regreso. En cada vuelta, el tiempo que me tardo en volver se acorta. Mi ritmo es bastante bueno, casi tanto como el de los lugareños. Se siente bien encontrar mi propio ritmo, ver que tengo un lugar aquí. Que no soy solo la mujer, la lesbiana, la vegetariana, la desvalida, la que nadie espera que lo logre. En lugar de eso, mi cuerpo se está adaptando al duro entorno mejor que el de los demás. Tal vez estoy hecha para esto, después de todo.

La mayoría de las noches me quedo después de cenar y hablo con John. Su aguda visión para los negocios me recuerda a la de mi padre. Hablar con él es como echar un breve vistazo a una vida que podría haber tenido. Una en la que mi padre fuera amable, y nuestra relación, recíproca. En lugar de dedicarse a dar sermones agresivos y unilaterales, John siente curiosidad por mi experiencia en los negocios. Ha sido difícil para mí encontrar mentores dignos de confianza. Incluso en Millersville, tuve un profesor de Contabilidad, un verdadero intelectual del centro de Estados

Unidos. Era joven e ingenioso, y predicaba fuertes valores conservadores. También me hacía recordar a mi padre, pero era su fervor, su convicción dominante lo que yo había reconocido.

Durante una sesión nocturna de tutoría para una clase de impuestos, intentó besarme. Conmocionada, me aparté enseguida. Él estaba casado y tenía una familia, pero me aseguró que no debía preocuparme por ello. Me había estado observando durante todo el semestre y había visto mi potencial, me dijo. Salí de su oficina y me alejé de él durante el resto del año. Cuando volví de las vacaciones de verano, me enteré de que lo habían despedido por acostarse con estudiantes.

Él volvió a Indiana y yo me quedé, de nuevo, sin mentor, sin ningún hombre en el que pudiera confiar para que me guiara sin que me menospreciara, agrediera o intentara acostarse conmigo. Cuando se aprobaron las leyes de acoso sexual, afortunadamente, eBay se tomó su aplicación en serio.

Tal vez sean sus maneras británicas o el miedo constante que me invade a que una avalancha nos mate en cualquier momento, pero me es fácil abrirme con John. Un hombre de negocios con visión de artista; es un tipo correcto pero cálido. Es el único hombre de la expedición que se afeita todas las mañanas, y su colonia perdura después de que haya salido de la carpa. Incluso ha asistido a Burning Man, y aunque no me dice con quién, estoy segura de que no fue con su esposa.

Riendo para mis adentros, me lo imagino con trajes de látex coloridos y plumas en lugar de gruesas gafas negras y boas de espectáculo. John me recuerda a los *burners* que conocí a través de Lori, los hombres por los que me puse celosa al imaginarla bailando con ellos, incluso después de que ella se riera de aquella tontería. «Créeme», había dicho, «estos no son el tipo de hombres de los que debes preocuparte». ¿Quería decir que eran hombres buenos o gais? Nunca lo averigüé, pero muchos de ellos, que venían del mundo tecnológico y financiero, parecían sentirse muy cómodos con su lado más tierno. No se parecían en nada a los hombres con los que me crie.

—Burning Man no fue como esperaba —le digo a John.

—¿Cómo así?

—Bueno, me imaginé que solo sería un festival con un montón de drogas.

—Naturalmente —asiente.

—Pero estuve sobria todo el tiempo, durante cinco días. Allí el tiempo no importaba. Siempre estaba pasando algo. Era como un *show* del Cirque du Soleil de veinticuatro horas. Entendí que se trataba de arte y de comunidad más que de drogas o sexo.

—No es que sean mutuamente excluyentes —bromea John—. Pero sí, es ciertamente una colorida explosión del inconsciente. No hay que perdérselo.

—Efectivamente. —Sonrío, luchando contra una punzada de arrepentimiento que me invade por no haber ido al estúpido festival con Lori. No estoy segura de por qué, pero no me atrevo a hablarle a John de ella. Decirle que Lori es la razón por la que fui al año siguiente de su muerte. Que después de perder mi oportunidad, después de que ella muriera, fui a Burning Man y pinté mi cuerpo en su honor, y luego le construí un altar dentro del templo sagrado del festival.

Tardé demasiado en ver que todas esas veces que Lori me rogó que fuera, no eran una prueba, sino una invitación. Quería mostrarme lo que la comunidad significaba para ella. Todo me llevó demasiado tiempo entenderlo. Es muy difícil ver claramente a los demás cuando estás tan envuelto en tu propio dolor.

Cuando Danny, Mark y Brian salen de la carpa comedor para irse a sus camas, John se acerca.

—Silvia —dice con firmeza—. Voy a retirarse. Me regreso a casa.

—¡No! —Se me escapa antes de que pueda atrapar las palabras.

—Necesito estar en casa —dice. Él ya está allí, lo veo en sus ojos. No hay forma de convencerlo de que no lo haga. Y a estas alturas de la excursión, no debería haberla. Por mucho que yo quiera que John se quede aquí, él tiene que quererlo más. Debe desearlo más que nada, en realidad. Más incluso que lo que le espera en casa. Tiene que estar dispuesto a arriesgarlo todo.

Las montañas son a la vez un santuario y una olla a presión: purifican y sacan a la superficie la verdad más profunda, como una astilla. Todo lo que queremos, lo que creemos que queremos y lo que ocultamos, se revela. El Everest es una varilla de adivinación que busca la claridad del corazón y el propósito. Y trabaja muy rápido.

Es sorprendente con quién se queda y a quién rechaza.

Al día siguiente, después del desayuno, acompaño a John al helipuerto. Mientras sube a la cabina, se vuelve hacia mí y se despide, inclinando una gorra invisible.

—Ojalá no tuvieras que irte —grito por encima del taca-taca-taca del helicóptero.

—Yo también —me dice—. Pero, Silvia, querida, el amor es complicado.

Y con eso, la puerta se cierra y las aspas del rotor empiezan a girar más rápido, batiendo el aire en pequeños tornados alrededor de mi cabeza.

¿Cómo pudo saberlo? Ni siquiera le había contado a John acerca de Lori.

* * *

Los largos rayos de sol de la mañana se posan sobre el Cwm Occidental. Son casi las siete de la mañana y acabamos de llegar al Campamento 1 tras cinco horas en el Khumbu. En la última semana, una pequeña avalancha afectó partes de la cascada de hielo, y los Icefall Doctors tuvieron que cambiar la ruta. Fue impactante ver las escaleras que habíamos cruzado en nuestra primera rotación desgarradas y retorcidas en el fondo de profundas grietas, con enormes trozos de hielo en su lugar. E incluso en las que quedaban en pie había un bamboleo que no había notado antes.

Llevamos dos semanas de escalada y nuestra ruta, el collado Sur, ha sido recorrida ya por unas trescientas personas. Cada grupo cruza y asciende por las mismas escaleras, carga con su peso por los mismos acantilados helados a través de las mismas cuerdas fijas. Todo ese peso tira de los anclajes de hielo, ensanchando los agujeros y debilitando su sujeción con cada paso, un nano desplazamiento imperceptible para el ojo. Pero todo suma. Mientras tanto, el glaciar está vivo, expandiéndose y contrayéndose, derritiéndose y congelándose.

Cada rotación por la montaña es menos segura.

Esta vez, no nos detenemos en el Campamento 1, sino que atravesamos el Cwm Occidental hacia el Campamento 2. El Cwm es un enorme valle excavado por el glaciar del Khumbu y rodeado por la base de tres picos: el Nuptse a la derecha, el Lhotse al frente y el Everest a la izquierda. La triple corona. Tres de las montañas más altas del mundo en mi línea de visión.

Es un día caluroso, y las paredes nevadas del valle son como un invernadero que irradia tanto calor que empezamos a cocinarnos dentro de nuestras chaquetas de pluma. Es como ser asados dentro del mayor congelador del mundo. La temperatura baila justo por debajo de los treinta y dos grados Celsius. Debido a que las altas paredes del cañón atrapan el calor y el manto de nieve es tan denso, en días como este el Cwm Occidental es un territorio excelente para las avalanchas.

No hay viento y el aire es inquietantemente silencioso. Marchamos sin decir nada. Nuestros crampones golpeando suavemente el sendero nevado y los jadeos laboriosos son los únicos sonidos.

Más adelante, en el centro del valle, una serie de grietas laterales cortan como rebanadas de pastel el banco de nieve. Hay docenas de ellas, todas más profundas y anchas que cualquier otra que hayamos cruzado en el Khumbu. Entre cada grieta hay una estrecha meseta de nieve y, a medida que nos acercamos, veo cómo se abren como olas. Nos desviamos a la derecha, caminando hacia un pasaje estrecho llamado Rincón del Nuptse. Tenemos que evitar las grietas más grandes que se encuentran en el centro, ya que son demasiado peligrosas para cruzarlas.

Llegamos al filo de una enorme grieta. Sus bordes están cubiertos de hielo. Parece más una ranura que una brecha. Una escalera baja y otra sube por la pared del lado opuesto. Esta vez, estamos descendiendo hacia el vacío en lugar de andar sobre él. Que ironía. Cada nuevo reto es una especie de metáfora quijotesca. ¿Cuándo se acabarán?

A mitad de camino de una grieta inmensa, siento un dolor agudo por encima de la pelvis. «¡Aghh!», grito, contrayendo el estómago. La escalera traquetea mientras lucho por subir otros dos peldaños. Un dolor punzante. «Ahora no, Dios mío, ahora no», suplico. Normalmente, mis oraciones funcionan. Al menos, aquella en la que ruego por que no me llegue el periodo mientras estoy en la montaña. No estoy segura de si es por mis oraciones diarias o por el hecho de que el esfuerzo y la altitud pueden, efectivamente, retrasar el periodo, pero hasta ahora había funcionado.

Me trago el dolor y me impulso hasta la cima de la cornisa.

—¡Ang Dorjee! —llamo—. Tengo que parar.

—¡No se puede parar! —grita sin mirarme. Los acantilados de hielo son el principal territorio de avalanchas—. Es demasiado peligroso aquí. Sigue adelante.

Un líquido caliente recorre el interior de mi pierna.

—¡Tengo que parar, Ang Dorjee!

Finalmente, mira por encima de su hombro. Todos los hombres se giran y me observan mientras hago movimientos dramáticos cerca de mi pelvis. No nos dieron instrucciones para esto durante la orientación.

—Necesito… Hmm, hmm… un momento.

—Bien, bien —dice con brusquedad—. Quédate con Pasang.

Pasang, uno de nuestros sherpas, se queda atrás conmigo, claramente sin saber bien qué hacer.

Doy otro paso, pero el dolor me hace caer de rodillas. Agarrando mi vientre, me inclino sobre la nieve, rezando para que termine. Mi útero está siendo estrujado como una esponja. «Respira el aire de la montaña. Exhala el dolor. Respira mil, dos mil, tres mil, cuatro mil. Respira», me digo.

¡Auch! Ay, maldita sea.

Pasang avanza, prácticamente se cierne sobre mí, sin sonreír.

—Mover rápido —dice. Su inglés es muy rudimentario, y siento demasiado dolor como para explicarle con gestos.

«Necesito un minuto», quiero gritar.

Por suerte, llevo toallas higiénicas, toallitas húmedas para bebés y desinfectante para las manos.

—Necesito un poco de privacidad —digo, haciendo un gesto a Pasang para que se dé la vuelta mientras me agacho en un rincón.

—Apurar —ladra después de un par de minutos—. Yo apurar —dice y empieza a alejarse.

—Es mi periodo —le grito.

Se da la vuelta, con cara de confusión, mientras me subo los pantalones y salgo de las sombras. Jumar en mano, señalo mis ovarios.

—¿Sangre? Estoy SAN-GRAN-DO —le digo despacio, volviendo a agitar las manos alrededor de mi vientre.

Pasang parece alarmado. ¿Es que estos hombres nunca han oído hablar del periodo? ¿Cómo lo llaman aquí? Dios mío, ¿cuál es la palabra mágica?

—Pasang, ¿tienes una hermana?

Asiente con la cabeza.

—¡Perfecto! A ella le pasa esto. A tu madre. A tu hermana. A las dos les sucede.

Se encoge de hombros.

—¡La luna, la luna! —prácticamente chillo, señalando la franja de luna que se desvanece sobre el pico del Nuptse, y luego vuelvo a apuntar hacia mis ovarios. Me siento como una profesora de *kindergarten* jugando una extraña partida de charadas. Sin la palabra precisa en sherpa, veo que Pasang no lo entenderá. Y no debería importarme, en realidad, pero cuanto más tiempo se queda mirándome fijamente, más me siento como una lunática sangrante. De repente, estoy desesperada por que lo entienda. ¿No les ha pasado esto a otras mujeres aquí? ¿Dónde están todas las mujeres de esta maldita montaña?

Sin importar cuánto me esfuerce por mantener el ritmo, tengo que lidiar con algo que los hombres no. Algo que ellos ignoran. Algo que me obliga a detenerme y a ser un cuerpo con necesidades y exigencias, una maldita cosa sangrienta, en lugar de una máquina que puedo forzar a moverse a punta de voluntad.

Incluso en esta montaña mi cuerpo exige ser escuchado.

* * *

A 6400 metros, el Campamento 2 está enclavado en la sombra del Lhotse. Cuando llegamos en nuestra primera rotación, había treinta personas aquí, pero ahora debe haber cerca de doscientas, casi todas agrupadas en carpas amarillas. La montaña está cobrando vida a medida que las rotaciones comienzan a superponerse.

Tenemos una noche para descansar antes de emprender el camino hacia el Campamento 3, que es la prueba final para determinar quién podrá seguir hacia la cima. A partir de allí, durante la rotación hacia la cumbre, utilizaremos oxígeno suplementario. Pero si nos vemos débiles llegando al Campamento 3, durante esta ronda, Ang Dorjee o Mike cortarán nuestro ascenso allí mismo.

Tenemos que ser fuertes, enérgicos, para que confíen en que podemos soportar lo que nos espera más adelante.

A la mañana siguiente, las cuerdas de la pared del Lhotse están cubiertas de nieve. Durante la noche se desató una tormenta y, cuando salgo de mi carpa para tomar el té de la mañana, ráfagas de viento mezcladas con trozos de nieve me azotan el rostro. Escalar una cara expuesta de la montaña en medio de una ventisca como esta es demasiado peligroso. Así que Ang Dorjee nos hace esperar un día más en el Campamento 2.

«Gracias a Dios», pienso, sonriendo. Tal vez, demore en despejarse un par de días más. Para ser sincera, yo solo quiero dormir. Podría dormir durante una semana, un año, por toda la vida, ahora mismo. Pero mi equipo se dirige a una caminata de exploración hacia la base de la pared, así que los acompaño. Me mantengo en movimiento, siempre en movimiento, aclimatándome. Engañando a mi cuerpo para que piense que esto es normal, que está totalmente bien. La montaña no ha sido escalada desde hace dos años, pero la basura de temporadas anteriores está semienterrada en los bancos de nieve que bordean el campamento: cubiertas de plástico para inodoros, restos de carpas rotas, envoltorios de comida. La ética del montañismo moderno es no dejar un solo rastro. Todo debería haber sido limpiado de cualquier rastro humano. Pero parte de esta basura es de antes del despertar medioambiental. Irónicamente, el aumento de las temperaturas por el cambio climático está derritiendo el hielo y dejando al descubierto toda la basura de hace décadas. Recogemos pequeños trozos siempre que podemos, pero la mayor parte tendrá que ser retirada en algún momento.

Después de comer, me meto en mi carpa, dispuesta a dormir y atender a mis cólicos menstruales.

—¡Se va a poner duro! —dice Mark, ya acurrucado de lado con un libro entre las manos—. ¿Necesitas que te dé privacidad para cambiarte o algo así?

—No —digo temblando. Las paredes de la carpa se agitan y estremecen por las ululantes ráfagas de viento—. Demasiado frío. No me muevo de esta bolsa de dormir a menos que sea para comer.

—De acuerdo contigo.

Echada en el suelo, con una fina alfombra de espuma que me separa de la tierra nevada de abajo, veo cómo mi respiración crea nubes gélidas.

—Oye, esa tiene forma de perro —dice Mark, levantando la vista de su libro.

—¿Dónde? —pregunto—. ¿Cómo?

—Mira, el hocico está ahí. —Levanta un dedo y hace trazos en el aire mientras me explica—: Y los ojos: uno y dos, y… Ooohhh, se fueron.

Contengo la respiración durante un minuto y luego lanzo una enorme bocanada de aire caliente.

—¡Oh! —grito—. Mira, un pájaro. ¿Parece un cisne? —Mientras miramos, el cuello del ave se estira y se rompe, dispersándose en trozos de nada.

Cuando era niña, el miedo me había arrebatado la capacidad de admirar y de notar todas las pequeñas cosas. No quiero dejar que me robe otro momento, ni siquiera un tonto juego con Mark.

Durante la cena, Mike recibe el informe meteorológico del Campamento Base: todo está en orden.

—Nos vamos al Campamento 3 por la mañana —anuncia.

Antes de acostarme, rezo para que el clima vuelva a cambiar y podamos dormir un día más. En el Campamento 2 no hay ningún altar, así que improviso uno con unas cuantas piedras y me pongo de rodillas. Todos los campamentos deberían tener un altar. Cada mañana, presento mis respetos. La mayoría de las veces me dedico a honrar a Miyolangsangma, a rezar a la Virgen del Carmen y a rogar por que pueda aguantar un día más; estoy segura de que mis oraciones son la única razón por la que la Madre Everest me ha dejado llegar hasta aquí.

Sin embargo, las oraciones de anoche deben haberse perdido en el camino, porque nos despertamos con una mañana clara y fría, y para las seis y media ya estamos caminando hacia la pared. Mike quiere que seamos los primeros en utilizar las cuerdas para evitar el embotellamiento que se produce a medida que más gente llega y empieza a subir. Es como un aeropuerto: cuanto más tarde en el día, más posibilidades de atascos y retrasos. Justo delante de nosotros, vemos una constelación de luces atravesar el valle: linternas. Otro grupo ya ha subido.

Sigo la dispersión de sus rayos y observo cómo el sol naciente empieza a encontrarse con su brillo, absorbiéndolo por completo cuando llegamos a la base del Lhotse, una cara expuesta de 1220 metros con una inclinación de cincuenta grados. Subiendo por la cara de la montaña como un salvavidas, está el comienzo de cientos de metros de cuerda que seguiremos hasta la cumbre. Cuerdas que me van a llevar a la cima de la Madre del Mundo. La cima del mundo. ¿Quién podría imaginarlo? Cuando era una niña mirando hacia las colinas más allá de Lima… «¡Enfócate, Silvia! Engancha tu arnés. Mantente enganchada en todo momento. Mira dónde pisas», me digo.

Durante dos horas, subimos sin descanso. Al menos, se siente como un camino recto hacia arriba. Clavando mis crampones en la nieve, subo por la pared, sin apenas moverme, maniobrando sobre los resbaladizos baches de hielo.

Doy un paso a la vez.

Nieve, luego hielo.

Es como subir escaleras durante horas, sin descanso.

Respira.

Un dolor agudo en las pantorrillas.

Nieve, luego hielo.

Cuanto más subimos, más claro se vuelve el día y más agitada mi respiración. La controlo como una madre primeriza que se cierne nerviosa sobre su recién nacido, prestando mucha atención a los signos del mal de altura.

Respira.

Haciendo una pausa para hidratarme, miro hacia abajo por encima de mi hombro. Cientos de metros debajo, la tierra parece palpitar. Puedo ver todo el camino hasta el Campamento 1, donde las carpas son como de juguete, y los humanos, diminutos puntos como hormigas. La perspectiva desde lo alto es surrealista.

Y, de pronto, ¡BUUUM!

Mi cerebro es un globo desconectado de mi cuerpo, flotando. Mareo, una sensación de vuelo. Como si pudiera salir disparada si simplemente me soltara. Mis signos vitales: ¿estoy respirando? Sí. ¿Mis manos aún se mueven? Sí. ¿Estas son mis manos? Mueve los dedos. Bien, tengo el control. Todavía tengo el control. Es agradable, en realidad, como un cálido y difuso mareo. Mientras hacemos una pausa para disfrutar de la vista, mi respiración es corta y mi mente se afloja.

Ya he sentido esto antes.

En el Aconcagua. Justo antes de llegar a la cumbre. Los últimos noventa metros, tal vez. Toda mareada y a la vez relajada. Un escape del cuerpo cuando todo se siente tan real y crudo y terrible.

Empezar a escalar de nuevo.

Un paso a la vez.

Nieve, luego hielo.

Confía en los crampones. Confía en que aguantarán. Confía en las cuchillas en tus pies para perforar y aferrarse a la nieve.

Respira.

Carpas.

¿Carpas?

Sí. La punta de pequeñas cúpulas amarillas. El Campamento 3.

Una última arremetida sobre la cima de la pared y me desplomo sobre el suelo plano, mis manos agarrando la nieve compactada. Mi cabeza sigue dando vueltas cuando Brian tira de mí para abrazarme.

—¡Lo logramos! —grita.

—Lo hicimos. —Asiento con la cabeza, abandonándome en el abrazo, relajada.

Entonces, por encima de su hombro izquierdo, lo veo. Por primera vez desde que dejamos el Campamento Base, enclavada detrás de las carpas en el extremo del campamento, una vista completa de la icónica pirámide negra del pico del Everest.

—Chomolungma —susurro.

Brian se vuelve hacia donde estoy señalando.

—No, eso no es —dice—. Eso no es el Everest.

—¡Oye, tengo mejor vista que tú! —replico.

—Estás totalmente equivocada —me corrige.

Cuando miro con más detenimiento, veo que tiene razón. Es otro pico lejano. No he estudiado el horizonte de las montañas como lo ha hecho Brian.

—Bueno, de todos modos, es lo más cerca que he estado —digo, encogiéndome de hombros.

—Tienes razón —dice, dándome una palmadita en la espalda. Ya no me encojo. En realidad, está empezando a agradarme.

El Campamento 3 es un nido de pájaros a gran altitud, no más grande que el estacionamiento de una gasolinera. Las nubes están tan cerca que parece que podemos tocarlas. Como si la cima del mundo estuviera realmente al alcance de nuestras manos. A 7000 metros, solo nos quedan 1849 para llegar a la cumbre. Mike está de pie en un claro a pocos metros de la cornisa y nos llama. Nos sentamos en una fila frente a él, asegurando nuestros arneses a una cuerda tendida a lo largo de una línea de carpas.

—¡Muy bien! —dice Mike.

Antes de descender, todo el mundo come rápidamente barras energéticas y frutos secos, y bebe toda el agua que puede contener. Termino rápidamente y doy un paseo por el campamento, tratando de grabar cada detalle en mi cerebro. Todo lo que pueda necesitar recordar durante la última travesía hacia la cumbre.

—¡Hora de partir! —Mike grita.

—¡Vamos!

Justo cuando me doy la vuelta para empezar a caminar, veo un grupo de bandas amarillas en un banco de nieve. Carpas hace tiempo abandonadas y enterradas.

—Ang Dorjee —lo llamo, trotando para alcanzarlo—. ¿Qué son esas carpas?

—¿Quién sabe? —dice mientras me hace señas para que baje—. Otras expediciones, posiblemente.

Por un momento me pregunto si son escombros del terremoto de 2015. Si son las carpas de la gente cuyo sueño terminó aquí.

En el camino de regreso al Campamento 2, pasamos junto al equipo de los sherpas de altura que están desenredando cuerdas, cientos de metros de cuerda que anclarán al hielo, tornillo a tornillo, para construir un camino hasta la cumbre.

De vuelta en el Campamento Base, los días oscilan entre lo mundano y lo impredecible mientras esperamos noticias de los sherpas de altura, quienes siguen abriendo camino hacia la cima. Nadie puede escalar hasta que las cuerdas estén colocadas y el clima sea prístino. Todas las noches nos reunimos en torno al *walkie-talkie* de Mike como una familia de antaño y escuchamos las novedades. Resulta estimulante escuchar las voces graves de los sherpas hablándonos desde tan alto en el cielo. Anthea y Mike reciben por fax informes meteorológicos de catorce páginas con un análisis exhaustivo de las tendencias del viento y de toda la actividad nubosa posible. Cada hipotético patrón de viento o tormenta se analiza en todos los ángulos desde múltiples altitudes, pero nada puede predecir una avalancha o un terremoto.

Debemos tener una ventana climática perfecta de cinco días para partir hacia la cumbre. Hasta entonces, no hay nada que hacer más que esperar. Es una inyección de ansiedad, como estar de guardia. Tenemos que mantener la calma y la salud, pero estar preparados para salir de un momento a otro, en medio de la noche, para el ascenso final.

Richard, el montañista peruano con el que me encontré en Lukla cuando empezábamos la caminata con las chicas, está acampando cerca, en las instalaciones de las Siete Cumbres, la mayor expedición del Campamento Base. Me doy una vuelta para visitarlo. La de las Siete Cumbres es tan grande que tiene varias carpas comedor. Mientras tomamos una taza de té verde en una de ellas, Richard me cuenta que su expedición no va muy bien. En su primer intento en solitario de llegar al Campamento 1, cogió la tos del Khumbu y tuvo que descender a Periche durante diez días, al igual que Rob.

Cuando lo vi en la casa de té, Richard estaba tan seguro, tan orgulloso de lo que pensaba conseguir para nuestro país. Parecía sobrehumano. Un ídolo nacional. Pero su espíritu se ha apagado. Tiene una mirada particular, algo decaída y nerviosa. Lo he sentido tantas veces aquí que he aprendido a detectarlo en otros: miedo, inseguridad.

Intentar escalar hasta la cima del Everest sin oxígeno es un reto enorme. Algo que solo hacen los puristas, los montañistas de la vieja escuela o los escaladores que buscan nuevos límites que romper. Con un sistema inmunológico comprometido, Richard es comprensiblemente cauteloso.

—De todos modos, sigo adelante —dice.

Pero veo que ha perdido parte de su entusiasmo. Hablamos de su familia en Perú. Luego hablamos de la alegría de escalar. Y cuando empezamos a enfocarnos en el sueño, en lugar de en las dificultades, su luz vuelve a encenderse. Igual que todas las veces que hablé sobre escalar el Everest. Aunque yo misma rara vez lo creía, cada vez que lo decía en voz alta, el sueño crecía. No importaba lo absurdo que sonara, lo imposible que pareciera, soñar me acercaba a hacerlo.

Agradezco a Richard el té, le doy un beso en la mejilla y un fuerte abrazo.

—Buena suerte, Richard —le digo—. Pase lo que pase, eres una estrella. De verdad admiro lo que estás haciendo. No puedo esperar a celebrar cuando llegues a la cima.

Asiente con la cabeza y muestra una gran sonrisa cálida, pero hay algo triste debajo de ella.

Algo de lo que no podré deshacerme durante días.

No es solo el aspecto mental de esperar la ventana climática perfecta para escalar a la cima, de la duda que empieza a colarse por debajo de la puerta como una persistente corriente de aire; también he estado luchando contra los síntomas del resfriado. Después de que mi pura voluntad de que desaparezca no funcionara, Rob comparte conmigo una medicina mágica que ha traído de Periche: sancho.

El sancho es un Vicks VapoRub con esteroides mezclado con eucalipto. El olor por sí solo es suficiente para doparte. Todos claman por una dosis.

—Hay que poner una olla de agua hirviendo —dice Rob, preparando una enfermería improvisada para nosotros en la carpa comedor—. Listo, ahora vierte varias gotas de sancho en el agua y cubre tu cabeza con una toalla. Bien. Ahora agáchate e inhala el vapor.

—¿Qué es esto, el *spa* del Everest? —bromea Ang Dorjee al entrar en la carpa.

—¡Sancho! —le digo.

—Ahh, sí —dice Ang Dorjee—. El baño original de vapor sherpa.

Durante el día, Rob y yo tomamos turnos para hacer los baños de vapor. Y después de todo esto, es Tendi quien se enferma.

Cuando no se presenta a trabajar, Mike y Ang Dorjee lo buscan. Tumbado en su carpa, encuentran a Tendi con una tos seca y respirando con mucha dificultad. Enseguida piden un helicóptero y lo envían a un médico de Katmandú. Así de fácil, Tendi, nuestro fuerte y dulce Tendi, también se ha ido.

Me quedo pasmada.

—Tendi debe estar destrozado —agrega Ang Dorjee—. Él no quería irse. Nunca lo haría. Tuvimos que obligarlo.

—¿Por qué? —pregunta Danny.

—Estar en el Campamento Base es increíblemente importante para él. Ha estado con nosotros durante los últimos quince años. Somos una familia. Será una gran decepción que la temporada se acorte para él.

Durante mi primera cena en esta mesa, estaba nerviosa. Recién acabada mi excursión con las chicas, me sentía recelosa y sensible, y realmente no tenía nada de ganas de estar mano a mano con un grupo de machos que se creían soldados durante los próximos dos meses. Pero, poco a poco, ellos se han abierto a mí. Me han mostrado lo que puede vivir dentro del corazón de los hombres.

La mayoría de las noches después de la cena, descansamos, holgazaneamos o nos dedicamos a pasear por el campamento para que la sangre siga fluyendo. Todos hemos perdido mucho peso, la dieta del Everest no falla.

—¡Resultados cien por ciento garantizados! —dice Danny, mientras evaluamos nuestros nuevos cuerpos.

—Puede que tengas daños en los pulmones de por vida —bromeo—, ¡pero tu ropa te quedará genial!

—Oye, Mark, hablando de eso —dice Danny—, ¿a dónde se ha ido tu culo?

—En serio, amigo —dice Brian—. He querido preguntarte porque, no es que hubiera estado pendiente de ti, pero juraría que tenías uno cuando empezamos.

—¡No jodas! —digo en voz alta—. Danny y Brian, ustedes son las últimas personas que esperaba que estuvieran pendientes del culo de Mark, de verdad.

—Estoy seguro de que mis alumnos se alegrarán cuando me vean —replica este.

—¡El regreso del profesor sin culo!

Nos echamos a reír. Es difícil leer a Mark, y me sorprende ver lo bien que se toma las bromas. Después de semanas juntos, todavía no sé dónde están los límites de su personalidad.

Brian, en cambio, sigue sorprendiéndome. Empezamos a caminar por los alrededores juntos después de las cenas. Se convierte en mi nuevo John. Me habla de su familia. Cómo se casó con su novia de la secundaria y tuvieron dos hijos juntos.

—Mi hijo menor, Georgy, acaba de salir del clóset —dice mientras paseamos por el campamento—. Como gay, quiero decir. Él es gay.

Asiento con la cabeza, pero no digo nada. No puedo decir si Brian está a favor o en contra de lo que Georgy le dijo.

—¡Bien por él! —grita Brian. Y luego, más tiernamente—: Bien por él.

—Puede ser duro al principio —digo, poniendo una mano en su hombro.

Él asiente con la cabeza.

—Gracias. Ciertamente es un cambio al que debo acostumbrarme. Pero soy un padre orgulloso. Y esto no cambia nada. ¿Qué edad tenías cuando saliste del clóset?

—Tenía alrededor de veinte años. Fue difícil porque mis padres lo desaprobaban.

—¿Por qué?

—Sobre todo por culpa de la Iglesia católica, pero también por la percepción negativa de la gente en Lima. Es una sociedad muy crítica, sobre todo para las mujeres.

—Qué pena —dice Brian—. No quiero que mi hijo se sienta así. Cuando me lo contó, estaba llorando, y simplemente me destrozó pensar que estaba tan triste. —Se sorbe la nariz y se seca los ojos con la manga—. Pensó que me iba a decepcionar. Pero yo solo quiero que sea lo más feliz posible, que encuentre la pareja perfecta.

—¡Ahora yo voy a llorar! —Miro con ternura a Brian.

Durante mucho tiempo había soñado que mi madre me dijera esas mismas palabras. La imaginaba caminando a mi lado durante las marchas del Orgullo Gay con un gran cartel blanco de PFLAG —padres, familias y amigos de niños LGBTQ+—. La imaginaba haciéndose amiga rápidamente de las otras madres, como había intentado durante mi catequesis, como siempre había intentado formar parte de tantas cosas de las que mi padre la apartó. La veía con esa dulce y tímida sonrisa, la risita que utilizaba para desarmar a la gente antes de hablar su malísimo inglés. Casi podía oírla ahora: «Ji, ji, ji. Yo habla poco inglés. Por favor, ¡muy despacio!». Y las palabras que más quería escuchar. «Estoy orgullosa de que mi Silvita sea gay. Soy una madre orgullosa».

—Estoy muy orgullosa de ti, Brian —le digo—. Ojalá hubiera tenido un padre como tú. Georgy es muy afortunado.

Cuando conocí a Brian, su forma de ser bulliciosa me puso en alerta. Me sentía como un gato listo para abalanzarse o correr. Solo con oír su voz —y era difícil no oírla— me ponía los pelos de punta. Él encarnaba al macho alfa, al gran hablador, todo descarado y deslenguado. De donde yo vengo, los hombres más ruidosos acaparan todo el aire, sin dejar espacio para la sensibilidad.

Ver los ojos de Brian brillar cuando habla de Georgy me hace confiar en él. Tal vez sea su ternura, o tal vez esté con los sentimientos a flor de piel por haber sido destrozada este último mes, pero de pronto los detalles de mi historia salen a relucir.

Le cuento a Brian sobre mis relaciones en San Francisco, la negación de mi madre, todo el apoyo que hubiera deseado tener y las cosas que me hubiera gustado saber. Le cuento sobre Lori. Cómo mi madre no podía reconocer mi dolor porque nunca había reconocido a mi pareja. Cómo la gente de la comunidad gay tiene que vivir con demasiada frecuencia con esta división: personas que los quieren pero que no pueden aceptarlos o ver partes enteras de lo que son. A quiénes amamos es parte de lo que somos, le digo.

Cuando hago una pausa para respirar, me doy cuenta de que nos hemos detenido y de que Brian está parado frente a mí, no posando ni gritando ni aspirando todo el aire, sino con lágrimas en los ojos, pendiente en silencio de cada palabra.

—Silvia, siento muchísimo tu pérdida. Debió haber sido insoportable.

Eso era todo lo que quería que dijeran mis padres.

—¿Y para sus padres? —dice—. Qué tragedia.

—Lo sé —digo con lágrimas brotando de mi ojos.

Cada vez que hablo con calma sobre Lori, mi corazón se rompe un poco. Perderla es una herida profunda que no estoy segura de que vaya a sanar nunca. He tenido que aprender a sobrellevarla.

* * *

Nos quedan menos de tres semanas antes de que lleguen los monzones y la lluvia empiece a caer a raudales, empapando los valles circundantes y envolviendo el Everest en niebla. Si el clima no coopera, podríamos quedarnos sin tiempo. El glaciar sigue derritiéndose. Seguimos esperando. Y una vez que obtengamos el visto bueno para partir, tendremos una sola oportunidad. Ya no nos regimos por nuestro cronograma, sino que estamos a merced de la montaña y de su clima.

Además de toda la incertidumbre, siento ansiedad por saber cómo va a reaccionar mi cuerpo. Mike, Ang Dorjee y Lydia me dan luz verde para la rotación final, pero eso no significa que mi cuerpo esté preparado. Tengo varios amigos que han intentado subir al Everest y se toparon con un muro en algún punto entre el Campamento 3 y la cumbre.

Unos cuantos campamentos más allá, la expedición de mi amiga Masae está también esperando su ventana para subir a la cumbre. Masae es una joven escaladora japonesa. Nos conocimos el año pasado en la Antártida, escalando el macizo Vinson. Es fácil hacer amigos cuando se está escalando porque te ves obligado a estar juntos; además, hay un vínculo especial entre las mujeres, porque somos muy pocas. Pero también son amistades difíciles de mantener. Siempre estamos en diferentes expediciones y horarios, o escalando una rotación diferente, intentando una caminata más larga o recuperándonos después de una racha de frío; es difícil mantenerse en contacto.

El cielo es brillante y tiene la tonalidad de un arrendajo azul. Un día perfecto para un almuerzo al aire libre, pienso, como si Masae y yo nos fuésemos a encontrar en un bistró de la ciudad, en lugar de estar agachadas en sillas plegables a 5500 metros sobre el nivel del mar. Cuando llego al campamento de Masae, la encuentro angustiada. Su grupo acaba de regresar de una segunda rotación muy difícil, y Masae me dice que se vio estropeada por lo que ella llama «el privilegio masculino».

—Fue en el Campamento 3 —dice, sorbiendo su té—. Los guías decidieron que nos quedaríamos una noche para aclimatarnos. Me asignaron una carpa para compartir con un sherpa de alta montaña. En medio de la noche, se da la vuelta y empieza a tocarme. ¡Aquí, aquí, aquí! —Masae señala su pecho, su vientre, su entrepierna.

—¡¿Qué?! —Me levanto de la silla.

—Al principio pensé que estaba confundida, ya sabes, que quizás estuviera soñando o que era la altitud la que me había mareado un poco. Esto no puede ser real, ¿verdad? ¿Qué algo así suceda aquí mismo? Eso sería un mal sueño.

—Una pesadilla —digo en voz baja.

—Pero me di cuenta de que era verdad. De que estaba sucediendo. Lo aparté de un empujón y lo amenacé con denunciarlo. Inmediatamente, se echó para atrás, murmurando cosas como «lo siento» o «no, no, no», actuando como si yo me hubiera equivocado.

Al día siguiente, Masae se lo contó a su guía, y el sherpa fue despedido en el acto, pero desde que bajaron al Campamento Base, la energía ha sido tensa, me cuenta.

—Todos me miran como si yo hubiera provocado su despido —dice. Su frente se frunce en una V preocupada—. Ahora estoy en la última etapa de este viaje, la cumbre, tan importante. Pero tengo miedo a las represalias. Sinceramente, no sé si puedo confiar en mi equipo.

Como estoy aprendiendo, en el Everest, la confianza en el equipo no es un lujo, ni siquiera realmente una emoción: es una cuestión de vida o muerte. Es una función esencial. Una necesidad práctica. Pasamos semanas construyendo esa confianza, y el hecho de que le haya sido arrebatada a Masae por un tipo excitado, y de que el incidente pueda amenazar sus posibilidades de batir un récord mundial, me pone furiosa. Siempre he dicho que las montañas no discriminan. Que ser gay o mujer o peruana no importa a la hora de la verdad, porque todos estamos a merced de los elementos. Siempre he enfocado la escalada como un campo de juego igualitario. Si tienes las agallas para hacerlo, no importan tu género, raza o credo.

Las montañas han sido mi vía de escape. Mis lugares sagrados, lugares de sanación, lugares naturales que aceptan a todos sin juzgar. Pero incluso aquí, incluso en este lugar sagrado, no hay forma de escapar del acoso de los hombres. Y justo cuando había empezado a confiar en los que me rodean. Estoy lívida. Me apresuro a volver a mi campamento y encuentro a Lydia y Anthea relajándose bajo el sol.

—¡Esto tiene que terminar! —grito, después de contarles acerca de Masae—. ¡Esto es ridículo! ¿En medio de esta intensa expedición?

—Así es —dice Lydia—. Así son las montañas. Yo también he experimentado mi cuota de acoso. Es como son las cosas.

—¿Es como son las cosas? —gimoteo—. ¿Como son las cosas? Tenemos que cambiar las cosas…

—Déjame contarte —dice Lydia, dando golpecitos a una silla vacía a su lado.

Y durante la siguiente hora, escucho a Lydia y Anthea intercambiar historias sobre el sexismo en este deporte. Su conclusión parece ser que luchar contra el ambiente machista es desagradable e incómodo, pero no llaman a ese comportamiento por su nombre: agresión. Lo único en lo que puedo pensar es en Masae y que su récord mundial se vea amenazado. Eso no es desagradable. Es un ataque. Contra su cuerpo y contra todo lo que ella y las mujeres que la precedieron y la seguirán intentan conseguir.

¿Dónde está la Gulabi Gang cuando la necesitas?

Cuando Jimena nos habló sobre su pandilla universitaria de vigilantes, las que daban golpizas a los violadores, ellas no lo hacían como represalia por la agresión, sino por la rabia colectiva de que no les creyeran. Al igual que las Gulabi, una banda de mujeres indias vigilantes, la banda de Jimena estaba compuesta por mujeres morenas y negras, indígenas y asiáticas. No creer a las mujeres es el *statu quo*, pero para las mujeres de color la violencia de la incredulidad es aún más peligrosa. Incluso después de que Ehani, Shreya y Rubina se enfrentaran a uno de los traficantes más horribles de su región, e incluso después de que el Gobierno nepalí lo declarara culpable y le impusiera una condena récord, ellas seguían recibiendo amenazas de muerte a diario. A veces incluso de sus propios vecinos.

Todo por decir la verdad. La simple verdad.

La gente llega a extremos increíbles para mantenernos calladas. Incluso convenciéndonos de que es nuestra culpa, para que nos hagamos un ovillo con la vergüenza y la llevemos como una amiga íntima, durante años, protegiéndonos de aquello que realmente no quieren que sepamos.

Que nada de esto es culpa nuestra. Y que el hecho de que así sean las cosas no significa que tenga que ser así.

Después de una hora de conversación sin llegar a nada con las mujeres de mi equipo, estoy hirviendo de frustración y de agotamiento emocional.

—Tengo que ir a acostarme. Me voy a tomar una siesta —digo.

Nunca hago siesta, pero es la única manera de procesar esta situación. Si no, voy a explotar. Me meto en mi carpa para intentar dormir, pero mi corazón late con fuerza. Con rabia, pienso en todos los sueños que le fueron robados a las mujeres de todo el mundo, mujeres a las que les dijeron que esta montaña —cualquier montaña— era demasiado grande para que la escalen. Que las mujeres no son montañistas.

Y, para colmo, las pocas mujeres que sí llegan siempre están en peligro. La violencia sexual se nutre de la suposición de que nadie dirá la verdad. Ese no es el motivo, pero es lo que la mantiene viva y floreciente bajo la superficie. J nunca fue llevado ante la justicia. Yo estaba demasiado traumatizada para llevarlo a los tribunales, como habían hecho las chicas nepalíes. En su lugar, lo había visto casarse y tener sus propios hijos. Antes de contarle a mi madre lo que J había hecho, él les pidió a mis padres que fueran los padrinos de sus gemelos. Ellos dijeron que sí.

Mi madre me dijo después que uno de sus gemelos murió de neumonía.

Lo consideré una prueba de que existía un Dios justo. Del karma. Del tribunal universal. Una inclinación de la balanza espiritual.

Las lágrimas riegan mi determinación mientras invoco al Everest, a la Madre del Mundo, a Shakti, que es madre, amante, destructora... lo que sea necesario. Por primera vez, quizás pueda utilizar la destrucción para el bien.

De repente, oigo un golpeteo en mi carpa.

El sol se ha puesto. Debo haber dormido durante horas.

—Silvia. —Es una voz de mujer. Lydia—. La cumbre está en marcha. Nos vamos esta noche después de la cena —anuncia.

—¿Esta noche? —chillo.

—Sí. Esta noche.

¡Mierda! Agotada, me apresuro a empacar mis cosas. «¿Dónde están las pilas de la linterna?», pienso mientras las miro directamente en la palma de mi mano. Esto es como hacer la mochila para el final. Para un viaje del que quizás nunca regrese. Durante la cena, me sorprende ver a Tendi cocinando. Ha luchado contra el mal de altura para regresar a tiempo y despedirse de nosotros como es debido y darnos sus bendiciones para nuestro viaje. Mientras comemos, Anthea nos pregunta cómo nos gustaría ser anunciados por los cables de noticias de Adventure Consultants, si conseguimos llegar a la cima. Respiro profundamente, hago una pausa y digo:

—Silvia Vásquez-Lavado, la primera mujer peruana en llegar a la cumbre del Everest.

Oírlo en voz alta me llena el corazón de orgullo. Tengo la oportunidad de reescribir este legado de dolor. De mostrarle a las niñas y mujeres de todo el mundo que es posible. Quiero decirles que los hombres más fuertes de mi equipo fueron los primeros en irse. Y que yo sigo aquí. Y voy a llegar hasta la cumbre, aunque me mate.

No por mí, sino por ellas. «Esto ya no se trata de ti, Silvia», pienso, visualizándome en la cima del mundo —Silvia Vásquez-Lavado, la primera mujer peruana en llegar a la cumbre del Everest—, y me doy cuenta de que nunca lo fue. Siempre fue por Masae; por Lucy y Jimena y Shreya y Rubina y Ehani y todas las demás mujeres y niñas de Shakti; por lo que fuera que haya vivido Lydia, y por el escándalo que no pudo hacer. Esto es por Silvita y por todas las niñas peruanas que fueron dañadas como ella; por todas las niñas del mundo que han sido abusadas y a las que se les dijo que eran basura o que terminarían siendo basura, y quienes, como yo, lo creyeron durante demasiado tiempo. Y quizás todavía lo hacen.

Intento dormir un poco —«vamos a ir hacia la cumbre, Dios mío, Dios míooo», grito por dentro—, pero es inútil. Cuando Mike grita: «¡Hora de despertarse!», cerca de la medianoche, salgo de la carpa, preparada.

Estoy lista y lo puedo todo.

CAPÍTULO 18

LA ZONA DE LA MUERTE

Estoy de rodillas, acurrucada al lado de mi tanque de oxígeno; me tiemblan las manos mientras intento contener el terror que me invade. Afuera, el viento golpea mi carpa, soplando violentamente contra sus paredes mientras las lágrimas y los mocos ruedan por mis mejillas. Esto es todo. Esto es lo más lejos que voy a llegar. Ya no puedo más. Agito la bandera blanca. Me rindo. «Tú ganas, madre. Tú ganas», le digo. La montaña me va a tragar, me va a enterrar viva como a las carpas amarillas. Como a aquellos cuerpos que nunca se descompondrán porque el aire no es lo suficientemente cálido.

Durante semanas, la muerte ha estado zumbando en el fondo de mi cerebro. Pero incluso cuando coqueteé con la idea, como lo hice durante tantas noches oscuras en casa, seguía siendo algo hipotético. Pero ahora aquí está, gruñendo en mi carpa. Súbitamente acobardada y con los ojos muy abiertos, miro a la muerte directamente, tal como realmente es ella. Nunca lograré bajar de esta montaña. Nunca podré alejarme de esto. De esta tormenta. De esta carga. De este peso. Tal vez sería un alivio rendirme simplemente y unirme a los otros cuerpos congelados en el hielo. A aquellos cuyos viajes se vieron abruptamente interrumpidos. Si eso es lo que se necesita para poner fin a este dolor, para asegurarme de que nunca se transmita a otros, de que nunca más dañe a otra persona, entonces tal vez sea lo mejor.

Quizás el Everest sea realmente mi deseo de muerte.

Nunca pensé en mí misma como una alcohólica. Nunca lo dije en voz alta. Quizás se trate de la típica negación o, quizás, de alguna manera retorcida, no me considero una alcohólica porque beber solo ha sido un síntoma de mi insistencia por sobrevivir. En un momento, beber se había convertido en la única forma de acceder al abismo que permanecía enterrado bajo toda una vida de silencio. Era lo único que me permitía despojarme de la máscara; lo único que me arrastraba lo suficientemente profundo como para tocar el centro candente de mi propio dolor. En cierto modo, el alcohol alguna vez fue el faro que me atrajo hacia donde necesitaba ir.

Hasta que dejó de serlo y se convirtió en la muerte misma.

Cuando me llamaba a mí misma una superviviente, no lo hacía con orgullo, sino con una mezcla corrosiva de arrogancia y resentimiento. La supervivencia era un traje que me había puesto para mantener unidas todas las piezas sueltas y sangrientas. Pero empecé a ver lo peligroso que era asignarle mérito a la supervivencia. Hacerla parte de mi identidad. Porque un día te despiertas y te das cuenta de que sobrevivir es lo único que sabes hacer.

Sobrevivir.

Y no es suficiente.

Pero, a la sombra de esta montaña, ya es demasiado tarde para elegir entre la vida o la muerte; ya no es mi elección.

Las chicas se han ido.

Lori se ha ido.

Mi madre se ha ido.

No soy más que una niña perdida, sola en medio de una montaña.

El viento golpea mi carpa con fuerza, y mis dientes castañetean. Otro sonido se interpone. Una profunda y melodiosa canción de cuna. Un zumbido. Las monjas de Deboche. Sus voces son un centenar de manos acariciando mi pelo. Una ráfaga de aire caliente. «No tienes que ser buena», dicen. «No tienes que ser obediente ni exitosa para ser amada. No tienes que lograr nada en absoluto. No tienes que cortar partes de ti misma para estar completa. Acéptalas. Como nosotras te aceptamos a ti. Ámalas. Como nosotras te amamos a ti».

«Por favor, díganme que todo está bien», les ruego. Pero las monjas se han ido, y lo único que oigo es el eco de mi propia voz. «No quiero morir», grito. Algo estalla en mi pecho. Es el sonido de un dolor largamente enterrado. Un aullido salvaje de dolor que abandona mi cuerpo. Es el sonido de algo que quiere vivir, que quiere luchar. Me siento aturdida por los sollozos y los temblores de mi cuerpo cuando la cremallera de la carpa empieza a tintinear y Lydia entra a trompicones. Levanto la vista justo cuando cierra la entrada.

—¡Silvia! —dice, poniendo su mano en mi espalda—. ¿Estás bien?

La miro a los ojos. Son del color de la salvia. Tiene la cara enrojecida y agrietada por el viento, pero sus ojos tienen una suavidad que nunca había notado.

—No creo que pueda seguir —murmuro, bajando la mirada. No quiero ver su decepción.

—Escúchame, siento mucho haberte gritado allá atrás —dice—. Esta tormenta es horrible. Una de las peores cosas que he experimentado en una montaña. Estaba asustada.

—¿Tú? —Me sorprendo. Escucharla decir eso me da una extraña sensación de confort.

Lydia asiente.

—Claro. Mike y Ang Dorjee consideraron la posibilidad de hacernos bajar. La mayoría de los sherpas han vuelto al Campamento 2.

El Campamento 3 es más alto y está mucho más expuesto que el Campamento 2, por lo que pasar la noche aquí nos pone en una posición más vulnerable en caso de mal tiempo, pero en una mejor posición para mantenernos en el cronograma para nuestro ascenso a la cumbre. Los sherpas pueden compensar la diferencia en poco tiempo, pero para el resto de nosotros descender al Campamento 2 y volver a subir después de que la tormenta haya pasado pondría en riesgo la expedición entera, nuestra oportunidad de llegar hasta la cima. Todo lo que tenemos es esta ventana de cinco días.

—Entonces —digo lentamente, con los labios entumecidos por el frío—, ¿este clima no es normal?

Lydia sacude la cabeza.

—Para nada. Esto es lo peor que puede llegar a ser.

«Lo peor que puede llegar a ser», repito en mi cabeza.

—Está bien tener miedo, Silvia —dice—. Eres una escaladora muy sólida. Vas a estar bien. Vamos a llegar a la cima juntas, ¿sí?

Los montañistas son personas fuertes que se lanzan a estos elementos extremos porque quieren sentirse más vivos, porque les gusta más la naturaleza que la gente y, sobre todo, porque quieren ver de qué son capaces en esta única vida. No son famosos por su ternura ni por sus discursos inspiradores. Cuando se ven en medio de un desafío, su defecto suele ser el estoicismo. Pero la validación que Lydia me da es de una bondad inesperada. Un baño caliente cuando más lo necesito. Una sensación de calma se apodera de la carpa y mis manos dejan de aferrarse al tanque de oxígeno. Mis dedos acalambrados se distienden mientras los estiro dentro de mis guantes.

De repente, otra voz me llega. Un recuerdo. La voz de un hombre. Ed Viesturs. El legendario montañista estadounidense, uno de los primeros en escalar los catorce picos de 8000 metros del mundo y la quinta persona en haberlo hecho sin oxígeno suplementario. Cinco semanas atrás, en una de nuestras primeras noches en el Campamento Base, Ed vino a visitarnos y se quedó para cenar. Me senté a su lado, entusiasmada por estar en compañía de una leyenda.

—Ed, ¿cuál sería el mayor consejo que me darías durante este viaje? —le pregunté.

—Tendrás un día horrible, si no muchos, en esta montaña. Querrás renunciar; te preguntarás por qué estás aquí. Pero cuando eso ocurra, recuerda que es solo un día horrendo y que todo será diferente cuando te levantes a la mañana siguiente. Todo cambia cuando simplemente sigues adelante —dijo.

Aquella noche asentí al oír esa frase hecha, agradecida por su tiempo, pero sin sentirme especialmente conmovida. No imaginé lo que esas simples palabras podrían significar en la práctica.

Los montañistas tienen una manera particular de subestimar el peligro.

Ed no había dicho cómo sería un día horrible: yo llorando, abrazada a un tanque de oxígeno, primero rezando para morir y luego rezando para vivir. Ya he tenido más que mi cuota de días malos. Días en los que he despertado sin saber dónde o quién era. Años, en realidad. He tenido días en los que quería morir. Pero la muerte no siempre estaba golpeando a mi puerta. Aquí veo claramente lo que puede significar un mal día.

«Este es solo un mal día, Silvia. Solo es un mal día», me digo.

Me pongo la máscara de oxígeno y abro la válvula. Finas líneas de aire frío serpentean por mi nariz, llenando mis pulmones y el neumático desinflado es es mi sueño del Everest. Al instante, me siento más clara. Más brillante.

Llevo dos horas acostada en mi carpa sin poder dormir, cuando el viento por fin se calma.

—¿Estás viva? —alguien grita desde la carpa de al lado. ¡Brian!

—¡Con las justas! —grito, dejando escapar un gran suspiro entrecortado.

—Mira afuera —dice.

Lydia sale primero de la carpa. Yo salgo tras ella y lo que veo me deja atónita. Avanzo con pasos torpes. Detrás de Lydia, los rayos de sol iluminan la carpa de Brian. La nieve es ahora un polvo que cae suavemente sobre nosotros, no una tempestad cegadora. Estamos en lo alto del Cwm Occidental, y todo el valle es un paisaje suave con el tranquilo silencio de la nieve recién caída. El cielo es de un azul marino nítido, pero el valle no está soleado; en cambio, está engullido a medias por una enorme sombra, las sombras fundidas del Everest y del Lhotse. Y la sombra parece viva. Como un albergue, un refugio amigable. Un lugar para descansar y esconderse.

Mi equipo empieza a salir de sus carpas y a mirar a su alrededor, charlando y comentando sobre la tormenta. Me acerco al borde de la sombra y veo que, al igual que la nieve, lo que a la distancia parece gris o negro tiene muchos matices de color visto de cerca. Cuando visité por primera vez el Everest, su sombra era lo suficientemente oscura como para tragarse la mía. Era tan ominosa que me sentí pequeña, y mis problemas también se sintieron más pequeños. De pie a la sombra de la montaña, pude ver fuera de mí por primera vez. Pero ahora me parece menos un lugar para esconderse y más como una invitación a instalarse, a dejarse llevar. Se siente expansivo. Menos como un manto y más como una compañía.

La sombra se siente como un hogar.

Estar a esta altura se siente como algo sagrado. Como nadar en las partes más oscuras del océano, donde todo un ecosistema desconocido y prohibido para nosotros se revela. No nos necesita, pero, si tenemos suerte, podemos ser testigos de su belleza.

En el extremo más alejado del Cwm, las sombras del Nuptse y del Lhotse se unen en una V perfecta. Mirando a través de ella como si fuera el visor de una cámara, en la distancia puedo ver el Pumori, un pico de 7000 metros que los montañistas llaman la Hija del Everest, pero que en el idioma sherpa significa 'hija soltera'. La Hija Soltera, la Hija del Everest, se encuentra en la frontera entre Nepal y el Tíbet. Más allá de ella, la meseta tibetana se despliega en amplias llanuras marrones, interrumpidas por más picos nevados cubiertos de nubes difusas.

A las cuatro de la tarde, el cielo está claro y helado. El aire es vigorizante. Hasta los pelitos de la nariz me hormiguean.

A las seis de la tarde recibimos noticias: vamos a subir. Mañana va a ser un día claro, así que el plan es dormir bien y levantarse a las ocho de la mañana. Tras unos cuantos días de poco apetito, mi hambre ha vuelto, y comer se siente increíble. En la cena me atiborro de mi plato secreto para la fuerza: una mezcla de arroz y quinua. Me lo meto en la boca, con una voracidad repentina. Podría comer esto todo el día.

A las ocho de la noche me voy a la cama.

Siento como si hubiese vivido una semana entera en las últimas doce horas. Mientras me quedo dormida, hago una oración de agradecimiento al Lhotse y al Everest por el consuelo de sus sombras. Doy gracias a la madre naturaleza, que me sigue mostrando su misericordia. «Solo un poco más, madre, solo un poquito más es todo lo que necesito», le pido.

Me acurruco junto a mi tanque de oxígeno como si fuera un oso de peluche metálico, y me quedo dormida.

* * *

Cuando me levanto a la mañana siguiente, mi cuerpo se inclina hacia adelante. Estamos en una pendiente pronunciada. Lo que aparentemente no perturbó mi sueño en absoluto. He dormido tanto y tan bien que el día de ayer parece una pesadilla lejana. Me siento renacida. Disfrutando de la paz que viene después de la tormenta.

—¡Desayuno! —grita una voz apagada desde fuera.

Hoy vamos a escalar hasta el Campamento 4. ¡Dios mío, el Campamento 4! Y desde allí, dependiendo del tiempo, podríamos salir esta noche hacia la cumbre. ¡Mierdaaa! Tengo una oportunidad real. Revolviéndolo todo, hago mi mochila y me visto. Mientras me pongo los pantalones de 8000 metros, los que tuve que comprar a última hora en Katmandú, me río recordando la severa mirada de decepción de Ang Dorjee en el hotel Annapurna. Para ser un desastre, he llegado bastante lejos. Los guías parecen creer en mí, así que quizás sea hora de que yo también lo haga.

Tras desayunar y hacer las maletas, nos colocamos las máscaras de oxígeno y abrimos los tanques. Una pequeña válvula libera el flujo. El aire frío entra por mi nariz; dentro de la máscara, mi respiración es hueca y áspera, como la de Darth Vader.

* * *

La escalada técnica más empinada ha quedado atrás. El resto del camino es una lucha contra la gravedad y el oxígeno. Empezamos con una pendiente gradual, subiendo lateralmente por una cara ancha y nevada que llega hasta el Campamento 4. Hay líneas fijas tendidas desde el Campamento 3 hasta la cumbre. Esas serán nuestras líneas de vida, las que nos salvarán si nos caemos…, si Dios quiere. Embutidos en nuestros trajes de pingüino para la cumbre, nos enganchamos a la cuerda fija con nuestros jumares. Un segundo mosquetón, que usaremos como seguridad para pasar a otros escaladores, cuelga de nuestros arneses. Somos una sola hélice que fluye, que se mueve en sincronía y libre de estrés esta mañana. Los que suben a la montaña se quedan a un lado de la cuerda; los que bajan, al otro.

Mis muslos palpitan con un dolor sordo. Me arden las pantorrillas de tanto tirar de las botas a través de la nieve densa y fina como el polvo. Es como subir una empinada duna de arena. Pero mis piernas siguen adelante. Sin autos ni trenes ni helicópteros, he caminado todo el camino desde Lukla hasta aquí con mis dos piernas ordinarias impulsándome a cada paso.

Acabamos de pasar una fila de escaladores. Ang Dorjee acelera el ritmo y nos apresura para que lo sigamos. Se mueve muy rápido, sin apenas mirar mientras se engancha y desengancha, moviéndose alrededor de tres, cinco, diez personas, con la fluidez mecánica de quien ha aprendido a respirar bajo el agua. Es casi vergonzoso, como si nos abriéramos paso a empujones hasta el primer lugar de la fila. Pero no hay tiempo para cuestionarlo, y yo no me atrevería a hacerlo. Siguiendo su ejemplo, nos enganchamos y desenganchamos de la cuerda, moviéndonos rápidamente alrededor de cada montañista; después de un tiempo, se convierte en algo rutinario, mecánico, como pasar por delante de alguien en un vagón de metro abarrotado.

Esto es lo que Ang Dorjee quiere decir por práctica, por encomendar nuestras vidas a la memoria muscular. Si metemos la pata aquí, o peor aún, más arriba, nos deslizaremos fácilmente hacia una muerte helada. En el último mes, el peligro se ha normalizado tanto que, a veces, en momentos menos técnicos o aterradores, tengo que abofetearme para recordar lo que está en juego. Quizás los montañistas tengamos de por sí una alta tolerancia al peligro, pero también se da una disminución de la atención. No puedes pensar en la vida y la muerte cada minuto del día. Tienes que vivir en la cinética de la escalada. Todo se vuelve nanométrico. El ruido seco de un crampón en la nieve. Un brazo que se levanta para agarrar una cuerda. No tengo curiosidad por la cima o por los obstáculos que vienen más adelante, sino por lo que pasa si simplemente sigo caminando. Tal vez sea tan difícil para los adultos experimentar el asombro porque pensamos demasiado en lo que pasará después.

* * *

Dos horas subiendo y me siento bien. Quiero decir, me siento ¡guau! Me siento genial. Mi cuerpo está en piloto automático, impulsándome montaña arriba mientras me empapo de las increíbles vistas. Esta mañana no hay viento. No hay una sola nube en el cielo, y el resplandor es intenso. El sudor baja por la parte posterior de mis piernas. Ang Dorjee nos advirtió sobre tomar fotografías: «¡Un pequeño desliz y tu cámara habrá desaparecido!». Pero tengo que intentarlo. Saco mi cámara de un bolsillo interior y hago unas cuantas fotos, intentando capturar el momento. Pero nada puede captar el crujido meditativo de mi paso, la inmensidad del majestuoso y escarpado paisaje. Es surrealista. Es como ver un mapa topográfico en 3D. Ahora estamos por encima de las nubes, caminando por el cielo en un paraíso helado. Es fácil entender por qué después de visitar el Himalaya, James Hilton escribió sobre la mítica Shangri-La, una ciudad utópica por encima de las nubes donde todo el mundo vive eternamente.

Qué contraste. Ayer estaba dispuesta a renunciar, a morir, y hoy el dulce gorjeo de los pájaros de los dibujos animados recorre por mi mente. Luego, un estruendo. Al principio, lo ignoro, marchando feliz, pero aparece de nuevo: un gruñido grave y profundo. «Mierda. No ahora. ¡Sí, AHORA!». No pude ir al baño antes de salir del Campamento 3, pero ahora necesito ir. Mal. No hay baños. Cada uno de nosotros lleva bolsas desechables. La regla del campamento es que nos llevemos todo lo que producimos. No dejar rastro significa no dejar residuos, ni siquiera lo que sale de nuestros cuerpos. Miro a mi alrededor en busca de un lugar para acuclillarme, lamentando el entusiasmo con el que me atiborré de mi «comida energética» la noche anterior. Debido a mi celiaquía, como mucho arroz y quinua, las cuales encuentran su camino de salida en los momentos más inoportunos.

¿Cómo voy a ponerme en cuclillas y mantenerme erguida? La pendiente es demasiado pronunciada. En el siguiente descanso, le hago una señal a Ang Dorjee.

—Necesito encontrar un lugar para ir al baño —le digo en voz baja.

—Absolutamente no —dice estoicamente—. No te vas a desenganchar aquí.

Lo único que nos sujeta a la cara de la montaña es el filo de nuestros crampones y una larga cuerda anclada al hielo con cientos de pequeños tornillos. Sé que desengancharme podría ser fatal, pero en serio tengo que cagar.

—Estaremos en el Campamento 4 en noventa minutos. Aguanta hasta entonces —ordena.

—Espera, ¿qué? —digo alarmada.

¿Noventa minutos? Dios mío. ¿Y si no puedo? No creo que pueda. Pero asiento y vuelvo a la fila. Lo que diga Ang Dorjee lo haré. Es demasiado peligroso. Tengo que concentrarme en aguantar. El brillo del sol cae pesadamente sobre nosotros y se hace más fuerte a cada minuto. El mediodía se acerca. Para nuestro próximo descanso, mi estómago es una olla a punto de hervir. No puedo aguantar más.

—¡Dorjee! —grito. Estoy más allá de la vergüenza—. No creo que pueda aguantar. Tengo que ir en serio.

—¡Silvia! —ruge—. Es demasiado peligroso. Te puedes caer fácilmente. ¿Ves ese último tramo de allí? —Señala muuuy adelante en el camino, hacia un gran revoltijo de rocas—. Ese es el espolón de Ginebra. Después de eso, el Campamento 4 está a la vuelta de la esquina. Hay gente que se ha caído aquí. ¡Aguántate!

Parece insondablemente lejos, pero si entrecierro los ojos, puedo ver gente trepando por las rocas que él está señalando. Tal vez pueda hacerlo. ¡Oooh, no lo sé! Se me revuelve el estómago. Al diablo. Puede que Ang Dorjee me grite, pero tengo que ir. Me doy la vuelta para salir del camino justo cuando alguien grita:

—¡Mochila!

En algún lugar de la línea de adelante, una mochila se desprende y pasa volando por delante de mi cara como una bala. Me da un susto de muerte. Puedo lograrlo. Y si no, Anthea tendrá que reescribir el anuncio del cable de Adventure Consultants: «Silvia Vásquez-Lavado, la primera mujer peruana en caer de la cara del Lhotse mientras intentaba cagar». No puedo hacerla pasar por eso.

El espolón está a la vista.

«Por favor, Virgencita del Carmen, ayúdame para que no se me salga la caca. Ayúdame a aguantarla. Y, por favor, perdóname por rezarte por la caca», ruego en silencio.

La mayor parte del día ha sido una caminata lenta y constante, lo que me facilitó aguantar, pero el espolón de Ginebra es una enorme columna de piedra en forma de yunque, una cara mixta de hielo y roca casi completamente vertical. Y es más resbaladizo de lo que parece. Cargando nuestro peso hacia arriba con la cuerda fija, tenemos que zigzaguear alrededor de grandes rocas nudosas, buscando parches de nieve estable en los que hundir nuestros crampones. Cada paso exige una concentración total. Primero, para no resbalar, y segundo, bueno... «¡Vamos, Silvia, tú puedes!», me digo a mí misma entre el sudor y los jadeos. No por el sol abrasador, sino por el mero esfuerzo de no cagarme en los pantalones. A nueve metros de la cima del espolón, me encuentro subiendo a un peñasco bajo, mi jumar deslizándose suavemente por la cuerda, cuando mi pie resbala en una roca helada. Presa del pánico, sacudo mi cuerpo para sujetarme y pierdo el control.

Mierda.

Y empieza a salir. «Oh, Dios mío. Por favor, Dios, déjame salir de esta roca apestosa», ruego. Escalo el espolón tan rápido como puedo. En la cima, giro a la derecha y veo una pequeña zona plana, y más rápido de lo que se puede decir «tiempo fuera», saco mi bolsa biodegradable y me pongo de cuclillas allí mismo, aún enganchada a la línea y todo.

—¡Silvia! —Ang Dorjee grita de nuevo—. Espera.

Pero el tiempo para el decoro ha expirado. Por suerte para mí, no puedo oler nada dentro de mi máscara de oxígeno. Otros escaladores pasan delante de mí y de mi culo desnudo, y me sorprende no sentir vergüenza. La naturaleza siempre gana. Por suerte, mis compañeros están demasiado cansados como para burlarse de mí. Mientras me subo los pantalones y bebo un sorbo de agua, veo surgir de la tierra, como una punta de flecha primordial, la cara triangular del Everest. Enormes bocanadas de aire gélido envuelven su cima. Un escalofrío me recorre toda la espina dorsal, estremeciéndome. Imagino a las primeras personas que intentaron escalarlo. El infierno que deben haber vivido. La primera mujer. Junko Tabei, una tenaz escaladora japonesa. Estoy segura de que ella tuvo problemas más serios que cagarse en los pantalones.

Necesito una siesta.

Una vez que llegamos al campamento, encuentro un rincón aislado, lejos de las carpas, y trato de limpiar mis pantalones con gel antibacterial y puñados de nieve. Un baño de montañista. Quizás me vendría bien uno también a mí. Hace semanas que no me ducho. Llegará el momento en el que me reiré de esto, estoy segura. Cuando vea la metáfora que tengo entre mis manos. Cuando me dé cuenta de que todos tenemos que lidiar con nuestra mierda eventualmente. ¿Y no es por eso que estoy aquí? Pero hoy no es ese día. Maldita sea. De todas las cosas, tenían que ser mis pantalones de cumbre. La única prenda lo suficientemente caliente para usar en la cima. Y los míos ya no están en muy buena condición.

Ahora estamos en el collado Sur, a 7900 metros. Estoy restregando mis pantalones a la altura a la que vuelan los aviones. Una vez que están lo más limpios posible, atravieso el campamento hacia mi carpa. El término «aire fino» está empezando a calar. Incluso con la máscara de oxígeno, cada paso que doy es agotador. En los campamentos inferiores, había un aspecto social, camaradería y charlas entre los equipos de expedición. Pero aquí, Ang Dorjee y Mike nos disuaden de socializar o deambular por ahí —un desperdicio de oxígeno, un desperdicio de energía—, y nos aconsejan que nos quedemos en nuestras carpas y tratemos de dormir un poco, lo que es casi imposible a esta altitud. Sin embargo, veo un grupo de montañistas que se pasea, incluso se pavonea, con sus máscaras de oxígeno y sus trajes de cumbre, que es como un cruce entre un traje de nieve y un atuendo de astronauta. Es espectacular verlos desfilar por el campamento en un alarde de fuerza, con la máscara de oxígeno como símbolo de estatus. Un hombre con un traje naranja neón que hace juego con el tanque que lleva colgado a la espalda parece estar listo para una fiesta de música electrónica en una discoteca del Ártico. Realmente he cerrado el círculo, he pasado de desmayarme en la parte trasera de un bar gay a codearme con la élite de las alturas. El acceso es bastante exclusivo.

De vuelta en mi carpa, levanto el cuello y admiro la imponente pirámide del Everest. Puedo distinguir dos posibles rutas. La que sube directamente desde el campamento parece traicionera, si es que es posible de emprender; la otra es un camino suave y curvo que serpentea a la derecha de la base del pico. Acurrucada en mi carpa, empiezo a quedarme dormida y sueño que alguien me despertará pronto para darme buenas noticias: que escalaremos esta noche y que nuestro camino hacia la cima del Everest será por la dulce ruta de la derecha.

Hacia las siete de la noche, los guías convocan una reunión. Después de deliberar, Lydia vuelve para darnos las opciones: podemos intentar llegar a la cumbre esta noche o esperar hasta mañana, cuando parece que el clima parece será más propicio.

—Si vamos a mitad de camino y hace demasiado viento, ¿podemos volver a intentarlo mañana? —pregunto inocentemente.

—Silvia... —Lydia habla lentamente a través de su máscara de oxígeno—. Solo tenemos una oportunidad. Si tenemos que dar la vuelta a mitad de camino, se acabó. Ese habrá sido tu intento. No hay suficiente oxígeno para ir de nuevo.

¡Estoy dividida! ¿Debo ir o esperar? ¿Ir o esperar?

Brian y Danny van a salir esta noche. Mark decide esperar hasta mañana.

—Hagámoslo —digo.

—Espera, Silvia, antes de que empecemos la subida —la expresión en la cara de Lydia cambia—, los guías lo han discutido y, bueno, tienes un problema.

Me sonrojo.

—Vamos a tener que atorarte. No podemos arriesgarnos con tus intestinos —dice Lydia con firmeza—. Es demasiado peligroso.

Lydia me da una dosis de Imodium. Es una cosa tan pequeña, pero en esta etapa de la escalada puede ser la diferencia entre la vida y la muerte. Mientras baja por mi esófago y llega a mi estómago, me lo imagino liberándose en mi torrente sanguíneo, enviando sus señales químicas a mi cuerpo para que lo retenga. Una vez más se me pide que me contenga, que no haga ruido, que me haga más pequeña, que me avergüence, que me calle, para que pueda llegar a la cima. Por eso sí que vale la pena. Pero me prometo a mí misma que esta será la última vez.

A las siete y media de la noche, estamos en nuestras carpas tratando de dormir. Durante tres horas, revoloteo entre un sueño estresado y espirales de excitación nerviosa. Nadie duerme en estas alturas. ¿Quién podría hacerlo?

A las diez y media, la temperatura es de menos veintinueve grados Celsius cuando nos abrochamos los arneses y empezamos a caminar. Está tan oscuro que la luz de mi linterna frontal es tragada por la negrura, y todo lo que puedo ver es el pequeño haz circular que siguen mis pies. El reflejo de la nieve ayuda un poco, pero proyectamos sombras por todas partes. Para la subida final hacia la cumbre, cada uno de nosotros ha sido emparejado con dos sherpas, para que los guías puedan centrarse en monitorear la ruta y en las cuestiones técnicas. Chewang Dorji, uno de los sherpas que me han asignado, sube justo delante de mí. Apenas puedo ver su espalda. Cada paso es un ejercicio de confianza. Kami Rita, mi otro sherpa, está justo detrás de mí. Ang Dorjee nos guía a todos.

Llevo mis pantalones y mi chaqueta aislante para la cumbre. Debajo de los pantalones de plumón, tengo dos pares de pantalones térmicos, uno grueso y otro fino. En las manos, un forro hiperdelgado llamado guantes de un minuto, luego un par de guantes de vellón más gruesos y después mis mitones de cumbre. Mi cabeza está cubierta con un pasamontañas, una bufanda tubular de lana, gafas de esquí y un gorro. Los accesorios incluyen una linterna frontal, un arnés, un jumar y un hacha de nieve. Mis crampones están bien afilados y mis botas bien atadas.

Tengo puesta la máscara de oxígeno.

La cara triangular o ladera sur es la ruta más empinada hacia la cumbre. Este es el camino que esperaba que no fuéramos a tomar. Si hubiera estudiado la ruta, no estaría tan sorprendida. Es agotador. Mis piernas se sienten de plomo y pegadas a la tierra; recuperar el aliento es una broma. Estamos consumiendo dos litros de oxígeno por minuto, pero extrañamente no facilita mucho la respiración ni la subida. El tanque lleva una mezcla de gas comprimido y aire ambiental que aumenta el flujo de oxígeno solo en un dos por ciento. Es como si un aire acondicionado de baja calidad me soplara por la nariz: lo suficiente para evitar que el cerebro se hinche, pero no para engullir o expandir completamente mi pecho. Imagina respirar a través de una pajita para café.

Poco a poco, cuando empezamos a subir por el camino, mis ojos se adaptan. Juntos, nuestras linternas crean una burbuja de luz. Juntos estamos a salvo. El aire está quieto. Cristalino. Atravesado por un millón de estrellas. Estrellas que parecen estar lo suficientemente cerca como para alcanzarlas y arrancarlas del cielo. ¿Lo están? Es 18 de mayo y, por un momento, me pregunto qué significa eso para las constelaciones aquí, donde el Tíbet, Nepal y China se encuentran. Tal vez haya formaciones enteras que nunca he visto.

Justo delante, en la oscuridad aterciopelada, pareciera como si una cadena de luces de Navidad se extendiese por la montaña, desde el collado Sur hasta el Balcón, uno de los últimos lugares de descanso planos antes de la cumbre. Verticalmente, el Balcón está a menos de un kilómetro y medio, pero nos llevará tres horas llegar a él debido a la extenuante inclinación, el poco oxígeno y lo último que se espera en la cima del mundo: tráfico. Deberíamos añadir eso a las garantías de la vida. Muerte, impuestos y tráfico.

Tenemos que entrar y salir de aquí rápido.

Brian y Danny están que arden. Mantenemos un buen tiempo, moviéndonos hacia arriba en la línea. Engancharnos y desengancharnos y sortear cuerpos se ha convertido en algo automático, aunque todavía siento una extraña vergüenza cuando paso a alguien. Pero lo que está en juego aquí es mucho más importante. La cresta es más estrecha y empinada que la subida al Campamento 4, y tengo que empujar mi cuerpo contra otros para deslizarme. Un paso más a la izquierda y podría ser lanzada fuera de la montaña. Pasar en silencio bajo el cielo medio iluminado del Himalaya se siente como algo íntimo, como pasar pegada a un extraño en una puerta estrecha de una fiesta en la que podría suceder cualquier cosa.

Los escaladores que empezaron antes que nosotros, algunos desde las seis de la tarde, están llegando al Balcón, con sus luces agrupadas como una constelación de luciérnagas. Es surrealista ver cómo la cadena de luces asciende lentamente por la montaña. Saber que cada una se encuentra unida a una persona, conduciendo en el motor de sus dos piernas; y que cada persona tiene un sueño, un sueño particular y singular, un sueño que quizás solo ella conoce. Cada luz representa una razón para subir. Un sueño, como el mío, que es tan imponente que están dispuestos a arriesgarlo todo.

Hacia la medianoche, siento que necesito una siesta. Espero que Mike nos detenga. Solo un poco de descanso. Cinco minutos es todo lo que necesito. Cada roca me parece un sillón; su entorno nevado, un edredón de plumas. Sueño con una cama. Una cama de verdad. Me siento flotar, mareada, como si estuviera volando.

Mi cuerpo. Mi cuerpo. ¿Qué es mi cuerpo?

A las dos de la madrugada llegamos al Balcón. Intentamos comer algo e hidratarnos. Del bolsillo interior de mi chaqueta saco un termo de medio litro de agua caliente. La botella que Ang Dorjee me hizo comprar en Katmandú. Ahora veo por qué. Un sorbo de agua tibia y un pequeño bocado de mi barra energética de frambuesa favorita es suficiente. Es difícil tragar cualquier cosa. La comida es extraña. Incluso los dulces, que normalmente me encantan, saben a cartón.

Alguien me empuja los brazos y me giro para ver a Danny. ¡Danny Boy! Está señalando su tanque de oxígeno, murmurando algo. «Ah, sí», pienso. Me acerco a Chewang Dorji, que me hace señas para que me desabroche el tanque y lo cambie por el nuevo que tiene en la mano. Todo es con mímicas. No tenemos energía para palabras reales. Para comida de verdad. Para sentimientos reales.

Intercambiamos nuestros tanques y comenzamos a caminar de nuevo. Ang Dorjee avanza hacia la cumbre sur, que marca el tramo final antes del infame paso Hillary. Son otras cinco o seis horas hasta la cima. Casi diez horas en total para subir un kilómetro y medio. Es oscuro, empinado e increíblemente frío. No solo tengo las extremidades y la cara heladas; mis órganos, células y huesos parecen estar hechos de hielo. Todas las sensaciones se han apagado. Soy una máquina, una cadena de ensamblaje hecha persona: paso, respiro, paso, respiro.

Al superar los 8400 metros, hemos entrado oficialmente en la Zona de la Muerte, donde la presión atmosférica desciende a un tercio de la del nivel del mar, las temperaturas nunca superan los menos diecisiete grados Celsius y cualquier piel expuesta se congela al instante. Durante las últimas seis semanas, nuestros cuerpos se han ido aclimatando lentamente. Hemos fabricado más glóbulos rojos; nuestros corazones incluso han empezado a latir más rápido. A medida que ascendíamos, las funciones corporales no esenciales, como la digestión, se suprimían para canalizar toda la energía de nuestro cuerpo hacia el sistema cardiopulmonar. Pero no hay forma de aclimatarse a la Zona de la Muerte. La mitosis celular se ha detenido por completo. Nuestros cuerpos se están deteriorando. Pero eso ni siquiera es lo que mata a la mayoría de personas en el Everest; son la niebla cerebral y la desorientación las que llevan a tomar decisiones letales, como sentarse a descansar y no levantarse nunca, o pisar con descuido y caer. La embriaguez y el mal de altura se reflejan mutuamente: dificultad para hablar, confusión, incapacidad para caminar en línea recta.

Más adelante hay un grupo de pequeños puntos de luz que parecen fundirse y dispersarse, un cuadro en movimiento. Las linternas frontales. Es difícil distinguir las formas en la oscuridad, pero hay un contorno sombrío de personas adelante. El cielo es espectacular, como un profundo moretón azul negruzco. Siento como si estuviera caminando sobre la luna. Esto es lo más cerca que estaré de convertirme en una astronauta. Caminando por un terreno totalmente expuesto, nos elevamos sobre los alrededores. El paisaje de las últimas seis semanas —nieve, hielo, roca, montañas— de repente parece surrealista, hiperrealista. Las mentes humanas no están hechas para estar a esta altura. Soy un pájaro del ártico. Seguimos caminando. Pasos cortos y pesados. No puedes arrastrar los pies. A cada paso, tienes que levantar tus crampones y luego presionarlos con fuerza para restablecer el contacto con el hielo. Todo requiere mucha energía. Veo gente que se agacha a un lado del camino, jadeando, con una mirada de derrota en el rostro. Uno mueve la cabeza, haciendo señas a otro.

Y así, sin más, se dan la vuelta y bajan la montaña.

Esa podría ser yo. En cualquier momento, ese podría ser cualquiera de nosotros. Ni un solo aliento está garantizado aquí arriba.

Mis límites ya han sido demolidos. Cada paso es un nuevo abismo por el que estoy patinando.

Hacia las tres de la madrugada, la oscuridad empieza a disiparse, revelando un reluciente cielo como una sopa de arvejas. Una delicada franja de luna.

El tráfico comienza a retroceder cuando nos detenemos en una serie de bancos de roca, una versión más pequeña del espolón de Ginebra. Treinta o cuarenta personas tienen que escalar los resbaladizos peldaños rocosos, subiendo la cuerda con cuidado paso a paso. No se puede rebasar a nadie. Hay que esperar a que cada persona suba, lo que, a esta altitud, con la energía disminuida y el oxígeno bajo, exige un esfuerzo y un riesgo tremendos.

Al principio, el descanso es estupendo. Por primera vez miro realmente a mi alrededor. En el horizonte, en dirección a la India, veo una tormenta. Columnas grises y nubladas de lluvia. Y relámpagos. Rayos de color azul verdoso golpean la tierra: uno, dos, cuatro. Al otro lado del valle, las linternas de la gente que intenta subir al Lhotse son velas que parpadean como ofrendas.

Sacudo las manos y los pies, meneo el torso, giro la cabeza en círculos, esperando que el movimiento constante ahuyente el congelamiento. Mi equipo se empieza a inquietar. Han pasado treinta minutos y apenas nos hemos movido. Más adelante hay gente atascada en las cuerdas. Congelados por el miedo. Retrazando toda la línea. Es demasiado. Estamos enganchados a una cuerda sin mucho espacio para movernos. Cada paso adicional para calentar nuestros cuerpos consumirá la poca energía que nos queda. Esto es demasiado para cualquiera.

Algunos empiezan a rendirse. Uno a uno, se alejan del rebaño y vuelven a bajar la montaña. Está demasiado oscuro para ver sus caras, pero me los imagino sacudiendo la cabeza en señal de derrota mientras bajan por la cuerda. Cuando pasan, siento una conexión fuerte. Ya no son extraños. Cada uno de ellos ha soportado la belleza y la brutalidad de las últimas seis semanas, como yo. Han sacrificado mucho tiempo y dinero; para muchos, los ahorros de toda su vida;

han renunciado a la seguridad de sus familias y seres queridos. Se han entrenado, mental y físicamente, a menudo durante años. Han escalado muchas otras montañas. Han cruzado decenas de aterradoras escaleras desvencijadas y se han asomado a los abismos de sí mismos. Todos han tenido sus propios «días horribles», pero se han levantado y han seguido adelante. Contra toda lógica y sentido común, siguieron adelante. Quisieron renunciar —todos hemos querido hacerlo en algún momento—, pero no lo hicieron. Dieron todo lo que tenían para estar aquí. Para tener la oportunidad de estar en la cima del mundo durante veinte minutos. Y tal vez para ver desde allí lo grande que es el mundo y lo pequeños que somos; y, sin embargo, lo capaz que es cada pequeña e imperfecta vida. Todos los que estamos unidos en esta cuerda que sube por la ladera de la montaña tenemos un sueño por el que estamos dispuestos a morir. En eso todos somos iguales.

Mi corazón está con aquellos que pasan. Toda mi impaciencia, mi nerviosismo, las exigencias de mi cuerpo, dejan paso a la compasión.

Esperamos una hora más. Se me entumecen las mejillas, los dedos, los pies. Estoy empezando a preocuparme. Esta es una receta perfecta para el congelamiento. Empieza a soplar un ligero viento, y a 8500 metros de altura ya no hay brisa, sino un frío glacial y atroz. La espesa nube ártica que sale cuando abres un congelador. Siento que mis manos se endurecen. Mi circulación nunca ha sido muy buena. Estoy baja de hierro. Anemia.

Mike, que está al final del grupo, llama por la radio.

—Todo el mundo, hola —su voz crepita—. ¿Cómo están? El viento se está levantando. ¿Pueden soportar el frío? ¿Alguien quiere dar la vuelta?

¿Debería dar la vuelta? Me castañetean los dientes.

Tengo mucho frío. Pero estamos tan cerca. Me imagino dedos y caras ennegrecidas, todas las amputaciones del Everest que se producen por el congelamiento.

Pero no voy a ser yo quien se rinda. No ahora. Si el grupo quiere bajar, bajaré con ellos. Brian y Danny están delante de mí. Dicen que no con un movimiento de cabeza.

—Continuaremos —dice Ang Dorjee por la radio.

Son cerca de las cuatro de la mañana. El amanecer se arrastra por el horizonte y todavía no hemos avanzado mucho en la fila. El cielo es de color pastel. En la distancia se despliegan las vastas llanuras marrones de la meseta tibetana: el Kanchenjunga, el Lhotse y el Makalu emergen. Me siento abrumada por la poesía de todo ello, y la sensación dura unos tres minutos hasta que el frío vuelve a apoderarse de todos mis sentidos.

Empiezo a perder la paciencia.

Tengo las mejillas heladas. El congelamiento podría estar golpeándome ya. Es difícil saberlo.

Empiezo a tener miedo. Rezo más rápido.

«Ave María, llena eres de gracia…».

Oh, Dios, la fila no se mueve. ¡Vamos! No creo que pueda hacer esto durante mucho más. Miro hacia el cielo, hacia el horizonte donde debe estar la cumbre.

«¡Mamá, mamita!», pienso. «¡Ayúdame, mamá! ¡Mamita! Ayúdame. No sé si puedo hacer esto. ¡Por favor, ayúdame! ¿Estás ahí? ¿Mamita?».

Una música llega a mis oídos. Algo familiar.

«¿Qué demonios?», pienso.

Chewang Dorji me devuelve la mirada.

—¿Has oído eso? —le pregunto.

Me mira fijamente y gruñe. Lo tomo como un no.

¡Pero ahí está de nuevo! El inconfundible traqueteo de la emblemática canción navideña latina «Mi burrito sabanero».

Frente a mí, sonriendo y riendo, como la última vez que la vi ponerse de pie con facilidad, está mi madre, totalmente viva y animada, bailando sobre la nieve al ritmo de la tonta canción de mi infancia sobre un burro de camino a Belén. Con los puños delante de la cara, como una boxeadora, mueve los hombros al son de las maracas y echa la cabeza hacia atrás, sonriendo y cantando el estribillo: «¡Tuki, tuki, tuki, tuki!».

Se me saltan las lágrimas. El día siguiente a la cena de Navidad, solíamos ir a casa de tía Irene para celebrar con toda su familia, con mis tíos y primos. Mis primos. Marianela. Rolando. Ramiro. Antes de saber quiénes eran realmente, eran mis dulces y juguetones primos. Corríamos por la casa de mi tía mientras mamá hablaba con sus hermanas y comía y cantaba, más alegre que nunca. Ella era tan feliz entonces, con todo el mundo reunido allí para las celebraciones. «Por supuesto», me doy cuenta. ¿Por qué no se me ocurrió antes? Por supuesto que era más feliz entonces. La Navidad era el único momento en que podía estar con todos sus hijos a la vez.

Aunque tuviera que hacer de tía Teresa.

Uno de los últimos deseos de mi madre fue que hiciéramos una gran fiesta al cumplirse un año de su muerte. Marianela voló a Perú conmigo, y ella y yo la organizamos. Invitamos a 150 amigos y familiares, tal como mi madre nos había indicado en su lecho de muerte.

Después de que terminara la celebración, Meche y yo nos quedamos limpiando e intercambiando historias divertidas sobre mi madre.

—Mechita —le dije—, hay algo que quiero preguntarte.

—Dime, Silvita. ¿De qué se trata?

—¿Estabas aquí cuando mi madre llamó a J?, ¿cuando lo ató a la silla?

—¿Qué?

—Mi mamá dijo que después de que le conté lo que me pasó, llamó a J. Y mientras él estaba aquí, ella hirvió agua y ustedes dos lo ataron a una silla.

—Nunca lo atamos a ninguna silla. No haríamos eso.

—Pero ella me dijo que tenía el agua hirviendo —le insistí, necesitando inesperadamente que aquello fuera verdad—. Ella dijo que tenía agua hirviendo en esa gran olla de aluminio, la que usabas para lavar todos los trapos de limpieza con lejía. En esa. —Señalé la olla—. Y me contó que, una vez atado a la silla, le echó el agua caliente poco a poco y le dijo que era por lo que me había hecho.

Meche tenía los ojos muy abiertos.

—No, Silvita. Recuerdo que sí vino una vez después de que le contaras a tu mamá lo que te había hecho. Pero Teresa le dijo que no volviera nunca más.

—Pero ella dijo que el agua estaba hirviendo. Y que le dijo por qué le estaba haciendo eso. Dijo: «Esto es para vengar el daño que le hiciste a mi hija».

Meche puso su mano en mi brazo, su mirada era suave.

—Ha sido un día largo —dijo amablemente.

La forma lenta y atroz con la que mi madre había descrito cómo le había vertido el agua, la ferocidad y la determinación de sus palabras, todo ello me había arrastrado en su historia de venganza. La forma en que me había contado la historia, con tanto dolor en su voz… Se había convertido en la mujer, en la madre que yo siempre había anhelado. Una que luchaba. Que se levantaba. Que tomaba lo que le correspondía. Todo lo que se merecía. Me había asombrado la fuerza que ella había sido capaz de reunir. Finalmente. Nunca la había visto de esa manera delante de mi padre, aunque siempre supe que en el fondo era así.

Pero la verdad era más complicada. Quizás, se había contado a sí misma aquella historia porque lo necesitaba. A veces tenemos que contarnos historias a nosotros mismos para seguir viviendo.

No dudo de que quisiera vengarse. Pero su poder, su voz, habían sido silenciados por toda una vida de abusos, humillaciones, racismo y pobreza. Quería enfrentarse a los hombres, a mi padre, y exigir lo que era suyo. Lo que era nuestro. Exigir justicia. Decirme que había castigado a J era su forma de decir que sentía mucho dolor por lo que me pasó. De decir: «Esto es lo que me gustaría haber hecho».

Había tanto que mi madre no podía arreglar. Tanto para lo que no tenía fuerzas. Pero ella se acurrucó en toda la belleza y la alegría y la risa posibles para amortiguar el dolor. Para seguir sobreviviendo de la forma que estaba a su alcance, incluso si eso significaba mirar hacia otro lado, permanecer en silencio. No sé si descubrir que la historia era una mentira me dolió más porque ansiaba con tanto ardor que J sufriera o porque quería creer que mi madre había luchado por mí.

Y, ahora, aquí está ella, haciendo lo que siempre hizo mejor: distraerme del frío, de la oscuridad. Nunca apoyó mis deseos de escalar cuando estaba viva, fue incapaz de detener el abuso o de encontrar justicia, pero ahora está aquí, bailando conmigo en las últimas horas. Este es su amor por mí. Empiezo a llorar, pero las lágrimas salen en forma de risa.

—Te quiero mucho, mamita —digo mirando al éter, al cielo claro y abierto.

CAPÍTULO 19

EN LA CIMA DEL MUNDO

Vistas desde la cima, las sombras de las montañas más altas del mundo suelen ser perfectamente triangulares, incluso cuando el propio pico no lo es. Es una ilusión óptica. De la misma manera que, vistas de frente, las vías de tren se hacen cada vez más pequeñas hasta formar un pico en el horizonte, las sombras de las montañas son tan largas que el ojo humano no alcanza a ver dónde terminan, así que para nosotros aparecen como pirámides perfectas.

Me detengo para recuperar el aliento. Cuando miro hacia arriba, mi madre ya no está y los acordes de «Mi burrito sabanero» se pierden en el viento ululante. Y en su lugar, un poco más allá del Cho Oyu, el vecino del Everest por el oeste, el amanecer tiñe el horizonte de un color mandarina oscuro, y la sombra del Everest aparece, proyectando una pirámide perfecta en el cielo. La piel de mis brazos se eriza. Es como una especie de holograma místico.

Las alucinaciones deben de estar haciendo acto de presencia. Primero, mi madre; ahora, esto. He oído historias de cómo la falta de oxígeno hace que los escaladores vean y hagan cosas extrañas, como acostarse a dormir la siesta a un lado del camino y no despertarse jamás. Subiendo por los salientes escalonados, intento recordar dónde estoy, lo peligroso que es esto. Muevo los dedos dentro de mis gigantes mitones de cumbre, agarro el jumar con más fuerza, lo deslizo cuerda arriba y doy un paso, escuchando el sonido de mis crampones perforando el hielo. «Estás escalando una montaña, Silvia. Esto es real. Mantén la concentración», me digo. Pero cuando miro hacia atrás, la pirámide sigue ahí. Crece, se ensancha, se eleva más alto en el cielo, ensombreciendo todos los picos circundantes. Trato de buscar mi cámara, pero requiere demasiada energía. Todo requiere demasiada energía.

Las primeras pirámides fueron construidas de esa manera para imitar los rayos del sol, y actuaban como escaleras espirituales para que los faraones subieran al cielo. Eran su rampa hacia Dios. Me pregunto si eso es así para mí también. Quizás tenía que subir así de alto para ver la verdadera forma de una sombra. Para ver en qué puede convertirse cuando estás por encima de ella. Ya no es un manto oscuro y amenazante, ni siquiera un refugio amistoso, sino algo exaltado. ¿Y si todo lo que he estado buscando no está solo en las sombras, sino que es la sombra misma? ¿Y si todo lo que hice para llegar hasta aquí, no solo el escalar, sino la última década de dolor, de asombro y de forzar mis límites, fue para poder ver la sombra desde una perspectiva diferente?

Respiro profundamente, aspirando todo el aire que puedo, y lo dejo ir, suspirando, mientras mis entrañas se inundan de una calidez que me estremece. Si tuviera que darme la vuelta ahora mismo, estaría bien. Ni siquiera necesito llegar a la cima. Quizás nunca lo haya necesitado. Aunque no llegue a la cumbre, igual habré escalado el Everest.

* * *

A cientos de metros de profundidad, la capa de nubes tiene un aspecto desmenuzado, y con la luz de la mañana es difícil distinguir las nubes de los picos del Himalaya. Después de horas de escalar una montaña salvajemente empinada pero amplia, conseguimos subir los escalones rocosos y llegar a una saliente semiplana, deteniéndonos para recuperar el aliento después de cada paso. El camino se estrecha hasta que la tierra que pisamos se reduce a un filo de cuchillo de no más de un metro de ancho. Seguimos caminando, avanzando a duras penas. Siento como si estuviera corriendo una maratón en cámara lenta sobre una pista de barro. Un lado del camino está protegido por un enorme muro de nieve y el otro está totalmente expuesto, se abre a un abismo interminable. Pronto llegamos a un formación rocosa que tiene el aspecto de un gran pulgar, y nos impulsamos sobre él. Aprieto mi cuerpo todo lo que puedo contra la fría piedra, haciendo una oración de agradecimiento por su solidez. Al llegar arriba, veo otra cima rocosa expuesta, tal vez unos cien metros por encima de nosotros.

Dios mío. Ahí está. ¡La cumbre!

Suelto un grito ahogado y señalo con el dedo, chillando al oído de Chewang Dorji:

—¡Ahí está! ¡Ahí está! Está tan cerca. ¡La cumbre!

Lo he conseguido. Empiezo a llorar. Pequeñas y frías lágrimas resbalan por mis mejillas.

—¡No! —dice Chewang Dorji—. No cumbre. Todavía faltar subir paso Hillary, y, luego, cumbre aún lejos.

—Oh, mierda.

—No lágrimas —agrega—. No gritos. Ahorra todo oxígeno.

Súbitamente agotada, quiero derrumbarme. Para ahogar mis lágrimas, tengo que encender a mi comandante interno, esa máquina dentro de mí que puede desconectarme de todo y seguir adelante sin importar lo que pase. El mismo motor que impulsó mi supervivencia y mucha de mi destrucción. El que me ha metido en muchos problemas en el pasado, pero que de repente aquí, a 8500 metros, resulta ser exactamente lo que necesito. En contra de toda lógica, empezamos a bajar por la parte posterior del rocoso pulgar. El camino se vuelve aún más estrecho. Ahora avanzamos a ritmo de tortuga. Cada paso supone un esfuerzo increíble. Necesito comida o agua, pero no puedo digerir ninguna de las dos cosas; además, es demasiado peligroso girar mi mochila para buscar algo en ella.

Cuando vuelvo a mirar hacia arriba, estamos justo debajo del paso Hillary. Un afloramiento de roca prácticamente vertical formado por cuatro enormes peñascos o escalones. Es el último reto técnico antes de la cumbre, y es infame. Una travesía que sería difícil incluso si nuestros cuerpos no estuvieran activamente apagados. Durante el terremoto del año pasado, el peñasco más grande se desprendió y cayó montaña abajo. Se rumorea que ahora es más fácil subir el paso. Se trata más de una escalada vertical por una pendiente nevada que de un ascenso de alto riesgo. Pero sigue pareciendo tremendamente difícil.

El paso en sí es una gran cúpula, y, sin el peñasco principal, es una subida recta hacia arriba. Pero el camino —una delgada línea aplanada por las botas que nos precedieron— no tiene más de un metro de ancho, quizás, y está totalmente expuesto. Desciende abruptamente por ambos lados y cae a la nada.

Conteniendo las lágrimas, sigo la línea fija con la mirada. Cuando entrecierro los ojos por el cegador brillo del sol, que ahora está en lo alto del cielo, lo que veo delante se parece más a la fila de la caja de un supermercado que al camino que sube al Everest. El sendero está atestado de gente en fila india con mullidos trajes de colores, todos esperando a dar el siguiente paso.

Solo hay una cuerda. El camino de bajada debe estar del otro lado de la montaña. Escaleras mecánicas, tal vez. Sí, sí. Un bonito camino pavimentado. Algo así. El solo pensamiento me relaja. Esta cresta está demasiado expuesta, es demasiado peligrosa para que la gente suba y baje al mismo tiempo. No hay manera de que dos personas puedan estar en este camino, y mucho menos adelantarse los unos a los otros.

«¿A qué distancia está la cumbre después de esto?», me pregunto. Debería conocer cada centímetro de este ascenso. Tener los puntos de referencia y las inclinaciones grabados en mi memoria. Pero nunca he estudiado la ruta, y es un poco tarde para una lección de topografía. Chewang Dorji había dicho que era un camino largo, pero parece que llevamos una eternidad andando sin llegar a ninguna parte. Estoy perdiendo la noción del tiempo y del espacio.

Aunque el paso Hillary se ha «simplificado», sigue pareciendo la prueba final. Para atravesarlo con eficacia, tenemos que cambiar entre dos mosquetones de seguridad con las manos medio congeladas embutidas en enormes y voluminosos mitones, con un margen de error absolutamente nulo.

Todo se siente a la vez inmediato y lejano.

«Presta atención. Mantente alerta, Silvia», me digo. Mi sangre late con fuerza por mi cuerpo. Puedo sentir cómo se espesa, se ralentiza. Cada respiración es el colapso del universo. Mis pensamientos burbujean en pequeñas nubes sobre mi cabeza. Intento volver a meterme en mi cuerpo: «Tu cuerpo es lo único que importa. Confía en él. Confía en tu cuerpo. No pienses. Solo muévete. Movimiento, concentración. Presta atención. Puedes caer en cualquier momento». Es como hacer equilibrio sobre los dientes de un tiburón.

Y entonces empiezan a llegar.

Una hilera de personas que pasan por delante de nosotros en su camino montaña abajo. Casi todos hombres. Madrugadores que llegaron a la cumbre alrededor de las seis y media de la mañana. «Oh, Dios mío, ¿estamos compartiendo la misma cuerda? Esto es una locura. Esto es una locura total», me digo. Y no solo vienen hacia nosotros, sino que tienen prioridad. Al luchar contra la gravedad, tienen más probabilidades de tropezar. Además, su oxígeno se debe estar agotando. Su tiempo para sobrevivir en la Zona de la Muerte se está acabando. La mayoría de los escaladores que no logra volver del Everest muere en el camino de regreso de la cumbre. Ahora entiendo por qué. Parece físicamente imposible dejarlos pasar sin que nadie se desbarranque por la montaña, pero lo logran. Hacemos todas estas cosas imposibles, cosas increíblemente peligrosas que se normalizan. La muerte no es algo con lo que estemos bailando. Es el tiburón esperando con la boca abierta a que alguien caiga para cerrar sus fauces.

—Con permiso, con permiso —dicen los escaladores, deslizándose a su lado.

—Felicidades —exclamo sin aliento, en parte por respeto, en parte por el terror.

Pasan dos, cuatro, cinco personas.

Cuando los sherpas pasan, estos se inclinan tan hacia afuera y alrededor de la línea que las huellas que dejan sus botas están a menos de treinta centímetros del borde. No puedo evitar contener la respiración mientras los veo pasar. Me siento mareada y aturdida.

Ha salido el sol y el viento es mínimo. Es un día perfecto, pero cuanto más contemplo el vacío y la inmensidad del cielo azul que nos rodea, más nerviosa me pongo de que mis mosquetones no estén bien colocados. O de que mi arnés se desenganche, un terrible error del que no me daré cuenta hasta que sea demasiado tarde.

A mitad de camino, veo a Brian bajando. Cuando se acerca, puedo ver por el brillo de sus ojos que ha llegado a la cima.

—Felicidades, compañera, estoy muy orgulloso de ti —exclama alegremente al pasar—. Ya casi has llegado.

Nunca había oído palabras más dulces.

Cuando Chewang Dorji y yo llegamos a la cima del paso Hillary, dejo salir un suspiro de alivio. Ahora puedo ver la cumbre, la verdadera cumbre.

—Veinte minutos —dice Chewang Dorji

El terreno es moderado, y caminamos lenta y fácilmente. El estrés empieza a desaparecer.

Los escaladores siguen bajando, compartiendo felicitaciones en ambos sentidos. Siento como si estuviésemos caminando por la alfombra roja del Everest.

Danny pasa también:

—¡Felicidades, Silvia! —dice.

—¡Danny Boy! —le digo—. ¡Felicidades!

Asiente con la cabeza y sigue caminando. Tenemos suficiente oxígeno para solo veinte minutos en la cumbre. Una parte de mí todavía se pregunta si habrá otra ruta más cómoda para bajar la montaña, cuando Chewang Dorji levanta de repente los brazos en señal de victoria.

La cima es una pequeña pendiente con forma de pico, de unos tres metros por noventa centímetros, que desciende hasta la nada. A lo largo de sus bordes, dos docenas de personas con trajes de cumbre —la mayoría rojos, naranjas y amarillos— se agrupan, dando la espalda al camino. La cima del mundo parece una convención de astronautas. Sus sombras caen sobre la nieve en largas franjas. ¿Qué están mirando? No es hasta que nos acercamos que me doy cuenta de que estamos aquí.

Llegamos. ¡Lo logré!

Avanzando con dificultad hacia la multitud, veo que está congregada junto a un pequeño montículo de nieve cubierto por capas de banderas tibetanas de oración. Esta es la frontera de China y Nepal; en realidad, es el punto donde China, Nepal y el Tíbet se encuentran. Los escaladores se turnan para levantar las banderas de sus países sobre sus cabezas, para tomarse una foto, levantando los puños o mostrando un pulgar hacia arriba embutido en mitones gigantes. Levanto mis manos en señal de celebración, luego me dirijo a Pemba Chirri y a Kami Rita, y los abrazo, después abrazo también a todos los sherpas que me rodean. Luego a cualquiera que parezca dispuesto. La mayoría de la gente hace una foto rápida y luego se da la vuelta y empieza a descender.

Puedo sentir la emoción que me embarga. Necesito un minuto para mí y tengo que hacer una ofrenda. Me dirijo a una saliente menos concurrida, un poco más arriba en la cumbre, donde alguien ha clavado un pequeño poste improvisado en el suelo. Desde aquí tengo una vista limpia del Tíbet y de China. Los picos cubiertos de nieve se encuentran con enormes franjas de tierra marrón.

Algunas personas me han preguntado por qué no empecé a escalar en Perú. Los picos de la Cordillera Blanca son impresionantes, algunos de hasta 6700 metros de altura. Habrían sido una elección lógica, las montañas que mi abuela materna llamaba hogar. Fue la medicina ancestral de mi país la que me llevó a las montañas. Pero la respuesta no es tan sencilla. Creo que tal vez sea más fácil escalar primero las montañas que están lejos de casa.

El viento empieza a arreciar, agitando la nieve fina como polvo en un remolino alrededor de mi cabeza.

Me arrodillo en la nieve y empiezo a llorar. Lágrimas de alegría. Lágrimas de pérdida. Lágrimas agridulces. Cada ola tiene su propio sentimiento. Su propia cresta. Mirando al Tíbet, las dejo venir. Por primera vez, les doy la bienvenida. Finalmente, soy capaz de despojarme de la armadura. Ya no tengo que luchar. Lo he logrado. Estoy en la cima del mundo.

Dejo la mochila junto al poste y abro el bolsillo superior. Saco la *khata* blanca y me la ato al cuello, pensando en las monjas de Deboche.

«¡Lo logré!», quiero gritar al éter, pero es mejor que ellas sigan rezando por mí hasta que haya bajado la montaña sana y salva.

—Gracias —susurro en su lugar, haciendo una reverencia.

Luego saco la *khata* amarilla de las chicas de Shakti Samuha y la ato alrededor del poste. Durante todos estos kilómetros he llevado los deseos de las chicas en mi mochila, y ahora espero que la madre escuche sus sueños.

Todo es posible para ellas. Lo sé. Saco mis primeras banderas de oración, las que compré con las chicas en Katmandú. Envueltas en ellas están las tres pequeñas fotos que han impulsado todo este viaje, no solo al Everest, sino a todas las montañas y a todo lo que ha venido con ellas.

La primera es de Lori en Shanghái. Con unos *jeans* y un pintalabios rojo y una sonrisa socarrona, está de pie frente a la Torre de la Perla Oriental. Le encantaba esa torre. En todas las cumbres que he subido desde su muerte he dejado la misma foto. Hacer una copia se convirtió en parte de mi ritual a la hora de hacer las maletas. Mi manera de honrarla. Mi vela de vigilia. En la cima de cada continente estoy más cerca de su estrella, respirando el polvo cósmico en el que se ha convertido.

La segunda foto es de mi madre en 2011, en su cumpleaños número sesenta y siete, un año y medio antes de su muerte. Estamos en La Bistecca y ella posa con una copa de helado en la mano, su postre favorito de toda la vida. Una vela chispeante arde a baja altura y el helado se derrite mientras le gritamos que pida ya un deseo. Me veo reflejada en su sonrisa. En su risa. Mi madre. Mamita. Chomolungma. Sagarmāthā. Everest.

Hay muchas formas de decir *madre*.

El Everest me ha demostrado que no es solo un papel que desempeñar o una persona a la cual llamar, sino una acción. *Madre* es un verbo.

La última foto es mía. Soy yo en el primer año de la escuela primaria, con un buzo turquesa, dos coletas que me caen por la espalda y una sonrisa forzada. Es la foto que no soporté mirar durante años. La foto que encontré en mi departamento de la Marina y que intenté esconder. La misma niña que me visitó en mi visión de ayahuasca y que me trajo hasta aquí. Nunca había traído una foto mía para dejarla en una cumbre. Me habría sentido rara. Pero aquí es diferente. Aquí estoy dejando a la pequeña Silvita con la madre.

Apoyo la foto contra la estaca, tratando de encajarla en la nieve crujiente, pero el viento la hace caer hacia adelante. La recojo, quito los copos de nieve y me doy cuenta de algo que no había visto nunca.

En la pared que está detrás de mí en la foto hay un muñeco de nieve. Un muñeco de nieve que hice con bolas de algodón aquel día en primer grado, preparándonos para la Navidad. Llevaba un sombrero torcido y fumaba en pipa de maíz. Una niña limeña que nunca había visto la nieve ni las montañas había creado un muñeco de nieve a partir de historias y de sueños.

La foto se había convertido en un emblema de mi trauma, de tal manera que había pasado por alto lo que estaba en el fondo.

Pero estaba ahí. La nieve había estado a mis espaldas todo el tiempo. Las montañas siempre habían estado detrás de mí. Vengo de la sangre de las montañas. Su terreno es mi linaje, pero el dolor que heredé de las mujeres de mi familia me mantuvo alejada durante mucho tiempo. Esa niña lo sabía. Me llamó a casa. Todo lo que tenía que hacer era tomar su mano y seguirla. Caminar libremente por las montañas como ella me pedía.

A cambio, ella me devolvió la vida.

Mientras transcurren mis últimos momentos en la cima, me siento segura como nunca antes. Con los sentimientos a flor de piel y el corazón palpitante, estoy agotada hasta los huesos, pero he cumplido la promesa más importante que haya hecho jamás: una promesa a mí misma. Cierro los ojos y veo a la niña tirando de mí hacia picos que aún no conocía. Ella me mostró que el viaje hacia la sanación no está iluminado. Que más a menudo se trata de una larga subida a través de un laberinto de sombras, un hielo eterno que crees que nunca se derretirá. Otras veces, son solo puntos de luz que parpadean en la oscuridad. Pequeños momentos de iluminación que tienes que seguir. Que cazar. La sanación no consiste en llegar a la cima, ella me lo demostró. Se trata de los momentos en los que puede que no lo consigas.

Incluso en las sombras, estamos subiendo.

Incluso en la oscuridad, estamos llegando a alguna parte.

La gente habla de conquistar el miedo del mismo modo que habla de conquistar montañas. *Conquistar* es una palabra que se oye mucho en el montañismo. Nunca me gustó. La palabra suena como una violación. Algo en mi fisiología, en mi historia, quizás, reacciona ante ella. Ante el mundo que me rodea, al mundo de los hombres, de los audaces, de los que se esfuerzan y consiguen cosas, a los que les gusta conquistar. En el Everest hay muchos que vienen a conquistar.

Pero conquistar no es sanar. Conquistar no es unificar, no es colectivo. Conquistar es un acto individual. Cuando escalamos para conquistar, lo hacemos solos.

No conquistamos el Everest, al igual que no conquistamos el trauma. Por el contrario, debemos rendirnos ante los abismos y las avalanchas inesperadas. Confiar en el largo e incógnito viaje hacia arriba.

Si tenemos suerte, el Everest nos permite ascender. Pero no como nos enseñaron los sacerdotes en la escuela. No se trata de una ascensión final y arrebatadora. Tienes que luchar por cada paso, y cuando llegas, incluso a la cima del mundo, tus pies siguen tocando el suelo.

En una de las últimas entrevistas que Junko Tabei concedió en su vida, reflexionó sobre su presencia en la cumbre del Everest. Había luchado contra las ideas que se tenían en Japón sobre las mujeres en los años setenta, contra sus propias limitaciones físicas, contra las pesadillas logísticas y contra todos los detractores que decían que nunca lo lograría. Pero después de todo lo que superó, cuando finalmente llegó a la cima, estaba tranquila.

«No grité nada», recuerda. «Pero pensé: "Oh, ya no tengo que escalar más"».

Ahora sé exactamente a qué se refería.

Aquí he extirpado la rabia y la tristeza de mi cuerpo, escalando crestas heladas y sobreviviendo a noches a solas escuchando el estruendo de las avalanchas en la distancia. El Everest me enseñó a sentir el peligro de una forma que me fuera útil. Me enseñó que sí quiero vivir esta vida, esta vida caótica y dolorosa.

A veces, hace falta una larga caminata para ver lo lejos que has llegado.

Llegar a la cima no se trata del logro en sí. Se trata de caminar largamente entre las sombras para ver el otro lado, de aprender a involucrarse con otras mujeres y hombres, de aprender a apoyarse en los demás y apoyarlos en lugar de enfrentar a la vida solos. Se trata de dejar que la gente te roce, aunque vaya en una dirección contraria a la tuya. Se trata de compartir el viaje, las historias y el dolor.

Es saber que escalar con otros es la forma más segura de hacerlo y la forma más segura de sanar.

Ahora que ya no me queda más de esta montaña por subir, estoy de vuelta en el punto de partida.

—Lori, te amo —digo tocando su foto con mis mitones por última vez—. Mamita, te quiero mucho. Lo logré. Lo conseguí. No podría haberlo hecho sin ti. —También toco su foto—. Y a ti, Silvita, también te quiero muchísimo —le digo.

Y en ese momento sé que ella está completa y en el lugar donde pertenece. En la cima del mundo, donde no hay más sombras.

Donde no hay silbidos.

Donde por fin está a salvo.

Me cuelgo la mochila en la espalda.

—Bien —digo en voz alta—. Vámonos.

Y con eso, doy mi primer paso lentamente hacia abajo.

Sabiendo que para mí todavía hay más montañas por escalar.

AGRADECIMIENTOS

Son innumerables las personas que emprendieron el viaje de crear este libro conmigo, y estoy muy agradecida con todos. ¡Gracias!

Algunos de ellos me empujaron directamente a esta aventura monumental y se merecen toda mi gratitud:

A Lara Love Hardin, mi agente, mi hermana del alma, gracias por arriesgarte conmigo, por darme la oportunidad de compartir mi visión y por acompañarme en cada paso del camino.

A Rachel Neumann, Ty Gideon Love, Boo Prince, Mariah Sanford, Janelle Julian, Cody Love, Julia Dunn y Stacie Sheftel, gracias por todo el apoyo.

A la generosa doctora Rachel Abrams, gracias por presentarme a la familia de Idea Architects, y a Doug Abrams, por tu audacia al crear una agencia literaria con el propósito de compartir nuestras historias.

A la increíble Nina Lary: tu corazón, tu alma y tu don de la palabra han quedado grabados para siempre en este libro. Nuestra colaboración es, sin duda, uno de los momentos más importantes de mi vida. ¡Gracias!

A mi familia internacional: Caspian Dennis, Sandy Violette y el resto del equipo de Abner Stein, y a Camilla Ferrier, Jemma McDonagh, Brittany Poulin y a todos en The Marsh Agency, gracias por llevar este libro a todo el mundo.

A mis editores: Maddie Jones, tu pasión e interés desde el principio son la razón por la que pude escribir esto; Shannon Criss, gracias por tomar las riendas y llevarnos a la meta; y Jake Lingwood, gracias por difundir este libro internacionalmente. Mi inmensa gratitud a todo el equipo de Henry Holt y de Monoray Octopus.

A mi familia de Planeta Perú, gracias por todo el apoyo y por hacer realidad el sueño de leer este libro en mi lengua materna: a María Fernanda Castillo, directora editorial; a Alessandra Miyagi, mi editora; a Alfredo Vitor, Moisés Díaz, Giancarlo Salinas y Romina Silman. Gracias a Cristóbal Pera Román, director editorial de Planeta Estados Unidos.

A las extraordinarias mujeres de WME: Sylvie Rabineau, Carolina Beltrán y Sarah Self, gracias por su valentía e intrepidez en esta jornada y por permitirme vivir un sueño hecho realidad.

A mi familia elegida: Sheryl y Quentin Dahm, gracias por permitirme compartir mi verdad, por su apoyo y amor incondicional a lo largo del camino. A Nicole Heinrich, mi terapeuta, gracias por toda tu ternura con mi «orquesta» mientras me embarcaba en los momentos más dolorosos y desafiantes. A mis amigos y familia del Área de la Bahía: Emily Lawson, Atul Patel, Lisa Kristine, Ryo Sakai, Sam Hardin, Marta Ayala, Jen Watt, Adriana Peón, Annette Puig y Maren Gernitis; gracias por escucharme, por darme el apoyo emocional y el ánimo que necesitaba y por alimentarme durante la pandemia.

A mis amigas del alma y de la infancia: Yesenia Cabezas, Claudia Crespo, Mónica Crespo, Cecilia Salas, Erika Torres, Elke Ulrich, Carmen Ykeda y Vanessa Zegarra; gracias por el amor ilimitado, por todas las despedidas y bienvenidas, y por aceptarme como soy. ¡A mi familia tan querida!, gracias por todo el amor y el apoyo a lo largo de mi vida. A Mechita, Carmela y Ángel. A Irene, Esther, Shela, Emérita, Amelia, mis tías queridas, gracias por las cosquillas, por la comida tan rica y por engreírme siempre. A la madre Ketty y a mis primos Roberto, Patricia, Felipe, Charito, Cecilia, Luis Francisco, Miguel Ángel, Erika, Pedro, Maritza, Joselo y Francis. A mis hermanos Eduardo, Marianela, Ramiro,

Rolando y Miguel. Y a mis sobrinos Andrea, Álvaro, Santiago, Ana, Rolando, Matthew, Teresa, Nico, Lucas, Olivia, Charlotte, Isabel, Rania, Alexandra, Micaela, Sebastián, Mia, Gabriel, Bianca, Mario André, Lorena, Luna, Francisco, Paola, Walter, Leonardo y Gabriela; gracias por esa dulce inocencia, por el cariño y por inspirarme a liderar con el ejemplo.

Y a mi hermosa Lori, mi mamá Teresa «Telle Petelle» y papá Segundo, gracias por seguir guiándome desde lejos y por iluminar mi corazón hasta en los momentos más oscuros.

A Helene, gracias por creer en mí, por inspirarme a sanar mi corazón y dar el salto de fe audaz que fue escribir este libro.

A todos los amigos y escaladores que conocí durante mis expediciones, caminatas y viajes de entrenamiento, algunos de los cuales no aparecen en esta historia: desde las hermosas y compasivas mujeres indígenas de Papúa que caminaron conmigo en silencio para que no me perdiera de nuevo en la selva, hasta la señora botánica de Punta Arenas que me dio agua de rosas bendita y me dijo que confiara en esa jornada. A todas las personas con quienes compartí comida, conversaciones y anécdotas, mientras cargaba mis pesadas mochilas y jalaba mis neumáticos, gracias por hacerme sentir que no estoy sola, gracias por compartir sus historias y su humildad. A todas las sonrisas al azar, a los reconocimientos y a los cientos de «ya casi llegas»: todas esas palabras me han traído hasta aquí. ¡Gracias!

Y, por último, gracias a todas las chicas y chicos valientes del mundo: este libro está dedicado a ustedes con todo mi amor, para que salgan de las sombras y escalen.